|光明社科文库|

公共行政学
（第3版）

主　编◎张兴杰　武玉坤
副主编◎方静之　宋丽娟

光明日报出版社

图书在版编目（CIP）数据

公共行政学：第3版 / 张兴杰，武玉坤主编. ——北京：光明日报出版社，2022.11
ISBN 978-7-5194-6920-7

Ⅰ.①公… Ⅱ.①张… ②武… Ⅲ.①行政学 Ⅳ.①D035-0

中国版本图书馆 CIP 数据核字（2022）第 214268 号

公共行政学：第 3 版
GONGGONG XINGZHENGXUE：DI 3 BAN

主　　编：张兴杰　武玉坤	
责任编辑：李壬杰	责任校对：阮书平
封面设计：中联华文	责任印制：曹　净

出版发行：光明日报出版社
地　　址：北京市西城区永安路 106 号，100050
电　　话：010-63169890（咨询），010-63131930（邮购）
传　　真：010-63131930
网　　址：http://book.gmw.cn
E - mail：gmrbcbs@gmw.cn
法律顾问：北京市兰台律师事务所龚柳方律师
印　　刷：三河市华东印刷有限公司
装　　订：三河市华东印刷有限公司
本书如有破损、缺页、装订错误，请与本社联系调换，电话：010-63131930

开　　本：170mm×240mm	
字　　数：395 千字	印　张：22
版　　次：2023 年 3 月第 1 版	印　次：2023 年 3 月第 1 次印刷
书　　号：ISBN 978-7-5194-6920-7	
定　　价：99.00 元	

版权所有　翻印必究

编 委 会

主　编　张兴杰　武玉坤
副主编　方静之　宋丽娟
编写者　朱生伟　邹静琴　游艳玲　张兴杰
　　　　　李　倩　贾海薇　杨博睿　欧阳晓东
　　　　　邱亚洪　巩玉涛　黄剑飞　吴　法
　　　　　王　华　吕惠琴　朱汉平　吴　江
　　　　　高明明　曾小龙　林　震　王锦花
　　　　　郑浩生　黎正忠　匡梦叶

第三版前言

《公共行政学》2004年出版第一版,2008年出版第二版,迄今已被全国数十所大学采用为教材或教辅读物,甚至还被有的大学指定为报考研究生的参考书。十分感谢广大师生的支持与厚爱!十多年来,国际形势风云变幻,全球化浪潮几经反复,在党的正确领导下,我国经济社会快速发展,这些条件的变化都对我国公共行政提出了新的挑战,相关教材也应该做出新的回应。有鉴于此,在第一、二版的基础上,我们对《公共行政学》进行了充分修订,推出第三版,使全书体系更加完整、结构更加合理、内容更加贴近现实。

在体系上,本版尝试建构以"行政职能"为中心的公共行政体系。政府这一概念在我国和西方有较大差异,与政府行为密切相关的行政也存在理解上的较大不同。在美国的三权分立体制下,国家权力被分成立法、行政和司法三个部分,政府和行政是大致等同的,代表行政分支,与以议会为代表的立法和以法院为代表司法的并列构成独立的权力分支。在英国的议会体制下,政府是代议机构的执行机构。无论采取怎样的政治体制,西方发达国家都实行一定意义上的"有限政府"。我国实行议行合一的人民代表大会制度,政府由作为国家权力机关的人民代表大会选举产生,向其负责,受其监督。中国的政府不同于西方国家的有限政府,而是广义政府。广义政府和广义行政意味着中国的政府和行政与西方国家存在巨大差异,主要表现在政府承担着"无限责任"上。这也是为什么改革开放以来,我国行政改革主要以政府职能转变为核心的原因。

在结构上,本版以行政职能为中心,分为四个部分。首先是前三章,确立以行政职能为中心的行政体系,包括绪论、行政职能和行政组织。其次是第四到六章,讨论行政组织的运行,包括行政领导、行政决策和行政运行。再次是行政组织的运行保障,包括人事行政、公共预算管理和行政机关管理三章。最后是行政法治与改革,包括行政法治、行政监督、行政文化和行政改革四章。目前,全国各文科专业普遍压缩课程时长,以便增加新课程,让学生学习更多内容。另外,当前高等教育更加强调采用讨论、模拟等教学方式。正是为了适应这种新形势，本书由第二版的十六章精减为本版的十三章。

在内容上，本版增加了不少贴近中国行政现实的新内容。例如，在行政运行部分增加了体现中国特色的文件制、会议制、小组制和项目制等内容；在人事行政部分增加了公务员法修订后的相关内容；在公共预算管理部分增加了《中共中央国务院关于全面实施预算绩效管理的意见》中的相关内容；在行政法治部分增加了全面依法治国方面的内容；在行政文化部分增加了文化自信方面的内容。同第一、二版相比，本版教材内容更加贴近中国实际，更具本土化气息。

本书各章编写者是：第一章绪论：朱生伟；第二章行政职能：邹静琴；第三章行政组织：张兴杰、李倩；第四章行政领导：张兴杰；第五章行政决策：贾海薇、杨博睿；第六章行政运行：欧阳晓东、邱亚洪；第七章人事行政：巩玉涛、张兴杰；第八章公共预算管理：黄剑飞；第九章行政机关管理：吴法、王华；第十章行政法治：吕惠琴；第十一章行政监督：朱汉平、吴江；第十二章行政文化：高明明；第十三章行政改革：曾小龙、林震。

本版教材修订了第二版的十几万字，由张兴杰、武玉坤主编（武玉坤负责具体事务），方静之、宋丽娟副主编，王锦花、郑浩生等人参与修订。修订分工为：游艳玲、张兴杰、匡梦叶负责第四章的修订；武玉坤负责第一章、第二章、第三章和第五章的修订；武玉坤、黎正忠负责第六章和第七章的修订；方静之负责第九章和第十二章的修订；宋丽娟负责第十章的修订；王锦花负责第八章和第十三章的修订；郑浩生负责第十一章的修订。每位作者对自己编写、修订的内容负相关责任。

由于编写者、修订者能力有限，书中可能还存在不足和纰漏之处，敬请读者、方家批评指正。

张兴杰　武玉坤
2022年9月于广州

目 录
CONTENTS

第一章 绪 论 ··· **1**
  第一节 公共行政学概述 ·· 1
  第二节 公共行政学的产生与发展 ··· 5
  第三节 公共行政研究的内容及方法 ·· 20

第二章 行政职能 ··· **26**
  第一节 行政职能概述 ··· 26
  第二节 西方国家行政职能的理论与实践 ······································· 35
  第三节 我国行政职能转变 ··· 41

第三章 行政组织 ··· **48**
  第一节 行政体制 ··· 48
  第二节 行政组织概述 ··· 55
  第三节 行政组织的理论及指导原则 ·· 58
  第四节 行政组织中的非正式组织 ··· 68

第四章 行政领导 ··· **74**
  第一节 行政领导概述 ··· 74
  第二节 行政领导理论 ··· 90
  第三节 行政领导方法与艺术 ·· 98

第五章 行政决策 ··· **106**
  第一节 行政决策概述 ··· 106

第二节　行政决策的理论与分析模型 …………………………… 119
　　第三节　我国行政决策体制的现状及行政决策的发展趋势 ……… 127

第六章　行政运行 …………………………………………………… **136**
　　第一节　行政行为 ………………………………………………… 136
　　第二节　动态行政运行 …………………………………………… 143
　　第三节　行政运行的中国形式 …………………………………… 155

第七章　人事行政 …………………………………………………… **172**
　　第一节　人事行政概述 …………………………………………… 172
　　第二节　西方文官制度 …………………………………………… 178
　　第三节　我国公务员制度 ………………………………………… 184

第八章　公共预算管理 ……………………………………………… **190**
　　第一节　公共预算管理概述 ……………………………………… 190
　　第二节　公共预算管理流程 ……………………………………… 192
　　第三节　公共预算收入与支出 …………………………………… 204
　　第四节　公共预算运行机制 ……………………………………… 209

第九章　行政机关管理 ……………………………………………… **216**
　　第一节　行政机关管理概述 ……………………………………… 216
　　第二节　行政机关管理的内容 …………………………………… 221

第十章　行政法治 …………………………………………………… **233**
　　第一节　行政法治概述 …………………………………………… 233
　　第二节　行政法治的基本原则 …………………………………… 240
　　第三节　行政法治的基本内容 …………………………………… 246

第十一章　行政监督 ………………………………………………… **262**
　　第一节　行政监督概述 …………………………………………… 262
　　第二节　西方行政监督理论与实践 ……………………………… 267
　　第三节　我国行政监督体系 ……………………………………… 278
　　第四节　有效行政监督的方法和措施 …………………………… 289

第十二章 行政文化 ... **294**
- 第一节 行政文化概述 ... 294
- 第二节 行政心理 ... 300
- 第三节 行政道德 ... 305
- 第四节 行政价值观 ... 310

第十三章 行政改革 ... **317**
- 第一节 行政改革概述 ... 317
- 第二节 当代西方国家行政改革实践 ... 323
- 第三节 当代中国行政改革 ... 326
- 第四节 当代中国行政改革的目标模式 ... 333

主要参考书目 ... **336**

第一章

绪 论

公共行政学是以公共行政作为研究对象、旨在探讨公共行政活动及其规律的一门学科。公共行政活动对于促进社会发展、推动社会进步发挥着越来越重要的作用。科学地理解公共行政现象和活动，准确地把握公共行政活动及其发展规律，既是公共行政学研究的任务，又是这一学科更好地服务社会的必需。

第一节 公共行政学概述

一、公共行政学的概念界定

公共行政学是研究公共行政活动及其内在规律的科学。作为一种历史现象的公共行政，其职能范围和作用形式随着历史的进步和时代的变迁而不断地演变和发展。以至时至今日，学界对"公共行政"的含义尚未形成统一的认识。公共行政学首先产生于西方，在界定公共行政之时，西方学者通常从以下三个视角展开。

（一）从管理的视角来解释公共行政

这种观点的前提基础是政治与行政二分法。政治与行政二分的思想最早来自德国行政学家斯坦因。美国行政学和法学家古德诺将这一思想加以理论化，他在《政治与行政》一书中对政治与行政进行了区分，认为一切政治制度都有两种基本功能，即国家意志的表达和国家意志的执行。政治是国家意志的表达，而行政是国家意志的执行，或是政府官员推行政府功能的活动。作为执行国家意志的公共行政，其关注焦点便是管理效率的改进。这种观点是公共行政学在美国产生初期大部分学者秉持的主流观点。正是从管理视角出发，促使公共行政学脱离政治学成为一个独立的学科。

（二）从政治的视角来解释公共行政

从政治的视角来看，公共行政不仅不能与政治相分离，而且是政治的一个当然组成部分。公共行政活动必须要处理"代表性""政治回应"和"责任"等核心政治问题，这些问题不仅是公共行政需要维护的价值，也贯穿于政府各个层面的运作之中。从这种观点来看，公共行政既是政治的当然组成部分，其自身运作也充满政治因素，例如，街头官僚的"自由裁量权"。这种观点作为对管理主义批评者的角色出现，同时也意味着对公共行政政治属性的重新认识。对我国而言，由于我国实行议行合一的人民代表大会制度，行政过程具有天然的政治属性，是政治过程的当然组成部分。

（三）从法律的视角来解释公共行政

这种观点的代表人物是美国公共行政学家大卫·罗森布鲁姆和罗伯特·克拉夫丘克，他们在其经典著作《公共行政学：管理、政治和法律的途径》中认为，"公共行政研究的法律途径主要是将公共行政视为特定情境中应用法律和施行法律的活动"。这一视角下的公共行政将行政过程作为法律程序来完成，主要包括宪法、行政法以及具有一定法律效力的行政决定。首先是宪法。宪法界定了公民拥有的隐私、平等、基本人权以及公民自由等权利，公民的这些权利应该受到行政过程的保护。当公共行政过程涉及公民相关权利问题的处理时，也应当遵循宪法所规定的正当程序。其次是行政法。行政法是规制一般行政过程的法律和法规，由相关法律和行政命令组成。公共行政过程不同于私人部门事务处理的一个重要方面便是行政过程需要遵循行政法的相关规定，即依法行政。最后是公共行政的"司法化"。公共行政向社会提供公共服务的同时，还履行众多的社会管制功能，行政部门的决定或裁决具有相当的权威性，因此其活动结果便具有一定意义的"准司法性"。

尽管以上解释均存在一定的局限性，但也部分地反映了公共行政的本质特征。综合以上的观点，我们将公共行政定义为以政府为核心的公共行政主体为了解决公共问题，维护与实现公共利益，运用公共权力对社会公共事务与公共部门内部事务施加管理的社会活动。而公共行政学便是从管理、政治、法律以及文化等视角，研究公共行政的职能范围、价值取向、运行方式、运行手段等行政活动及其内在规律的科学。

二、公共行政的特性

（一）公共性

在英文中，public（公共的）含有公（有）的、公众（事务）的、政府的、公家的、公立的、社会的、公用的、公共的、公开的等多种意思，它的反义词是 private（私人的）。在西方词源中，公共（public）有两个来源：

第一，来自希腊语"pubes"或者"maturity"。表示一个人在身体上、情感上或智力上已经成熟，它所强调的是，一个人从只关心自我或者自我利益发展到超越自我，能够理解他人的利益。它意味着一个人具有这样一种能力，即他能够理解其行为对他人所产生的结果。

第二，来自希腊语"koinon"。英语中的"common"一词也来源于此。而"koinon"一词则来源于希腊语中的另外一个词语"kom-ois"，意为"关心"。"共同"和"关心"都暗含着相互关系的重要性。

从词源的古典含义来看，"公共"既可以指一件事情，如公共决策，也可以指一种能力，如能够发挥公共作用，能够与他人相处，能够理解个人行为对他人产生的后果。

在"行政"前面加上"公共"一词之后，公共行政的公共性具体表现在以下方面。第一，和私人行政相区别，强调行政活动的主体主要是公共部门或公共服务机构而不是私人企业或私人机构。第二，明确了行政活动目的和性质，公共行政要为公共利益而活动。第三，强调行政所承担的社会责任和义务。第四，强调公众的参与。第五，强调了行政活动的公开性。

（二）政治性

政治是对众人之事的管理，国家政权是其核心。公共行政是国家管理活动的重要组成部分。公共行政的主体，主要是国家行政机关，它是国家政权的重要组成部分；公共行政的客体，主要是公共事务；公共行政的过程就是要在国家的法律、法规和规章的框架内，运用公共权力，依法行政。因此，公共行政必然具有国家管理的属性，体现国家的利益和意志，公共行政活动也必然体现其政治性特征。

（三）管理性

在政治—行政二分法的影响下，长期以来，人们认为公共行政活动是一种执行性的活动，主要是执行立法机关制定的法律和大政方针。如《牛津词典》将"行政"一词定义为："一种行政执行行为"，即"对各种事务进行管理或对执行、运用或处理进行指导或监督"。其他一些专业词典规定得更为详细。例如，行政是指"与保留记录和信息处理有关的活动；日常文书工作"，"与执行他人制定的规定、程序和政策有关的活动"。从英语的用语习惯来看，行政是一种与管理类似的活动，但基本上指"服从指令和服务"。

随着认识的不断深入，人们愈来愈强调公共行政的管理特征。一方面，除了执行立法机关制定的法律和政策以外，公共行政主体也制定大量政策，确定公共行政目标，以实现对社会的管理。另一方面，为了追求公共行政效率、效能和经济等价值目标，公共行政必然要采取必要的管理方法，以有效地管理社会公共事务和政府内部事务。

（四）法制性

公共行政的法制性包括两个方面的内容，一方面其本身要在宪法的基础上展开，另一方面其过程需要按照行政法的要求运行。

作为国家的根本大法，宪法为公共行政设定了基本结构。在美国，联邦和州宪法不仅提供了公共行政存在的空间，也对其运作做出限制，宪法的联邦框架设定了联邦政府与州政府和州政府与地方政府的关系模式。我国《宪法》也为公共行政做出了基本规定，"中央和地方的国家机构职权的划分，遵循在中央的统一领导下，充分发挥地方的主动性、积极性的原则"（第三条），行政区域划分为"（一）全国分为省、自治区、直辖市；（二）省、自治区分为自治州、县、自治县、市；（三）县、自治县分为乡、民族乡、镇"（第三十条）。第八十五到九十二条详细规定了国务院的组织结构、第一百零五到一百一十一条规定了地方政府的组织结构。这些规定构成了公共行政运行的基本约束。除了受到宪法约束外，公共行政运行还受到各种行政法规的约束。

三、与公共行政相关的概念

（一）公共行政与行政管理

在我国，人们对行政管理与公共行政两个概念很少区分。事实上，行政管理与公共行政两个术语均来自同一英文：Public Administration。只是由于翻译的年代、学者的用语习惯不同而形成了两个概念。在西方行政学传到我国的早期阶段，人们把它译作行政管理（学）或公共行政管理（学），且那时的行政学亦主要研究政府行政的内部管理问题，所以这种翻译并无不当。整体而言，现在人们可以把两个概念交替使用。例如，在国内高校专业设置上，通常设置行政管理系而不是公共行政系，而国外大多叫公共行政系而不是行政管理系。

但是，两者在现实使用过程中亦有一些差别。相对而言，公共行政这一概念更加强调"行政"的"公共"属性，一方面用于区别于"私人行政"，另一方面强调其公共性特点；行政管理则强调"行政"的"管理"属性，强调对效率的追求。

（二）公共行政与公共管理

近年来，随着政府改革的不断推进以及学科的快速发展，公共管理成为人们探讨的焦点。在我国教育部的学科设置目录中，更是出现了公共管理一级学科，而行政管理则成为公共管理一级学科下面的一个二级学科。

公共行政与公共管理是对立统一关系，既有差别性又有统一性。从一般的意义而言，公共行政和公共管理二者是相等的，都可以理解为公共部门对公共事务所进行的管理活动。同时，在英文表达中，两者都来自 Public Administration，只是由于 Administration 既可以译为"管理"，也可以译为"行政"。

学界所称的公共行政，有狭义和广义之分。前者指政府对自身事务的管理；后者指政府对包括自身事务在内的整个社会的管理。同样，一般人们所讨论的公共管理，亦可以认为只是行政学意义上的概念。其实，在最广泛范围内，公共管理也可以分为宏观、中观和微观三个不同的层次。宏观层面的公共管理，指的是政治学（价值）意义上的公共管理，即政治学所研究的国家治理或政治管理。例如，孙中山先生说，"政就是众人之事，治就是管理，管理众人之事就是政治"。可见，管理公共事务是政治的本义，这是政治层面的公共管理。中观层面的公共管理是我们所谓纯粹意义上的公共管理，即与政治统治相分离的公共管理活动。在政治—行政二分法下，公共行政或公共管理，都是公共部门管理的具体模式。在微观层面上，公共管理重点是解决管理技术和方法问题，新公共管理更多地在这一范畴内体现出来。

由以上分析可以看出，就一个学科而言，两种称谓没有什么差别，只是从学科发展的过程来看，公共管理相较于早期公共行政而言，在管理范围、管理理念、管理方式方法等方面有了进一步发展。因此，把公共管理看作公共行政学新近发展起来的理论范式是合适的。

第二节　公共行政学的产生与发展

一、西方公共行政学的产生及发展

作为一种历史现象，公共行政是随国家和政府的出现而出现的，历史久远。但是作为一门独立的学科，公共行政学诞生于 19 世纪末 20 世纪初的美国。公共行政学的诞生，得益于美国当时的政治和社会环境。正如公共行政学的创始人威尔逊所言，一门应用性学科的产生，离不开相关的理论基础和现实需要。在公共行政学产生之后，面对社会环境的变迁，其研究重点也发生了转变。

对公共行政学的发展脉络，不同学者给出了不同的发展阶段划分方法。大部分学者按时间发展顺序对公共行政学发展进行阶段划分。

王沪宁在其《行政生态分析》中将行政学发展划分为两个阶段，分别是第二次世界大战前的科学管理阶段和第二次世界大战后的行为科学阶段。中山大学夏书章教授把行政学的演变分为三个阶段，分别是：形成阶段——传统理论时期（大约从19世纪末到20世纪20年代）、成长阶段——科学管理时期（大约从20世纪20年代后到第二次霍桑实验）和科学化阶段——现代化管理时期（始于20世纪40年代以后）。张国庆教授将公共行政学发展划分为五个阶段，分别是：早期行政研究时期（始于1887年威尔逊发表行政学研究，到1911年泰勒发表科学管理原理）、传统行政研究时期（从1911年到1933年的霍桑实验时期）、修正行政研究时期（霍桑试验后到1961年孔兹发表《管理理论丛林》）、整合行政研究时期（20世纪60年代到80年代）和重建行政研究时期（20世纪80年代和90年代以来）。

尼古拉斯·亨利的划分也遵循时间脉络，但其经过对美国公共行政学发展的历史审视，发现公共行政学的发展在两个要素之间摇摆，它们是定位和焦点。定位（Locus）是指该学科领域所设定的位置，即该领域在不同学科中的位置是什么。焦点（Focus）是指该学科领域所研究的问题，即该学科主要研究哪些问题。依据不同历史时期的定位和焦点不同，亨利将公共行政学划分为六个发展阶段，分别是政治与行政二分法（1900-1926）、行政原则（1927-1937）、作为政治科学的公共行政（1950-1970）、作为管理学的公共行政（1956-1970）、作为公共行政学的公共行政（1970年至今）以及治理（1990年至今）。虽然这种划分方法极具启发意义，但由于其仅关注美国公共行政学的发展状况，不利于在"基本学理"的意义上审视公共行政学发展。

与按照时间脉络的梳理不同，罗森布鲁姆认为公共行政研究有管理、政治和法律三条相对分明的途径。这种划分有助于理解公共行政学的研究主旨差异，并有助于了解每种路径在不同阶段研究侧重点的变化，更好地理解公共行政学科发展。

（一）公共行政学研究的管理途径

罗森布鲁姆将公共行政的管理途径区分为传统管理途径和新公共管理途径两派，并从组织结构、对人的态度和决策观来理解不同派别。然而，从这几个方面看，行为科学时期的研究重点与上述两个途径存在差异。因此，本书将从传统管理途径、行为科学途径和新公共管理途径三个方面介绍公共行政学管理途径的发展历程。

1. 传统管理路径

1887年，美国政治学家伍德罗·威尔逊发表了著名的《行政研究》一文，被公认为是公共行政学建立的标志。威尔逊认为行政问题不是政治问题，行政应该在政治领域之外寻找适当的定位，"应当有一门关于行政的科学，这门科学探讨的是怎样整顿政府，提高政府的工作效能……使政府以高度责任感圆满地完成其工作"。上述认识源于美国当时国家管理面临的突出问题。美国实行立法、行政、司法三权分立的政治体制。政治活动集中于议员和总统选举，而国家的运行则很大程度上依赖总统领导的行政系统来完成。然而，到了19世纪末，随着第二次工业革命的完成和垄断资本主义时期的到来，美国政府对社会的直接管理活动迅速增加，同时，由于政党分赃制以及封建衙门习气的影响，在美国政治体制中，行政权力日益扩大，机构臃肿、部门林立、政府官员腐败无能和效率低下等弊病盛行。面对这种状况，1883年1月，美国总统亚瑟签署了国会通过的《1883年公务员法》，建立起政治中立的公务员制度（也称为文官制度改革），也随之建立一个政治无涉的庞大行政体系。如何认识和发挥这一行政系统的作用和功能，成为摆在学者们面前的重要问题。

威尔逊是文官改革的强烈支持者，因此，在文官制度建立后他强调由文官组成的行政系统应该相对独立并以提高效能为目标。但威尔逊还仅仅是基于行政实践提出的看法，并没有为行政系统的独立提供完整的理论基础。1900年，美国行政学和法学家古德诺撰写了《政治与行政》一书，书中在理论上把政治与行政进行了区别，认为一切政治制度都具有两种基本功能，即国家意志的表达和国家意志的执行。政治是国家意志的表达，而行政是国家意志的执行。这种政治与行政二分法，既为行政学脱离政治学提供了理论基础，也为行政学致力于解决管理问题提供了支撑。

建立在政治与行政二分法的理论基础上，与政治相分离的公共行政致力于其管理功能的实现，不太关注公共行政与企业（私人）行政的区别。威尔逊说道，"公共行政的研究目标在于：一是研究政府应如何适当地成功运作；二是政府如何能在花费最少的金钱与资源条件下，以最有效率的方式来从事各种活动"。这种观点强调行政的至上价值就是"效率"，有效能、高效率的管理可以简化为一套"科学原则"应用到行政过程中。

继威尔逊和古德诺之后，越来越多的学者把公共行政学作为一门独立学科进行研究。

除了政治学家的倡导之外，从管理视角考察公共行政学还受到当时盛行的企业管理研究成果的影响。在1911年发表的《科学管理原理》一书中，科学管理的创始人泰勒从提高工作效率的目标出发，通过对工人的工作进行"动作—时间"研究，得出了一系列较为合理和科学的管理原理和原则。这些管理理论来源于企业管理，最早也主要应用于企业管理。但是，由于这一理论具有全面、系统和缜密的特点，所以它在公共行政管理中也获得了较为广泛的应用。这一时期的行政管理学者从泰勒科学管理理论的整体性和系统性中受到启发，开始重视对行政管理过程的考察，注意从行政管理的总过程中研究其中各个重要环节以及各个环节之间的联系。第一，他们根据科学管理理论有关建立合理的组织体制的原则，注重组织结构的研究，提出了行政管理中的组织原理。第二，他们根据科学管理理论的计划性和程序化原则，主张行政工作也要先拟订计划目标，并采用目标分解法，把一个大的行政目标分解为若干层次的小目标，以保证行政目标有计划有步骤地实现。第三，他们根据科学管理理论所倡导的合作精神，强调行政组织与其人员之间、行政人员相互之间的合作与协调。第四，他们根据科学管理理论的核心原则——效率原则，积极寻求提高行政管理效率和减少政府开支的途径和办法。

此外，作为管理的公共行政学在组织设计上还得益于德国著名的社会学家马克斯·韦伯的研究。韦伯以其权威理论中的法理权威为基础构建了一种层次分明、制度严密、权责清晰的理想的等级制组织模式——官僚制（也称科层制）。这种官僚制组织，以合理合法的权威为基础，通过法理所确定的职位权力进行管理。在官僚制组织中，各种职位按组织目标、职权范围和等级制原则严格地进行划分；担任公职成为一种"职业"，各类组织人员是被任命的，他们有人身自由，只履行他们的非人格化的职位义务，有固定的薪金和严格的升迁制度；行政人员的任用必须经过正式考试或培训，对其行为有严格的组织纪律和控制。韦伯的官僚制组织模式后来为许多行政管理学家所继承，成为西方行政管理学中行政组织理论研究的重要出发点，韦伯也因此而被称为"行政组织理论之父"。

泰勒的科学管理原理和韦伯的官僚科层组织共同构成了公共行政学传统管理路径的核心内容。注重管理职能为公共行政提供了核心议题，科学管理为改进管理提供了"科学"指向，而官僚科层组织为管理效率改进提供了最佳的组织形式。这样，传统管理路径的公共行政学，旨在探索适合公共组织的管理原则和科学。

1926年，美国学者怀特出版了美国第一本行政管理学方面的大学教材——《公共行政学导论》，论述了行政管理的重要性、讲求效率的必要性、进行科学研究的可能性，强调政党政治不应该入侵公共行政，公共行政自身能够成为

"价值中立"的科学。

1927年，美国学者魏洛比出版了另一本大学教科书《公共行政原则》，较为系统地阐述了行政管理学理论体系。虽然这时的理论体系与现代行政管理学的学科体系相比较为简单，只有行政组织、人事行政、财务行政和法制行政等几个方面，但它毕竟勾画了行政管理学研究的大致范围，构建了行政管理学的基本研究内容，并进入了大学课堂，这标志着行政管理学的学科体系的基本形成和确立。

1937年，古立克和厄威克出版了著名的《行政科学论文集》，使作为一个专业的公共行政在美国达到了顶峰。古立克和厄威克认为，尽管原则是非常重要的，但是原则的应用却很难把握，因此，将原则落实为具体的领域便非常重要。他们认为，公共行政应该包括七项活动，即计划（Planning）、组织（Organizing）、人事（Staffing）、指挥（Directing）、协调（CO-ordinating）、报告（Reporting）和预算（Budgeting），简称为POSDCORB。虽然古立克和厄威克并不认为他们提出的七个原则是一成不变的，但是这七个活动逐步被演变成公共行政的当然原则。

从整体来看，传统管理路径的公共行政学主要受科学管理理论和科层制理论的影响，侧重于对行政制度、行政机构、行政程序和行政方法的研究，并根据科学管理的有关原理原则提出了公共行政管理应当遵循的一些原理和原则，力图以此来指导行政工作，达到提高行政效率的目的。这一路径的主要缺陷则是过分重视效率而忽视社会效益，过分重视组织的静态特征而忽视动态变化，过分重视机构和制度因素而忽视环境因素，过分强调物质因素而忽视人的精神因素。

2. 行为科学路径

为了进一步提高公共行政的组织效率，学者们展开了系列研究。然而，有趣的是一项旨在强化传统管理路径的研究却发现了传统管理路径的致命缺陷——对人性的忽视。

传统管理路径强调管理的科学性，通过非人格化的官僚组织、对管理流程合理设计和对个体强化纪律要求来实现效率，个体成为"理性化组织机器上的牢固螺丝钉"。

1924年，美国国家科学院的全国科学委员会在西方电气公司所属的霍桑工厂进行的一项实验，目的是研究照明质量对生产效率的影响。当时的基本假设是"提高照明度有助于减少疲劳，使生产效率提高"。可是经过两年多的实验发现，照明度的改变对生产效率并无影响，实验一度陷入僵局。

1927年，哈佛大学的梅奥及其同事应邀参加霍桑实验研究。他们采取访谈的方法了解工人对工作条件的评价，然而，访谈却成为工人发泄对管理制度和方法不满的渠道。在不满情绪发泄后，生产效率得以提高。而原因在于为了维护内在团结，工人可以放弃物质利益的引诱。试验由此提出"非正式群体"的概念，认为在正式的组织中存在自发形成的非正式群体，这种群体有自己特殊的行为规范，对人的行为起着调节和控制作用。由此开启了批判古典公共行政理论，突出行为研究的新时期。行为科学路径研究除了梅奥的人际关系学派外，还有巴纳德的社会系统学派、西蒙的决策理论学派等。

巴纳德是美国著名的管理学家，在1938年出版的《经理人员的职能》一书中，最早用系统观表述组织，并建立了一套影响深远的理论体系。他认为行政组织是有意识地协调两个以上的人的活动或力量的协作系统，强调人际关系与组织目标、个人目标之间关系的重要性。他提出的组织人的概念对后续研究和实践产生了重大影响。

1947年，罗伯特·西蒙出版了《行政行为：针对行政组织决策过程的研究》，全面质疑此前形成的"行政原则"。西蒙指出，先前的行政原则并没有多少指导意义，因为每个原则都存在一个相反的原则。例如，传统行政学认为分工会提高组织效率，但事实上无论组织效率高低，都需要分工。而且分工原则与统一指挥原则相互冲突。因为，专业分工要求专业人员听从专业上级的指挥，但统一指挥又要求单位领袖统一指挥不同专业的人。西蒙的观点对强调科学管理原则的传统公共行政学提出尖锐挑战。西蒙反对管理主义的完全理性假设，认为人的理性是有限的，针对管理主义的"经济人"假设提出"行政人"假设。认为政策制定涉及价值判断，而行政则涉及事实判断，其核心价值是追求效率，因此主张建立行政科学。

综上所述，行为科学的公共行政理论着重于研究人和组织的行为，加强了动态组织过程的研究，且开始把系统理论运用于公共行政现象的分析，从而在相当程度上弥补了古典时期的公共行政理论的局限。行为主义公共行政的研究主旨依然是提高效率，因此，仍属于管理主义路径，但其改进效率的方法上强调人和组织行为而不是忽视人的因素的科学要素，因此又有别于传统管理路径。

3. 新公共管理路径

新公共管理的出现源于对20世纪70年代后期，面对大规模民权运动、周期性经济危机、环境污染和社会保障等问题，政府却无法有效回应。因此，这一路径从一开始就是实践导向的，侧重于政府和公共组织的内部结构、公共服务的供给方式的根本性改变，而其最终目标则是要减小政府规模、压缩政府活动空间、创新服务供给方法，以更低的费用、更高的效率实现公共目标。新公共管理的开先河者是英国撒切尔内阁和美国里根政府。1979年撒切尔内阁掀起这场运动，直接目的是减少预算赤字，提高政府效率。同时期的美国里根政府也强调市场至上、个人自由和政府最小化等理念，认为公共部门和私人部门都需按照同样的方法和原则来评价和管理。而后，新西兰和加拿大等国家也推行这种改革。新的政府改革有"重塑政府运动""企业型政府""政府新模式"和"市场化政府"等不同称谓，最终，英国行政学家克里斯托弗·胡德（Christopher Hood）把西方国家的政府改革所体现出来的政府管理新模式称作新公共管理范式。

新公共管理路径以现代经济学和私营企业管理理论和方法作为理论基础，主张缩小政府职能范围使市场发挥更大作用、采用企业管理的方法改革政府，强调节约和绩效，注重产出和效果。由于不同学者以不同的理论为基础，因此新公共管理理论也衍生出不同的流派。

弗里德曼和哈耶克从自由经济学理论出发，提出"小政府理论"，突出强调"政府失灵"的情况下，政府应缩小管辖的空间范围，仅提供具有非排他性的公共产品和服务。哈默和钱皮针对官僚制的繁文缛节和低效，主张对官僚制进行重新改造和超越，提出政府"流程再造"理论。霍哲从政府产出的结果出发，认为政府绩效应该作为改革的切入点，提出把绩效评估作为改进绩效的一种管理工具。

在新公共管理领域，美国学者奥斯和盖布勒的"重塑政府"理论颇具代表性。他们在《改革政府》中认为"新公共管理"模式包含以下基本原则或基本内容。

第一，起催化作用的政府：掌舵而不是划桨；

第二，社区拥有的政府：授权而不是服务；

第三，竞争性政府：把竞争机制引入到提供服务中去；

第四，有使命的政府：改变按章办事的组织；

第五，讲究效果的政府：按效果而不是按投入拨款；

第六，受顾客驱使的政府：满足顾客的需要，而不是官僚政治需要；

第七，有事业心的政府：有收益而不浪费；

第八，有预见的政府：预防而不是治疗；

第九，分权的政府：从等级制到参与和协作；

第十，以市场为导向的政府：通过市场力量进行变革。

（二）公共行政学研究的政治途径

公共行政的政治途径虽然以反对管理途径的姿态出现，但实际上这种观点的历史更为久远。只是当时作为一个独立学科的公共行政学尚未建立，行政从属于政治的观点被视作当然的，反而并未引起重视。

早期美国实行的是"政党分赃"式的政治任命制度，即当选官员可以有权任命大部分公职人员。这种制度虽然有利于保障行政人员对当选官员的政治忠诚，但长期的实践效果却是政府中充斥着腐败、无效和职业政客。也正是对这种政治化公共行政的不满，导致了行政与政治相分离的社会需求，进而催生了公共行政学的诞生并使这一学科从创立之初便强调其管理取向。

然而，公共行政学创立以来对管理主义的强调却遭到了批评，这主要源自美国学者对20世纪30年代美国罗斯福新政时期以及第二次世界大战期间公共行政脱离政治的批判。在美国，这种观点的代表人物是保罗·阿普尔比和华莱士·塞尔。阿普尔比认为公共行政是一个明确的政治过程，塞尔则认为公共行政最终是政治理论的一个组成部分，民主社会中的公共行政需要考虑对大众的控制和回应以及官僚对政治选官的责任。

当把公共行政看作一个政治问题时，那么公共行政所追求的价值便与管理视角下的价值有很大差异，主张公共行政应该注重代表性和回应性。其典型代表便是20世纪60年代兴起的新公共行政学派，代表人物是德怀特·沃尔多和乔治·弗雷德里克森。

1948年，沃尔多出版了其著名的《行政国家：美国公共行政的政治理论》一书，开启了作为政治的公共行政流派。20世纪60年代中后期的美国可谓多事之秋，越南战争、水门事件、能源危机、种族歧视等一系列社会政治问题使公众对政府丧失信心。而新公共行政学派认为，这些问题出现都源于政府没有恰当地对公众的要求做出回应。

1968年，在沃尔多的召集和资助下，33位青年行政学者在美国锡拉丘兹大学（又名雪城大学）的明诺布鲁克会议中心共同反思传统公共行政的不足。会议的研究成果《走向新公共行政学：明诺布鲁克的观点》在1971年出版，标志着新公共行政学理论和学派诞生。其主要观点是主张入世的公共行政，积极回应社会需求而不仅仅是关注技术理性；主张采用后实证主义方法，强调社会公平；主张公共行政应该力求适应动荡的社会环境；提倡区别于官僚制的协和式组织模式；强调以顾客为中心的路径。

1988年，时隔20年后，新公共行政学者再次在明诺布鲁克开会，探讨公共行政学的发展。会议的主要观点由弗雷德里克森以《第二次明诺布鲁克会议：

公共行政学的变迁纪元》为题，发表在《公共行政评论》上，进一步对传统公共行政展开批评，更加明确地提出新公共行政学派的主张。他们认为：传统公共行政学单纯追求行政效率的价值取向带来了诸多社会问题，主张将"效率至上"转为"公平至上"，强调公共组织的变革，并提出了围绕分配、整合、边际交换、社会情感四个组织过程的变革构想。

（三）公共行政学研究的法律途径

这种观点的代表人物是美国公共行政学家罗森布鲁姆和克拉夫丘克，他们在其经典著作《公共行政学：管理、政治和法律的途径》中认为，"公共行政研究的法律途径主要是将公共行政视为特定情境中应用法律和施行法律的活动"。这一视角下的公共行政将行政过程作为法律程序来完成，主要包括宪法、行政法以及具有一定法律效力的行政决定。

首先是宪法。宪法不但对公民相对于行政机关的程序性权利、隐私权、平等保护权利、基本人权以及公民自由等进行了界定，而且当公共行政官员处理涉及公民个人福利、公共雇佣关系及公共教育机会之终止时，应当遵循宪法的程序性正当程序。正当程序意味着基本的公平性，被视为保护个人免于遭受政府恶意的、无端的、错误的或反复无常的违宪剥夺生命、财产与自由权利的必要程序。其次是行政法。行政法由法律，行政命令，中央行政机关如人事、预算、服务等机关的具有约束性的指令或决定构成，它主要是指管制一般行政过程的一套法律和法规。最后是公共行政"司法化"的发展，它主要是将行政运作程序视为与司法程序一样，目的在于确保个人合法权益不受侵犯，行政决策以裁决的形式由听证检察官或行政法官做出。行政机关的行为方式日益趋近于法院的工作方式，法律价值开始在行政活动中发挥越来越重要的作用。

依法行政是我国公共行政的一贯主张。2017年，习近平在党的十九大报告中提出，成立中央全面依法治国领导小组，加强对法治中国建设的统一领导。党的十九届二中全会审议通过了《中共中央关于修改宪法部分内容的建议》，进一步推进全面依法治国进程，强调依法治国、依法执政和依法行政共同推进。在这种背景下，公共行政研究的法律途径便显得更为重要。

当代的公共行政学的研究突破了传统行政学的界限，把经济学、管理学（组织与管理）、政策科学、政治学和社会学等学科的相关知识和方法融合到公共行政的研究之中，并发展成了一个跨学科或交叉学科的研究领域。很多人把这一新的理论范式称为新公共管理。从本质上来说，新公共管理是一场改革运动，而不是一个独立的学科。

总之，"二战"后，公共行政学经过半个多世纪的发展已经形成了一定的规模,当前公共行政学领域不仅研究机构众多而且各种学派林立。仅在20世纪70年代,世界上就已有100多个国家兴办各种类型的行政学院或研究机构。目前仅美国就有500所大学开设了行政管理课程,成立了60所专门研究行政管理的学院和机构。在此期间,公共行政学内部的各种流派纷纷争鸣斗艳,此消彼长,新观点、新理论层出不穷,公共行政学呈现出一派繁荣的研究景象。

二、中国公共行政学的引入和发展

(一) 中国公共行政学的艰难恢复

我国历史上有着丰富的管理思想和管理理论,但作为一门学科,现代意义上的公共行政学是在西方产生的。因此,公共行政学在我国的发展,是从翻译和引进西方公共行政学著作开始的。

五四运动以后,我国开始逐步出现了一些专门从事行政学研究和教育的机构和学者,翻译出版了一些西方公共行政学著作,如美国的《行政要术》《行政纲目》,日本的《行政管理学总论》《行政法概要》等。一些学者也开始著书立说,如罗隆基发表了《我们要什么样的政治制度》《专家政治》等论文,提出了行政管理科学化的一系列主张;龚祥瑞、楼邦彦合著的《欧美员吏制度》也有较大影响。1944年张金鉴、唐振楚等人成立行政学会,并出版《行政学季刊》,同时出版了一些有关行政学方面的教材、专著和译著,如张金鉴的《行政学之理论与实际》《行政学提要》,江康黎著的《行政学原理》等。这一时期张金鉴撰写的《行政管理理论与实际》被称为我国最早最系统的行政管理学专著,代表了这一时期我国公共行政学研究的最高成就。另外,以毛泽东为代表的中国共产党人,经过艰苦卓绝的革命实践,在农村革命根据地和党政军的建设中,也丰富和发展了行政学的内容,并使之更富有中国气派和特色。

中华人民共和国成立后,有的高等院校也曾设置行政管理学课程和专业。但是,由于受"左"的思想的干扰,1952年高等院校调整时,行政管理学专业和课程被全部取消。此后,公共行政学研究在我国整整中断了30年之久。

1978年,党的十一届三中全会以后,经过拨乱反正,我国开始恢复和加强行政学研究。1979年3月,中国社会学学会成立;1980年12月,中国政治学学会成立,社会学和政治学的恢复为行政学重建提供了契机。1982年1月29日,中山大学夏书章教授在《人民日报》发表了《把行政学的研究提上日程是时候了》一文。这篇文章对中国公共行政学的恢复和重建起到了极其重要的推动作用,使中国公共行政学的恢复和发展提上历史日程。

(二) 中国公共行政学发展的成就

改革开放 40 多年来，我国公共行政学发展取得了巨大成就。主要体现在专业学术团体已经形成，公共行政学已经成为一个独立的学科领域，人才培养体系逐步完善，并且在很大程度上推动了行政实践的发展。

1984 年夏，国务院办公厅和劳动人事部在吉林联合召开了行政管理学研讨会，发表了《行政管理学研讨会纪要》，并筹备建立中国行政管理学会。1988 年中国行政管理学会在北京正式成立。经过多年发展，中国行政管理学会已经设立了六个专业领域的分支机构，分别是全国行政管理教学研究会（1987）、县级行政管理研究会（1990）、政策科学研究会（1992）、后勤管理研究会（1994）、公安管理研究会（1996）和绩效管理研究会（2006）。各省、自治区、直辖市都成立了行政管理学会。各高校纷纷设立行政管理学系或公共管理系等公共行政相关专业，培养了大批专门从事公共行政学教学和研究的专业人才。此外，还出现专门的学术刊物，如《公共管理学报》《公共行政评论》以及以书代刊的集刊，例如，《公共管理评论》《公共政策与管理》《公共管理研究》《中国公共政策评论》《复旦公共行政评论》等。公共行政研究的学术团体和研究平台已经建立并较为完善。

虽然直到 20 世纪 90 年代后期，中国公共行政学整体上仍处于学科建设的初创阶段。但经过持续发展，公共行政学的自我意识已经觉醒，学科认同已经确立，已经成为一个独立发展的学科领域。中国公共行政学研究范围已经拓展了危机管理、绩效管理、公务员编制研究、公共预算、非营利组织管理、反腐败与廉政、公共服务供给机制、食品与药品监管等新的研究领域。公共行政的本土化研究受到重视，发展出理解中国公共行政运行的本土化概念，而且开始展开跨学科研究，并在国际学术期刊发表成果。

与此同时，我国公共行政领域人才培养体系发展迅速，建立起涵盖本科、硕士研究生和博士研究生等不同层次的公共管理人才培养体系。目前，有 500 多所高校可以授予公共管理本科学位，270 多所院校可以授予硕士（包括 MPA）学位，几十所高校可以授予博士学位。

除了学科发展的成就外，中国公共行政学还极大地推进了中国公共行政实践进程。向社会，特别是向青年学生和党政机关传播了行政学知识，越来越多的人认识到，政府管理有其客观规律，政府管理需要科学理论的指导。截至 2017 年 8 月，全国 200 多家 MPA 培养单位累计招收了 172172 名 MPA 研究生，其中已获得学位的有 114190 人。他们将是我国实现"国家治理体系与治理能力现代化"的中坚力量。

（三）中国公共行政学发展面临的挑战

虽然中国公共行政学在较短的恢复期间内取得了巨大成就，但快速发展过程中，也面临着一些突出问题。1996年，张成福[①]总结了学科在10年的发展中取得的成绩和存在的问题，指出中国行政学在理论建构和理论指导实践方面基础薄弱，学者对研究方法和技术的发展不够敏感。薄贵利[②]也曾指出中国公共行政学发展的十大弱点，包括以下方面。

第一，中国行政学就整个而言，还处在引进、消化和吸收阶段，在思维逻辑和理论体系上还没有完全跳出西方行政学的窠臼；

第二，行政学的一些著作和教科书，在理论体系上和逻辑结构上鲜有突破和创新；

第三，比较研究显得相对薄弱；

第四，对其他学科的知识和研究成果吸取得不够，缺乏从多学科的角度透视中国行政管理；

第五，行政学研究价值取向偏离，以效率为导向；

第六，行政哲学研究薄弱，使行政学研究缺乏更深层的理论指导和更坚实的理论支点；

第七，理论脱离实际；

第八，研究范围较窄，没有涉及国防行政、外交行政、安全行政等领域；

第九，只注重行政主体的研究，忽视对行政客体的研究；

第十，研究方法单一和落后。

进入21世纪，随着公共行政研究的不断深入和越来越多的接受国外实证主义研究方法训练的青年学者学成归来，对公共行政学研究和发展的反思进一步深化。学者们对公共行政研究发出质疑：经过20多年的研究，我们"生产"了什么知识？我们的研究是否促进了公共行政学的知识发展？我们的研究是否符合不同的研究取向所要求的"质量标准"？我们生产的这些知识对于处在巨大社会转型中因而面临巨大挑战的中国公共行政来说是否有用？如果我们的研究缺乏质量，那么，问题出在什么地方？我们是如何进行研究的？或者，我们是如何"生产"这些知识的？[③] 进而指出中国公共行政学面临着研究中心的"非中国化"、

---

① 张成福．发展、问题与重建——论面向21世纪的中国行政科学［J］．政治学研究，1996（1）．
② 薄贵利．中国行政学：问题、挑战与对策［J］．中国行政管理，1998（12）．
③ 马骏．中国公共行政学研究的反思：面对问题的勇气［J］．中山大学学报（社会科学版），2006（3）．

研究方法的"非规范化"、缺乏对真实世界的了解和缺乏指导实践的能力。在此基础上，反思进一步将问题凝聚在"我们的研究是否得到国内学术界其他学科同行的认同，是否得到国外公共行政学同行的认同，是否得到国内公共行政实践者的认同？"对这两个问题的审视发现中国公共行政学面临着严重的"身份危机"，即公共行政研究没有获得国内外同行和国内实践者的认同，具体问题表现为研究重心的"非中国化""管理主义"盛行、缺乏对真实世界的了解、消解了"历史"的公共行政研究、规范理论的贫困、研究质量存在问题、缺乏学术规范和缺乏指导实践的能力①。

何艳玲②通过对1995年到2005年间的《中国行政管理》和人大复印资料《公共行政》（剔除转载自其他样本期刊的论文）、2004年到2005年间的《公共管理学报》和《公共管理评论》，以及1995年到2005年间《政治学研究》《中国管理科学》《管理科学学报》中的相关论文2729篇学术研究论文的评估发现，行政学研究缺乏学术规范自觉，学术评价机制无法取得共识，对研究方法缺乏持续性反思，行政学知识增长缓慢，实证研究严重短缺，研究成果结构性失衡。

敬乂嘉③通过对2002年到2006年间的132篇博士论文进行评估后发现，公共行政学的博士论文在研究问题、合理性、理论相关性、因果性、重要性和创新性方面都不同程度地存在质量问题。

公共行政的反思工作到2009年达到顶峰，马骏、张成福和何艳玲主编的论文集《反思中国公共行政学：危机与重建》收录了反思工作的一些代表性论文，包括对学科发展整体状况的反思、部分特定领域的反思和行政学研究的发展途径。

学科的进步来自不断的反思，适时的反思是审视学科发展状况、纠正发展偏误的重要途径。反思的目的不在于仅仅指出问题，关键在于修正、调整和重建。面对反思中存在的问题，学者们也提出了各种发展思路。

（四）中国公共行政学的发展出路

面对中国公共行政学发展存在的问题，张成福④提出了三条发展途径：探讨

---

① 马骏，刘亚平. 中国公共行政学的"身份危机"[J]. 中国人民大学学报，2007（4）.
② 何艳玲. 问题与方法：近十年来中国行政学研究评估（1995—2005）[J]. 政治学研究，2007（1）.
③ 敬乂嘉. 中国公共行政博士论文研究[M]//马骏，张成福，何艳玲. 反思中的中国公共行政学：危机与重建. 北京：中央编译出版社，2009：41-63.
④ 张成福. 发展、问题与重建——论面向21世纪的中国行政科学[J]. 政治学研究，1996（1）.

和建立公共哲学、加强比较行政研究、理论研究与行政实践相结合。郭小聪和肖生福①认为中国公共行政学的出路在于科学化和中国化。何艳玲②总结了1996年至2008年间我国行政学研究反思工作,将中国公共行政学存在的问题归为两方面的困境:规范化困境和本土化困境。

《反思中国公共行政学:危机与重建》一书的马骏等编者认为,中国公共行政学的生命力在于通过提升研究质量、构建本土化的公共行政理论以回应时代和社会的挑战,并呼吁学界直面和解决目前研究中所面临的规范化和本土化困境。下一步要拓展研究领域、扎根真实世界,突出定性的理论建构并积极参与国际对话。公共行政学是一门治国之学,我们必须将政治和行政密切地整合在一起,突出实证研究的同时重视规范研究。

中国公共行政学研究的本土化要明确中国公共行政学并非"属于中国的"公共行政学,而是"关于中国的"公共行政学,中国公共行政学不能规避时代赋予的公共性使命,要紧扣大国、良制、善治的核心主题,采取发现、理解与建构的作为局内人的知识获得路径,重塑中国公共行政学人的价值依归③。

讨论行政理论的本土化研究,或许要从不论"中外"、不问"东西",而是看什么是最有道理、最有用、最能说清楚、最能以理服人的角度出发。关键点不在于是否本土化了,而是是否学对了,既解决了本土的问题,又提出了有价值的普遍经验和本土经验。"在系统引进西方公共管理学科近40年后,中国公共行政学科的教学和研究,如何更好更具体地为中国的改革和发展实践做实实在在的贡献?"④"中国公共行政研究继续发展和深化的基本原则应该是:研究关怀中国化、理论实践一体化、研究思路多元化、研究方法多样化、研究风格朴实化、研究论证严谨化、研究逻辑科学化、研究语言通俗化、研究贡献国际化、研究评价公认化。"⑤ 这可看作公共行政学本土化诉求的全面总结。

中国的公共行政学历经曲折重建后,在最近20年获得了很大的发展。然而时代的进步和社会的变迁又给我国公共行政学的研究提出了新的要求和新的挑战。

---

① 郭小聪,肖生福.中西行政学研究方法论建设比较分析[J].江西社会科学,2007(1).
② 何艳玲.我国行政学研究反思工作述评(1996-2008)[J].公共行政评论,2009(2).
③ 何艳玲.中国公共行政学的中国性与公共性[J].公共行政评论,2013(6).
④ 娄成武,董鹏.中国公共行政学本土化研究:现状与路径[J].公共管理学报,2017(3).
⑤ 蓝志勇.中国公共行政学本土化研究的再思考——兼评两篇文章[J].公共管理学报,2017(3).

1. 社会主义市场经济对我国公共行政学的新要求

目前，我国正处在社会转型的关键时期，在这个向着社会主义市场经济全面转变的过程中，新观念与旧观念进行着猛烈的碰撞，也强烈地冲击着我国的行政实践和公共行政学的研究。

第一，政府与民众的关系问题。市场经济强化了纳税人意识，民众与政府及其官员之间的委托人与代理人的关系已经开始渗透到我国的民众意识之中。"当官不为民做主，不如回家卖红薯"的说法已经不再是一句为社会所公认的赞语。政府及其官员是替民众管理社会公共事务的委托人，是民众的"服务人"。

第二，政府职能和角色变化。政府需要做些什么，应该做些什么，能够做些什么这是一个有关政府职能和角色定位的问题。长期以来，中国形成了全能型政府和国家高于社会的公共管理模式。目前，随着市场经济发展和公民意识的增强，人们形成的一个共识是，政府并非在任何情况下都是一种配置社会资源和管理社会经济事务的最佳手段。传统管理模式的效用已经随着市场和社会以及其他公共领域的发展而逐渐减弱，政府独享的管理职能正部分被市场和社会分担。因此，市场和社会的成长正迫切要求我国政府与市场、政府与企业、政府与社会之间相互关系的重新定位。

第三，政府自身利益问题。经济学理论提出了"理性经济人"假设，在市场经济中理性的追求自身利益是市场活动主体的行为方式。行政管理的公共性本质决定了政府因公共目标而成立，但是作为市场经济中的一分子，政府也是有其自身利益的。政府追求自身利益有其合理的一面，例如，为了提高服务质量，政府会给公务员提供较好的待遇以便留住组织中的现有人才和保证在劳动力市场上招募到优秀人才。因此，如何强化政府的公共性，合理地关注政府的自身利益和控制政府自利性的扩张是我国政府行政管理的一个新课题。

市场经济对我国行政所提出的挑战是多方面的，我们以上所列举的只是一些较为突出的问题，也是我国公共行政学面临的前沿课题。

2. 知识经济时代对我国公共行政学的新挑战

目前，知识已成为生产过程的主导方面，成了财富创造的最主要的来源。这表明一个崭新的时代——知识经济时代正在大步向我们走来。知识经济新的时代特性在某些领域和一定程度上正改变着政府的管理结构和管理模式，使它发生着深刻的变化。

首先是扁平化的网络化行政。知识经济社会是信息技术高度发达的社会，信息技术为构建一个扁平化、网络化的电子政府提供了可能。政府对信息和通信技术的运用可以打破行政机关间的组织界限，可以使人们从不同的渠道取得政府的信息和服务，从而淘汰传统的等级式的信息传递方式。传统的金字塔式的纵向权力结构便演变为一种横向的网络化结构。伴随这一演变，政府机关间及政府与社会各界之间的相互沟通经由各种电子化渠道就可以完成，从而使政府可以依据人们的需求、人们可以使用的形式、人们要求的时间和地点，提供人们各种不同的服务选择。因此，信息技术和网络技术是知识经济社会对传统官僚式行政方式的一种重大的冲击，在这种冲击力下，政府规模的控制、政府机构的设置以及行政组织的整合是公共行政学应该考虑的现实问题。

其次是大众化的参与式行政。长期以来，由于片面强调"专业人员""专家"和"精英"治国，从而使公众参与公共行政的门槛大大提高，也导致了公共行政决策与公共事务处理的封闭化和神秘化。随着知识经济社会的到来，人民受教育程度的普遍提高，公众民主行政和民主参与的意识会因此而不断增强。同时，知识经济社会中信息技术的运用和普及，为大众参与公共行政提供了有效的实现途径。公共决策的民主化、政务管理的公众化和公开化是知识经济社会对行政管理提出的一个必然要求。然而，应该值得注意的是，随着"精英黑箱式"行政逐渐为公众参与式行政所取代，由于利益和价值取向的不同，不同团体和个人之间的冲突也会凸显，对此，寻找保持社会活力和维持社会控制的有效结合点是对公共行政学提出的另一个新的挑战。

总之，在这个崭新的历史时期，中国行政管理如何适应市场经济以及全球新的经济社会形态所带来的一系列变化，是我国公共行政学所面临的一个严峻的挑战。

第三节　公共行政研究的内容及方法

一、以行政职能为中心的公共行政体系

美国学者怀特在其《行政学概论》中认为公共行政学研究应该包括四个内容，即组织原理、人事行政、财务行政和行政法规。古立克和厄威克在其《行政管理科学论文集》中认为行政学研究应该包括七项活动，即计划、组织、人事、指挥、协调、报告和预算。

我国学者张康之认为行政学的研究内容是行政体系及其运行机制，具体包括公共行政主体、公共行政客体、公共行政环境、公共行政过程、公共行政机制和公共行政保障。

在公共行政学的引入和本土化过程中，我国学者也纷纷出版公共行政学教材。但正如薄贵利批评的"行政学的一些著作和教科书，在理论体系上和逻辑结构上鲜有突破和创新"。然而，学术进展是渐进式的，是一点点积累而成的。虽然当前公共行政学相关教材在体系和结构上创新较少，但大部分教材都一定程度上融入了著者或编者对公共行政学的思考和创新。

公共行政学的科学化与中国化或是规范化与本土化，实际上要求既要体现公共行政学的基本学理又要呈现公共行政学的中国特色。我国公共行政学的恢复和重建是伴随着改革开放的进程而展开的，公共行政活动既体现改革开放的总体要求，又极大地促进了改革进程的不断深入。在这个过程中，公共行政的中心任务是其职能的确定，即公共行政在中国改革开放进程中应该承担怎样的职能。因此，本书尝试构建以行政职能为中心的公共行政体系，认为行政职能是公共行政的中心，公共行政的其他内容都围绕行政职能展开。

（一）作为公共行政中心的行政职能

政府这一概念在我国和西方有较大差异，与政府行为密切相关的行政也存在理解上的较大差异。在美国这样三权分立的体系下，国家权力被分成立法、行政和司法三个部分。政府和行政是大致等同的，代表行政分支，与以议会为代表的立法和以法院为代表的司法并列构成独立的权力分支。在英国这样的议会体制下，政府是代议机构的执行机构。无论采取怎样的政治体制，西方发达国家多实行一定意义上的"有限政府"。

我国实行议行合一的人民代表大会制度，政府由作为国家权力机关的人民代表大会选举产生，向其负责，受其监督。中国的政府不同于西方的有限政府，而是广义政府，"中国历史传统中，'政府'历来是广义的，承担着无限责任。党的机关、人大机关、行政机关、政协机关以及法院和检察院，在广大群众眼里都是政府"[①]。正是这种广义政府和广义行政意味着中国的政府和行政与西方国家存在巨大差异，主要表现在其"无限责任"上。但面临分工日益细化的现代社会，现代国家（政府或行政）毕竟不能像传统国家（政府或行政）那样无所不包，其无限责任也要有一定的外在边界。那么这种"无限责任"的广义政府（行政）在现代社会中的职能范围及其履职方式便成为中国公共行政不同于西方公共行政的独特之处。

行政职能既是改革开放以来我国公共行政学研究的中心议题之一，也是西

---

① 王岐山两会上说的这三句话值得细思量 http://www.china.com.cn/lianghui/news/2017-03/07/content_40421382.htm

方公共行政基本学理在我国公共行政实践中体现的基本载体。我国改革开放进程中悬而未决的党政关系问题、政府与市场关系问题、国家与社会关系问题、中央与地方关系问题等都与行政职能定位密切相关;而公共行政基本学理涉及的各个方面如传统的 POSDCORB 等,都与政府职能密切相关。

（二）以行政职能为中心的行政体系

行政职能的调整对公共行政的影响实际上是一种世界现象。20 世纪以来,随着自由市场经济的周期性危机带来的不确定性以及大众民主化进程的推进,公民权利意识和权利保障水平迅速提升。发达国家在保持自由市场经济的同时,无不积极扩展政府职能,其职能范围远远超出了早期自由市场经济下"守夜人"政府的职能范围。而随着政府职能范围的调整,国家必然需要调整与其他社会主体之间的关系、调整服务供给方式和自身运作方式,这些调整都构成了公共行政研究的重要内容。

在中国,这种调整对公共行政的影响更为巨大。1978 年的改革开放是对传统体制进行的重大调整,主要表现在主导观念上,将工作重心转移到经济建设上来;在政治上,引入基层自治;在经济上,引入市场经济。这意味着国家行政职能的重大调整,进而影响国家行政结构设计和行政职能的实现方式。因此,从行政职能的视角考察中国公共行政,既有助于审视改革开放以来（公共行政学恢复以来）中国公共行政实践的变化,又有助于考察公共行政的基本学理在中国公共行政中的表现形式和运作逻辑。以行政职能为中心的公共行政研究应该包括行政职能的范围界定、为实现行政职能而设计的行政结构、政府履行行政职能的行政过程以及影响行政职能实现的因素。

首先,行政职能的范围界定构成了公共行政活动的中心。行政职能的范围界定一方面事关政府职能范围边界问题,另一方面决定了政府与其他行为主体的关系边界问题。改革开放以来,我国政府逐渐从全能型政府向有限政府转变,但我国社会主义国家的国家性质决定了,我国的政府职能的限度虽然比全能型政府小,但要远比西方有限政府的职能范围大。因此,如何合理界定行政职能的边界,成为我国公共行政改革实践和理论研究需要解决的首要问题。与此同时,政府职能界定还涉及中国共产党与政府、政府与市场、国家与社会等行为主体的范围边界问题。

其次,行政职能的范围决定着基本行政结构。行政结构包括纵向政府间的结构设定和同级政府中横向行政结构的制度安排。我国是单一制的中央集权国家,存在国家、省（自治区、直辖市、特别行政区）、市、县、乡镇五级政府。行政职能的发挥依靠行政组织来完成。而作为传统公共行政学研究中心的行政组织不仅涉及组织内部运作，还涉及组织间关系问题。纵向来看，行政组织间关系主要涉及上下级政府之间的关系，即中央地方关系以及地方上下级政府间关系；横向来看，行政组织间关系主要涉及政府与其组成部门之间以及政府部门之间的关系。

再次，行政职能的实现过程是政府运行的关键。要更好地实现政府的行政职能，组织内部运行需要行政领导、行政决策、行政执行和行政协调等环节的协调配合。而为了确保组织有效运行又需要一系列保障因素，包括人事、预算、监督、责任以及行政文化和伦理等要素。

最后，行政职能的履行体现了行政价值的导向。在西方行政体系中，政治、管理和法律代表了行政价值的三种取向，而在我国广义政府中，这三种取向都有所涉及，但不同时间和状态下侧重点有所不同。这取决于特定历史阶段行政职能的主要问题和主要任务，因此，也与行政改革和行政发展导向密切相关。

二、公共行政学的研究方法

（一）公共行政学研究方法的演变

公共行政学是一门综合性、边缘性学科，这决定了公共行政学的研究方法必然也是多种多样的。自公共行政学产生以来，西方学者的研究大致经历了以下几个方面的变化。

一是从演绎研究转向归纳研究。早期的学者将公共行政学研究的重点放在基本原则、基本理论和法则上，将之视为行政学研究的规范标准。现代学者则侧重于从现实的行政活动出发，进行实地调查、个案研究，以此产生行政原则并用于行政活动的分析。

二是从价值分析转向实证分析。传统的行政学偏重于对价值的考虑，即行政应该是什么样的；而当代行政则注重事实的调查和收集，发现和分析行政活动和行政现象的现实问题。

三是从静态研究到动态研究。早期学者多注重行政组织的结构、行政制度、职权结构等静态方面的研究；而当代行政学还注重行政过程中心理、沟通、决策等动态方面的研究。

四是从单学科研究到跨学科研究。传统的行政学研究较少与其他学科进行交叉研究，也较少利用其他学科的新理论和技术。随着学科的发展，公共行政学多层次、跨学科的特点愈加明显，目前行政学的研究已经渗透和交叉了人文社会学科、自然科学和工程技术学科的诸多领域。

（二）公共行政学研究应该注意的问题

科学的方法对于科学研究的重要性不言而喻，但在研究方法的运用中，也要注意一些问题。要明确方法本身不是目的（当然，专门的方法研究除外），研究才是目的，方法是为研究服务的，不能只顾方法不顾研究。具体而言，要注意以下三个问题。

1. 避免方法至上

由于我国公共行政学乃至社会科学发展时间较短，学者研究方法的训练较少，规范的研究方法运用还不成熟，以至于出现对传统定性研究方法的批评，而对科学研究方法尤其是量化研究方法的极端推崇。然而，虽然科学的研究方法很重要，但研究方法终究是学术研究的工具。因此，要避免方法至上的不良倾向，避免因方法的"不规范"轻易否定研究结论的科学性，更不能以方法的精细化程度作为判断研究水准高低的标尺。

2. 方法没有好坏之分

社会科学的研究方法多种多样，种类繁多，而且随着跨学科公共行政研究的不断扩展，很多自然科学的研究方法被用于公共行政研究，进一步增加了公共行政研究方法的多样性。由于不同方法的技术细节不同，而且有些方法背后存在极大的方法论乃至认识论的分歧，因此，不同方法之间存在一些科学性程度的差异，甚至相互对立。然而，工欲善其事，必先利其器，方法指研究的工具，不同的工具适合于解决不同类型的问题。因此，不同研究方法之间并没有好坏之分，只有是否适合特定研究问题之别。

3. 避免忽视方法

虽然在对研究方法的认识上，我们主张避免方法至上，认为方法没有好坏之分只有合适与否之别，但这不意味着忽视研究方法。科学、恰当的研究方法有助于研究问题的解决和拓展，同时有助于提高研究结论的科学性。

复习思考题

1. 公共行政的含义是什么？
2. 公共行政有哪些特性？
3. 西方公共行政学研究的三条路径是什么？
4. 我国公共行政学发展取得的成就和面临的问题是什么？
5. 如何理解以行政职能为中心的公共行政体系？
6. 公共行政学研究方法有哪些转变，学习公共行政学应该注意什么？

结论

我们与一门公共行政科学还相去甚远。公共行政科学是不可能的,除非(1)规范价值的地位被清楚地确立了;(2)公共行政领域中的人性得到了更好的理解,且人的行为更具可预测性;(3)有一批比较研究,从这些研究中,我们可能发现超越国界和特定历史经验的原则和通则。

资料来源:罗伯特·达尔:《公共行政科学:三个问题》(有删节),载颜昌武,马骏:《公共行政学百年争论》,北京:中国人民大学出版社,2010。英文原文来自:Robert A. Dahl, The Science of Public Administration: Three Problems, Public Administration Review: Vol. 7, No. 1, 1947: 1-11.

第二章

行政职能

行政职能反映国家行政管理活动的内容、实质与方向，是对政府活动范围的全面概括。行政职能具有丰富的内涵，可以按照不同的标准，对其进行相应的分类。作为一个历史范畴，在不同的国家或同一国家的不同历史时期，行政职能各不相同。为适应行政环境的变化，所有的国家都在不断地进行行政职能的调整和改革。在已经加入世界贸易组织、逐步建立和完善社会主义市场经济体制的宏观环境下，中国政府必须转变行政职能、深化行政体制改革。

第一节 行政职能概述

行政职能表明行政机构在国家、社会生活中所扮演的角色和发挥的作用，既是行政组织设置和改革的依据，也是行政决策和行政执行的基础，是公共行政学研究的逻辑起点。

一、行政职能的含义和特征

(一) 含义

行政职能，也称为政府职能，是政府在国家和社会生活中所承担的职责和功能，是政府作为国家行政权力机关的地位而产生的，并由宪法和法律明确规定的相关职责的总称。行政职能主要涉及政府应该做什么事以及做到何种程度的问题，即明确政府"做什么"的问题。

在实行三权分立的国家中，国家职能包括立法职能、司法职能和行政职能三部分，行政职能是国家职能的具体执行和体现，在以立法职能为依据，以司法职能为后盾的同时，又受到立法职能和司法职能的制约。我国实行人民代表大会制，人民代表大会是国家的权力机关，政府由人民代表大会产生，向其负责、受其监督。因此，我国政府的行政职能不同于三权分立下政府的行政职能。

行政职能的内容包括国家政治经济事务、社会公共事务和行政机关内部事务，涵盖了社会公共生活的各个方面和各个领域。随着时代的发展，所有这些领域都处于不断变化状态，因此，行政职能不但多种多样，而且因时代背景而有所不同。

（二）特征

行政职能具有阶级性、法定性、强制性和动态性等特征。

1. 阶级性

行政职能是国家职能的重要组成部分，是国家意志的体现，反映了国家的性质和目的，因此，具有鲜明的阶级性。行政职能因国家性质的不同而有所差异，集中反映了统治阶级为了维护其统治所建立的行政体系在国家中地位、角色和作用的设定。

2. 法定性

行政职能履行主体的产生及其自身范围都需要以宪法和法律为依据，因此具有明确的法定性。作为行政职能履行主体的政府，必须依法产生、依法享有行政权力。而作为国家职能的重要组成部分的行政职能，其范围也需要由宪法和法律确定，不能超出法律约束的范围。

3. 强制性

政治权力具有强制性，其后盾在于合法的国家暴力机器。作为政治权力的重要组成部分，行政权也以国家暴力工具为依托，因此也具有了强制性。从行政权和司法权之间的关系分析，行政机关在代表国家行使行政权力，依法管理国家事务、社会公共事务和机关内部事务时，都必须以司法权力为后盾，要求全社会共同遵守相关的法律、行政法规和行政规章。

4. 动态性

行政职能并不是固定不变的，它不但因国家历史类型不同而不同，而且随着行政环境的变化以及国家政治、经济和社会的发展，行政职能的范围、内容、重点和作用都将发生变革。例如，在自由资本主义时期，资本主义国家政府的角色是"守夜人"，不干预经济活动，主要依靠市场这只看不见的手来调节和引导社会经济和其他公共事务的发展；而在垄断资本主义时期，由于劳资矛盾激化，经济危机频繁，资本主义国家转而奉行凯恩斯主义，加强了对经济的干预和调节；在当代资本主义国家，政府的社会服务职能不断强化，既注重利用市场这只"看不见的手"，也重视利用政府这只"看得见的手"来调节经济活动。

二、行政职能的意义

行政职能是国家职能的具体体现，集中反映政治权力的活动方向，是政府开展行政管理活动的依据，其意义主要表现在以下几个方面。

（一）行政职能是把握公共行政的基础

行政职能的范围界定是把握公共行政体系的基础和前提条件。只有在确立了政府应该"做什么"的前提下，才能进一步研究政府"怎么做"和发挥何种作用的问题。只有在明确政府职能的基础上，才能确定行政管理的其他相关环节，如行政结构、行政组织、行政领导、行政决策、行政执行和行政监督等。因此，行政职能的确定直接影响行政管理活动的整个过程，影响政治、经济和社会的方方面面。

（二）行政职能是设置行政组织的依据

行政组织是行政职能的载体，一个国家行政组织的设置只有以行政职能为依据，才具有科学性和合理性，才能避免机构臃肿和重叠。要建立精简、有效、统一的行政组织机构，行政组织设置的规模、层次、数量等都必须根据行政职能的范围、大小和内容而定。当行政职能随着社会、政治和经济发展而产生变化时，行政机构也要进行相应的改革。改革开放以来，中国政府共进行了8次大规模的行政机构改革，但历次行政机构改革之所以都在"精简—膨胀—再精简—再膨胀"的怪圈中打转，归根结底在于行政组织的变革没有以行政职能转变为基础。

（三）行政职能是了解行政运行的钥匙

行政运行是为了确保行政职能的有效履行，因此，行政职能是了解行政运行的钥匙。行政职能明确了政府与社会、政府与市场的关系，设定不同层级政府间关系以及政府内部职能部门组成及相互关系。明确行政职能是透视行政运作过程的重要步骤。否则就不能了解：为什么中国政府投入大量资源扶贫，而美国政府则不会如此大规模的扶贫，以及为什么农民工被拖欠工资会去找政府而不是去找企业等问题。

（四）行政职能是透视行政改革的关键

行政改革是面临社会经济环境变化，调整行政职能、创新行政手段、提高行政效率的综合改革。而其中，又以行政职能转变为核心。行政职能转变意味着国家与社会、国家与市场以及政府内部运行方式的调整，这些都构成了行政改革的重要组成部分。现代公共行政要求实现法制化、科学化和程序化，要实现这一目标，则必须依据政府的行政职能，科学地安排各个管理运行阶段，力求使行政管理的各个环节有机衔接。

三、行政职能体系

行政职能是一个完整的体系，由众多有机联系的职能组成。按照不同标准，行政职能可以分为不同类型。根据公共行政的职能形式、作用的领域和行政运行中的各个环节，可将行政职能体系划分为基本职能、领域职能和运行职能三种类型。

（一）公共行政的基本职能

我国《宪法》[①] 规定，"中华人民共和国国务院，即中央人民政府，是最高国家权力机关的执行机关，是最高国家行政机关"（第八十五条），国务院行使"根据宪法和法律，规定行政措施，制定行政法规，发布决定和命令"等十八项职权（第八十九条）。我国《宪法》规定，"地方各级人民政府是地方各级国家权力机关的执行机关，是地方各级国家行政机关"（第一百零五条），《中华人民共和国地方各级人民代表大会和地方各级人民政府组织法》规定，县级以上的地方各级人民政府具有"执行本级人民代表大会及其常务委员会的决议，以及上级国家行政机关的决定和命令，规定行政措施，发布决定和命令"等十项职权（第五十九条）。根据《宪法》和相关法律规定，我国政府的基本行政职能主要包括规制职能、建议职能、管理职能和保障职能。

1. 规制职能

规制职能是行政机关依法享有的法规和措施制定、改变和撤销职能，决定和命令发布以及改变和撤销职能，以及规定政府组成机构权责的职能。国务院有权"规定行政措施，制定行政法规，发布决定和命令"[《宪法》第八十九条（一）]、改变或者撤销各部、各委员会发布的不适当的命令、指示和规章[《宪法》第八十九条（十三）]；改变或者撤销地方各级国家行政机关的不适当的决定和命令[《宪法》第八十九条（十四）]；"规定中央和省、自治区、直辖市的国家行政机关的职权的具体划分"[《宪法》第八十九条（四）]；"规定各部和各委员会的任务和职责，统一领导各部和各委员会的工作，并且领导不属于各部和各委员会的全国性的行政工作"[《宪法》第八十九条（三）]。

---

① 我国现行《宪法》是 1982 年 12 月 4 日第五届全国人民代表大会第五次会议通过的，后历经 1988 年、1993 年、2004 年和 2018 年四次修正。除非特别注明，本书中所称《宪法》均为 2018 年 3 月 11 日第十三届全国人民代表大会第一次会议通过的《中华人民共和国宪法修正案》。

2. 建议职能

建议职能是指国家行政机关向权力机关提出意见或建议的职能。《宪法》第八十九条（二）规定国务院有权"向全国人民代表大会或者全国人民代表大会常务委员会提出议案"。建议职能是行政机关作为权力机关的执行机构的一种反馈机制，可以将行政机构在职权履行过程中发现的相关问题及时反馈给权力机关，形成二者之间的有效沟通。

3. 管理职能

管理职能是指行政机关依照《宪法》和法律履行对社会各方面的管理职能。我国《宪法》规定中央政府有权编制和执行国民经济和社会发展计划和国家预算；领导和管理经济工作和城乡建设、生态文明建设；领导和管理教育、科学、文化、卫生、体育和计划生育工作；领导和管理民政、公安、司法行政等工作；管理对外事务，同外国缔结条约和协定。《中华人民共和国地方各级人民代表大会和地方各级人民政府组织法》规定，县级以上的地方各级人民政府有权管理本行政区域内的经济、教育、科学、文化、卫生、体育事业、环境和资源保护、城乡建设事业和财政、民政、公安、民族事务、司法行政、监察、计划生育等行政工作。

4. 保障职能

保障职能是指行政机关依照《宪法》和法律维护普通公民和特殊公民基本权利的职能。《宪法》规定中央政府需要履行保障少数民族的平等权利和民族自治地方的自治权利；保护华侨的正当的权利和利益，保护归侨和侨眷的合法的权利和利益等职能。《中华人民共和国地方各级人民代表大会和地方各级人民政府组织法》规定，县级以上的地方各级人民政府需要履行保护社会主义的全民所有的财产和劳动群众集体所有的财产，保护公民私人所有的合法财产，维护社会秩序，保障公民的人身权利、民主权利和其他权利；保护各种经济组织的合法权益；保障少数民族的权利和尊重少数民族的风俗习惯，帮助本行政区域内各少数民族聚居的地方依照宪法和法律实行区域自治，帮助各少数民族发展政治、经济和文化的建设事业；保障宪法和法律赋予妇女的男女平等、同工同酬和婚姻自由等各项权利的相关职能。

（二）公共行政的领域职能

根据政府在国家社会生活中的整体作用范围和具体作用领域可以把公共行政的领域职能划分为政治职能、经济职能、文化职能和社会职能。

1. 政治职能

政治职能是政治统治职能的简称，指政府通过一系列政治活动，维护国家统治、保卫国家安全和社会安全的基本职能。政治职能的内容比较广泛和复杂，可概括为以下几个方面：

(1) 专政职能。专政职能是指政府为维护阶级统治和阶级利益，运用国家机器来防范和打击一切敌对势力。这项职能随国内、国际形势变化而变化，有时强化，有时则弱化，但绝对不会消失。尽管现阶段中国已经消灭了剥削阶级，但是，破坏中国特色社会主义建设的犯罪活动仍时有发生，随着经济体制改革的深化，中国社会分化速度加快，社会流动性增强，社会治安问题凸显。为维护公众利益，保持社会主义制度的稳定，作为行政组织的公安机关和司法行政机关，必须承担起镇压叛国和其他活动，制裁危害公共安全、破坏社会主义经济建设和其他犯罪活动，惩办和改造犯罪分子等职责。

(2) 军事保卫职能。为保卫国家的主权独立和领土完整，保护公民合法权益和生命财产安全，维护世界和平，行政机构必须领导和组织国防建设、武装力量建设，以防御外来侵略和颠覆。尽管战后国际局势相对和平，但是，企图对中国进行渗透、颠覆及和平演变的国际政治势力仍然存在。因此，随着综合国力的提高，中国应该强化军事保护职能，以维护国家安全和实现国家统一。

(3) 民主职能。民主是一个国家政治发展的当然目标，也是当代国际社会普遍奉行的价值观念，无论是资本主义国家还是社会主义国家都必须推动民主政治发展，都必须在行政管理过程中体现民主价值。在特色社会主义建设进程中，中国对战略目标进行了调整，将社会主义"政治文明"建设纳入战略目标之中，体现出对民主政治的追求。

中国政府的民主职能包含社会主义民主政治建设和社会主义法制建设两方面内容。中国的基本政治制度是人民代表大会制度，因此行政组织必须自觉维护、支持和完善人民代表大会制度，认真执行国家权力机关制定的各项法律，依法接受权力机关的监督。同时，为落实中华人民共和国宪法赋予公民的各项权利，行政组织应该在行政职权范围内加强法制建设，推行依法行政，夯实人民民主权利的法律基础。

2. 经济职能

经济职能是指国家行政组织承担的组织和管理社会经济建设，推动社会生产力进步的职能。经济职能是每个国家每个政府最为重要的一项职能之一。在短期内要实现由计划经济体制向社会主义市场经济体制转型的中国，政府作为一种具有国家强制力的权威组织，其经济职能定位对经济体制改革起着至关重要的作用。政府的经济职能主要有以下两类。

(1) 宏观经济调控职能。尽管市场经济是人类社会迄今最具效率和活力的经济运行机制和资源配置手段，但是，市场存在着被称为"市场失灵"的市场机制自身难以克服的弱点，作为公共利益的代表，政府必须对经济活动进行宏观调控，以保持社会总需求与总供给的动态平衡，维护国民经济和社会发展的良性循环。具体而言，政府可以通过制定国民经济和社会发展计划，制定各种行政法规和规章制度等手段，运用财政、货币、信贷、汇率等政策措施，有效地引导和控制固定资产投资规模，优化产业结构和生产力布局，实现财政收支平衡，从而保持宏观经济稳定与经济总量平衡。

（2）维护市场经济秩序职能。政府在市场经济中的正确定位应该是社会公益人，通过提供经济信息服务，有效监督经济活动，调节分配，组织与实现公共产品的供给等手段来确保市场经济活动在良性运行的基础上实现社会公平与公正。具体包括：以法律或政策的形式界定各经济活动主体的权利和义务关系，全面规范各经济主体的经济行为以及政府行为，保证市场经济的效率和公正性，建立运行有效的全国性及地区性经济监督和预警系统，健全规范有效的审计和会计制度，确保市场机制的运行秩序。

3. 文化职能

文化职能是政府对国家教育、科学文化、卫生和体育等事业的建设与管理职能。由于教育和科学技术在社会经济发展中的地位和作用越来越突出，各国政府都将制定和实施教育及科技发展战略视作为经济发展提供智力支持的重要举措，通过制定有关教科文卫事业发展的政策和法规，兴办各类学校等方式来普及、指导和监督科教文卫事业的发展。

中国政府现阶段的文化职能主要是领导和组织社会主义精神文明建设，即推进社会主义思想政治教育，大力发展教育事业，强化对卫生和体育事业的管理，从而缩小中国与发达国家之间的差距，为社会主义市场经济发展提供有力的精神和智力支持。

4. 社会职能

社会职能是指政府的社会服务和社会保障职能，即除了经济和文化职能以外的，政府对社会生活领域公共事务的管理。其目的在于保障社会稳定和维持社会正常秩序。一般而言，政府社会职能所涉及的内容主要有建立和健全社会福利和社会保障体系、创办各种社会服务事业，建设和管理各项公共服务设施、保护和合理利用资源，加强生态环境的保护等。

随着人类社会的发展，政府的政治统治职能在不断弱化，而经济和社会职能则在不断强化。从19世纪开始，在资本主义经济迅速发展的同时，失业、贫困、环境等社会问题日趋严重，为维持社会的稳定，促进资本主义制度的发展，资产阶级政府的社会职能不断扩大，推动着西方国家向"福利国家"方向发展。第二次世界大战后，在凯恩斯主义的影响下，西方各国政府的社会职能已经扩展到社会生活的所有方面，不但向民众提供了更完善的社会保障、更多的高质量基础设施和公共设施，而且在教育、卫生、环境保护等方面提供了更强有力的支持。到20世纪50年代末，西方发达资本主义国家已基本建成"福利国家"。

尽管近年来，"福利国家"政策备受批评和质疑，但是，西方资本主义国家的社会职能仍在不断增强，政府支出不断增加。如美国1970-1994年政府支出占国民生产总值的比例一直保持在30%以上，而同时期瑞典、荷兰等国则高达40%和60%以上。

从中国目前情况来看，随着社会主义市场经济体制的逐步建立，计划经济体制下由"全能型"企业和单位承担的社会公共事务如医疗卫生、教育和社会保障等必将从企业剥离，转交给相关政府部门管理。与此同时，在经济发展过程中，中国产生了一系列转型时期的社会问题，如人口问题、环境污染、失业、能源危机等。为解决这些公共问题，政府的社会职能不可避免地要大幅度扩张。

（三）公共行政的运行职能

公共行政的基本职能和不同领域的职能，都必须通过一个完整的行政过程来实现。在这个行政过程的每一个环节中，政府都在以一定方式履行其职能。因此，从公共行政过程的角度分析，行政职能又体现为一系列运行职能。关于行政运行职能的内容，国内外学者从不同角度进行了不同的概括和表述，如法国行政学者将行政运行职能划分为计划、组织、指挥、协调和控制五项职能，而美国行政学家古利克提出了著名的POSDCRB七职能说，即计划、组织、人事、指挥、协调、报告和预算。尽管略有分歧，但是这些理论的主要观点是基本一致的，即行政运行职能主要有决策、组织、协调和控制四项职能。

1. 决策职能

决策职能是行政管理过程中最为重要的职能，是指政府为实现一定的行政管理目标，针对一定时期的某一问题而进行的调查预测、拟订方案、评估方案和选择方案等行为过程。简言之，行政决策职能就是确定行政目标和制订行政计划。正确的决策，是行政运行目标明确、协调有序的基础，因此，决策是否科学，计划是否得当，将直接关系行政管理过程中其他运行职能能否有效履行，行政管理整体效能能否有效发挥。所以，增加决策的透明度，拓宽公众民主参与的制度途径，建立健全行政信息系统和决策咨询系统，强化领导、专家和民众相结合的民主决策机制，是政府行政决策职能有效发挥的前提。

2. 组织职能

行政管理的组织职能是指行政主体为实现既定的行政决策，通过设置行政机构、划分行政职权和配备行政人员等活动，将行政组织内部的各个要素联结成一个分工明确、结构严密的有机整体，对人、财、物加以合理使用的过程。具体包含以下内容。

（1）设置行政机构：在合理划分职、权、责的基础上，根据行政管理目标设置职能机构，并对行政目标进行分解，确定具体的实施步骤和方案，将管理任务落实到各行政管理机构之中。

（2）建设行政管理队伍：对行政人员进行选拔、调配、培训、考核和任用。

（3）健全行政指挥系统：为确保指挥统一、政出一门，必须建立起有效的指挥系统，以便对具体的行政管理工作进行指挥和检查督导。

3. 协调职能

行政决策的实施，必然要涉及行政环境、行政组织、个人等各个方面，行政管理者必须不断地对行政组织与行政环境之间、不同行政组织之间、行政组织与个人之间以及个人与个人之间的关系进行协调，以确保行政管理目标的顺利实现，主要表现在以下两个方面。

（1）协调行政系统内部的关系。为减少和消除行政系统的内耗，整合和提高整体行政力量，使行政系统运行有序，对行政组织之间、行政组织与行政人员之间、行政人员相互之间以及各项行政管理活动之间的关系进行协调不可或缺。

（2）协调行政组织与其他社会组织以及公众之间的关系。通过行政协调，沟通和理顺行政系统与其他社会系统的关系，增强公民及其他社会组织对行政管理活动的支持与理解，是现代行政管理的重要内容。

4. 控制职能

行政控制职能，一般是指行政领导者或上级部门按照行政决策及其计划目标所确立的标准，衡量行政计划的完成情况，对具体执行机构和人员进行检查和督促，纠正行政执行中的偏差，以确保行政计划目标实现的活动。行政控制职能贯穿于行政管理的各个方面和行政管理的每一个环节，是行政目标实现的保证。要发挥行政控制职能，必须具备以下两个条件。

（1）控制各环节有机衔接。在实施行政控制时，首先要根据行政计划目标，确立科学合理的控制标准，然后通过有效渠道获取偏差信息，并采取相应的纠偏措施。

（2）建立健全的行政控制组织机构和有力的控制手段。在健全监督组织系统的同时，辅之以配套的监督控制手段，方可取得良好的控制效果。

第二节 西方国家行政职能的理论与实践

一、关于政府职能范围的主要观念

(一) 传统的公共利益观念

对政府职能的关注可以追溯到久远的历史。早在2000多年前,古希腊政治学家亚里士多德便指出,城邦生活之所以是可欲的,是因为城邦能使人们过上良好的生活,而这种通过维护公共利益、保证人们获得良好生活的政治共同体才是最正义的。他还列举了政府应该履行的一些重要职能:市场管理、监护城区公共财产、维护并修理遭到损害的建筑和街道、勘察田畴、解决民间纠纷、征收并保存公共财产收益、办理民间契约和法庭判决等事务。这成为对正义政府的最早描述。

中世纪的著名神学家托马斯·阿奎那也指出,国王或者政府的职能在于"殚精竭虑地增进公共利益",只有增进公共利益的政府才是正义的政府。阿奎那给出了他眼中正义政府应该履行的职能:首先是确保社会的安宁,即建立社会秩序的职能;其次是必须保证所建立起来的安宁,即维持秩序的职能;最后是尽量扩大社会福利,即发展公共利益职能。

(二) 自由市场观念

然而,近代西方政治学和经济学的发展却使正义政府的内容发生了转变,维护公共利益或发展公共利益不再是正义政府的诉求。近代西方政治学突出强调政府对个人自由的潜在危险,英国政治学家霍布斯将国家称为"利维坦"。为了避免国家这个庞然大物可能对个人权利的侵害,霍布斯主张对政府进行限制,将政府活动范围尽量限制在维护个人自由权利的范围之内,尽量缩小政府的范围。而近代资本主义经济的快速发展,则导致经济学家认为自由市场经济是最优的经济形式,政府应该减少干预。上述两种观点的结合形成了"经济自由主义"的政府职能观,将政府对内职能的中心放在对经济活动的影响方面,从而主张减少政府干预,缩小政府职能。

(三) 政府干预观念

虽然自由市场观念长期占据着主导地位,但是由于自由资本主义周期性爆发的经济危机以及战争和自然灾害对经济和社会生活的严重影响,政府干预的观念便在政府职能范围的界定中吸引了人们的注意，开始强调政府干预对经济发展社会稳定的作用。凯恩斯主义是这种观念的理论基础，而20世纪30年代美国的罗斯福新政则为这种观念提供了经验支撑。

（四）社会保障观念

与传统的基于公共利益观的政府职能相比，自由市场观念和政府干预观念虽然对政府的职能范围持相反的观念，但他们关注的焦点都是政府与市场的关系问题，较少涉及社会保障和社会福利问题。社会福利的萌芽形式，是一些临时性的社会救济措施，在资本主义历史上早已产生。而作为一种社会思潮的福利主义，在19世纪末期就开始流行。这种观念认为赋予公民基本的福利保障是有效确保社会再生产能力，维护社会稳定，防止社会动荡，从而为社会经济发展提供稳定环境的重要条件。

进入垄断资本主义阶段后，资产阶级统治集团在加紧镇压工人运动的同时，还力图用局部的改良，其中包括由国家实施某些社会福利来削弱工人运动。20世纪30年代资本主义的经济大危机曾导致深刻的政治和社会动荡，迫使一些国家进一步采取了若干社会福利措施。但是，直到第二次世界大战结束以前，各国政府所实施的社会福利，项目不多，范围较狭，并且主要是一些救济性措施，尚未形成一套体系。资产阶级宣扬的所谓"福利国家制度"的最终形成是在第二次世界大战以后。

二、西方政府职能的演进

近代西方国家政府职能的演变，是上述观念共同作用的结果。在不同社会经济条件下，不同观念占据上风，从而使政府职能呈现出不同特征。

（一）自由资本主义时期的守夜人政府

守夜人政府是对自由资本时期政府职能范围的形象表述，是指政府的作用仅在于最低限度的功能，例如维持和平、确保个人财产和自由以及一些最低限度的公共事业。守夜人政府是自由市场观念的集中体现。英国政治学家洛克继承了霍布斯限制政府的观念，在《政府论》中提出，政府的任务主要是保护个人自由和财产，除此之外，可以什么都不管。古典自由主义的杰出代表人物亚当·斯密在《国富论》中，从经济的角度界定了政府的职责。斯密提出了这样的口号：最好的政府，就是最廉价的政府。

斯密将政府的职能总结为三个方面。第一，保护社会，使其不受其他独立社会的侵犯。第二，尽可能保护个人，使其不受社会上其他人的侵害或压迫。

第三，建设并维持某些公益事业及某些公共设施。

守夜人政府理论满足了当时社会对自由市场经济的追求，然而也使政府退出了对经济和社会的干预，导致政府职能极度萎缩，一方面任由经济危机周期性爆发，另一方面置社会公平和福利于不顾。

（二）垄断资本主义时期的干预型政府

虽然自由市场经济一度带来了西方资本主义世界的极度繁荣，然而，毫无约束的自由竞争，造成了严重的垄断，给资本主义经济造成了危害。19世纪末至20世纪初，西方一些工业国家制定了一系列反垄断措施，政府干预经济的思潮开始出现。而周期性的经济危机也使人们发现，市场的自我调节能力存在缺陷。1929年至1933年爆发了资本主义世界最严峻的经济危机。自由市场经济的不足及其引发的问题为政府干预社会提供了实践机遇和理论契机。

在实践方面，美国的罗斯福新政成为政府干预经济的成功模板。1929年10月24日被称为"黑色星期四"，这一天美国金融系统崩溃，股市暴跌，自由资本主义的最严重经济危机在美国爆发，向世界蔓延。危机导致大量人口失业，经济急剧衰退。当时的美国胡佛政府秉持自由资本主义政策，反对国家干预经济，相信自由市场的力量会自发治愈经济危机。1932年美国大选，面临严峻的经济危机，民主党总统候选人富兰克林·罗斯福，提出实行"新政"和振兴经济的纲领，赢得大选胜利。1933年，罗斯福入住白宫后积极推行以救济、改革和复兴为主要内容的"罗斯福新政"。新政主要包括以下措施。

第一，整顿银行与金融业，责令银行休业整顿，逐步恢复银行的信用，并放弃金本位制，使美元贬值以刺激出口。

第二，复兴工业，要求各工业企业制定本行业的公平经营规章，确定各企业的生产规模、价格水平、市场分配、工资标准和工作日时数等，以防止出现盲目竞争引起的生产过剩。

第三，调整农业政策，给农户发放经济补贴，提高并稳定农产品价格。

第四，推行"以工代赈"（最重要的一条措施）。

第五，大力兴建公共工程，增加就业刺激消费和生产。

第六，建立社会保障体系，通过了《社会保障法》，使退休工人可以得到养老金和保险，失业者可以得到保险金，子女年幼的母亲、残疾人可以得到补助。

第七，建立急救救济署，为人民发放救济金。

从1935年开始，美国经济开始好转，到1939年，罗斯福总统实施的新政取得了巨大的成功。国民生产总值从1933年的742亿美元增至1939年的2049亿美元，失业人数从1700万下降至800万，恢复了国民对国家制度的信心。

在理论方面，凯恩斯主义为政府干预经济提供了有力支撑。经济危机打破了亚当·斯密关于市场万能的神话，人们不得不正视市场调节的严重缺陷，承认政府干预经济和社会事务的必要性。1936年，凯恩斯在《就业、利息和货币通论》一书中主张要全面增强国家的作用，政府不应该仅是社会秩序的消极保护者，还应该是社会秩序和经济生活的积极干预者，应该有效地利用政府的财政职能影响经济的发展。

罗斯福新政的实际效果为政府干预经济提供了成功经验，凯恩斯主义为国家干预经济提供了充分的理论支撑。在实践和理论的共同作用下，西方资本主义国家开始大量介入经济干预，政府职能大大超越了自由资本主义时期的守夜人政府。

（三）"二战"后的社会保障型政府

20世纪30年代的经济危机以及紧随的第二次世界大战，使得作为传统发达地区的西欧面临严重危机，社会产品严重短缺，人民生活极度困难。"二战"前，英国国内社会矛盾已经非常尖锐，战争的重创又使矛盾进一步加剧。而战时的集中动员，使得政府可以通过自身的调整来缓解这些矛盾，而社会保障和社会福利便成为最有效的工具。1941年，英国成立社会保险和相关服务部际协调委员会，着手制订战后社会保障计划。1942年，经济学家贝弗里奇爵士提交了题为"社会保险和相关服务"的报告，即著名的贝弗里奇报告。贝弗里奇报告勾画了一个从摇篮到坟墓的福利体制，被看作福利国家建设的制度蓝本。

贝弗里奇认为社会保障计划建设应该遵循三条指导原则。第一，既要充分运用但又不拘泥于过去积累的丰富经验，防止部门利益影响计划。第二，把社会保险作为提供收入保障、消除贫困的一项基本社会政策内容。第三，国家提供福利的原则是基于国家利益而不是某些群体的局部利益，社会保障必须由国家和个人共同承担责任，通过国家和个人共同合作来实现。

福利国家在20世纪下半叶成了西欧社会的基本制度和时代精神。英国于1948年率先建成福利国家，之后西欧各国纷纷效仿。而后又受到欧洲其他国家的推崇，其中最典型的是北欧国家，它们后来甚至成了西方福利国家的"橱窗"。

20世纪70年代中期到80年代初，西方福利国家日益陷入困境，因为庞大的社会福利体系耗费了巨额财政资金，很多福利国家难以为继。1973-1975年经济危机以后，发达资本主义国家普遍陷入经济发展滞缓、财政赤字扩大、通货膨胀严重的困境，庞大的社会福利开支愈益成为国家财政的沉重负担，"福利国家制度"也陷入进退维谷的境地。一些国家开始削减社会福利，英国作为昔日福利制度的发源地，自20世纪70年代遇到财政困难后，开始改革并逐渐削减福利的规模，引入市场因素，尽管仍保持较高的社会福利，但它的福利制度已不是贝弗里奇模式了。此后，削减福利的改革浪潮逐步席卷到几乎所有西方发达国家，包括美国。而北欧国家却持续坚持福利国家制度，继承了英国模式的"衣钵"，成为贝弗里奇模式的典范。

（四）当代的选择性干预政府

20世纪70年代初，在经历了实行凯恩斯政府干预主义带来的20年的高速发展之后，资本主义各国出现了"滞胀"现象，经济停滞、高失业率与高通货膨胀并存。而奉行凯恩斯主义的政府却束手无策。这意味着在市场经济条件下政府纠正市场失灵的能力是有限的，从而也动摇了凯恩斯主义的主导地位。新自由主义观念乘机兴起。新自由主义观念重拾自由资本主义的大旗，强调市场自由，反对政府对市场过分干预。新自由主义将滞胀归因于凯恩斯主义政策的实施，主张放弃政府对经济生活的干预，认为政府不可能掌握千变万化的与市场有关的信息，政府过分干预，会误导市场走入迷途，扭曲资源配置的运作。而高社会福利带来的巨大财政开支，也促使很多福利国家开始削减福利，降低政府对社会的干预程度。

在经历了诸多变迁之后，西方国家对政府职能的认识更加全面，主张市场自由至上与主张政府干预并存。长期的政策实践使他们积累了政府干预的经验，也清楚地认识到政府干预的不足。因此，当代西方国家整体上进入了选择性政府干预时期，利用政府的干预去弥补市场不足，利用市场去克服政府失败。但需要明确的是，西方国家的选择性干预是建立在一定的前提基础之上。第一，实行自由市场经济，相信自由市场是经济发展和资源配置的首选模式。第二，普遍建立起相对较高水平的社会福利体制。第三，政府较少干预市场经济行为，更多地承担社会职能。

三、政府职能变迁的三重关系

政府职能的演变历程实际上体现出不同时期国家对三重关系的制度安排，这三重关系分别是政府与市场的关系、国家与社会的关系以及效率与公平的关系。

（一）政府与市场

政府与市场的关系主要涉及政府的经济职能。虽然政府和市场的性质完全不同，但都可以看作资源配置的一种主体。政府与市场各有其优势，也各有不足。市场通常被看作最佳的资源配置方式，然而人们也同意存在市场失灵；政府可以有效弥补市场失灵，但同时政府本身也可能失灵。但在不同体制下，政府和市场发挥作用的范围存在较大差异，如何尽可能发挥二者优势，实现良性互动，是政府职能调整需要处理的问题。

除了资源配置以外，政府与市场的关系还涉及政府职能的行使方式。公共行政学的管理主义路径便强调可以弱化政府与市场的区别，甚至强调为了提高效率需要在公共管理中借鉴企业的管理方式，再造政府。而强调政府作用的公共行政的政治学路径则强调政府的公共属性，关注代表性、回应性等体现民主价值的行政方式。

（二）国家与社会

国家与社会的关系主要是涉及政府的政治职能，但不限于传统政治职能所涉及的统治、军事和民主等职能，还包括国家对社会渗透和控制范围的调整。

早在100多年前，德国经济学家阿道夫·瓦格纳（Adolph Wagner）便提出了著名的"瓦格纳定律"，随着工业化社会的到来，公共部门在经济活动中的数量和比重具有一种内在的扩大趋势，因此，公共支出将不断膨胀。"二战"以后西方工业国家的实践验证了瓦格纳定律。西方国家的公共开支不断扩大。不断扩大的公共开支意味着国家对社会的渗透和控制范围日益扩大，同时意味着国家开始对社会承担越来越宽泛和更大的责任。而庞大的公共开支是通过税收和非税收入的方式从社会汲取的，因此，公共开支的筹集和支出便成为国家与社会权力和权利互动的角力场。

国家应该为社会承担哪些责任？在不同领域，国家应该为社会承担什么程度的责任？公民如何在公共支出过程中表达自己的诉求等问题，是政府职能设定和转变过程中必须认真处理的问题。

（三）效率与公平

效率与公平的关系主要涉及政府的社会职能。近200年来，公平与效率问题一直是哲学家、经济学家、社会学家和法学家不断探索与争论的重大问题。效率通常指资源配置的效率，公平通常指社会成员在收入或机会上的均等化以及社会权利上的平等化。效率与公平是相互依存、相互促进的。效率与公平争论的焦点是孰者为先的问题，而争论的结果表现为效率优先论、公平优先论和效率公平平衡论。随着我国政府职能的转化和社会发展的日益复杂，效率与公平的关系也将日益多样化，某些领域会强化效率而某些领域则会强化公平。

第三节 我国行政职能转变

行政职能转变是指国家行政机关在一定时期内，为适应行政环境的变化，满足国家和社会发展的需要，自觉对其行政管理的内容和管理方式进行调整和变革。行政职能的转变意味着某一时期，某项新政职能的强化或弱化，以及履行行政职能方式的变化。

一、中国行政职能转变的必然性

自1978年改革开放以来，中国社会发生了举世瞩目的变化，无论是政治、经济还是其他社会领域，都取得了长足的发展。这些发展，强有力地促进了中国政府的职能转变。

（一）行政职能转变是适应社会主要矛盾变化的必然要求

一段时期内，国家的主要矛盾决定了国家的工作重心，进而决定了政府的职能范围和重点。改革开放以后，我国仍处于社会主义初级阶段，国家所要解决的主要矛盾是人民群众日益增长的物质文化需要同落后的社会生产之间的矛盾。这一矛盾决定了相当长的一段时间内，国家的工作重心转移到经济建设上来，行政职能的重心也主要调整到促进经济发展、提高社会生产能力上来。

2017年，党的十九大深入分析我国社会发展的阶段性特征，明确我国社会主要矛盾已经转化为人民日益增长的美好生活需要和不平衡不充分的发展之间的矛盾。社会主要矛盾转化集中反映出我国社会发展新的阶段性特征。进一步强化发展的平衡性和充分性对政府职能范围带来的新的要求，行政职能必须适时转变才能更好地适应社会的主要矛盾、适应社会发展的新阶段。

（二）行政职能转变是我国国家现代化转型的必然要求

改革开放之初，国家提出了四个现代化的建设目标，开启了我国现代化转型的新征程。2012年中国共产党第十八次代表大会提出国家治理体系和治理能力现代化的命题，是国家现代化转型的进一步深化。国家现代化转型带来的经济、政治和社会变革要求行政职能范围与之相适应，必须相应转型。

1. 由计划经济向市场经济转型的要求

改革开放前，中国实行计划经济体制。中国经济体制改革的过程，实质上是改革传统计划经济体制，建立社会主义市场经济的过程。特别是在加入WTO

之后，中国迈向社会主义市场经济体制的步伐进一步加快。在此背景下，中国政府的行政职能必须重新定位，政府必须转变其经济职能，管理的范围及方式需要适应社会主义市场经济的需要。

经过40多年的改革开放，我国社会主义市场经济体系已经初步建立，但仍存在一些不足，有鉴于此，党的十八届三中全会把市场在资源配置中的"基础性作用"改为"决定性作用"。这是我们党对社会主义市场经济规律认识的深化，是理论和实践上的重大推进。这对我国政府职能转变提出了新的要求。

2. 由全能型政府向有限政府转型的要求

改革开放前，中国政府是一个"全能型"政府，社会生活的全部领域都由政府来管理，造成行政职能的缺位、越位和错位并存。国家现代化转型要求明确划分国家和社会的边界、国家和市场的边界，国家行政职能适当退出社会自治领域，释放社会活力。这意味着政府必须适时转变其政治职能，适应新形势变化。

3. 由强调效率转向效率与公平兼顾的要求

改革开放前，我国实行"大锅饭"式的平均主义，改革开放后，国家改革打破"大锅饭"，取消平均主义，释放个体活力，改进社会效率。1993年，党的十四届三中全会提出"效率优先，兼顾公平"，主张效率和公平应该平衡，但向效率倾斜。2002年，党的十六大进一步提出："初次分配注重效率，发挥市场的作用，鼓励一部分人通过诚实劳动，合法经营先富起来。再分配注重公平，加强政府对收入分配的调节职能，调节差距过大的收入"，明确了效率与公平的各自优先的领域。到党的十六届五中全会强调"更加注重社会公平"，主张在效率与公平平衡的基础上向公平倾斜。我国行政职能需要适时调整，更好地满足效率与公平的要求。

二、中国行政职能内容的转变

行政职能内容的转变主要体现在领域职能转变上。适应市场经济发展时期国家与社会关系的调整，转变政治职能的重心；围绕建立和完善社会主义市场经济体制的需求来转变政府经济职能，改革政府支配和控制一切经济事务的做法；适应社会的发展，迅速强化政府社会职能。

（一）转变政治职能的重心

政治职能是政府最重要的一项职能，其作用是维护和巩固国家政权。随着中国主要社会矛盾的转变和冷战的结束，和平与发展已经成为时代的主题，中国政府政治职能的重心也必须有所转移,全面加强社会主义民主与法制建设,推进依法行政和政府建设,以法律为手段来惩罚和改造犯罪分子,维护社会主义制度。事实上,改革开放以来,尤其是党的十六大以来,实现民主政治的制度化、规范化和程序化已经成为中国政治文明建设的战略目标,中国政府的社会主义民主和法制建设职能将进一步强化。

面临我国社会主要矛盾的变化和国家现代化转型的要求,政治职能转变主要包括以下内容。

1. 运用各种合法手段,维护国家的存在和发展

政治职能的首要方面是维护国家的领土完整、主权独立、经济安全以及中国根本政治制度。随着中国加入WTO和其他国际组织,国家职能已经部分让渡于这些国际政治、经济和社会组织,而且随着科学技术的发展和人类活动范围的扩大,国家主权的范围已经从单纯的领土、领海和领空扩展到太空和信息领域,在这种情况下,国家主权的范围在当代已经发生改变,政府必须对这种变化做出及时的回应,据此进行政治职能的调整,才能适应形势的发展。

2. 推进民主和法治建设

以法律体系来理顺政府与公民之间的"委托—代理"关系,确保中华人民共和国《宪法》第二条之规定能够真正落实:"中华人民共和国的一切权力属于人民……人民通过各种途径和形式,管理国家事务,管理经济和文化事业,管理社会事务。"只有这样,国家公务员才能真正成为"人民的公仆",向人民负责。

自改革开放以来,中国法治建设已经取得了巨大成就,中国特色社会主义法律体系已经建成。党的十八届四中全会研究全面推进依法治国重大问题。这是自改革开放以来,党的历次中央委员会全体会议中,首次将法治作为主题,标志着我国依法治国进入新的发展阶段。2018年3月11日第十三届全国人大第一次会议通过的宪法修正案中,将原有的"健全社会主义法制"修改为"健全社会主义法治",更是我国推进民主法治建设的重大进展。

3. 推进有限政府建设

现代社会要求国家与社会的边界相对明确,国家权威应该为社会自治留有适当空间,允许和鼓励社会自我管理、自我发展,充分发挥社会的主体地位。一方面将国家权威从社会管理和控制的事务中解脱出来,减轻国家的负担,将工作重心和精力转移到其他事务上来;另一方面,充分激发社会活力,使庞大的社会资源动员起来,改进社会治理。

(二) 转变经济职能

与西方发达国家市场经济体制的形成和成熟历经数百年不同，中国不得不在短期内建立和完善社会主义市场经济体制，因此，政府经济职能的正确定位至关重要，既不应是传统计划经济体制下的"全能型"政府，也不是自由资本主义下的"守夜人"政府，而应该是社会主义市场经济的"推进者"。具体来说，中国政府的经济职能必须在保持国民经济的综合平衡和稳定协调发展以及有效监督经济活动，保障市场经济秩序的基础上，进行以下调整。

1. 部分补充市场

由于我国现阶段推动市场经济的完善和发展所具备的各种资源都十分有限，现代企业制度尚未完全建立起来，仅仅依靠市场机制来引导中国的现代化进程，显然力度不够，稳定性差。政府补充市场行使一部分配置资源的职能，以推动中国经济的发展是十分必要的。

我国是社会主义国家，公有制是主体的所有制形式。在充分发挥市场作用的同时，需要发挥社会主义公有制的制度优势，合理利用公有资源，推动国家经济发展，发挥社会主义公有制经济体制的制度优越性。

2. 充分培育市场

由于我国市场经济体制的发展受到社会历史条件尤其是传统计划经济体制的制约，政府必须采取措施，为市场发育创造良好的环境和条件，以加快市场经济的发展，如向社会公众宣传市场经济观念，在社会普遍推行市场经济原则，建立能够促进市场发展的结构和经济条件。

3. 有效监管市场

改革开放初期，国家的工作重心转移到经济建设上来，坚持效率优先兼顾公平的理念，我国经济获得快速增长，经济体量已经位列全球第二。然而，在经济快速增长的同时，却暴露出产权保护不力、产品质量不高、不正当竞争频现等市场监管方面的弊端。因此，有必要及时调整政府职能，强化市场监管，在产权保护、竞争规制、产品质量标准以及税收征管等领域强化市场监管，规范市场秩序，推动市场健康发展。

(三) 强化政府的社会职能

随着中国社会的迅速发展，社会问题大量涌现，如人口问题、环境问题、能源危机等。因此，政府只有迅速扩展社会职能范围，提高社会事务的管理质量，才能满足社会发展的需要，推动社会的进步。总体而言，我国政府必须从以下几个方面强化社会职能。

1. 保护资源与环境，实现社会可持续发展

自然环境是人类赖以生存的重要条件。但是，我国工业化进程中遭遇了大规模的生态破坏和严重的环境污染，导致生态环境恶化。与此同时，我国的城市污染也较为严重。资源与环境问题已经成为中国可持续发展的极大障碍，但这类问题属于市场机制无法解决的外部效应，必须由政府来承担相应的职责。建设生态文明是关系人民福祉、关乎民族未来的大计，是实现中国梦的重要内容。要强化环境保护意识，明确青山绿水就是金山银山，是最公平的公共产品，尽最大努力保护资源环境，推进社会可持续发展。

2. 调节人类自身再生产

中国是世界上人口最多的国家，占世界总人口20%左右。2021年5月11日，第七次全国人口普查结果公布，全国人口共141178万人，与2010年的133972万人相比，增加了7206万人，增长5.38%；年平均增长率为0.53%，比2000年到2010年的年平均增长率0.57%下降0.04个百分点。数据表明，我国人口10年来继续保持低速增长态势。但我国众多人口还面临教育水平不高、人口结构不平衡等问题。

面对复杂的人口问题，中国政府从全面建设小康社会和构建社会主义和谐社会的战略高度出发，坚持以人为本、全面协调可持续的科学发展观，不断完善人口政策与方案，用人的全面发展统筹解决人口问题，提高人口素质、改善人口结构、引导人口合理分布，促进人口与经济社会资源环境的协调发展和可持续发展。

3. 调节收入分配，实现社会公正

在市场经济体制下，必然会出现收入差距。适度的收入差距有助于经济效率的提高和生产力的提高，但是，目前我国居民收入差距较大，反映收入差距水平的基尼系数在20世纪90年代已达0.45，按照国际标准，基尼系数在0.3~0.4时较为合理，高于0.4则属于差距过大。贫富分化程度过高不利于社会稳定，将直接威胁国家稳定。造成我国居民收入差距增大的部分原因是市场机制下的优胜劣汰，但还有着其他不合理、不合法的因素。其中不合理、不合法的收入包括体制转轨中的灰色、黑色收入，腐败行为导致的非法收入，一些部门和行业通过垄断经营或不平等竞争获得的利益等。

政府一方面应该继续实行以按劳分配为主体、多种分配方式并存的分配制度，把按劳分配和按生产要素分配结合起来，以促进经济的发展；另一方面，应该深化分配制度改革，注重社会公平，加强对非法收入的防范和打击，强化对收入的调节，防止收入悬殊。

4. 建立与社会主义市场经济体制相适应的社会保障体系

社会保障是一个社会的风险规避机制，通过对公民基本生活条件的保障，达到缓解社会压力，保证社会稳定和国家长治久安的目的。在转型时期的中国，完善的社会保障体系，是深化改革的前提。但是，由于历史原因和社会经济发展的阶段性特点，我国社会保障体系还存在覆盖面较窄、管理制度不够分散、存在资金缺口等问题。同时，针对不同群体的不同社会保障标准体系还有待进一步完善，例如灵活就业群体社会保障、少数民族地区社会保障、农村社会保障、流动人口社会保障等。第七次全国人口普查结果显示，中国60岁及以上人口为2.64亿人，占全国人口的18.7%，人口老龄化程度进一步加深；全国人户分离人口为4.93亿人，占总人口的34.9%。

因此，政府必须转变社会保障职能，不仅要加大对社会保障体系的扶持力度，鼓励社会力量兴办社会保障事业；而且要加大国家财政对社会保障事业的投入，为社会保障体系注入雄厚的资金。此外，政府对社会保障的管理要由政策管理走向法治管理，对已有的行政法规进行修订或重订，并制定新的社会保障法，以完善社会保障制定体系。

三、行政职能方式的转变

随着社会主义市场经济体制逐步建立，不仅行政职能内容必须转变，而且政府实现行政职能的方式也必须相应做出调整，按照依法行政和市场经济的要求，由运用行政手段为主转变为以经济手段为主，将经济手段、法律手段以及必要的行政手段结合起来，把宏观管住管好，弱化直接干预经济活动的微观管理职能，以形成"政府调节市场，市场引导企业"的经济运行格局。

1. 由微观管理转向宏观管理

随着社会主义市场经济体制的逐步建立，政府与国有企业间的关系必须有所改变，政府将由计划经济体制下既是企业的管理者，又是经营者和所有者的角色，转变为企业的指导者、监督者和服务者。这就要求政府转变过去对企业微观管理过细、过多，但宏观调控不力的做法。在还权于企业的同时，进一步强化宏观调控能力，促进整体经济的良性运行。

2. 由单纯依靠行政手段管理转向综合运用多种手段

在社会主义市场经济体制下，企业的活动都必须在法律的框架内进行。中国加入WTO之后，政府的行政管理方式受到WTO规则的约束。因此，政府不能单纯依靠传统的行政命令、行政干预等手段，而要重视法律、经济等手段的运用。

3. 由单纯强调管理转为强调管理与服务并重

经济体制改革的推进，总会带来必不可少的社会成本，如下岗失业人员的激增、社会保障需求的急剧扩大等。要解决上述问题，政府要加强服务和保障意识，强化服务和保障手段，建立和完善社会保障体系。

复习思考题

1. 什么是行政职能？研究行政职能的意义是什么？
2. 简述行政职能体系的构成。
3. 西方政府职能范围有哪些主要观念，其政府职能如何演进？
4. 政府职能变迁主要需考虑什么要素？
5. 试述中国行政职能转变的必然性及其内容。
6. 我国政府职能转变的主要内容是什么，主要方式是什么？

第三章

行政组织

组织是人类社会存在的最广泛的现象之一。通过组织,人们得以联合起来,采取集体行动,克服单个人所不能克服的困难。在现代社会,组织的地位更加重要。美国管理学大师德鲁克曾经指出,当今的社会是一个"组织化的社会",人们所赖以生存的一切,都以组织为基础,在组织内发生。

在各种社会组织中,最引人注意的莫过于行政组织了。行政组织是行政活动的依托,也是行政管理的界限。任何行政管理都是有组织的管理活动,都要靠行政组织来推行。只有科学、合理、健全的行政组织,才能提高行政效能,正确行使行政职能。行政组织理论是公共行政学的重要组成部分和理论基础之一。研究行政组织,对于了解公共行政的规律和加强行政管理,具有重要的意义。而行政组织的设立和运行取决于行政体制的设定,即对不同组织权责划分及其相互关系的确定。

第一节 行政体制

行政体制是公共行政的管理体制,包括行政权责划分、组织结构设置等内容。具体地说,就是依法建立的管理国家行政事务的组织结构形式和工作制度。行政体制的核心内容,是行政机关职权的划分。按照行政组织金字塔型结构,其权限自上而下层层划分,层层分解,构成一个比较完整的行政管理运行体系。行政职权的划分又影响和决定着组织机构的设置与变革,它的集中与分散都要引起组织结构的相应变化。随着我国高度集中的计划经济体制逐步向市场经济体制的转变与过渡,我国行政组织结构的形式必然要进行新的组合与配置。旧的、落后的行政职权的划分模式,要被能高度适应现代化管理需要的比较科学合理的新模式逐步取代。由行政职权的划分所形成的权力体系决定了最基本的管理秩序。这些基本的管理秩序的建立,是以宪法、法律以及行政法规为依据,通过它们把管理秩序加以相对固定化和制度化,并具有法律的约束力。

通常而言,行政体制包括纵向行政体制和横向行政体制两个部分。纵向行政体制是指不同层级政府间以及不同层级政府的职能部门之间相互关系的体制性规定。横向行政体制是指一级政府中不同行政机关之间关系的体制性规定。行政体制的设定与一国的国体性质和政体形式密切相关,而行政体制又与行政区划密切相关。

一、行政区划

行政区划是行政区域划分的简称,是指国家为了便于对其主权范围内的领土进行分级管理而对区域进行的划分。行政区划受到政治、经济、历史、地理和民族等多方面因素的影响,具有一定的相对稳定性和历史继承性,其确定和变更需要按照宪法和法律的规定进行。行政区划与行政体制密切相关,不同类型区划会采取不同的纵向和横向管理体制。

不同国家的行政区划方式存在较大差异。美国的主体行政区划是州及其下设的市和乡镇以及其他基层政区。此外,还有首都华盛顿所在的哥伦比亚特区、拥有准独立地位的印第安保留地、海外领地、海外军事基地以及生态保留区或学区等准行政区。法国的行政区划分为大区、省和市镇。法国本土划为13个大区、96个省、5个海外省、4个海外领地和2个具有特殊地位的地方行政区。

我国《宪法》规定,"中华人民共和国的行政区域划分如下:(一)全国分为省、自治区、直辖市;(二)省、自治区分为自治州、县、自治县、市;(三)县、自治县分为乡、民族乡、镇。直辖市和较大的市分为区、县。自治州分为县、自治县、市"(第三十条)。"国家在必要时得设立特别行政区。在特别行政区内实行的制度按照具体情况由全国人民代表大会以法律规定"(第三十一条)。

(一)省级行政区划

根据《宪法》,我国有省、自治区、直辖市和特别行政区四种省级行政区划。省级行政区划是地方最高级行政机关,直属中央政府管理。

省是我国省级行政区划的主要形式。目前我国有23个省,即河北省、山西省、辽宁省、吉林省、黑龙江省、江苏省、浙江省、安徽省、福建省、江西省、山东省、河南省、湖北省、湖南省、广东省、海南省、四川省、贵州省、云南省、陕西省、甘肃省、青海省、台湾省。

自治区是民族区域自治地区的省级自治机关,一般以一个人口较多的少数民族为基础,与该地区的其他民族共同组成。我国现有5个自治区,即内蒙古自治区、广西壮族自治区、西藏自治区、宁夏回族自治区和新疆维吾尔自治区。

直辖市是直接由中央政府所管辖的建制城市。直辖市的制度源于中华民国于1921年《市自治制》中所称的特别市,1930年施行的《市组织法》将其改称为院辖市。目前,我国设有4个直辖市,即北京、上海、天津和重庆。

特别行政区是为以和平方式解决历史遗留下来的香港问题、澳门问题而设置的行政区划,由中央直接领导,享有高度自治权。目前我国设有香港和澳门2个特别行政区。

(二)地级行政区划

地级行政区是介于省级和县级之间的一级地方行政区划,目前我国地级行政区主要包括地级市、自治州和盟。

地级市是由省或自治区领导,可以管辖县、县级市和市辖区。1993年国务院转批民政部《关于调整设市标准的报告》,确立我国地级市设立主要以人口为依据,参照经济发展水平的标准。设立地级市要求市区从事非农产业的人口为25万人以上,其中市政府驻地具有非农业户口的从事非农产业的人口为20万人以上。我国目前有地级市293个。

自治州是介于省和县之间的民族区域自治机关,其具体设置受到历史和民族因素的影响。我国目前有自治州30个。自治州大部分隶属于自治区,也可以隶属于省,例如,延边朝鲜族自治州位于吉林境内,隶属于吉林省管辖。

盟是我国内蒙古自治区特设的地级行政区划。目前,内蒙古自治区设3盟,分别是兴安盟、锡林郭勒盟、阿拉善盟。

(三)县级行政区划

县级行政区是介于地级和乡级之间的地方行政区划,包括县、自治县、旗、县级市、自治旗、市辖区、特区和林区。

县级建制始于秦朝,是我国最古老的行政区划之一。县隶属于省、自治区、直辖市以及自治州或设区的市。我国现有1300多个县。自治县是民族自治机关,我国现有100多个自治县。

县级市是由省、自治区委托地级市代管或是由自治州领导,其行政地位相当于县。县级市的设立主要考虑人口密度和非农产业人口数量。我国目前有近400个县级市。

旗和自治旗是我国少数民族聚居地区的县级行政区划。旗原是蒙古族等少数民族的民族组织,中华人民共和国成立后沿用。自治旗是中国内蒙古自治区内另一些少数民族聚居区实行区域自治的相当于自治县的行政区域。

市辖区是我国行政区划之一,级别与县级市、县、自治县、旗、自治旗、林区、特区相同,属县级行政区,由直辖市、地级市管辖。民政部2014年《市辖区设置标准》(征求意见稿),允许直辖市和地级市设立市辖区,并规定市区总人口100万人以下的市,平均每40万人可以设立1个市辖区;市区总人口100万~300万人的市,平均每50万人可设立1个市辖区;市区总人口300万人以上的市,平均每60万人可设立1个市辖区。最小的市辖区人口不得少于25万人,其中非农业人口不得少于10万人。还规定,与市区连片的工矿区、林区、旅游风景区、港口区、开发区及其他自成一体的地域,可单独设立市辖区,但其总人口,和非农业人口不得低于最小市辖区标准,并且经济发达、公共基础设施较为完善。我国现有市辖区977个。

(四)乡级行政区划

乡级行政区是我国最低一级地方行政区,包括乡(民族乡)和镇。

乡由县管辖,是主要管理农村地区的基层行政机关。我国现有乡8000多个。民族乡相当于乡级行政区划,但不是民族自治机关,一般少数民族人口不少于总人口的30%。我国现有近1000个民族乡。

镇由县或自治县管辖,相当于乡级区划,是主要管理以非农业人口为主的基层行政机关。我国现有2万多个镇。

(五)行政层级与组织

按照我国行政区域的划分,我国纵向行政体系主要分为四级和五级两种情况。按照我国《宪法》规定,我国政府为四级体制,即中央、省级、县级和乡级。但由于目前大部分地区实行市领导县的体制,在这些地方便形成五级政府体制,即中央、省级、市级、县级和乡级。而在有些实行市领导县体制的地区,由于没有县级设置,便形成了中央、省级、市级和乡级,例如广东省的东莞市和中山市。

此外,根据相关法律规定,一级政府在必要时可以设立派出机关,履行行政机关授权管理的相关职能。省、自治区政府的派出机关一般称为行政公署;市辖区、不设区的市政府的派出机关一般称为街道办事处;县、自治县的派出机关一般称为区公所。派出机关不是一级政府,不设立权力机关,即人民代表大会,但在我国行政体制下,派出机关一般也设有一定行政级别,一般比其授权机关的行政级别低一级。

二、纵向行政体制

纵向行政体制与国家结构形式相一致,反映国家纵向的权力配置关系,即国家整体与组成部分、中央与地方的相互关系。现代国家结构形式主要有联邦制和单一制两种。

(一) 联邦制行政体制

联邦制是由数量不等的成员国（如共和国或邦、州等）联合组成统一国家的政治体制。联邦设有自己的最高立法机关和行政机关，有统一的宪法和法律。联邦同成员国间的权限划分由联邦宪法规定。各成员国按联邦宪法规定，设自己的立法机关和行政机关，制定自己的宪法和法律，在自己辖区内行使职权。

在联邦制体制下，联邦行政机构和成员国行政机构各自独立选举产生，联邦政府与成员国政府之间没有行政隶属关系。

(二) 单一制行政体制

单一制是单一政权单一主权国家的国家结构形式，是指由若干行政区域单位或自治单位组成单一主权国家的结构形式。单一制通常有地方分权的单一制和中央集权的单一制两种。

分权制是指上级行政组织把一定的行政权力下授给下级行政部门或地方政府，使其能在自己的责权范围内相对独立地处理行政事务。分权制可以克服集权制的缺点，但过度分权，则容易形成各行其是，政令不一，有令不行，有禁不止以及地方保护主义的倾向。英国是地方分权的单一制的典型代表国。

集权制是指行政权力集中于上级行政组织，下级行政组织没有或很少有自主权，它所制定的一切行政措施和做出的任何行政行为，均以上级组织的命令、指示和法规、政策为依据。集权制的优点在于政令统一，统筹全局，力量集中，标准一致，指挥有力、灵便。缺点是缺乏弹性与灵活性，往往强调整体而忽视局部，强调整齐划一而忽视因地制宜，束缚了下级组织的积极性、主动性和创造性的发挥。

(三) 我国中央集权的单一制行政体制

我国是典型的中央集权制的单一制国家。我国单一制行政体制不仅体现在中央政府和地方政府以及地方各级政府之间，很多时候还体现在中央政府部门与地方政府部门之间。

1. 我国中央集权的政府体制

我国《宪法》第一百零八条规定："县级以上的地方各级人民政府领导所属各工作部门和下级人民政府的工作，有权改变或者撤销所属各工作部门和下级人民政府的不适当的决定"；第一百一十条规定："地方各级人民政府对上一级国家行政机关负责并报告工作。全国地方各级人民政府都是国务院统一领导下的国家行政机关，都服从国务院。"

我国的《宪法》规定，各级地方政府都是国务院统一领导下的国家行政机关,都服从于国务院。但这一体制在运行过程中,出现过这样一些情况:强调地方积极性不够,中央集权过多,地方自主性过小;"条条"控制为主,"块块"管理为辅;对于政令统一强调比较多,而对分级管理有所忽视,结果使行政组织日趋僵化而缺乏活力。中央政府事无巨细,每一项社会事务均设有相应的职能部门,造成中央政府机构臃肿,以致管了许多不该管、管不好、管不了的事。这种权力过分集中的状况既牵制了上级机关的主要精力,又束缚了下级的手脚。

毛泽东早在20世纪50年代就看到了这些问题,他曾指出:"处理好中央和地方的关系,这对于我们这样的大国大党是一个十分重要的问题。我们的国家这样大,人口这样多,情况这样复杂,有中央和地方两个积极性,比只有一个积极性好得多。"改革开放后,我国扩大了地方处理社会事务的权力。

目前,我国实行的是在集权基础上给下级和地方政府放权的体制,即在集权指导下的分权和在充分放权基础上的集权。这种行政组织体制是符合我国民主集中制原则和行政管理实际的,既保护中央的集中统一领导,政令统一,又充分调动和发挥地方的积极性。对少数民族地区实行民族区域自治,给他们更多的自主权,使他们能够因地制宜,发挥地区优势。随着改革开放的进一步深入,社会主义市场经济体制的建立和健全,中央政府应当更多地给地方政府放权,使地方政府放开手脚,充分发挥自己的主观能动性和各自的区域优势,促进社会主义现代化建设的发展。进一步完善集权分权体制,是我国行政改革的一项重要任务。

2. 我国的垂直管理体制

垂直管理体制是我国行政体制的一大特色,是相对于分级管理(属地管理)而言的。主要是指由中央部委或省级部门自上而下统筹管理人、财、物、事的一种管理体制。我国目前一些履行经济管理和市场监管职能的部门,例如海关、工商、税务、烟草、交通、盐业的中央或者省级以下机关多数实行垂直管理。1998年中国人民银行撤销省级分行,设立9家大区制分行,此后,银监、证监、保监均参照实行垂直管理。同年,省级以下工商管理机关实行垂直管理。2000年,省级以下质量技术监督检验检疫局和药监局都实行垂直管理。2004年,国家统计局各直属调查队改制为派出机构,实行垂直管理。同年,省级以下土地部门的土地审批权和人事权实行垂直管理,借以强化中央政府的宏观调控能力。

3. 我国的业务指导体制

与垂直管理相对应的是属地化管理,即职能部门属于地方政府的组成部门,采用这类管理机制的政府职能部门通常实行地方政府和上级同类型部门的"双重领导",上级主管部门负责管理业务"事权",地方政府负责管理"人、财、物",且纳入同级纪检部门和人大监督。

4. 我国政府内部层级结构

政府内部层级结构是指各级政府工作部门内部的纵向层级结构。如国务院部委内部的纵向层级结构是部、委→司（局）→处三级，省政府厅、局、委内部的纵向层级结构是厅（局）→处→科三级；县政府的局、委内部纵向层级结构是局（科）→股二级。各级政府对其内部的微观层级结构均有具体规定。行政组织内部纵向结构的层次以多少为宜，不仅与行政组织规模有关，同时涉及行政人员的管理水平、工作制度和办事程序的良好程度等因素。一般认为，在管理幅度确定的情况下，层次以较少为好。这样一方面可以节约行政经费，另一方面可以提高行政效率，减少失误和冲突。

三、横向行政体制

横向行政体制是指对一级政府最高行政决策权的体制性规定，一般分为委员会制和首长制两种类型。

（一）委员会制

委员会制也称委员会集体负责制，又称合议制，是指把组织法定的最高行政决策权力和责任赋予委员会集体承担的一种领导体制。1949年通过的《中央人民政府组织法》规定，政务会议，必须有政务委员过半数出席始得开会，须有出席的政务委员过半数的同意始得通过决议。这表明，当时的政务院实行委员会制，政务院总理主持全院工作，副总理和秘书长协助总理履行职务，而政务院的重要决策须经政务会议集体讨论决定。由总理、副总理、秘书长、政务委员组成的政务会议，每星期举行1次，由总理主持召开。总理根据需要，或者根据三分之一以上政务委员的请求，方得提前或延期召开会议。政务会议表决时，总理与每位政务委员都是平等一票。可见，当时政务院的最高决策权并不属于总理一人，而是属于全体政务委员。后来，按照1954年通过的《国务院组织法》规定，国务院的各部长、委员会主任也作为国务院组成人员参与国务院会议集体决策。一般认为，此后（一直到1982年）的国务院行政领导体制均为部长会议制，也属于委员会制的范畴。委员会制的优点是：能集思广益，考虑问题周详，各委员分工合作，相互补充，集体负责，便于发挥群体智慧和力量，既可减轻主要负责人的负担，又可避免个人的专断。其缺点在于：权力分散，责任不清，行动迟缓，效率不高。由于委员会成员的思想、知识、智慧等方面的差异，所以容易导致久议不决，决策过程缓慢。委员会制一般适用于政策性、决策性、立法性强的行政管理领域。

（二）首长制

首长制即行政首长负责制，又称独立体制，是指重大事务在行政领导班子集体讨论的基础上由行政首长定夺，具体的日常行政事务由行政首长决定，行政首长独立承担行政责任的一种领导体制。1982年，我国宪法明确规定："国务院实行总理负责制"，"各部、各委员会实行部长、主任负责制"，"地方各级人民政府实行省长、市长、县长、区长、镇长负责制"。这是中国在总结30多年行政管理经验教训的基础上提出来的。首长制的优点在于权力集中，责任明确，指挥有力，行政迅速，反应灵敏，效率较高，便于建立强有力的行政指挥系统。其缺陷在于行政首长受个人知识、能力和精力的局限，考虑问题容易片面，影响行政效能，如果缺乏监督机制，还会导致拉帮结派、独断专行。由于行政组织的主要职能是执行性的，尤其是中下层行政组织执行性更强，所以，比较适用于首长制。应该指出，在实行首长制的同时，必须建立健全广泛的外部监督机制与组织内部监督制度，以确保行政首长正确地行使自己的职权。下一章论述行政领导时还将论及行政首长负责制。

我国的行政组织体制，是在吸收了首长制和委员会制优点的基础上，结合国情而独创的符合我国实际的行政组织体制。比如，最高国家行政机关实行总理负责制和部长（主任）负责制，同时实行总理召集和主持国务院全体会议和常务会议的制度，吸收合议制的长处。

第二节　行政组织概述

一、什么是行政组织

（一）行政组织的含义和构成要素

行政组织有广义和狭义之分。广义的行政组织不但包括政府系统，也包括企事业单位、立法、司法以及政党等系统从事执行性事务的机构，也就是指所有具有执行功能的机构。狭义的行政组织只指政府组织。公共行政管理中的行政组织，就是狭义的行政组织。

行政组织和其他任何组织一样是由若干要素构成的。这些要素的合理组合、有机结合、不断优化,便会形成有效的行政组织,并使组织具有了不同于单个要素的新的功能。构成行政组织的要素主要有以下方面。

1. 行政人员

行政人员是各类公务员和行政组织内各类服务保障人员的总称。行政人员是行政组织的基本构成要素之一,也是行政组织的主体。行政人员在组织里的特殊地位决定了行政人员要具有高素质。

2. 行政组织目标

所有的行政组织都要根据其职能提出明确清晰的组织目标,作为整个组织活动的方向。行政组织目标是由总目标及各个分目标构成的目标体系。总目标是根据组织的职能和总任务确定的,分目标是根据总目标的要求、组织各部门和所属机构的任务层层分解确定的。

3. 机构设置

机构设置问题是行政组织的核心问题,是决定行政效率的关键。行政组织的机构设置,要根据行政组织的目标和职能、国家的有关法律法规,按照一定的程序进行。设置科学、合理的行政组织机构,才会真正成为行政活动和行政权力的载体。

4. 公务职位

公务职位就是行政组织职位。职位也是构成行政组织的基本要素之一。实行科学的职位分类,正确确定职位、职数、职级、职责等,是明确行政人员责任,防止职责不清,激励人员提高效率的科学方法,也是减少行政组织冲突的有效措施。

5. 权责体系

行政组织是一个纵横交织的权责体系。必须合理划分权力和职责,确定合适的行政体制,研究分权和集权的部门、层级和适度点,以保证机构设置合理,行政效能高。

6. 组织法规

从行政组织机构设置、权力划分到行政人员的行为规范等,都要有法可依,更重要的是要依法行政。从行政组织内部来看,也要有一定的规章制度,以确保行政组织的正常运行和行政权力的正确行使。行政组织法规是否完善,是衡量行政组织是否健全的主要标志。

(二) 行政组织的特点

行政组织是社会组织中的一种形态,具有一般社会组织的特征,同时具有一定的特殊性质。与其他组织相比,行政组织的特殊性主要体现在以下方面。

1. 公共性

行政组织是公共组织。所谓公共性，是指行政组织的目标在于公共利益，行政组织的活动是一种集体活动，行政组织的人员是公职人员。所有这些，都将行政组织与非公共组织区分开来。

2. 政治性

行政组织是国家机器的一部分，与其他国家组织一起执行着维护统治阶级利益、维持阶级统治秩序、调节社会政治关系的职能。

3. 执行性

行政组织的基本使命是执行国家民意机关（在我国是国家权力机关）制定的法律、政策和命令，管理国家和社会的公共事务。与国家民意机关相比，行政组织居于从属地位。

4. 权威性

行政组织行使法律法规授予的行政权力，代表国家从事国家和社会公共事务的管理，其行为具有法定的权威性。公民、法人和其他社会组织必须服从和执行行政组织的意志。

5. 法制性

为了防止行政权力侵犯公民、法人和其他社会组织的合法权益，行政组织必须服从法律的严格管制。行政组织的法制性主要体现为四个方面：其一，行政组织的建立、行政权力的获取，必须基于法律法规的规定；其二，行政权力实施的范围和内容，必须严格依照法律法规的规定；其三，行政权力适用的程序和方式，必须严格遵守法律法规的规定；其四，行政组织和人员，必须对自己的行政行为承担相应的法律责任。

二、行政组织的类型

行政管理活动是通过不同功能的行政组织实现的。现代各国政府管理方式更加复杂和多样化，行政组织功能亦日趋增多，其类型也呈多样化。根据功能的不同，可以将行政组织分为以下四种类型。

（一）领导机关

领导机关也称首脑机关，是一个行政组织的领导中枢和决策中心。领导机关的最重要成员是行政首长，如总统、总理、省长、市长、县长等。行政首长具有法定的领导地位和领导权限，并负有相应的领导责任。领导机关的组织形式各国差异很大，如美国按惯例由总统主持，有副总统及各部部长参加的内阁会议，英国由首相主持的内阁会议等，都是政府的领导机关或称政府的领导班子。我国国务院的领导机关，是在总理领导下的，由副总理、国务委员及各部部长参加的国务院全体会议和由总理、副总理、国务委员、秘书长组成的国务院常务会议。地方各级政府也有其相应的领导机关。作为行政组织的中枢，领导机关统辖全局，运筹决策，是决定政府效能的关键。

（二）职能机关

职能机关是指各级政府管理业务和社会事务的机关，通称为业务部门，如国务院的部、委、办以及直属单位，地方政府的厅、局、委、处、科等。职能机关在领导机关的领导下，负责组织和管理某一方面的行政业务和社会事务。它的主要任务是贯彻执行领导机关的方针、政策、决定和指示；领导其管辖范围内的业务、社会事务；指导下一级政府中相同业务部门的工作和相关业务。职能机关通过行使管理职能，为实现组织的总目标服务。

（三）辅助机关

辅助机关是为行政领导机关和职能机关实现行政目标、完成工作任务、行使职能而在机关内部承担辅助性工作的机关。它对各职能机关没有直接的指挥和监督权力。辅助机关大体有三类：一是综合性辅助机关，如各级政府的办公厅（室），它参与政务，掌管事务，协助行政首长调查研究，进行决策，沟通协调各方面的关系，管理机关的日常事务；二是专业性辅助机关，如各机关的人事、财务以及其他专门事务机关；三是后勤保障机关，如国务院机关事务管理局等。

（四）派出机关

派出机关是指上级机关根据需要授权委派的代表机关。如国家审计总署向各省派驻的特派员办事处，各省政府为了便于对分散的市、县的管理和领导，按区域设置了若干个行政公署，代表省政府对所属县（市）行使职权。

第三节 行政组织的理论及指导原则

一、行政组织理论

西方行政学者对行政组织理论的研究起步较早，形成了一整套行政组织理论体系，其中最著名的是古典组织理论、新古典组织理论和系统科学时期的组织理论。马克思主义的行政组织理论、我国在革命斗争实践中创造的行政组织理论,也是行政学界应该重视的理论遗产。

(一)西方古典行政组织理论

西方古典行政组织理论是西方早期的行政组织理论,形成于19世纪末20世纪初,其主要代表人物和理论是:泰勒的科学管理组织理论、法约尔的行政管理组织理论和韦伯的科层制组织理论(旧译官僚制组织理论)。虽然这三个学派的侧重点多在企业组织方面,但他们的研究对早期行政组织理论的形成做出了重要贡献。

1. 泰勒的行政组织理论

泰勒的科学管理组织理论是假定组织中的人员尤其是雇佣的人员是被动的工具,他们不能自觉地从事创造性劳动。泰勒通过"时间—动作研究"及"方法研究"来促使那些没有效能的人提高工作效率,做好本职工作。为此,他提出了一套标准化操作方法让工作人员掌握,提出要明确划分计划职能和执行职能,变经验管理为科学管理。这种职能划分使管理层第一次从工厂中分离出来,职能分工也就成了泰勒科学管理的一个原则。泰勒还提出了命令统一原则和例外原则。所谓命令统一原则,就是一个工作人员只听从一个上级的命令;所谓例外原则,就是指高层管理者把日常管理事务授权给下级去做,但上级仍保留着重要事务的决策权和对下层管理的监督权。

2. 法约尔的行政组织理论

法约尔从高层管理者的角度创立了他的管理理论体系,提出了行政管理的5个职能和14项原则。5个职能是:计划、组织、指挥、协调和控制。14项原则是:分工、权力、纪律、统一指挥、统一指导、个人利益服从整体利益、报酬、集权、等级链(权力线)、秩序、平等、人员稳定、主动性、团结精神。以上原则在当时的管理实践中已经出现,法约尔的贡献就在于把这些原则归纳成理性认识。

3. 韦伯的行政组织理论

西方韦伯的科层制组织理论的基本观点包括劳动分工、职位分类、权力分层、法定资格、因事择人、委以责任、遵纪守法、理性关系、固定工资。特别值得一提的是,韦伯在其代表作《社会组织和经济组织》一书中提出了"理想的行政组织模式"理论。他认为,科层组织是"对人群进行控制的最理想的、众所周知的手段",所以应建立一个"理想的行政组织模式",这一模式应具有以下特点。

——明确的组织分工。即每一职位都应有明确规定的权力和义务。

——自上而下的等级体系。即职权应按照等级原则建立指挥系统。

——合理地任用人员。即所任用的人员要符合职务的要求，要经过考核和教育训练。

——建立职业性的管理人员制度。即管理人员要有固定的薪金和明文规定的升迁制度，并作为一种职业人员去对待。

——建立严格的、不受各种因素影响的规则和纪律。

——建立理性的行动准则。即人与人之间的关系只有职位的区别，不应受个人情感的影响，人与人之间应具有的是一种不偏不倚的态度。

——组织及人员执行公务，必须严格遵守法规、法令，不得掺杂个人喜好或憎恶。

——一切法规、法令、规章制度都要具备成文形式。

（二）西方新古典行政组织理论

新古典行政组织理论又称行为科学组织理论。行为科学把组织看作一个封闭的社会模式，把人当作"社会人"而不再看作机器，重视人的心理需要和发展。行为科学理论形成于20世纪30-60年代，其代表人物有梅奥、巴纳德和西蒙等。

1. 梅奥的行政组织理论

梅奥通过试验，主要提出了社会人理论、非正式组织理论和满足理论。社会人理论的要点是：人作为社会人，不但有物质需要，而且有社会心理方面的需要，需要友谊、归属感、安全感和受人尊敬。因此，必须用满足人的社会需要的方法提高劳动生产率。非正式组织理论的要点是：企业中除"正式组织"外，还有非正式组织，这种非正式组织有自然形成的领袖人物和组织行为规范。在现代组织中，非正式组织不但影响工作效率，而且影响整个组织文化的形式和性质。满足理论的内容与社会人理论类似，强调通过满足工人感情需要来激发其工作积极性。

2. 巴纳德的行政组织理论

巴纳德曾任高级管理人员，不仅是行为组织理论的代表人物，而且是早期系统组织理论的代表人物之一。巴纳德提出了权威接受理论和组织平衡理论。权威接受理论的要点是：组织的权力是建立在下属愿意接受的基础上的；管理人员权力大小是由下属愿意接受程度决定的；管理者的命令和指挥，只有在下属愿意服从和接受的条件下才是有效的。组织平衡理论的要点是：组织分外部平衡和内部平衡。外部平衡是指组织能否实现目标，效率是否高，这取决于个人意愿能否得到满足；内部平衡是指组织成员的贡献与个人动机的满足是否一致，如果个人动机得不到满足，他就会停止做贡献，从而影响组织效率。

3. 西蒙的行政组织理论

西蒙认为组织的全部活动都是决策活动，组织是由有欲望和情感的人组成的，认为组织就是扩大了的个人。组织的生存、维持和发展，其条件是它为成员提供的激励和诱因。

行为科学时期的组织理论以人为中心，重视人的社会心理需求，这就大大丰富和发展了组织理论。但这一理论过分强调人际关系，而没有足够重视专业化，这从某种意义上讲会影响组织效率。

（三）西方现代组织理论

西方现代组织理论又称系统科学时期的组织理论。系统科学的组织理论是巴纳德、西蒙、霍曼斯和利克特等人于20世纪50年代把系统论方法引进行政学研究而形成、发展起来的。系统组织理论认为，组织是一个开放的社会技术系统。这个系统由组织环境分系统、目标与价值分系统、技术分系统、社会心理分系统、结构分系统组成。行为组织理论注重对社会心理分系统进行研究，科学管理学派则注重对技术分系统进行研究，它们都只注意到了组织的某个侧面，而忽视了组织系统中各分系统之间的关系和相互作用，这正是系统组织理论所研究的问题。

系统组织理论的另一个派别——权变组织理论，研究的重点是组织与环境的相互作用和组织内各分系统之间的相互作用，企图建立一个更为普遍、一般的组织模型。这个模型是由多变量构成的。权变理论认为，组织要不断适应变化了的条件和环境，组织形式、管理方式要随条件和环境变化而变化，这样才能提高组织效率。

（四）马克思、恩格斯对社会主义国家政府组织原则的构想

马克思主义的行政组织理论是马克思主义国家学说的组成部分。马克思、恩格斯在他们的著作中，对社会主义国家政府组织做了研究，特别是对工人阶级的第一个政权——巴黎公社的经验做了总结，对未来的国家管理做了一些原则性论述。他们对未来社会的基本设想是"劳动者自由联合体"，即靠劳动者"自治"，整个社会自下而上由劳动者直接参加管理。马克思认为，政府只应有"为数不多的重要职能"，应实行"大社会""小政府"；政府应建成巴黎公社"议行合一"的组织形式，应成为"廉价政府"；政府官员应由群众直接选择和进行监督，应是人民的"公仆"。囿于当时的社会条件，马克思、恩格斯对政府组织和管理还不可能进行周密的设计，但从他们的论述中可以看出对未来政府组织的一些原则构想，对我们今天研究政府组织还是很有价值的。

（五）我国在革命斗争实践中创造的行政组织理论

我国在民主革命和社会主义革命实践中创造了许多行政组织理论，内容十分丰富，其中的一些理论同西方行政学者所提倡的是相符合的，同时具有我们自己的特色。例如，我们党在革命斗争中，根据实际提出每个时期的中心任务和奋斗目标，使我们的党及各级组织形成一个团结战斗的坚强整体，充分发挥了组织的战斗力量。在延安时期我们就非常强调精兵简政，使边区政府机构人员精干，组织极富效率。再有，我们党始终坚持民主集中制原则，强调组织中的骨干及领导权威的作用，主张严格的组织纪律。同时，我们重视调动人的能动作用，运用思想政治工作方法和批评与自我批评方式协调组织中的人际关系。强调官兵一致、上下一致、团结互助等。在社会主义建设时期，尤其是1978年以来，我们党领导改革开放，把工作重点转移到以经济建设为中心的轨道上来，党的十四大又确定了建立社会主义市场经济体制的目标，这就要求各级政府组织要转变职能，从组织目标、组织结构到权责体系都要做相应的改革和调整，要充分发挥组织的作用，广泛地团结一切可以团结的力量，使组织精干、高效，为社会主义现代化建设事业服务。

二、行政组织的指导原则

行政组织的活动原则，就是反映行政组织及其活动的规律和指导行政组织活动的准则。它是提高行政管理效率，建立科学的、合理的行政组织结构的所必需的，也是进行行政组织活动所必须遵循的基本依据。

我国行政组织活动的根本原则是遵守宪法和法律。在这个根本原则下，根据我国建立社会主义市场经济体制的目标和政治体制改革的要求，可以概括出指导行政组织活动的七条原则。

（一）适应职能需要原则

行政组织决定于行政职能。行政职能及实现这些职能的管理方式、手段随着社会的变化而变化，并引起行政组织的变化。1978年以前，我国实行的是完全的计划经济体制。为了适应这一体制，各级政府设置了许多行业和产品管理部门。现在，我国正在建立和完善社会主义市场经济体制。为了适应这一体制，中央及地方各级政府的机构也要相应发生变化，如撤销专业性管理部门，加强综合性宏观调控部门和服务性机构。

政府职能变化对行政组织机构的影响主要取决于以下因素。

1. 传统职能部门的继承

如中央政府传统的国防、外交、财政、教育、治安、交通等管理职能是较为稳定的。因此,执行这些职能的部门和机构也较为稳定。各国政府不同时期基本上都继承了这些传统的机构设置。

2. 新产业和新问题的出现

随着科技发展、经济发展和人类文明进步,一方面出现了大量诸如电子、航天航空、核能、生物工程等新兴产业,对这些新兴产业国家都要给予一定的扶持和保护。这种扶持和保护就是国家政府新增的职能,在机构设置上就要增置许多新的管理部门。另一方面也出现了许多新的社会问题,如社会保障、环境保护、人口控制、国土治理等。这些社会问题受到了世界各国政府的普遍关注和重视,有些已成为全球问题。因此,政府就要建立相应的机构,对这些社会问题进行管理。

3. 管理体制和方式的变化

为了适应新的管理体制和管理方式,行政组织机构就要做相应的调整。我国过去为适应计划经济和产品经济体制,设置了许多专业管理部门,直接管理企业的生产经营活动。现在,为适应市场经济体制,必须裁减专业经济管理部门和综合经济部门的专业管理机构,必须加强综合调控、政策研究、法规制定、监督检查和信息服务部门。另外,随着科技进步和市场迅速变化的要求,需要采用现代化管理方式和管理手段,这也要求行政组织随之变化。

4. 行政管理权限的调整

由于政治、经济和社会种种原因,政府的行政管理权限常常需要进行某种程度的调整:一是政府组织内各部门之间的调整,这是一种权力的重新分配;二是上下级之间的权力转移,如集中、上收、分散和下放等。这种权力调整直接影响行政组织机构设置。

5. 适应临时特定的管理任务和突发事件

国家和社会时常出现一些临时性任务和突发事件,对于这类任务和事件,一方面在政府职能划分上是空白,另一方面可能是事关重大,成为一定时期的中心工作和社会关注的焦点,这就需要政府设置一些临时性机构,以加强管理,集中处理。

(二) 精简效能原则

精简高效是行政组织科学化的重要标志。它要求行政组织的机构设置数量、规模、领导人员及工作人员的数额都力求精干,并采取法律和经济相结合的手段,严格控制机构和人员编制,以实现行政组织活动的高效率。精简效能原则主要包括以下几点。

1. 机构要精干

设置机构要从管理职能来考虑,把行政组织的机构数限制在最低限度内。对于确有必要的机构,应使之成为整个行政管理体系中的有机组成部分,以确保行政组织的管理活动与运作融为一体,协同有序。而对于从国家行政管理职能看确无必要的机构,坚决不设,如果设了,也要进行调整和改革。

2. 领导班子要精干

要形成一个工作班子、指挥班子和带头班子。应尽量减少组织部门中的领导人数,不设虚职,不搞兼职,做到职责分明,任务清楚。

3. 人员要精干

一是要根据职能定职位,按职位定人员,并明确每一个工作人员的职责和任务;二是要通过各种途径对人员进行培训,不断提高工作人员的总体素质,真正做到组织内既没有多余的人,又没有不合格的人。

4. 分工要合理

一是职能、职责、任务划分要合理;二是人员定职、定岗、安排上要合理,用最少的人做较多的工作。

5. 工作要讲效率

一是要按照行政管理规定办事;二是要按照科学化原则简化办事程序;三是要采用现代化办公手段;四是要最大限度地调动每一个工作人员的积极性,使他们以饱满的热情投入工作。

(三) 管理幅度与层次适度的原则

管理幅度是指领导者直接管理下级(单位或工作人员)的数额。管理层次是指组织纵向结构中等级关系数。只有管理幅度与层次适度,才有行政组织的合理结构。有些学者把组织管理的幅度与层次的适度称为组织系统纵横结构的最佳度,是适度分权管理的一种定量分析。这种方法既适用于机构设置,也适用于机关内职位的设置和人员的配置。但在实际中,行政组织的幅度和层次究竟以多大为佳,存在着很大的弹性,也没有一个确定的标准。如国外有些学者认为管理幅度以5~6个为宜。有些学者根据人的生理构造五官四肢、五脏六腑,牵强地认为适度的管理结构应是"横六竖五"。还有人认为高层管理幅度可达24个,中层可为8~9个。事实上这些数字都是缺乏科学根据的。

在具体确立组织的管理幅度和层次时,我们只需要把握以下几个关系。

——在被管理人员确定的情况下,管理幅度与管理层次成反比,即管理幅度越大,则管理层次越少;反过来,管理幅度越小,则管理层次越多。

——管理幅度与管理的政务和事务的难易程度和规范程度有关。管理的事务越难、越不规范,则要求管理幅度要小些;如管理的事务较容易,且规范、稳定,变化小,不需要创造性,则管理幅度可大些。

——管理幅度与管理者的水平和管理手段的先进程度有关。管理者水平高,管理手段先进,则管理幅度可大些,否则就要小些。

——管理幅度与被管理对象有关。被管理人员素质高、责任心强,能独立胜任工作且忠于组织,则管理幅度可大些,否则就要小些。

——不同管理层次和工作性质,管理幅度也应有差别。

——管理幅度与组织法规健全与否有关。对于一个法规程序健全的组织,幅度就可大些。

一般来说,管理幅度越大,人与人之间的关系就越复杂。法国数学家格雷卡耐斯研究提出:管理幅度与关系数成指数函数关系,即下属数按等差级数增加,则关系数按几何级数增加。这就提示我们,一个管理者如果管理的下属太多,就会引起复杂的人际关系。因此,一方面要把幅度控制在适度的范围,另一方面要加强部门和人员之间的沟通。

管理幅度与层次适度还要求尽量减少幅度和层次。这样一可以避免政出多门,二可以简化办事程序,从而提高行政效能。管理幅度和层次有较大的弹性,但对于公共行政组织来说,还是应尽量保持相对稳定,并用法规形式固定下来,这样才能防止机构和人员不断膨胀、部门之间扯皮现象发生和职责不清。

我国现行行政组织在管理幅度方面尚存在过大或过小的问题。例如,省这一级管理幅度偏大,管辖了70~100多个县(市)。另一方面,许多单位内部又存在着管理幅度偏小的问题,行政领导副职过多,"官"多"兵"少的情况并不鲜见。这些都是有待进一步研究解决的问题。

(四)协调统一和因地制宜相结合的原则

行政组织是一个完整的统一体,它要求行政组织的各要素、各部分都要协调统一。这一原则主要包括以下内容。

1. 职能要完整

即行政组织对国家和社会事务管理的诸方面都要做到全面考虑,合理分工。要正确划分行政职能,做到分工明确,人事相宜,以免有些事无人管,造成"权力真空";而有些事则多人、多部门管,造成争权夺利,引起管理混乱。

2. 目标要统一

行政组织应在职能目标总体要求下,按职能和管理层次对总目标进行分解。这些分解后的子目标就构成了行政组织的目标体系。子目标要服从总体目标,同类目标尽量归同一机构来管理。要把各个组织机构都调动起来，充分发挥各自功能，为实现组织的总目标，完成组织总任务协调运行。

3. 指挥要协调

要从组织上保证避免政出多门、多头指挥，防止管理无序和权责混乱不清。各级政府组织要做到令行禁止。要落实行政首长负责制，形成强有力的垂直领导指挥系统。在同一级部门间执行某一职能时，还需要其他部门的配合。这就必须明确以哪个部门为主，保证统一的领导和指挥，以防相互扯皮、居功诿过。

由于行政组织管理问题的复杂和范围的广泛，因此，在强调统一指挥的同时，还要适当分权，以调动各级组织和同级组织不同部门的积极性，使它们能因地制宜地、更好地处理自己管辖范围和领域的行政事务，真正做到统而不死、放而不乱、统分结合。

（五）职权责相称原则

行政组织是一个职权责体系。任何一级行政组织和公务员必须贯彻职权责相称原则。职、权、责三者互为条件，缺一不可，且三者还必须相称和平衡，做到机构部门或工作人员有职有责也有权。职的含义是指一个行政机构的职能范围或一个公务员的职务范围。责就是对执行职务、行使权力承担相应的责任。权就是指授予与职务相当的权力。如果一个机构或公务员有责无权，则无以尽其责；如果有权无责，则会滥用权力，不能尽其责。有些行政学家认为，在行政管理和政府组织活动中，把职权责相称原则当成是普遍而基本的原则，这是行政管理学的一个定律。这说明了职权责相称原则的重要性。任何一个行政组织都要通过科学的职位分类和合理正确的授权，使每一个行政机构的职权责一致；使每个公务员在其位，行其权，尽其责。

根据我国的具体情况和当前政府机构改革的要求，行政组织活动中体现职权责相称原则，要特别强调以下几点。

——要依法明确规定各个行政机构和公务员的职责范围，并授予相应的行政权力；规定对上、对下、对社会应承担的责任，建立健全职权责一致的行政体系。

——建立严格的监督、考核、奖罚制度，以确保职权责相称一致。要对每个行政机关和公务员行使权限及尽职、尽责的情况进行定期考核和经常性监督。要把能否正确运用权力、能否尽职尽责当成干部政治素质和领导水平高低的一个重要标志，并同他们的职务晋升和工薪联系起来。

——进行科学的职位分类和权限划分。要明确每个公务员的职务、权力和责任，明确领导者和被领导者、决策和执行、政务和事务、主管人员和辅助人员、正职和副职的权限范围，以防责任不清、遇事扯皮和越权、争权而给行政组织造成不良影响，给工作造成损失。

——要把管事与管人统一起来，做到管事者有配备人员的权力，这样才能明确责任。过去我国行政管理中管事与管人分离的办法不符合职责权相称原则，应坚决予以改革。

（六）依法组建原则

行政组织机构的设置、撤销、合并，人员编制的确定，组织活动规程等，都必须按照法律规定和程序进行。这是由行政组织的特殊功能和权威性质决定的。我国《宪法》规定："国务院的组织由法律规定"，"地方各级人民政府组织由法律规定"。《宪法》《国务院组织法》《地方各级政府组织法》等法律法规，对于行政组织机构设置的宗旨、性质、地位、职权、人员编制、内部结构、领导制度等都做了原则性规定。这些原则性规定，既体现了社会主义制度的特点，又借鉴了国外行政组织机构的优点，并融入了我国多年来政权建设的经验，确保了我国行政组织设置的科学性和中国特色。

依法组建原则还包含按照法律程序办事的意思。对于行政组织活动中的重大问题，各组织机构的设置、合并、撤销，领导者的任免及公务员数额、职务数额等，都要按照法律程序进行，保证行政组织的合法性、权威性和充分发挥政府的管理职能，防止机构设置中的随意性。

（七）稳定性与变动性相结合的原则

国家行政组织与其他社会组织相比是较为稳定的。行政组织的相对稳定性，是行政活动连续性的基本前提。从上层建筑与经济基础的关系看，行政组织属于上层建筑范畴，故它的变动与经济基础相比，较为迟缓。它的变化是由经济基础的变化推动的。从时间上看，在一定时期内，行政组织总体上应保持相对稳定，以使更好地履行行政职能，完成管理任务，即使对其进行调整也应是局部的。但是，社会在不断变化，经济基础也在不断变化。这些变化既对有些行政职能增加了新的内容，又出现了许多新的行政职能，还有一些职能会因形势变化而消失，加之行政管理的方法和手段也随着科学技术进步而不断改进，这时候政府机构如果不做出相应的调整和改革，就会成为社会发展的障碍。因此，作为政府，应自觉地适应社会现实的变化，主动调整和改革行政组织机构，更好地发挥行政组织功能。

第四节　行政组织中的非正式组织

行政组织中普遍存在非正式组织,但行政学界对这一问题的研究很不够。目前理论界并没有一个有关非正式组织的完全一致的定义,但其基本内涵大致是一致的,只是描述上存在差异。大部分研究者都认为,非正式组织是正式组织中"由人员间非正式交往形成的社会关系网,它并非遵循法定程序建立,而是基于人与社会的关系所建立的交往系统"。简单地说,所谓非正式组织,是指在正式组织中,因志趣相投或共同需要而经常一起聚集或沟通的一群人。

行政组织中的非正式组织,是指行政组织中的成员在相互交往过程中,出于共同的情感或利益需要,自发地聚集、形成的松散的非正式群体。

一、非正式组织理论的缘起

(一) 梅奥的非正式组织理论

国外学者对于非正式组织的探索始于20世纪20年代的"霍桑实验"。在20世纪20年代,资本主义国家中许多企业尽管采取了泰勒的科学管理方式,但劳资纠纷和罢工问题还是经常出现,严重地困扰着资本家们和管理学界。此种情况促使他们下定决心,深入研究决定工人劳动效率的真正原因,以期从根本上解决问题。正是在这样的大背景下,1924年,在美国国家科学委员会的赞助下,一个包括各方面专家在内的研究小组在芝加哥城郊西方电气公司的霍桑工厂开始了著名的"霍桑实验"。该实验历时达8年之久,取得了令人意想不到的成果。

在霍桑实验中,美国管理学家梅奥等人终于摸清了组织运转的某些不为人所知的隐蔽的内部规律,较为合理地解释了科学管理理论无法解答的问题,为解决组织中的人员管理问题提供了一条崭新的思路。其中与非正式组织理论有关的是下面两点。

第一,梅奥认为,企业中存在非正式组织。"不管承认与否,非正式组织都是存在的",并且非正式组织是与正式组织相对而存在的。工人在企业内部共同劳动的过程中,除了工作上的接触之外,还不断地发生着与工作无关的联系,这种联系加深了他们彼此之间的了解,从而形成某种共识,建立起一定程度的感情,并逐渐发展成为一种相对稳定的非正式组织。

第二，非正式组织并不是一个孤立的系统，它与正式组织互为依存。它在正式组织中的存在有两种作用：一是保护工人免受内部成员疏忽所造成的损害，二是保护工人免受非正式组织以外的管理人员的干涉所形成的损失，如降低工资率或提高生产定额。

（二）巴纳德的非正式组织理论

巴纳德是继梅奥之后卓有成就的管理学家，他正式建立了非正式组织的理论体系。如果说，梅奥通过霍桑实验发现了非正式组织的存在，并对其进行了初步描述的话，那么，巴纳德则是对非正式组织进行系统而全面阐述的第一人，并且将梅奥的非正式组织理论从企业引申到行政组织之中，使之理论化、系统化。

首先，巴纳德界定了非正式组织的性质。巴纳德指出，"我所讲的非正式组织是指人的接触、相互作用和聚集的总合"。他将非正式组织定义为"一种没有固定形状的、密度经常变化的集合体"，它"是不确定的和没有固定结构的，没有确定分支机构"的组织。显然，巴纳德所理解的非正式组织，它是无形的，不具备正式的组织结构及其清晰的共同愿景和目标，只是因为工作关系而偶然接触和联系，从而产生共同的习惯、规范或引起思想共鸣、行为默契而最后结成松散的联合体。

其次，巴纳德阐述了非正式组织活动的后果。巴纳德认为，非正式组织的活动会导致两类重要的后果。一是"非正式组织的最普遍的直接后果是形成了一些风俗、道德观念、习俗、民俗、社会规范和理想"。二是非正式组织为正式组织产生创造条件，"非正式的联系显然是正式组织形成以前所必需的一个条件。要使得共同目的能够被接受、信息交流成为可能、协作意愿的精神状态得以达到，都必须有一个事前的接触和预备性的相互作用过程"。

最后，巴纳德探讨了非正式组织的职能。巴纳德认为，如果关系处理得好，非正式组织能为正式组织承担三种职能，促使正式组织更加稳定、完整，更具效率。一种是可以搜集正式组织所不容易获得的意见、资料和信息；一种是通过调节人们的贡献意愿和稳定客观的权威来维持正式组织的凝聚力，提高组织的团结和整合程度；一种是维持人们的个人人格、自尊心和独立选择能力。[①]

---

① 崔光胜. 现代行政组织中的非正式组织探析［J］. 湖北行政学院学报，2005（6）.

二、行政组织中非正式组织的形成过程和类型

（一）形成过程

行政组织作为依照宪法和法律组建的国家行政机关，它在推行政务、制定决策、执行计划、实现目标的过程中，行政机关的工作人员由于工作中的频繁接触、业务上联系，促进了工作人员之间的相互认识和了解。在这一过程中，他们彼此吸引和接受，并开始进行工作以外的非正式交往和接触，这种交往和接触又进一步促进彼此之间的了解。这样久而久之，行政人员之间的私人关系逐步上升为友谊，一些与行政组织有联系但又独立于行政组织之外的小群体就逐渐形成了。其成员由于工作性质相近，社会地位相当，对某些具体问题的看法和认识基本一致，或者彼此之间性格相投，业余爱好相同，由此产生了一些被大家接受并遵守的不成文的行为规范，从而在行政组织内部形成了非正式组织。

（二）类型

行政组织中存在的非正式组织根据不同的标准可以划分为不同的类型。

1. 根据存在状态的不同，可分为显性的和隐性的两种

显性的非正式组织是指那些对外有着自己的名称，公开进行活动的非正式组织，如棋艺协会、书法社、篮球俱乐部等。但更多的是隐性的非正式组织，它们的活动一般不公开进行，对外没有正式名称，如政府机构进行裁员分流时，那些将会被裁减或分流的人，为了自己的利益就会私下形成一个非正式组织，对机构改革或者采取激烈对抗的态度，或者采取主动迎合的态度。

2. 根据非正式组织的性质，可分为积极型、中间型和消极型三种

积极型非正式组织的活动与行政组织的目标基本一致，中间型非正式组织的活动与行政组织的目标有时一致，有时不一致；而消极型非正式组织的活动与行政组织的目标基本上不一致。

三、行政组织中的非正式组织对行政管理的影响

行政组织中存在的非正式组织对行政管理活动产生的影响一般可分为积极的和消极的两种。如果非正式组织与行政管理活动的行为作用方向相一致，或者非正式组织的活动与行政组织的目标基本相同，此时非正式组织对行政管理会产生积极作用；反之，如果非正式组织与行政管理活动的行为作用方向相反，或者非正式组织的活动与行政组织的目标偏差很大，那么此时非正式组织会对

行政管理产生不利的影响。

(一) 非正式组织对行政组织的积极影响

1. 非正式组织的存在可以满足行政组织成员的心理需要

根据马斯洛的需要层次理论，人是有需要的动物，人的需要又是有层次的，其中一个重要的层次就是人的感情的需要，或称为社交的需要。人们都希望受到别人的注意、接纳、关心、友爱和同情，在感情上有所归属，属于一个群体，而不愿成为离群孤雁。而非正式组织则成为人们满足感情需要的一个重要途径。非正式组织成员在非正式组织开展活动时能增进了解，产生友谊，消除孤独感，可以满足他们归属和寻求保护等心理上的需要。行政人员心理需要的满足会带来工作上的热情，从而有利于提高行政机关的工作效率。

2. 非正式组织的存在有利于增强行政组织内部的合作、协调和内聚力

由于传统行政组织存在着条块分割、等级分明的特征，这在一定程度上影响了行政组织内部的协调合作。而非正式组织的成员构成往往不受部门与级别的限制，他们通过在非正式组织中的相互接触和了解，产生合作精神，这种合作精神带到行政组织的工作中，有利于增强行政组织内部的横向联系和沟通，增强合作和协调，使行政组织产生较强的内聚力。

3. 非正式组织的存在有利于行政组织内部信息交流，改进组织沟通

行政组织中的意见沟通途径往往显得较为有限且内容也较为正式，沟通时多须遵循一定程序，同时，基于控制的需要，信息的流动是单向的。组织成员有关行政组织的信息主要来自上级，而在信息从上级一步一步地向下级传递的过程中，信息量是逐级递减的。而非正式组织的沟通不受这种限制，可以通过其网状体系迅速遍布于行政组织的每个角落。尤其是一些难以确定的事情、意见、疑问，一些容易引起争议的问题，以及行政组织的某些改革设想等，如果通过行政组织的正式渠道来传递或沟通，其效果往往不会太好，甚至会引起对抗和冲突。而非正式组织可以通过"明星式"的或"全通道式"的沟通途径来弥补行政组织的这一不足。

(二) 非正式组织对行政组织可能造成的消极影响

1. 非正式组织可能阻碍行政组织目标的顺利实现

在一般情况下，当行政组织的目标和政策影响非正式组织成员的利益和需求时，它们有可能集体抵制，使其不能顺利实现。如果非正式组织与行政组织的目标大相径庭，甚至是针锋相对，那么此时的非正式组织就会与行政组织发生目标冲突。非正式组织成员可能会为了维护非正式组织的利益而放弃行政组织的利益，他们就会成为行政组织实现其目标的重大障碍和异己力量，从而不

利于实现行政组织的目标。

2. 非正式组织容易滋生形成一些不良的组织氛围

比如，情感性和非规范性是非正式组织的重要特征，非正式组织很容易因为情面问题而破坏行政组织的规章制度，导致出现"公事私办、私事公办"的人情买卖。再如，非正式组织作为一种信息传递的重要渠道，它在传播正当信息的同时，也大量传播各种流言蜚语。非正式组织成为各种"小道消息""独家新闻"等的滋生温床，这对行政组织中人心的安定和正常工作的开展是不利的。

3. 非正式组织可能降低行政组织工作效率

从霍桑实验中，人们已经发现非正式组织限制个人自由，减少个人努力程度，强求一致，从而使工作效率大打折扣①。

四、正确对待行政组织中的非正式组织

正确对待非正式组织应该因势利导，扬长避短，最大限度地发挥其积极作用，同时把它的消极影响限制到最小。

（一）要接受并了解非正式组织

行政组织中非正式组织的存在是客观的，它与行政组织相促而生，相伴而存，任何试图禁止或消除非正式组织的努力只能得到相反的效果，禁止或限制愈严，非正式组织的结合愈坚固，对行政组织所采取的敌对态度也愈强烈。因此，应当承认并接受非正式组织，同时要加深对非正式组织的了解，了解其成员构成特点、共同的情趣指向、对行政组织的态度等。要将非正式组织与"政治小宗派""政治小团体"加以严格区分，切忌横加指责，乱扣帽子，避免将非正式组织推到行政组织的对立面。

（二）要引导和推动非正式组织围绕行政组织的目标开展活动

非正式组织的某些目标可能和行政组织目标毫不相干或没有必然的联系甚至相冲突，这样就必须强化非正式组织对行政组织目标的认同感和责任感。比如，可以根据某个非正式组织的具体特点，让它们独立实现某一行政目标，这样可以有效化解行政组织与非正式组织之间的目标冲突，使非正式组织及其成员从心理上到行动上都融入行政组织目标之中。

（三）对非正式组织的合理需求给予必要支持，对不合理的需求进行及时抑制

在深入了解非正式组织的基础上，应增加与其领导人的接触，以增进相互

---

① 邱玉婷. 行政组织中的非正式组织问题探讨［J］. 经济与社会发展，2008（3）.

间的沟通和情谊。尤其是行政组织的领导要注意关心非正式组织的需求，对他们合理的需求要给予必要的支持或辅助，比如，时间的保证、经费的资助、场所的提供等，使非正式组织及其成员获得更多的合理的满足感，从而激励他们对行政组织给予更多的支持。而对非正式组织的一些不合理需求，不能迁就、妥协或无原则地满足，应该通过适当的方式和途径加以抑制。

（四）要改变非正式组织存在的外部环境

一般来说，非正式组织的消极行为往往是由于其价值观和整个非正式组织系统中的导向不正确引起的。如果其消极行为常常受不到舆论的谴责，那实质上就是一种纵容。所以，在行政组织中要形成一种正气，通过对消极行为的谴责使其产生心理压力而促使其自动调节自我行为。同时，通过强化行政组织的纪律、规范和监督，褒正贬邪，奖罚分明，刚柔并济，使非正式组织的消极行为失去得以生存的环境[①]。

复习思考题

1. 我国行政区划的主要内容是什么？
2. 我国中央集权的单一制行政体制的主要内容是什么？
3. 行政组织的含义和特点是什么？
4. 根据功能的不同，可以将行政组织分为哪些类型？
5. 西方古典行政组织理论的主要代表人物及其理论观点是什么？
6. 行政组织的活动原则有哪些？
7. 行政组织中的非正式组织对行政管理有何影响，如何正确对待行政组织中的非正式组织？

---

① 刘伟忠．略论行政组织中的非正式组织［J］．学术论坛，2004（1）．

第四章

行政领导

任何一个行政组织都是由或多或少的行政人员构成的。行政人员是行政组织的细胞，一切组织功能最终都要由行政人员来实现。行政人员可以分为两大类，即行政领导人员和普通行政人员；或两种角色，即领导者和被领导者。行政领导人员是行政组织的关键性因素，普通行政人员则是行政组织的主要构成部分。任何一个行政组织要有效地履行行政职能，都有赖于强有力的行政领导人员。领导人员的素质、能力以及工作方法、工作艺术，将直接影响行政管理的质量和效率。如何提高行政领导者的素质，增强其工作能力，完善其工作方法、工作艺术，是公共行政学探讨的重要问题。

第一节 行政领导概述

一、行政领导的含义、要素和内容

作为一种社会分工，领导活动是自人类社会产生之日起就存在的。卡尔·马克思经曾说过："一切规模较大的直接社会劳动或共同劳动，都或多或少地需要指挥，以协调个人的活动，并执行生产总体的运行——不同于这一总体的独立器官的运行——所产生的各种一般职能。一个单独的提琴手是自己指挥自己，一个乐队就需要一个乐队指挥。"

所谓领导，就是影响个人、集体或集团确立和实现一定目标的行为过程。这一简单表述揭示出领导行为的基本内涵。第一，领导同领导者和被领导者密不可分；第二，领导是一种行为；第三，领导是一种影响力；第四，领导是为了达成一定的目标而进行的活动；第五，领导不是一种瞬间行为，而是一个动态过程。行政领导是领导的一种，既体现领导的一般共性，又有其自身特点。

（一）行政领导的含义

行政领导是指公共组织中，经选举或任命而享有法定权力的领导个人或领导集体，依法依规行使行政权力，运用各种方法和手段，实现行政目标的行为过程。行政领导有名词和动词两种用法。作名词时，行政领导指的是行使行政领导权力、履行行政领导职责、率领和引导行政人员去实现行政目标的人，即行政领导人或行政领导者。作动词时，行政领导是指行政领导者，通过决策、指挥、沟通、协调、控制和监督等手段，率领和引导下属人员共同实现行政目标的活动。

（二）行政领导的要素

行政领导活动是由领导者、被领导者和作用对象三大要素构成的。

领导者是行政领导活动的主体，行政领导职能首先是由领导者发挥的。列宁曾精辟地指出："谁都知道，群众是划分为阶级的；……阶级通常是由政党来领导的；政党通常是由……领袖……来主持的。"这段话是针对政治领导而言的，但也适用于行政领导。领导者要实施领导，必须拥有威信，而威信是权力与能力结合的产物。权力包括职位法定权力和非职位影响力，能力体现在领导者的主张、意见和处理工作的效力上。领导者集权力、责任、服务于一身，权力是实施领导的必要条件，责任是领导者应尽的职责，服务是领导者的根本宗旨。

被领导者就是领导者下属的工作人员。被领导者和领导者共同作用于行政管理活动的对象。被领导者与领导者是互相依存的两种因素，没有前者就不会有后者。在社会实际生活中，往往是先有被领导者，然后才从其中产生领导者，即被领导者是领导者赖以产生的土壤。社会主义国家的行政领导者与被领导者在目标一致的前提下，相互信任、相互作用，共同完成党和国家赋予的各项行政任务。

作用对象是指行政领导活动在认识和改造世界的过程中，直接或间接面临的一切客观事物、条件、环境或人物。作用对象是领导者和被领导者共同作用的客体，是行政领导活动必不可少的构成要素。

（三）行政领导的内容

1. 计划活动

计划是组织活动的起点和依据。计划活动包括确定目标及先后次序、预测未来、确立行动方案、组织落实和修正计划等。计划活动是行政领导的一项重要职能，它能促使组织内所有成员包括下级组织关注组织目标的注意，将他们的活动与目标的实现协调起来，也为今后的考核以及有关方面的监督、控制提供参照依据。

2. 组织活动

行政领导的组织职能在于保持完成计划所需活动的连贯性和步调一致，保证执行系统内部过程发展的平衡并在必要时加以调整。组织职能包括人员的组织、财力与物力的组织、时间的组织，等等。

3. 指挥活动

指挥活动是领导者通过与行政组织层级相一致的权力链或指挥链实施的上级对下级组织和个人的领导。指挥活动通常有两种形式。一是以强制力为后盾，发布命令和指示，它体现的是一种命令和服从的关系。二是进行指导，包括战略指导和策略指导，这种指导不具有强制力。

4. 协调活动

现代行政活动的特点之一是分工越来越细，由此产生的协调活动也就越来越多。协调是行政领导的一项重要职能。协调的范围分组织内部协调和外部协调。组织内部协调是通过工作进度的制订、人员的分工和财物的筹集，使整个组织活动在统一的目标下协调一致地进行。组织外部协调可分上下级之间的协调和平级之间的协调。

5. 控制活动

行政领导的控制活动通常涉及两大类，即组织系统和组织成员。具体来说，它包括依照行政法规和规章所进行的规范控制，对组织活动过程中的问题和缺陷加以纠正的组织行为控制，以定期考核和奖惩作为表现形式的个人行为控制，以及通过感情沟通所进行的非正式组织控制。

（四）行政领导与管理的区别

行政领导与一般管理存在一定共性，但又存在重大差别，主要体现在工作层次、工作对象、工作重点以及目标定位等方面。

在工作层次上，行政领导着眼于组织的战略性工作，注重组织的全局和整体；而一般管理则着眼于组织战术性或技术性工作，注重局部和部分。在工作对象上，行政领导主要是对人和事的领导，处理人与人、人与事、事与事的关系；管理则主要是对人、财、物的管理，处理着人与物、物与物的关系。在工作重点上，行政领导着重于关注外部环境，处理组织与外部环境的关系；而一般管理则着重于维持正常的内部秩序，处理组织内部事务。在目标定位上，行政领导强调的是组织或团体乃至社会的整体效益；而一般管理则强调的则是某项工作的效率与效益。

二、行政领导者的素质和作用

(一) 行政领导者应该具备的素质

我国行政领导者的基本素质要求是德才兼备,即政治素质、品德素质、观念素质、知识素质和身体素质兼而有之、缺一不可。

1. 政治素质:执行党的路线方针和政策

行政领导是公共行政的重要行为,与政治关系密切,具有很强的政治性。作为公共行政高层管理者和决策者的行政领导者,必须具有过硬的政治素质。毛泽东说过:"政治是统帅,是灵魂,政治工作是一切工作的生命线。"[①] 行政领导者政治素质不仅决定着领导者自身的发展方向,而且也决定着领导活动的性质,是领导素质的根本和核心。领导者的政治素质主要体现为要具有坚定的政治信念、正确的政治方向和较高的理论水平。具体到我国,行政领导者所具备的政治素质就是要坚定建设中国特色社会主义的信念,执行党的基本路线方针和政策,善于运用马克思主义的立场、观点和方法分析和解决问题。

2. 品德素质:清正廉洁

清正廉洁是对行政领导者在品德方面最基本、最主要的要求。行政领导者掌握着国家的一部分权力,在行政管理活动中应该保持自己的清廉,不受贿、不贪污、不谋私利。我国是社会主义国家,各级行政领导者更理应廉洁自律。但是,应该看到,我国各级政府中个别行政领导者背离了为政清廉的原则,玷污了政府机关的形象,败坏了改革开放的声誉,引起了人民群众的不满。这是我国党和政府正在采取坚决措施加以解决的一个重大问题。

3. 观念素质:具有战略、信息、法治等现代观念

战略观念是人们对客观存在的战略问题的反映,是一种自觉的心理活动。它表现着人们对战略问题的重视和敏感程度,是人们自觉地捕捉、谋划、解决战略问题的一种意识。古人云:"不谋万世者,不足谋一时;不谋全局者,不足谋一域。"战略正确,才有可能获得全局的胜利;战略错了,全局上失误了,不论局部如何努力也要失利。对于行政领导者来说,必须具备这种战略观念。

当今时代是以信息的生产、交换和传递为重要特征的时代,信息正渗透到社会生活的各个方面,其中也包括行政领导方面。行政领导者如果掌握了客观、准确和足够的信息,就能为正确的决策提供机会和条件,就能带来效益,使信

---

① 转引自苏希胜:《党的政治建设应认清的几个基本问题》,求是网 2019 年 4 月 16 日,http://www.qstheory.cn/llqikan/2019-04/16/c_1124374552.htm.

息转化为财富。反之，行政领导者如果信息不灵或不准确、不真实，就会贻误行政工作时机，甚至做出错误的决策，造成损失。

行政领导者要有法治观念，就是依法行政的观念。所有行政领导者包括国家最高行政领导人，都应严格依法办事，不允许有任何超越法律之上的特权，也不允许任何人以言代法、言出法随。为了全面贯彻依法行政的原则，必须使一切行政领导活动都做到有法可依、有法必依、执法必严、违法必究。

4. 知识素质：具有行政管理、专门业务、经济和社会等方面的知识

行政领导者要有效地进行行政领导，就必须具备相应的行政管理知识和专门的业务知识，这是实现行政领导科学化的关键。各级行政领导者都应自觉努力学习行政管理知识和专门业务知识，使自己成为行家里手。

经济工作是我国各级政府的重点工作之一。各级行政领导者除了掌握专业知识外，还应当重视学习、钻研经济理论，尽可能多地掌握经济知识，把自己培养、锻炼成为组织和领导经济建设的内行、专家。此外，党的十八大以来，我国大力推动社会建设，行政领导者需要处理方方面面的社会事务，因而还需要学习有关社会建设的理论、知识。邓小平早就在《解放思想 实事求是 团结一致向前看》这篇著名讲话中告诫我们："实现四个现代化是一场深刻的伟大的革命。在这场伟大的革命中，我们是在不断地解决新的矛盾中前进的。因此，全党同志一定要善于学习，善于重新学习。"①

5. 身体素质：具有健康的体魄和充沛的精力

行政领导工作是很繁重很艰巨的，没有健康的体魄和旺盛的精力是无法胜任的。那些"上班坐不长、下去走不动、应急挺不住、病魔常缠身"的人，绝不可能成为一个合格的行政领导者。行政领导者应当注意锻炼身体，保持健康的体魄，时刻以旺盛的精力去应付各种艰巨复杂的行政工作。

（二）行政领导者的作用

1. 决策作用

行政领导者的决策作用表现为：在千变万化、错综复杂的情况下，能为组织、被领导者指明前进的方向，确定奋斗的目标，制定正确的方针、政策和战略、策略。

2. 指挥作用

决策制定以后必须坚决地去实行它，推动决策的实施就是指挥。行政指挥分为四个环节：一是制定实施计划；二是把相关人员组织起来，并实施计划；

---

① 邓小平文选：第二卷［M］．北京：人民出版社，1983：152-153.

三是检查监督；四是根据具体情况给予指令和指导。指令是直接的指挥，指导则属于间接的指挥。

3. 激励作用

行政领导者所做出的决策主要是由下属完成的，甚至行政领导者的一些正确决定的最初想法也来自优秀的下属。因此，行政领导者必须善用激励原则，关心被领导者的物质和精神需要，尽量激发他们的热情和潜能，充分调动他们工作的积极性、主动性和创造性。因此，如何鼓动和激励下属自觉地为实现组织目标而努力工作便成为行政领导者的一项重要职能。

4. 桥梁作用

一方面，政府的方针、政策、措施和办法只有经过行政领导者的具体工作，才能为广大人民群众所了解，并变成人民群众的自觉行动。另一方面，广大人民群众的意见和要求，也需要通过各级行政领导者反映到政府中来，以便为政府机关的决策活动和管理活动提供直接的依据，使政府的方针、政策、措施和办法更加符合人民群众的利益。

5. 服务作用

行政领导者应把人民群众的利益作为一切工作的出发点，把对人民群众负责与对党、对上级负责统一起来，并带领所属机关工作人员，通过对本职工作的实施，全心全意为人民服务，履行人民公仆的职能。邓小平曾指出："什么叫领导，领导就是服务。"这一英明论断，不仅体现了全心全意为人民服务的根本宗旨，而且是对马克思主义领导观最简明、最科学的概括和总结。

6. 模范作用

行政领导者是物质文明建设、政治文明建设、精神文明建设、社会文明建设和生态文明建设中的模范。领导者是按照德才兼备的原则选拔任用的，要求具有较高的政治觉悟、道德品质和献身精神，能够严格地执行党和国家的方针、政策，遵守宪法和法律，勤奋学习，努力工作。行政领导者的模范带头作用发挥得好不好，不仅直接影响政府的声誉，而且在很大程度上影响整个国家的五个文明建设。

三、行政领导者的职位、职权和职责

职位、职权、职责是行政领导者实施行政领导活动不可缺少的三个要素，三者互相联系，互相制约，不可偏废。职位越高，职权越大，职责也就越重，三者成正比关系。

（一）行政领导者的职位

行政领导者首先要具有一定的职位。所谓行政职位，是指行政组织中行政领导者的工作岗位，是权力机关或人事部门根据有关法律或规定，按程序选举或任命行政领导者担任的职务。行政职位是根据行政工作的实际需要，按照管理层次、业务性质、责任轻重、工作简繁等不同情况设置的。行政职位是职权和职责的载体，是行政领导者行使权力、履行职责的依据和前提。没有一定的职位，就不存在职权和职责，"不在其位，不谋其政"说的就是这个道理。

行政领导者的职位具有这样几个特点。

第一，行政领导职位是以"事"为中心设立的，而不是以"人"为中心设立的。也就是按照政务的需要设置职位，不能因人设位。

第二，行政领导职位的数量是有限的，是一个确定的数值。这一数值由行政机构的规模、任务及经费等因素决定。职位数量的确定一般要以最低数量为原则，不能叠床架屋，重复设立职位。否则将导致人浮于事、效率低下，助长官僚主义。

第三，行政领导职位具有相对稳定性。行政领导职位具有法定性，既不可随意增设，也不可随意废除。职位不随人走，不因领导者个人的变动而变动。职位上的领导者任该职的时间长短、该领导者能力的强弱等，对该职位本身并无影响。这就是说，职位与实际担当人是可以分离的。比如，不胜任这一职位的领导者就应当辞职或被免职，而不是废除这一职位本身。

在社会主义社会，人民是国家的主人，国家各级行政领导职务从根本上说是人民赋予的，处于行政领导职位的领导者，是人民意志和利益的代表，无论职位高低，都是人民的勤务员，是人民的"公仆"。

（二）行政领导者的职权

行政领导者的职权是指由行政职位派生出来的、受到国家法律保护的权力。行政领导者既然具有一定的行政职位，就应有与其职位相称的行政权力。

行政领导者的职权具有三个明显的特点。

第一，职权仅仅是同职位相联系的一种权力，是为了履行职责而必备的一种手段。除职权之外，行政领导者不应拥有任何特权。

第二，行政领导者职权的大小要受到职位和职责的限制，他们所拥有的职权是有限的，不能任意扩大自己的职权，不得超越职权范围使用职权。

第三，行政领导者的职权不是终身的，它随着行政领导者拥有职位和担任职务而存在，又随着行政领导者失去职位和职务而终止。

行政领导者的类型虽然多种多样，但其职权范围大体上有统一性的规定。

第一，对行政组织目标及实现途径等重大问题的决策权。

第二，对行政组织各种活动的指挥和协调权。

第三，对直接下级人员的任免和奖惩权。

第四，对行政组织人力、财力、物力等资源的支配权。

第五，对上级机关的建议和提案权。

第六，对直接下级人员的授权。

第七，对外活动的代表权。

（三）行政领导者的职责

行政领导者的职责，是指行政领导者在行使职权过程中应尽的义务和必须承担的责任。行政领导者的职责与职位、职权紧密相连。有权无职，则权力无法实现；有权无责，容易导致权力的滥用。因此，应当尽量避免这两种情况的发生。

行政领导者还有一项重要职责，就是搞好组织建设。主要内容有两项：一是设置适应工作需要的合理机构；二是制定保证机构正常运转、高效运转的规章制度。

行政领导者的职责具体包括以下方面。

1. 政治责任

行政领导者必须积极贯彻党和国家的路线、方针、政策，在政治上与党中央保持一致。

2. 法律责任

行政领导者必须依法行政，必须在国家法律、法令、法规和条例允许的范围内工作。遵纪守法是一个行政领导者的起码责任。

3. 工作责任

行政领导者必须为所在部门或团体提供正确的发展方向，制定可行的发展战略，建立良好的工作秩序，协调好上下级关系和内外关系，合理地配置人、财、物、信息等资源，创造良好的经济效益和社会效益。

四、行政领导的产生、结构和制度

（一）行政领导的产生

行政领导者产生的标志是取得行政组织中的领导职位以及相应的职权和职责。在不同的社会制度下，行政领导者产生的途径和方式是不同的。当今世界各国的行政领导者的来源，一般说来主要有两种。一是来自内部，就是从国家行政系统内部升任和补充。这有利于激励行政系统内部人员的进取心。二是来自外部,就是从全社会选拔优秀人才。这样可以为行政系统带进新思想、新方法、新作风,同时有助于防止小集团的滋生。

当前我国法定的担任行政领导职务的人员主要是通过下列四种不同的方式产生的。

1. 选任制

即行政领导者由被领导者或被领导者的代表选举产生的制度。选任制适合于政治型行政领导者的产生,它选人视野开阔,能广泛代表民意,选举的结果具有较高的权威性和公正性。选任产生的行政领导者原则上有任期的限制。常任的业务领导者要进行稳定有效的专业领导,因而一般不用选举方式产生。

我国宪法和政府组织法明确规定,各级政府组成人员都要由各级人民代表大会或县以上各级人民代表大会常务委员会选举产生或决定任命。比如:"根据《中华人民共和国宪法》第六十二条,国务院总理由中华人民共和国主席提名,全国人民代表大会决定,国家主席任免。国务院副总理、国务委员、各部部长、各委员会主任、审计长、秘书长的人选由国务院总理提名,全国人民代表大会决定,国家主席任免;在全国人民代表大会闭会期间,根据国务院总理的提名,由全国人民代表大会常务委员会决定部长、委员会主任、审计长、秘书长的人选,国家主席任免。""根据《中华人民共和国地方各级人民代表大会和地方各级人民政府组织法》,省长、副省长,市长、副市长,由省、直辖市人民代表大会选举产生。省、直辖市政府领导人员产生后,应在 2 个月内由正职领导人员提请省、直辖市人大常委会任命秘书长、厅长、局长、委员会主任,并报国务院备案。"

2. 委任制

委任制也亦称任命制,是由上级领导者或上级机关根据相关标准直接下令委任其所需人员以某种领导职务的制度。

委任制是历史上最常见的任用人才的方式,也是当前西方国家普遍使用的人才任用方式。目前世界上大多数国家,无论是内阁制还是总统制,在人事任免权上,行政首长都大权独揽。西方各国都把行政领域的人事权,主要交予行政首长行使。在英国,首相可以任命大约一百个大臣级和地位较低的大臣级职务,中央政府的高级官员和几乎所有的内阁成员都由首相决定任免。在美国,主要行政官员的任免权掌握在总统手里,大量的低级行政官员都由总统直接任免。

我国是社会主义国家,与资本主义国家的政治制度有着本质的区别。在人事权上我们坚持"党管干部"的原则。我国现行的委任制的程序是：由领导与群众推荐，党组织考察、调查，再经集体讨论，最后由有关部门任命。这种程序的好处是：把"党管干部"原则落到了实处，从而在组织上保证了党对政府工作的领导；能有效地把握住干部的政治素质；能提高干部晋升工作的效率。随着经济体制和政治体制改革的深化，委任制在方式、方法上也有所调整。

我国的委任制适用于非政府组成人员的领导者。在我国，由本级人大常委会、本级政府、上级主管部门、派出的政府机关或部门，依法委派的领导者主要有：国务院各部委的副职领导（如民政部副部长等），直属机关、办事机构等的正副职领导，由国务院常务会议决定任命；县以上地方各级人民政府秘书长、厅长、主任、局长、科长等领导职务，由本级人大常委会根据本级政府首长提名决定任命，并报上一级人民政府备案；县以上各级人民政府及其部门的派出机关，其领导人员由派出的政府机关及其部门决定任命。

3. 考任制

即行政领导者由专门的机构根据统一的、客观的标准，通过考试择优产生的制度。考任制的好处在于广开才路，难点在于人的才能难于测定。一般公务员考试主要是考基本知识和素质能力，相对客观公正。而领导考的是专门知识和更高级的素质能力，这就不好考。人的能力水平和政治素质、道德品质是否能通过考试准确地测定，存在很大的疑问。从我国若干年来考任制的实践来看，高分低能、高分无德等现象时有发生。另外，考试组织过程的公正性也难以把握。目前，我国主要只对副局（厅）级以下行政领导进行考任，但尚缺乏法律依据和经验，处于试行阶段。

4. 聘任制

即根据工作需要和职务要求，采用竞聘方式，通过与应聘人员签合同、协议类的契约选聘外部人员在一定任期内担任非常设性的行政领导职务的制度。

聘任制的优点是：选人视野开阔，广招人才，有助于解决本地区、本部门人才短缺；有助于给本地区、本部门带来先进的管理经验、方法和手段，使本地区、本部门的领导层能够及时更新并始终保持活力；能有效地打破干部管理上的地区所有制、部门所有制，促进人才的合理流动；有利于克服论资排辈现象，有利于原来默默无闻的人才脱颖而出。但在实际运用中，应注意防止短期行为及忽视使用本地区、本部门人才的弊端。

聘任制方式适用于专业技术职务、学术型行政领导者。多年来，我国一些地方政府聘用了一些科技副县长、科技副乡（镇）长，取得了一些经验。

（二）行政领导的结构

行政领导的结构是指行政领导集体（我国通常称为"领导班子"）中不同年龄、不同知识、不同专业、不同智能乃至不同性格的高素质人才有机而合理的组合。现代行政领导要求领导班子的结构优化。其根本要求是按照"四化"——革命化、年轻化、知识化、专业化方针和德才兼备原则，选拔、配备行政领导成员。

1. 优化行政领导的结构十分必要

强调行政领导的结构优化，其依据主要来自于系统论。系统论强调用联系的、全面的观点看问题，注重整体优化。而要做到整体优化，首先要做到内部结构的优化。系统科学认为，任何一个事物或系统，其内部结构对整体性能的提高都具有决定性作用，即结构状况的好坏，影响着整体功能的好坏。$1+1=2$，是机械相加的结果。但是在一个组织系统内，由于内部结构的不同，$1+1$ 可能就不等于 2。即如果结构合理，组合适当，各要素能相得益彰，则 $1+1$ 可能大于 2；若结构不合理，组合不当，联系松散甚至相互排斥，则 $1+1$ 可能会小于 2，整体功能会相应减弱。系统论由此得出一个经典论断："整体不等于它各部分的简单相加。"对于一个组织系统来说，要求个体要素具有良好的功能固然重要，但使一个系统具有最佳结构尤为重要。

2. 行政领导结构的优化

（1）优化年龄结构。优化领导班子年龄结构有两方面的要求：一是班子中老中青干部合理搭配，二是班子年轻化。

研究领导班子的年龄结构，首先牵涉年龄与智力的关系问题。这是一个极其复杂的问题。有的人认为，随着年龄的增长，智力必定衰退。实践证明，事实并非完全如此。现代生理学与心理学研究了年龄与智力的相对关系，发现人的年龄与智力之间存在相关关系。根据年龄与智力的关系，领导班子的年龄结构应该呈纺锤型结构为宜，其中中年应占 50%-60%，老年和青年各占 20%-25%。

领导班子年轻化是一个"模糊概念"，有一个要求，但又不是那么精确。它是指领导班子的平均年龄较小，而不是指选任的每个成员都必须是青年，因此，领导班子"年轻化"≠领导班子"青年化"。同时，我们也不能把年轻化绝对化，看成唯一标准。不同性质、不同任务、不同层次的行政单位，其领导班子的平均年龄也应有所不同。比如基层领导班子的平均年龄应小一些，高层则应大一些。

（2）优化知识结构。优化领导班子知识结构，一是指班子成员都应该高知识化，二是指不同知识背景成员之间的合理搭配。

现代化领导班子的成员，必须具有足够的知识水平，在整个社会知识结构中，他们应该是处于高知识水平范围的。因为随着教育的普及，现代社会成员，不论是专家还是一般人，知识水平逐步提高，如果领导成员不具有更高的、相应的知识水平，就很难有效地领导具有高知识水平的下属。领导班子合理的知识结构，是指班子成员要具备多学科、多层次的知识结构。既有文化知识，又有专业知识；既有社会科学知识，又有自然科学知识；既有理论知识，又有实践知识。

（3）优化专业结构。优化领导班子专业结构，是指要让具有不同专业知识、专业技能和专业经验的领导人才合理搭配组成领导班子。

一般来说，专业是指某个成员所接受的某一方面的高等教育，换言之，某个接受高等教育的人均有某个方面的专业。一般情况下，人们在经过某种专业知识的正规教育后，这种专业便成了一个人的专长，从这个意义上说，专业和专长有一定的共性。但不可否认的是，在某些人身上，也会出现专业和专长相分离的情况。因此，在选配领导班子时，不能简单地把专业和专长等同起来，更不能片面地认为管意识形态的只能是学文科的，管工程建设的就只能是学工科的。

需要强调的是，专业并不等于专长，专业化并不等于"专家化"。科教专家有一技之长，从事领导和管理有许多有利条件。但是，并不是每一个科教专家都具有领导和管理才能，都能做好现代领导和管理工作。

（4）优化智能结构。优化领导班子智能结构，是指具有不同智能的成员的合理组合、搭配。

智能是指在工作中运用各种知识分析问题和解决问题的能力。智能与知识有联系，但二者并不等同。很早以前人们就发现了这种区别。培根说过："各种学问并不把它们本身的用途交给我们，如何运用这些学问乃是学问以外的、学问以上的一种智慧。"对于领导成员来说，知识无疑是重要的，但是，运用知识分析和解决实际问题的能力更重要。

一个智能结构合理的领导班子，应该由战略家、组织家和实干家这三种类型的成员组成。有人善于运筹策划，有较强的判断能力、综合能力，能够统观全局，提出决策，我们称这种人为战略家；有的人善于沟通、协调，有较强的指挥能力、驾驭能力、控制能力，能够统御队伍团结向前，我们称这种人为组织家；有的人善于贯彻实施，有较强的实践能力、操作能力和推动能力，能身先士卒，以身作则，我们称这种人为实干家。

3. 配备好一、二把手是优化行政领导结构的关键

实践表明，一个行政领导班子是不是顽强的、过硬的，关键取决于领导班子"核心"的状况，取决于一、二把手强不强，特别是一、二把手能不能在工作上实现互补，在人际关系上实现团结和谐。

拿破仑曾经说过两句有趣的话，一句是："一头狮子率领一群羊能够打败一只羊率领的一群狮子"；另一句是："一个蹩脚的总司令胜过两个优秀的总司令"。这就是说，一个领导班子首先要有一个好的领导核心，只有核心强，才能保证班子整体过硬。也正如邓小平在《第三代领导集体的当务之急》中所说："任何一个领导集体都要有一个核心，没有核心的领导是靠不住的。"[1] 如果班子中的一把手是一只"绵羊"，那么，即使班子中其他成员都是"狮子"，也很难成为一个强班子。同时，一个领导班子的核心应该是唯一的，如果出现了两个以上的核心人物，这个班子很可能就不会有凝聚力和战斗力了。当然，这只是问题的一个方面，问题还有另一方面，就是领导班子必须保证集体领导，力求避免明显的和隐晦的个人专断。这就要求在配备领导班子时，既要突出一个核心，又要防止核心过"强"而导致个人专断的发生。

（三）行政领导的制度

行政领导的制度可以划分为三个层次。

一是从根本上指导、制约行政活动的制度。在我国，这就是民主集中制。它既是我党的根本组织原则，也是我党的根本领导制度。二是足以保障领导者个人可以与组织协调行动，以使领导者个人的能量与组织的能量都能最大限度地发挥出来的制度。在我国，这就是集体领导与个人分工负责相结合的制度。三是日常行政领导制度，即足以保证日常行政领导活动顺利开展的工作性制度。比如上下级行政领导者之间联系的制度、协调行政领导班子内部关系的制度、行政领导者联系群众的制度（接待日制度、信访制度、对话制度等）。下面对前两个层次的行政领导制度做一介绍。

1. 民主集中制

民主集中制是民主制与集中制有机结合的一种制度。毛泽东指出：民主和集中的统一，自由和纪律的统一，就是我们的民主集中制。

民主集中制是作为无产阶级政党的组织制度而确定的。中国共产党一贯把民主集中制作为自己的根本组织原则和领导制度，并通过国家的根本大法把它作为人民民主专政国家政权的组织原则和国家的根本领导制度固定下来。

---

[1] 邓小平文选：第三卷 [M]．北京：人民出版社，1993：310．

民主集中制的主要内容包括以下几个方面。

(1) 全国人民代表大会和地方各级人民代表大会的代表，都由民主选举产生，对人民负责，受人民监督；

(2) 国家所有行政机关、司法机关都由人民代表大会产生，对它负责，受它监督；

(3) 在国家生活中，人民群众当家做主，有权以不同方式积极参加对国家大政方针、重大决策和法令的讨论，参加对经济文化事业和国家事务、社会事务的管理；

(4) 中央和地方国家机构职权的划分，遵循在中央统一领导下，充分发挥地方的主动性、积极性的原则；

(5) 坚持"四个服从"，即少数服从多数，个人服从组织，下级组织服从上级组织，全党服从中央。

民主集中制贯穿于各级领导的全部实践活动中，是社会主义根本制度的直接体现。因此，它决定和影响着其他领导制度，如集体领导与个人分工负责相结合的制度、日常领导制度等。其中有的是民主集中制的具体化，是由其决定和派生的；有的在实行中还须坚持民主集中制，否则就难以实现和发挥作用。

民主集中制，是民主和集中不可分割的有机统一体，二者相辅相成、互相制约。如果只强调其中一个方面而忽视另外一个方面，必然造成消极影响乃至严重后果。自从1905年列宁在俄国社会民主工党第一次代表大会上提出把民主集中制作为无产阶级政党的建党原则以来，世界上几乎所有致力于社会主义事业的共产党人都把这一制度确定为党的根本的组织原则。

2. 集体领导与个人分工负责相结合的制度

(1) 集体领导与个人分工负责之间的关系——辩证统一。集体领导和个人分工负责相结合是我国各类行政组织普遍实行的一种领导制度，是民主集中制在领导活动中的体现。它是协调行政领导班子成员在领导活动过程中的相互关系、更好地发挥领导班子整体作用的重要制度。坚持这一制度，既有利于发挥集体智慧和领导班子的整体功能，提高决策水平，也有利于提高办事效率。

所谓集体领导，是指凡属方针政策性的、全局性的重大问题，都要由集体充分酝酿、协商和讨论，由集体决策和决定；对集体的决定，任何个人或少数人无权改变，个人或少数人有意见允许保留，但必须无条件服从，并在行动上积极执行。

所谓个人分工负责，就是领导班子内各成员为执行集体领导的意志而密切配合，各司其职，各尽其责。列宁指出："任何时候，在任何情况下，实行集体领导都要最明确地规定每个人对一定事情所负的责任。借口集体领导而无人负责，是最危险的祸害。"邓小平也曾说过："我们主张巩固集体领导，这样不是为了降低个人的作用。相反，个人的作用，只有通过集体，才能得到正确的发挥，而集体领导，也必须同个人负责相结合。"离开个人分工负责的所谓集体领导，表面上是人人负责，实际上是人人都不负责，只能贻误工作。

集体领导和个人分工负责是辩证的统一，二者不可偏废或分割。集体领导是个人分工负责的前提，个人分工负责是集体领导的基础。集体领导的决策是个人分工负责的方向、目标，个人分工负责是集体领导意志实现的途径。离开集体领导的个人分工负责是无政府主义和自由主义；离开个人分工负责的集体领导只能是"清谈馆"，集体领导将变成一句空话。必须把集体领导和个人分工负责有机地结合起来，既要反对由个人说了算的霸道作风，也要反对个人不敢负责的不良倾向。

（2）集体领导与个人分工负责相结合制度的具体表现形式——行政首长负责制。集体领导与个人分工负责相结合的制度具体表现为行政首长负责制。行政首长负责制是相对于委员会制而言的，是指重大事务在行政领导集体讨论的基础上由行政首长定夺，具体的日常行政事务由行政首长决定，行政首长独立承担行政责任的一种领导体制。

我国的行政首长负责制是植根于社会主义制度之上的行政领导体制。它与我国的权力运行机制、方式以及具体国情相一致，不同于西方国家的行政首长制，具有中国特色。

首先，我国的行政首长负责制是全面的负责制。全国所有的国家行政机关都采用行政首长负责制。上至国务院，下至乡镇政府及民族自治地方的各级行政机关都毫无例外地实行行政首长负责制。在这一点上，我国的行政首长负责制显然是不同于西方国家的行政首长制的。美国在联邦行政管理上采用首长负责制，但是具体到各州的行政领导制度则很不相同，各州内部的县、市也可以完全不一样。单就市这个行政单位领导方式看，有的采用"强市长制"，有的采用"弱市长制"。强市长制中市长权力大致类似首长制；弱市长制的市长权力比较弱，议会处于优势地位，市议会通过所属的委员会对市行政实行一定的指挥和监督。英国地方实行完全自治，在有些自治地方（郡、区、社区）由选民选举议员组成议会，再由议会产生各种委员会，如教育、治安、农业、卫生委员会，指挥地方事务的执行，所谓的"市长"往往是指都市郡议会的主席，根本不是行政首长。

其次，我国的行政首长负责制带有合议制的色彩。宪法规定国务院实行总理负责制,地方各级人民政府实行首长负责制,同时相关法律还规定了与首长负责制相结合的"两会制度"。《国务院组织法》第4条规定,"国务院工作中的重大问题,必须经过国务院常务会议或者国务院全体会议讨论决定"。国务院"常务会议"由总理、副总理、国务委员、秘书长组成;"全体会议"由国务院全体成员组成。在地方各级人民政府,原来的《地方各级人民代表大会和地方各级人民政府组织法》(1982年)并没有规定"两会制度"。1986年12月,全国六届人大常委会第十八次会议以修正案方式专门增加了第54条规定:"县以上地方各级人民政府工作中的重大问题,须经政府常务会议或全体会议讨论决定。"从形式上看"两会制度"应属于合议制,从其作用上看应是行政首长决策的辅助机制,因为行政首长在两会中仍然拥有最后的决策权,但它使首长制带有一定的合议制色彩,即行政首长决定重大事项必须通过两会讨论。行政首长负责制与"两会制度"相结合是符合我国国情的,具有现实意义。它能适应行政领导的要求,充分发挥首长制迅速及时解决问题的长处,也能在一定程度上发挥合议制的集思广益的优点。重大行政事项经过两会讨论之后,由行政首长最终决定,使行政首长决策更具有科学性。

最后,行政首长负责制是国家权力机关与行政机关之间的联系纽带。民主集中制原则是国家政权组织原则,由人民选举产生的各级人民代表大会是国家权力机关,行政机关由它产生、向它负责、受它监督。国务院和地方各级行政机关分别向全国人民代表大会(闭会期间是常务委员会)和地方各级人民代表大会(闭会期间是常务委员会)负责并报告工作。行政首长负责制就是由行政机关的首长代表本行政机关向权力机关负个人责任,这实际上就把国家行政机关与权力机关之间的负责、监督关系具体化为行政机关首长对国家权力机关负责与受其监督的关系。这就将抽象的"机关"之间的关系转化特定的人与机关之间的关系,使"负责"与"监督"具有更充实的内涵。因此,把行政机关的"负责"主要集中于行政首长一人,这就使权力机关的监督关系具体化、简单化,使监督的层次清楚、轻重明确,大大提高监督效果。行政首长向权力机关负责,行政机关组成人员向首长负责,首长通过委任与再委任实现其"负责"的重任。这既能提高行政效率,又能增强首长的责任感。[①]

---

① 黄贤宏,吴建依.论中国特色的行政首长负责制[J].法学杂志,1999(4).

第二节 行政领导理论

由于领导在组织运作和目标实现中的重要作用,学者们从不同视角对行政领导进行研究,逐步形成了多种领导理论和研究取向。

一、领导特质理论

领导特质理论,形成于20世纪30年代,主要代表人物有阿尔波特、斯托格蒂尔和吉赛利等。领导特质理论也称为领导品质理论、领导素质理论或伟人理论,主要研究成功的领导者应具备的个人特质,以便预测具备什么样特质的个体才能成为成功的领导者。

这种理论认为,一个人之所以能够成为领导,是其具有特定的特质或素质基础。他们发现,任何一个时代以及任何一个组织的领导,都具有比一般成员更为鲜明的素质。而且,任何一个时代以及任何一个组织,在其选拔领导的过程中,也总是把特定的素质放到重要的位置。因此,研究领导应该具备什么样的素质,不同素质将如何影响领导者行为构成了行政领导理论的重要议题。根据对领导特性来源的不同看法,领导特质理论分为传统特质理论和现代特质理论两类。

(一)传统特性理论

传统特质理论认为领导者的特性来源于生理遗传,是先天具有的,只有具备这些天生的特性才能成为好的领导者。领导特质理论由阿尔波特创立,亨利沿着阿尔波特的思路,通过调查研究指出了成功的领导者应具备十二种品质,具体包括以下方面。

第一,成就需要强烈,把工作成就看成是最大的乐趣;

第二,干劲大,工作积极努力,希望承担富有挑战性的工作;

第三,用积极的态度对待上级,尊重上级,与上级关系较好;

第四,组织能力强,有较强的预测能力;

第五,决断力强;

第六,自信心强;

第七,思维敏捷,富于进取心;

第八,竭力避免失败,不断地接受新的任务,树立新的奋斗目标,驱使自己前进；

第九，讲求实际，重视当下；

第十，眼睛向上，对上级亲近而对下级较疏远；

第十一，父母没有情感上的牵扯；

第十二，热爱组织，忠于职守。

1954年，吉伯又给出了天才领导者具有的七项特性。

第一，智力过人；

第二，英俊潇洒；

第三，能言善辩；

第四，心理健康；

第五，外向而敏感；

第六，有较强的自信心；

第七，有支配他人的倾向。

然而，随着研究的深入和实践的反馈，传统特质理论受到了各方面的质疑。综合而言，传统特质领导理论主要面临着三个困境。第一，研究发现天才领导者的个人特质多种多样，而且各类特质之间的关联性不大，有的甚至相互矛盾。第二，进一步的研究发现，领导者与被领导者、卓有成效的领导者与平庸的领导者的某些特质只有量的差别，但并不存在质的差异。第三，许多被认为具有天才领导者特质的人并没有成为领导者。由此，人们发现天生特质可能是有效领导的一个条件，但并不是决定性条件。

（二）现代特质理论

现代特质理论认为领导者的特性和品质并非全是与生俱来的，而是可以在领导实践中形成的，也可以通过训练和培养的方式予以造就的。美国普林斯顿大学教授威廉·杰克·鲍莫尔针对美国企业界的实况，提出了企业领导者应具备的十项特质。

第一，合作精神；

第二，决策能力；

第三，组织能力；

第四，精于授权；

第五，善于应变；

第六，勇于负责；

第七，勇于求新；

第八，敢担风险；

第九，尊重他人；

第十，品德超人。

然而领导特质理论在解释领导者行为方面并不令人满意，原因在于四个方面：第一，它忽视了下属的需要；第二，它没有指明各种特质之间的相对重要性；第三，它没有对因与果进行区分；第四，它忽视了情境因素。因此，学者们尝试探索其他解释。

二、领导行为理论

领导行为理论形成于20世纪40年代到60年代，主要代表人物有勒温、利克特、沙特尔和布莱克等。领导行为理论主要研究领导者的哪些行为会有助于其进行有效的领导。

这种理论认为，领导的行为特征是其领导活动的基础，而不同的领导行为对于管理的绩效具有直接的影响。因此，该理论注重研究领导者的行为特征，研究不同组织对于不同领导行为的适应性。领导行为理论的关注焦点集中在两个方面：第一，领导者关注的重点是什么，是工作的任务绩效，还是群体维系？第二，领导者的决策方式，即下属的参与程度。围绕这两个关键问题，形成了四种主要的领导行为理论，分别是领导风格类型理论、领导行为连续统一体理论、领导行为四分图理论和管理方格理论。

（一）领导风格类型理论

勒温是领导风格类型理论的代表人物。勒温根据不同领导者在权力分配、决策方式、对待下属的方式、影响力和对员工评价与反馈方式等方面的差异，将领导方式分为专断型领导、民主型领导和放任型领导三种风格类型。

专断型领导将权力集中在领导者手中，相对更关心工作任务及其完成情况，对下属则不够关心；民主型领导对权力的处理相对分散，领导者更多地发挥指导者或者类似于会议主持人的作用，主要任务是对成员进行协调，营造民主平等的氛围；放任型领导将权力置于每位组织成员，相信每个成员的个人能力和责任感，领导者扮演被动服务的角色。相对而言，民主型领导方式效果最好，专断型方式次之，放任型方式效果最差。当然上述结论也不能绝对化，必须根据管理目标、任务、管理环境、条件，以及管理者自身因素灵活选择领导方式，最适应的领导方式才是最好的领导方式。

（二）领导行为连续统一体理论

领导行为连续统一体理论是由美国管理学家坦南鲍姆和施密特于1958年提

出的，认为领导行为是包含了各种领导方式的连续统一体，是一个渐进变化的过程。在面临某项任务的时候，领导者可以选择自己做出决策，也可以选择授权给下属做出决策，从而体现出不同的领导方式。如果领导者选择完全自我决策，就是一种高度专权的领导方式；如果领导者选择完全授权下属决策，则是一种高度授权的领导方式。这样，领导方式便呈现为在高度专权和高度放权之间连续变化的分布带，以高度专制为其左端，以高度民主为其右端。

在高度专制和高度民主的领导风格之间，坦南鲍姆和施米特划分出七种主要的领导模式：领导者做出决策并宣布实施、领导者说服下属执行决策、领导者提出计划并征求下属的意见、领导者提出可修改的计划、领导者提出问题征求意见做决策、领导者界定问题范围下属集体做出决策和领导者允许下属在上级规定的范围内发挥作用。

坦南鲍姆和施密特的理论也存在一定的缺点。最主要的是他们对影响领导者选择领导模式的动力没有进行足够的重视，即没有考虑是什么因素促使领导者选择某种方式而放弃另外一种。而且，该理论在考虑环境因素时主要考虑的是组织内部环境，对组织外部环境以及组织与社会环境的关系不够重视。

（三）领导行为四分图理论

领导行为四分图理论是美国俄亥俄州立大学的领导行为研究者们在1945年提出来的。他们罗列出1000多种刻画领导行为的因素，通过高度概括，发现领导行为可以归纳为两个要素，分别是关注组织和体贴员工。关注组织是指领导者更注重组织制度设计和运作，包括建立明确的组织模式、意见交流渠道和工作程序等；体贴员工是指领导者更注重与组织成员良好关系的维系，包括尊重下属的意见，给下属以较多的工作主动权，体贴下属的思想感情，注意满足下属的需要等。

研究者们认为，关注组织与体贴员工不是一个连续带的两个端点，不是注重了一个方面必须忽视另一方面，领导者的行为可以是这两个方面的不同程度的任意组合。用坐标图来表示，可以区分出四种领导方式，即：高组织与高体贴，低组织与低体贴，高组织与低体贴，高体贴与低组织（见表4-1）。

表4-1 领导行为四分图理论的类型

	高体贴	低体贴
高组织	高组织与高体贴	高组织与低体贴
低组织	低组织与高体贴	低组织与低体贴

该理论认为,以人为重和以工作为重,这两种领导方式并不是相互矛盾、相互排斥的,而是相互联系的。一个领导者只有把这两者相互结合起来,才能进行有效的领导。

(四)管理方格理论

1964年布莱克和莫顿在领导行为四分图理论的基础上提出了管理方格理论。他们将评估领导行为的维度区分为两类,分别是对人的关心维度和对生产成果(或任务)的关心维度。然后又将这两个维度按行为程度的高度划分为从"1"(低)至"9"(高)的九个等分,这样就形成了81个方格,领导者的领导行为也被划分成81种不同的类型(见图4-1)。

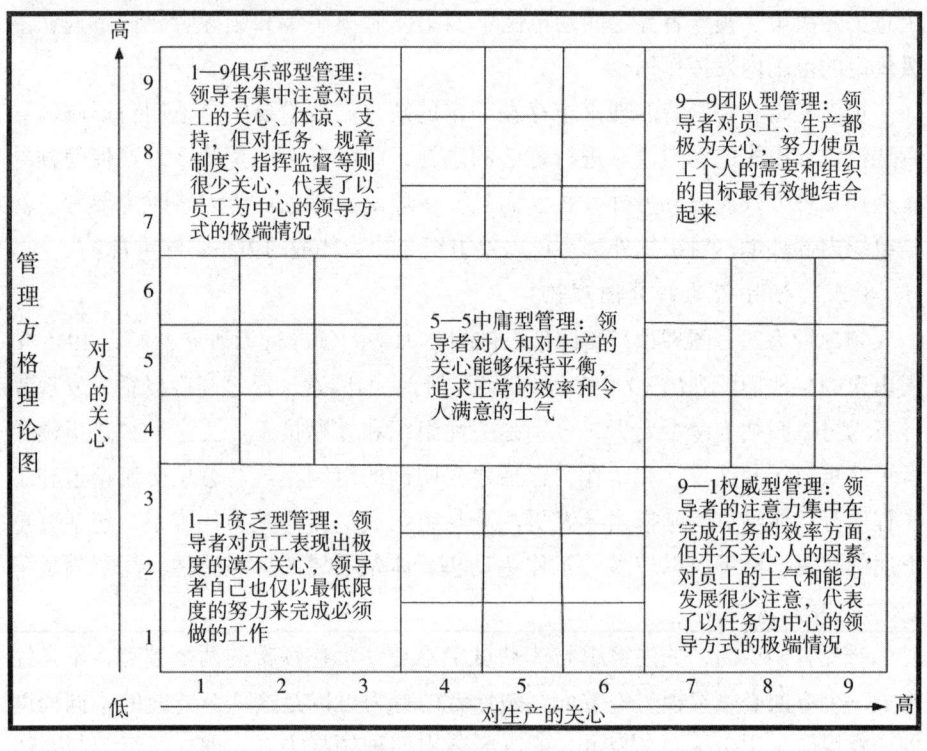

图4-1 管理方格理论图

在这81种领导行学风格的潜在分类中,研究者只选择了其中5种风格加以命名。

方格中1-1方式为贫乏型(放任型)管理,领导者对职工和生产任务都不太关心,其本人也只以最低限度来完成必须做的工作。

方格中1-9方式为俱乐部型管理,领导者非常关注职工的情况,支持、关心和体谅职工，但对任务的完成则很少关心。

方格中 9-1 方式为权威型（任务型）管理，领导者只注重任务的完成，但不注重人的因素，对下属的士气和发展很少注意。

方格中 9-9 方式为团队型管理，领导者对职工和生产都极为关心，努力使个人需要和组织目标最为有效地结合。

方格中 5-5 方式为中庸型管理，领导者对人的关心度和对生产的关心度能够保持平衡，追求正常的效率和令人满意的士气。

到底哪一种领导方式最好呢？布莱克和莫顿组织了很多研讨会。绝大多数参加者认为 9-9 型最佳，也有不少人认为 9-1 型好，其次是 5-5 型。

三、领导权变理论

如果领导特质理论是对的，则提供了一个为组织中的领导岗位选拔"正确"人员的基础；如果领导行为理论是对的，则可以通过训练使人们成为优秀的领导者。按照领导特质理论，领导者从根本上说是天生的，一个人要么是一个领导者，要么就不是；按照领导行为理论，因为领导者不是天生的，则可以通过设计一些培训项目把有效的领导者所具备的行为模式植入个体身上。上述两种理论都有一定的事实基础，但其解释都还不够全面，都忽视了领导者所处情境对领导效能的影响。

权变理论形成于 20 世纪 70 年代，代表人物有弗雷德·菲德勒和罗伯特·豪斯。领导权变理论又称为领导情境论。除了研究领导特质和领导行为之外，还主要研究具体的领导环境，以及领导风格与领导环境的匹配问题。

该理论的提出者菲德勒认为无论领导者的人格特质或行为风格如何，只有领导者使自己的个人特点与领导情境因素相"匹配"，才能成为一个优秀的领导者。权变论把客观情况与领导行为的相互作用视为领导活动能够成功的关键所在。因此最佳的运用认知资源（包括知识、能力、技能以及领导者和群体成员的经验）的人，才能成为一个优秀的领导者。领导权变理论的代表主要有菲德勒的权变理论和领导生命周期理论。

（一）弗雷德·菲德勒的权变理论

1951 年，美国伊利诺伊大学心理学和管理学家菲德勒提出领导权变理论。菲德勒认为领导工作是一个过程，在这个过程中，领导者施加影响的能力取决于群体和群体的工作环境、领导者的风格和个性，以及领导方法对群体的适合程度。菲德勒模型指出，有效的群体绩效取决于以下两个因素的合理匹配：一是与下属相互作用的领导者的风格；二是领导环境给领导者提供的控制和影响结果的程度。在此基础上，影响领导有效性的环境因素归于三个方面，分别是上下级关系、任务结构和职位权力。

根据菲德勒模型，任务取向的领导者在非常有利的情景和非常不利的情景下工作更有利，而关系取向的领导者则在中等有利的情景中干得更好。而提高领导者有效性的方式有两条途径，要么替换领导者以适应领导工作特定环境的要求，要么改变领导工作环境以适应现有的领导者风格。

（二）领导生命周期理论

领导生命周期理论也称为领导寿命循环理论，是由美国心理学家卡曼首先提出的，后来由赫西和布兰查德共同创立。该理论认为每个下属的成熟度不同，领导者的领导方式应适应其下属的"成熟度"，在面对不同成熟程度的被领导者时，领导者要作出相应地调整，这样才能称为有效的领导。领导生命周期理论是基于领导者的工作行为、关系行为与被领导者成熟程度之间的曲线变化关系来研究领导方式的。它强调以领导者对下级的行为来考察其效率。根据领导生命周期理论，当下级成熟程度提高时，领导行为也需要相应地变化，从以工作为主逐渐转变为以关系为主，最后需要重视其自主性。

个体的"成熟度"是指个体对自己的直接行为负责任的意愿和能力。它包括工作成熟度与心理成熟度两个方面。工作成熟度是指一个人的知识、技能、经验和独立工作能力。心理成熟度是指一个人做某事的意愿和动机、承担责任的态度和对成就的向往等。领导者应该根据下属不同的成熟程度选择不同的领导方式。

当下属处于成熟度很低时，他们对于执行某项任务既无能力又不情愿，无法胜任独立工作。此时领导者应该选择命令型领导方式，告诉下属应该干什么、怎么干以及何时何地去干。

当下属处于成熟度较低时，他们缺乏能力，但愿意执行必要的工作任务，有积极性，但欠缺足够的技能。此时应该选择说服型领导方式，提供指导性与支持性的行为。

当下属处于成熟度较高时，他们具有能力，却不愿意干领导者希望他们做的工作。此时领导者应该选择参与型领导方式，其主要角色是提供便利条件与沟通。

当下属处于成熟度很高时，他们既有能力又愿意干让他们做的工作。此时领导者应该选择授权型领导方式，向被领导者提供极少的指导或支持。

四、关于领导的新理论

领导特质论、领导行为论、领导权变论是早期领导理论的典型代表。由于环境的变化和认知水平的提高,逐步发展出更多的新领导理论。

(一) 变革型领导理论

变革型领导理论是由美国政治社会学家詹姆斯·伯恩斯在他的经典著作《领袖论》中提出的,是一种新的领导理论。伯恩斯认为传统的领导可以称为交易型领导,即在一定的制度框架内,领导者和被领导者总是进行着不断地交换,领导者以资源奖励为条件,而被领导者以服从为条件。交易型领导鼓励下属诉诸他们的自我利益,但领导过程并没有让下属产生内在的工作热情和积极性,其工作的内在动力也是有限的,因此,交易型领导不能使组织获得更大程度上的进步。

伯恩斯认为,新型的领导应该通过与下属之间的互动来提升彼此的成熟度和动机水平。变革型领导通过让员工意识到所承担任务的重要意义,激发下属的高层次需要,建立互相信任的氛围,促使下属为了组织的利益牺牲自己的利益,并达到超过原来期望的结果。

变革型领导理论关注人的发展,没有将组织中的成员看作是通过服从领导仅仅用以换取资源的从属者,而将其视作一个具有巨大潜力,可以重塑,甚至能够引领组织发展的主导者。这一理论符合时代发展的需要和组织发展的需要。

(二) 领袖魅力理论

豪斯提出魅力型领导者必须具备的三项要素:极高的自信、支配力以及对自己信仰的坚定信念。本尼斯研究了90多位美国杰出的领导者后发现,他们有四种共同的能力:具有令人折服的远见和目标意识;能够清晰地表达目标,并使下属明确理解;对目标的追求表现出一致性和全身心地投入;了解自己的实力并以此作为资本。最新的研究是麦吉尔大学的康格和凯南格做出的,他们认为魅力型领导人具有如下特点:拥有一个希望达到的理想目标;为此目标能够全身心地投入和奉献;反传统;非常固执而自信;是激进变革的代言人,而不是传统现状的卫道士。

那么,魅力型领导者是如何影响下属的呢?

第一,领导者清晰地描述宏伟前景,这一前景将组织的现状与更美好的未来联系在一起,使下属对工作任务产生连续的认识;

第二,领导者向下属传达高绩效期望,并对下属达到这些期望表现出充分的信心使下属对工作任务产生兴趣；

第三，领导者通过言语和活动传达一种新的价值观体系，并以自己的行为为下属设立了效仿的榜样，使下属形成良好的行为方式；

第四，领导者通过自我牺牲和反传统的行为表明他们的勇气和对未来前景的坚定信念，使下属在工作中充满斗志。

第三节　行政领导方法与艺术

人类认识世界、改造世界的一切活动都是运用方法的过程，可以讲世界上有多少种人类活动就会有多少种方法，正如黑格尔所说"世界是方法的世界"。科学的领导方法是完成领导任务、履行领导职能的必要前提。行政领导方法是指行政领导者为达到一定的行政目标，按照领导活动的客观规律而采用的各种手段、办法和程序的总和。高超的领导艺术，能收到令人惊异的领导效果。行政领导艺术是指行政领导者为有效地实现领导目标而灵活运用领导方式和方法的特殊技巧，是领导方式和方法的个性化、艺术化。

一、行政领导方法

（一）行政领导方法至关重要

方法论是马克思主义理论的精华。恩格斯有句名言："马克思的整个世界观不是教义，而是方法。它提供的不是现成的教条，而是进一步研究的出发点和供这种研究使用的方法。"

领导方法是连接领导活动中主体和客体的中间环节。毛泽东十分关注领导方法问题，他在《农业合作化的一场辩论和当前的阶级斗争》一文中指出："领导方法很重要。要不犯错误，就要注意领导方法。"在《关心群众生活注意工作方法》一文中，毛泽东把领导方法比作"桥"和"船"，指出："我们不但要提出任务，而且要解决完成任务的方法问题。我们的任务是过河，但是没有桥或没有船就不能过。不解决桥或船的问题，过河就是一句空话。不解决方法问题，任务也只是瞎说一顿。"

（二）群众路线的方法是最基本的行政领导方法

行政领导方法有多种，我国行政学界公认的主要行政领导方法有实事求是的方法、矛盾分析的方法、系统分析的方法等，但最重要、最基本的是群众路线的方法。

在领导活动中，领导者与被领导者的矛盾，始终贯穿于领导活动的全过程。解决不同矛盾要用不同的方法，正确处理社会主义领导者与被领导者之间矛盾的基本方法，是群众路线的方法。毛泽东在《关于领导方法的若干问题》一文中指出："从群众中集中起来又到群众中坚持下去，以形成正确的领导意见，这是基本的领导方法。在集中和坚持过程中，又必须采取一般号召和个别指导相结合的方法，这是前一个方法的组成部分。"群众路线，就是一切为了群众，一切依靠群众，从群众中来，到群众中去。一切为了群众，是领导的根本立场和宗旨；一切依靠群众，是领导的根本观点和准则；从群众中来，到群众中去，是领导活动的最基本的方法。这一基本领导方法，对于任何领导机关和领导者来说，在实际工作中都是适用的。

坚持群众路线的方法，必须做到以下三点。

1. 虚心向群众学习，集思广益

所谓从群众中来，就是把群众意见集中起来转化为领导意见。领导者深入到群众中去，真正听取群众发自内心的要求和呼声。经过认真地调查研究，把群众在实践中积累的丰富经验、提出的意见、要求和愿望，集中起来；再经过分析研究，加工制作，又转化为一般的指导思想，形成符合客观实际的科学的路线、方针、政策。所谓到群众中去，就是把从群众中总结出来的领导意见化为群众自觉的实践活动，即把所形成的政策方案、工作指示，再回到群众中去，化为群众的思想和行动，并使政策在群众的实践中得到检验和发展。

2. 一般号召与个别指导相结合

从群众中来，再到群众中去的过程，也是一个从个别到一般，又从一般到个别的过程。所谓一般号召，就是指领导者把从群众中集中起来而形成的各种政策、方针、口号、纲领等，又回到群众之中，进行广泛宣传、动员、号召，以期得到群众的了解、认同和支持，最后转化为群众的自觉行动。所谓个别指导，就是在方针政策的执行过程中，领导者深入实际，率先垂范，进行具体的指导，发现问题，取得经验，然后更有效地指导和贯彻落实政策。正如毛泽东所说的：领导者应该"将所号召的工作深入实施，突破一点，取得经验，然后利用这种经验去指导其他单位"，并"考验自己提出的一般号召是否正确"，"充实一般号召的内容"。

3. 领导骨干和广大群众相结合

进行任何工作，"只有领导骨干的积极性，而无广大群众的积极性相结合，便将成为少数人的空忙。但如果只有广大群众的积极性，而无有力的领导骨干去恰当地组织群众的积极性，则群众的积极性既不可能持久，也不可能走向正确的方向和提到高级的程度。"只有把领导骨干的积极性和群众的积极性结合起来，才能更好地进行领导活动，取得应有的效果。

二、行政领导艺术

行政领导艺术可以表现在宏观的战略决策和微观的用人、用权、理事等各个方面。其突出之处在于因时、因地、因人、因事而异，高度机动灵活。领导艺术是领导者学识、才能、智慧、胆略、心理、经验等各项素质的综合体现。

（一）行政领导艺术的特点

与行政领导方法相比，行政领导艺术具有创造性、经验性、灵活性和多样性等特点。

1. 创造性

领导艺术要求领导者在运用领导方法理论解决实际问题的时候，不能照抄照搬，而要考虑如何与实际相结合，如何具体运用，并在这种结合及具体运用中凸显出创造性。在实际工作中，判定和解决某一个具体问题时，往往头绪很多，影响因素复杂，情况不断变化，因此，虽然不可能完全按照领导方法理论中所讲的办法去解决问题，但是为了减少盲目性，必须以领导方法理论做指导。在领导方法理论的指导下，创造性地解决实际问题的能力和技能就是领导艺术。领导艺术是领导者智慧和才华的结晶，是领导者创造力的生动体现。它既不拘泥于传统经验也不会故步自封，在一定范围内，具有较好的开拓性和首创性。

2. 经验性

领导艺术并不是按照逻辑规则推导出来的一般结论，而是来源于领导者的阅历、知识和经验。古人云："运用之妙，存乎一心。"这里的"心"讲的就是领导者的阅历、知识和经验。运用同一种方法，在同一条件下处理同一问题，不同的领导者处理的效果是不一样的。俗话说："学得到能人的办法，学不到能人的手。"说的也正是这个道理。从知识的载体看，经验的东西是以生命物质（大脑细胞）为载体的，而理论的东西则可以以非生命物质（文字、录音、录像等）为载体。领导艺术属于经验的范畴，它的载体是生命物质。领导艺术不管多么"出神入化"，必然带有经验的痕迹。

3. 灵活性

领导艺术是非规范的，虽然它是在原则性（领导方法理论）基础上实行的，但它并不都是依据一定的规则来采取措施和行动，它是原则性与灵活性相结合的产物。领导艺术不是按照规范化的程序和数据化的方法去认识和解决问题，而是根据不同的时间、地点和条件，灵活运用已有的阅历、经验和判断力来认识和处理随机事件。要增强领导活动的有效性和成功率，尤其需要领导者的审时度势和随机应变。古人所说"将在外，君命有所不受"正是领导艺术灵活性的体现。

4. 多样性

领导艺术贯穿于领导工作的各个阶段和领导活动的各个方面，显示出多样性的特点。其一，领导活动是一个极为复杂的系统，具有明显的层次，因而领导艺术也必然表现出层次性。比如，它既有宏观领导艺术，也有微观领导艺术；既有战略艺术，也有战术艺术；既有全局艺术，也有局部艺术，既有一般艺术，也有特殊艺术。其二，领导活动包含了多种内容，领导艺术也因此表现出多个侧面。在领导实践活动中，领导艺术的多层次与多侧面相互交错，彼此关联，突出了多样性特点。

需要强调指出的是，行政领导艺术始终要同高尚的动机、合法的手段联系在一起的，它绝对不是玩弄权术。我们认为"权术"完全不同于领导艺术。一个正直的领导者应同"权术"划清界限。

（二）行政领导者应该具备或培养的领导艺术

1. 用人的艺术

用人是行政领导者的天职。毛泽东曾对领导者的职责做过一个科学的概括："领导者的责任，归结起来，主要是出主意、用干部两件事。"[①] "用干部"就是用人。邓小平也说过："善于发现人才，团结人才，使用人才，是领导者成熟的主要标志之一。"[②] 领导者只有依靠用人才能有效地促成组织目标的达成。但用人没有固定的规则和程序可以遵循，这也正是体现领导艺术的奥秘所在。

用人艺术所涉及的主要问题，是领导者在实施领导活动的过程中，如何做到"人尽其才"和"才尽其用"。

"人尽其才"就是指领导者要善于发现人才，要用人所长，不能埋没人才，要不能用人所短。这是用人艺术的关键。要做到这一点，领导者首先要建立"人人皆可用"的理念，不主观臆断地将若干人排除在用人体系之外。古人云："智者取其谋，愚者取其力，勇者取其威，怯者取其慎。"这就是讲的"人人可

[①] 转引自倪洋军：《领导干部要用心做好"两件事"》，中国共产党新闻网 2016 年 6 月 22 日，http://cpc.people.com.cn/big5/n1/2016/0622/c241220-28470321.html。

[②] 邓小平文选：第三卷 [M]．北京：人民出版社，1993：109。

用"的道理。其次，领导者要善于识别人才，要"知人善任"。魏源认为："不知人之短，不知人之长，不知人长中短，不知人短中长，则不可以用人。用人者，取人之长，避人之短。"

"才尽其用"就是指领导者要对人才合理激励，奖惩有度，最大限度地调动其工作的积极性和创造性。哈佛大学威廉·詹姆斯教授通过对员工激励的研究发现，在按时计酬的制度下，一个人要是没有受到激励，仅能发挥其能力的20%～30%；如果受到正确的充分的激励，则能发挥其能力的80%～90%甚至还会更高。在能力不变的条件下，工作绩效的大小取决于激励程度的高低。善于运用激励手段调动组织成员的积极性，挖掘他们的潜力，发挥他们的创造性，是行政领导者必须掌握的领导艺术。

2. 用权的艺术

领导者或多或少都拥有一定的权力，只有艺术地用好这些权力，才能更好地达成工作目标。

首先，要谨慎用权。集体领导和个人分工负责相结合是我们党和国家一贯倡导的重大原则。一个领导者必须找准自己的位置，明确自己的职权范围，努力做到对上不越权，对下不侵权。对自己职权之内的事情要认真负责，敢作敢为，当然对事关全局的大事和难以处理的棘手问题也要请示汇报或征求意见。对不属于自己职权范围内的事，不要擅自做主，随便表态，以免引起领导者之间的猜疑，给工作造成不必要的损失。

其次，用权要"方""圆"结合。"方"是原则性，"圆"是灵活性。思"方"行也"方"，是书呆子，不是政治家、领导者；行"圆"思也"圆"，没有原则性，也不是政治家、领导者，而是政客。

再次，要视不同情况灵活用权。领导者在不同的活动阶段，面对不同的对象，行使不同的领导职能，用权自然不能套用一个模式，而要具体情况具体对待，灵活用权。

用权艺术的一个重要方面是授权艺术。所谓授权，就是领导者在充分信任下属的基础上，把手中的一些权力下放给某些下属，由他们在日常活动中行使一部分指挥和决策的权力。授权不但能使领导者腾出时间从事最重要的工作，而且能满足下属的自我归属感，激发他们的工作热情。

在授权问题上，领导者也许存在三个误区：第一，不会授权。有的领导者习惯于大事小事都自己干，一天到晚忙得团团转。他们不懂"分身术"，不会把一些事情交由下属去办。第二，不敢授权。有的领导者担心把权力授给下属后，工作干不好，会出现偏差和失误。第三，不愿授权。有的领导者不愿授权，其原因一是对下属不信任；二是认为只有自己手中有了权，说话才有人听；三是认为只有事事亲自决定，才显示出自己有本事；四是唯恐把权授予他人，减少了自己的价值和分量，影响了自己的地位和利益。

3. 抓工作的艺术

行政领导者面临的工作千头万绪，如何做到忙而不乱、有条不紊地推动工作顺利达到目标？必须重点抓关键环节、抓中心工作。毛泽东指出："任何一级的首长，应当把自己注意的重点，放在那些对于他所指挥的全局来说最重要最有决定意义的问题或动作上，而不应当放在其他的问题或动作上。"① "捉住了这个主要矛盾，一切问题就迎刃而解了。" "领导人员依照每一具体地区的历史条件和环境条件，统筹全局，正确地决定每一时期的工作重心和工作秩序，并把这种决定坚持地贯彻下去，务必得到一定的结果，这是一种领导艺术。"② 领导者的精力和能力总是有限的，不可能把大事小事都包揽下来，而且办得很好。所以，对领导者来说，重要的是要有全局眼光和战略眼光，在大事方面精明，全力抓好大事，决不可陷于琐碎的事务堆中。

4. 协调人际关系的艺术

协调人际关系的根本着眼点在于协调好上下左右的关系，具体地说，就是要争取上级的支持，下级的拥护，同级的配合，以便充分调动各方面的积极性。

协调与上级关系的艺术。行政领导者要有全局观念，要有下级服从上级的组织观念，对上级要尊重。在协调与上级的关系时要维护上级的威信，全力支持和配合上级的工作，服从上级的指挥，出力而不越位；要正确理解上级的意图，认同上级的人格，适应上级的工作习惯，缩小与上级的心理距离；即便上级错了，可以保留不同意见，但在言语和行为上一定要注意组织原则，注意场合，注意分寸；既要及时向上级请示汇报，又不要事事依赖上级，把责任都推给上级。此外，为了争取上级的支持，还需要做出成绩，使上级感到你这个单位是有所作为、举足轻重的；要主动为上级分忧解愁，使上级感到你这个单位识大体、顾大局，是一颗派得上用场的"棋子"。

协调与下级关系的艺术。行政领导者协调与下级的关系时要主动沟通，相互理解，相互认同；要主动关心下级的生活与工作，多支持，多指导，多引导，多激励；对下级要一视同仁，不要亲一批人，疏一批人；要平易近人，不摆架子，尽量缩小与下级心理上、感情上的距离；要多深入基层，多听群众意见和

---

① 毛泽东选集：第一卷 [M]．北京：人民出版社，1991：176.
② 毛泽东选集：第三卷 [M]．北京：人民出版社，1991：901.

建议；要多让下级参与决策，参与管理，形成良好的上下级关系。另外，为了争取下级的拥护，还需要正确决策，公正处事；要量能授职，知人善任；要以诚相待，取信于民。

三、行政领导方法与行政领导艺术之间的关系

群众路线的方法、实事求是的方法、矛盾分析的方法、系统分析的方法等，与用人的艺术、用权的艺术、抓工作的艺术、协调人际关系的艺术等之间的关系，可以从以下四个方面来认识。

（一）领导方法与领导艺术之间是共性与个性的关系

领导艺术是少数人掌握的一种技能和技巧，为了使更多的人掌握和运用这种技能和技巧，有必要把它们条理化、系统化。但是这样一来它就成为领导方法了。所以，领导方法是对领导艺术的概括和总结，它具有普遍性，所有领导者都可以学会它、掌握它。领导艺术却不然，它是对领导方法的创造性运用，是因人而异的。有人认为领导艺术有"出神入化"之意，"只能意会，不能言传"，实际上领导艺术只有在领导方法的指导下才能不断提高，领导方法也只有不断地在领导艺术中吸取营养才能不断发展。

（二）领导方法与领导艺术之间是模式化与非模式化的关系

领导方法表现为特定的规范化、程序化的套路，领导艺术则表现为非程序化、非模式化的动态过程。领导艺术体现领导者生气勃勃的创造力，处在永远不停的变化之中，它的内容愈丰富，模式化也愈成熟，从而推动领导方法不断发展与更新；而领导方法愈完善，愈能推动领导艺术向更高水平发展。因此，领导艺术与领导方法是相辅相成、相互促进的关系。

（三）领导方法与领导艺术之间是理论性与经验性的关系

领导方法属于理论范畴，具有普遍的指导意义，而领导艺术不管有多么高超，都不会超出经验的范围。领导方法来源于领导艺术，是对领导艺术的理论概括；领导艺术则是领导方法理论在实践中的具体运用。领导方法虽然来源于领导艺术，但是要把领导方法运用好，还必须把领导方法上升到领导艺术的高度，在工作中才能得心应手，运用自如。而要做到这一点，除了掌握领导方法理论外，还必须有较丰富的领导实践经验，做到理论性与实践性的统一，也就是我们常说的理论与实际相结合。

（四）领导方法与领导艺术之间是科学与技能的关系

领导方法是科学的知识体系，科学是以程序化、规范化为特征的；而领导

艺术则是一种超规范化、超程序化处理问题的特殊技能。比如，在情况不十分明朗、做决策时包含某种猜测成分、需要进行跳跃性思维时，仅靠程序化、规范化的领导方法理论是无能为力的，而必须把它与超规范化、超程序化的领导艺术结合起来。在现实生活中，领导者做决策时若遇到这类问题，就需要把科学与技能很好地结合起来，这正是科学的领导方法与高超的领导艺术的巧妙结合。

复习思考题

1. 行政领导包括哪些要素，具体内容是什么？
2. 行政领导者需要具备哪些素质？
3. 怎样理解我国行政领导者职位、职权和职责的统一？
4. 行政领导结构优化的必要性、具体内容及其关键点是什么？
5. 行政领导理论主要包括哪些内容？
6. 行政领导有哪些方法？
7. 行政领导者应具备哪些领导艺术？
8. 行政领导方法和行政领导艺术之间是什么关系？

第五章

行政决策

行政决策是公共行政过程的核心环节,是人类改造自然和社会的实践活动的重要构成部分。纵观历史,国家兴亡、民族兴衰都与行政决策的正确与否有着密切的关系。整个公共行政过程可概括为行政决策—行政执行—再决策—再执行的反复循环过程,其中行政决策是公共行政行为的起点,决策的质量与水平直接影响行政管理的成败与效率,且行政领导的中心工作就是做出科学的决策并将决策贯彻执行。

本章首先从行政决策的概念、特点、类型和作用几个方面对行政决策进行概述,接着回顾决策理论的发展,介绍决策的分析模型、过程和方法,最后分析行政决策体制的特点与构成,当前中国行政决策体制的现状及其发展趋势。

第一节 行政决策概述

关于"决策",可以从广义与狭义两个角度去理解。广义的决策是指决策主体为实现一定目标,制定若干行动方案并加以优化抉择的一系列过程,如图 5.1 所示。狭义的决策特指选择方案这一步。两种角度的理解可在不同条件下使用。

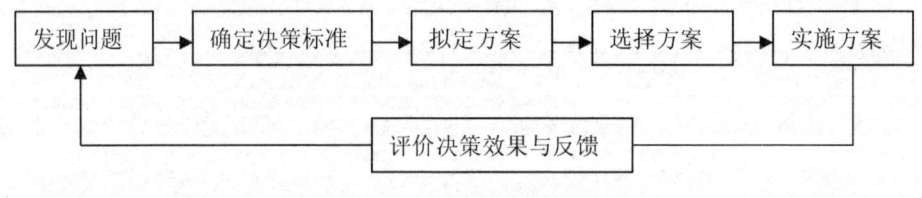

图 5.1 广义决策过程

一、行政决策的概念、特点和类型

(一) 行政决策的概念

行政决策是公共行政活动的环节之一,是指国家行政机关及其工作人员为履行国家管理职能,在全面采集有效的信息基础之上,运用科学的理论与方法,系统地分析有待决策的问题,并为达到预期目标而按照行政决策原则对要解决的问题或事务做出决定的活动过程。一般表现为行政法规、公共政策和行政决定。

(二) 行政决策的特点

行政决策除了具有一般决策的针对性、目标性、选择性、预测性等共同特性外,又由于其关系国家行政权力的运用而具有与其他决策相区别的特性。

1. 决策主体的特殊性

只有具有管理国家事务行政权的组织与个人才能成为行政决策的主体,这是由相关的法律所规定的,而一般机构、社会组织与个人不具有行政决策权力。

2. 决策内容的特殊性

行政决策涉及的都是国家和社会各个领域的公共事务,其公共性和广泛性的决策内容具有普遍的约束力。并非所有行政人员做出所有决定的过程都属于行政决策,行政决策是在为实现比较重要的行政目标时采取的行为过程。

3. 决策代表利益的特殊性

行政决策不以营利为目的,而是从整个社会公共利益的全局考虑,实现对社会价值的权威性再分配,确定公正平等的社会关系。行政主体代表的是社会整体利益,而非某些特殊群体的利益。行政决策过程中,也要考虑成本和效率问题但更重要的是考虑社会效果和服务问题。我国行政决策代表的是广大人民群众的根本利益。

4. 决策依据的特殊性

行政决策代表国家意志与人民利益,其制定与实施必须依据党和国家的政策法律,决策内容与制定过程才具备法律效力。各级政府的行政决策过程实际上是层层贯彻执行国家政策和法律规定的过程。既不能偏离国家政策和法律规定,又要将这些政策落到实处。

5. 决策约束范围的特殊性

行政决策以国家权力为后盾,凡在行政管理范围内的一切组织人员都必须遵循行政决策的要求,行政决策的过程往往是制定某种行政法规或重要决议的过程,因此,行政决策约束范围更为普遍。

6. 决策效力的特殊性

合法确定的行政决策对其行政组织的内部成员及管辖范围内的所有社会组织、团体与个人均有普遍约束力。行政决策已经做出便具有一定的法律效力,以政府的行政权为后盾,因此具有权威性。

7. 决策者责任的特殊性

行政决策者对于自身所做出的决策，除了担负一般工作责任，也即行政责任外，还要承担相应的法律责任、政治责任和道德责任等。行政政策作为行政权力运行的一种方式，必然要将权力和责任相对等。由于行政权力的特殊性，行政决策者的责任也是个多维度的责任体系。

8. 决策环境的特殊性

行政决策环境决定、限制和制约行政决策，行政决策必须适应行政环境。行政决策行为是行政决策主观条件与客观环境相结合的产物。行政决策环境中的各种因素（体制、制度、形势、舆论、气氛等）都会限制和制约行政决策，使行政决策过程充满了复杂性与神秘性。

（三）行政决策的类型

实践中的行政决策多种多样，从不同角度可以划分为不同类型。

1. 常规性决策和非常规性决策

按决策性质不同，可将行政决策分为常规性决策和非常规性决策。常规性决策的特点是有例可循，是一种规范性决策和例行决策。非常规性决策则要处理新问题，随机性、偶然性大，风险程度高。

2. 高层决策、中层决策和基层决策

按决策主体地位不同，可将行政决策分为高层决策、中层决策和基层决策，或国家、地区、部门决策。决策主体地位越高，决策内容越具有概括性、约束性和方向性，决策主体地位越低，决策内容越具有具体性和可操作性。

3. 战略性决策和战术性决策

按决策目标所涉及的规模和影响程度不同，可将行政决策分为战略性决策和战术性决策（亦称宏观决策和微观决策）。战略性决策的特点是公共性、法规性和全局性，是影响全局的指导性决策。两者目标一致、相互依存，同时这种划分与管理层次密切相关，是相对而言的。例如，某一中间层级的决策，对其上级而言可能是战术性决策，而对其下级而言可能变为战略性决策。

4. 确定型决策、风险型决策与不确定型决策

按决策条件的确定性程度所对应的风险情况不同，可将行政决策分为确定型决策、风险型决策与不确定型决策。确定型决策是指决策目标明确、决策条件确定、决策后果可以预计的决策。风险型决策是指决策条件可以确定但不能控制，决策后果需要承担一定风险的决策。不确定型决策是指决策条件不确定且不能完全控制，对于多种客观条件出现的概率无法预测，结果也无法确定。

另外，按决策目标的复杂程度不同，可将行政决策分为单目标决策和多目

标决策；按决策者人数不同可分为个人决策和群体决策；按决策期限长短不同可分为长期决策、中期决策和短期决策；按决策行为进行阶段不同可分为初始决策和反馈决策（又称追踪决策），等等。不同的类型划分是帮助决策者把握不同决策的特点，运用不同的科学方法去进行行政决策，他们之间并不是互斥的，而是相互兼容的。

二、行政决策的作用

行政决策在公共行政管理过程中起着决定性的作用，因而具有重要的地位。

（一）行政决策是行政行为的首要环节和基础

行政决策贯穿于公共行政过程的始终，也是行政人员最经常最大量的活动。公共行政过程中组织、指挥、协调、监控等环节都以决策为先导，行政决策决定着公共行政活动的方向与内容。如果在决策这一环节发生失误，那么其他环节都将在错误的方向下进行，任何努力都是负效的。高质量行政决策，对于促进经济的发展和社会的稳定具有十分重要的作用。

（二）行政决策是行政领导的根本任务

在公共行政过程中，行政领导处于管理的核心地位，承担着多项职能，其中行政决策是行政领导的首要职能也是基本职能。毛泽东指出，领导者的责任，归结起来，主要是出主意、用干部两件事。本质上来说，这两件事都是决策。领导者的一切领导活动都是通过他的决策行为来体现的，只有决策能力强，才能更好地履行领导职能。

（三）行政决策是进行科学行政、提高行政效能的关键

在条件既定的情况下，行政决策科学与否、水平高低会导致不同的行政管理效果。有利的客观条件可能因决策失误而丧失殆尽，不利的客观条件可能因决策正确而发生转变。行政决策的科学化、民主化会促使公共行政的其他环节科学化、民主化，从而达到提高行政效能的目标。

三、行政决策体系

虽然西蒙强调管理就是决策，这里的决策更多的是指在具体的管理过程中，管理者面临多种可能性时如何抉择的问题。实际上，重大行政决策并不像普通管理决策那么简单，而是一个综合的系统工程，需要各种子系统配合才能完成。一般而言，良好的决策体系由决策的中枢系统、信息系统、咨询系统、执行系统和监督系统构成。

(一) 行政决策中枢系统

决策中枢系统由掌握决策权的行政机关和行政领导者组成，是现代行政决策体系的核心部分，其主要职责是综合分析各种现实条件和因素，确定决策目标，选择决策方案。

决策中枢系统的工作水平直接决定着行政决策的成功与否，而其自身的工作水平取决于以下因素。一是决策人员个体的素质，包括知识、智慧、能力、经验以及作风和性格等，所以必须注重决策人员的选拔和素质培养。二是决策人员的群体结构，包括群体知识能力结构、人际关系结构以及组织权力结构等，所以必须注重行政组织群体结构的优化。

(二) 行政决策信息系统

决策信息系统是行政决策体系的基础。任何一个行政决策，都离不开信息的输入和输出。决策问题的提出，是由于社会对行政体系提出了某种需求，需求作为一种输入，经决策体制处理，产生决策后再由执行人员付诸实施，即是一种信息输出。在信息量加速膨胀的当今，能否及时准确地获取充分的信息，并对其进行及时处理，是实现正确决策的必要前提。决策信息系统由人员、设备、技术等部分构成，主要工作是获取信息、处理信息、贮存信息和传输信息等。

随着我国的全面深化改革的进行，尤其经济改革的进一步深化，决策的科学化被提上重要的议事日程。各级政府领导都逐步认识到科学决策在经济建设中的重要性，努力使决策科学化、规范化。随着知识经济的来临，专家学者在我国公共政策制定中开始发挥越来越大的作用。例如，2000年中国工程院组织涉及地理、地质、气象、水文、农业、林业、水利、社会经济等学科的43位院士和近300位专家，就"21世纪中国可持续发展水资源战略研究"的项目进行研究，经过一年多的紧张工作，向中央提出9个专题报告和一份综合报告，对中国水资源战略政策产生重要影响。

(三) 行政决策咨询系统

行政决策咨询系统又称决策智囊系统，由辅助决策中枢系统进行科学决策的专家学者和决策咨询机构等组成。这一系统的任务是以建议、参谋等形式为决策机关和行政领导服务，向他们提供科学的决策方案，并发挥决策过程中的辅助性作用。

决策智囊系统的存在主要出于以下原因。

一是，行政活动的广泛性和复杂性决定了行政决策的复杂性，由于影响行政决策的因素是多方面的，且在拟定方案时必须产生多个方案供决策者选择，这些工作只能由各方面的专家学者和专职人员共同协作才能顺利完成。

二是，决策者由于受精力和时间的局限，不可能在决策前亲自查阅大量有关的资料，也不可能对所有的决策因素进行调查核实，这就需要有专门的智囊机构为其服务。

在本书另外几章中还将论及执行系统和监督系统，这里就不做赘述。行政决策体系中的各个组成部分构成相互联系、相互制约的一个集合体，各自具备自我调整的功能，有明确独立的分工，又必须相互作用、密切配合，以便共同完成行政决策的目标。只有不断地采用科学的方法，加强各部分的建设，协调相互关系，才能发挥整体的最佳决策效能。

四、行政决策的基本程序

由于行政决策会涉及社会上大多数人的利益的调整，所以，一定要遵循一些基本程序，以保证决策的科学化与民主化。在整个行政决策过程中，每一个步骤都需要运用各种各样的方法与手段来完成。因此，行政决策过程可以看成是由各种方法构成的一个方法序列。通过对各个环节的方法研究可以改进决策过程的水平，从而实现提高行政决策效能的目标。

行政决策的基本程序是行政决策过程中各个环节依次展开的逻辑顺序及基本步骤，可分为以下阶段。

（一）发现问题，确定目标

行政决策活动首先所面临的是发现决策问题，并对它们进行科学的分析。从一般意义上说，所谓问题就是事物的现实状态与人们的期望之间的差距。问题有消极问题和积极问题之分。消极意义上的问题，是指现有状况偏离了正常状态；积极意义上的问题，是指可以通过努力争取更理想结果的状态。研究行政决策问题包括以下步骤。

首先是确认问题，即确认现实中哪些偏差应成为有待决策的问题。而后是分析问题，即对差距进行具体分析，首先要弄清差距性质；其次要弄清差距产生的时间和地点；再次要寻找产生差距的原因；最后要分清差距处理的优先顺序，以便有的放矢，有步骤地解决问题。

确定目标是制定科学决策的决定性一步。目标选择不准确，会导致决策的失误。首先，目标是决策的依据，因此目标必须明确，一要明确目标内容，二要明确实现目标的责任者，三要明确可以计量的具体标准（如预期实现的期限、计划指标、消耗定额等）。行政决策目标的确定是一项非常复杂的工作，在确定目标时要从系统的观点出发，全面衡量。其次，既要分析上下级目标之间的联系，又要分析目标系统内大目标与小目标之间、总目标与子目标之间的联系，还要分析决策目标与党的方针政策之间的关系。当决策目标是多个目标时，还要处理好各个目标之间的相互关系。再次，决策目标应具有客观规定性，它取决于国家行政管理的需要，要分析目标得以实现的现实可能性，以避免盲目性和主观随意性。由于决策环境多变，因而目标的确定要留有余地，以便根据情况的变化灵活进退，减少工作损失。最后，决策目标的确定为选择决策方案提供了衡量标准，也为日后对决策实施情况进行控制提供了依据。

发现问题和确定目标都必须以丰富的信息情报为依据。行政决策信息系统负责收集情报，并进行分析。

（二）分析预测，拟定方案

决策目标确定之后的重要工作是拟定各种可供选择的方案。在拟定方案时，要注意以下事项。

首先，要充分搜集信息，实施科学预测。即在充分占有与分析信息资料的基础上，运用现代科学的定性、定量分析方法对决策对象未来的状态和发展趋势做出事先的估计与推测。

其次，在预测的基础上设计决策方案。设计决策方案要求设计两个以上的备择方案，以供决策者选择。因为不同的方案可以体现不同的解决思路，只有在多方案中择优才拥有较大的选择余地而获得可行的方案。若只有一种方案，决策就变成一种形式。因此设计多个优质的决策方案是科学决策的前提。

简单的决策问题，可以直接设想出几个备选方案。复杂的决策问题，拟定方案的过程可以分为粗拟阶段和精心设计阶段。粗拟阶段只要求提出方案的轮廓，要挖掘出尽可能多的设想，对大量的设想做初步筛选后，就进入精心设计阶段，将设想细化为可执行的具体方案。

（三）比较选优，抉择方案

在进行抉择之前，首先要对多个备选方案，从精确性、可行性、经济效益与社会效益等多方面进行比较，以衡量其利弊，然后决定对其采用、舍弃还是修改后使用。为了进行科学的比较，可组织专家对备择方案进行分析，决策者也参与分析工作，以便在讨论过程中全面把握各个备选方案的优缺点；之后要就各方案对目标的实现程度及执行成本、实施后果的满意程度进行打分，排出优劣顺序；最后就是决策者在多个方案中选出可行性最佳、效率最高、成本相对最低、对决策目标实现程度高的方案作为未来的执行方案。

在面临多个方案时，每个方案有其各自的优缺点。方案抉择就是在众多方案中选定一个方案。这是决策链环中最关键的一步,也就是狭义的决策。对问题解决的有效程度和目标的实现程度是衡量方案抉择的重要标准。当然在抉择过程中,决策者的个性和意志也有很大的影响。决策者往往面临许多不确定的因素,需要冒很大的风险,这就要求决策者在慎重的前提下,在风险面前果敢坚决,以高超的决策艺术处理具体问题。

(四) 实施反馈,完善决策

抉择之后就进入实施阶段,在实施过程中,由于主客观条件的变化,会出现对原有决策进行修正的可能。重大决策在实施时需做出具体的实施计划,再组织人员,落实责任,然后局部试点,并加强监督与控制,对执行状况随时进行信息反馈;之后再根据新的信息进行偏差分析、问题确定、对策研究及重新决策等工作。

决策的实施过程中最重要的是对执行状况进行监控,对相关信息进行采集与反馈。由于决策方案的每一具体步骤的实施都会引起主、客观状况的变化,可能出现以下几种情况。

第一,基本上同既定决策方案的期望后果相一致,只在局部、个别问题上有偏离。第二,由于制定决策时没有充分掌握某些重要信息,执行后发现事物发展的实际情况同方案的方向不完全一致,且若坚持既定决策方案,就会产生不良后果。第三,出现新的因素,特别是出现主观力量不能控制的重大事变,改变了事物发展的方向,使既定方案不能继续实施,这时必须根据信息反馈,对期望状况与现实状况的差距进行分析,再进行追踪决策。追踪决策有三种基本类型,即局部调整型决策、重大修正型决策和重新决策,分别适应于上述三种可能出现的变化。

追踪决策具有以下特征。第一,回溯分析。追踪决策不是从重新收集信息开始,而是要回溯到原决策的起点,对原决策的产生及其环境,逐步逆推,找出出现偏离的环节,确定问题的症结。第二,非零起点。追踪决策所面对的状态不是原决策起点的状态,由于主客观条件都已发生变化,要以已变化的条件为起点进行决策。第三,双重优化。追踪决策的方案选优,不仅是在供选择的几种方案中选优,还要优于原有方案。第四,心理效应。原决策在实施中已被社会成员所接受,再进行调整会在社会心理上发生影响。追踪决策中应考虑心理效应这一特点,予以妥善地处置,可以激发更高的行动热情;否则,会出现消极抵触情绪,影响追踪决策的实施。

以上四个阶段紧密联系构成行政决策的一个完整过程,但实际的行政决策过程可能与以上所述有一定的出入。例如,在某种情况下,有的决策步骤可以省略，有些阶段之间存在交叉现象。如在方案拟定过程中，还可能要返回去再收集信息，或是在抉择之即，又发现新问题需要重新设计方案，等等。所以，行政决策过程在行政决策实践运用中有较大的灵活性。

五、行政决策的方法

在20世纪之前，由于在预测、决策领域的定量理论没有成熟，行政决策者主要依据其个人经验、社会阅历及历史经验进行直觉决策，这些决策受到决策者个人的思想水平、工作能力及感情好恶的很大影响。二战后，数学工具迅速地被推广到行政决策、经济决策等多个领域，并产生了博弈论、对策论、系统论、信息论、控制论、人工智能等一系列决策科学理论，使得定量的科学技术手段得到了充分的运用。但是，在当今行政决策及其他领域的决策过程中，凭借经验与直觉的定性方式仍然占有重要的地位，只是在定量工具的帮助下，原有决策的非理性成分得到了一定程度的控制，而决策者的工作水平、预测能力与决策能力仍然对决策的成败产生重大的影响。行政决策方法主要涉及建构问题的方法、分析预测的方法、方案拟定和抉择的方法以及反馈与完善决策的方法。

（一）建构问题的方法

传统观念认为问题是客观的，行政决策过程就是选择哪种方法来解决既有问题的过程。然而，随着对社会问题复杂性的充分认识，人们发现问题并不是简单的现实状态与人们的期望之间的差距，还要仔细分析现实状态与"什么人"的期望之间的差距。在行政决策看来，即需寻找现实状态与"行政者"期望之间的差距。只有行政者或是政府认为存在差距，才能纳入行政决策过程，问题才是一个需要行政体系加以解决的问题，因此，行政问题的发现实际上是一个问题建构的过程。问题建构通常需要经过问题搜索、问题界定、问题详述和问题感知四个步骤。

1. 问题搜索

行政问题建构的第一步是存在某种客观的不利状况，即"感觉到有问题"。这需要行政决策者和相关人员从既定的问题情境出发去搜索到底问题出在什么地方或说到底是"什么问题"。这个阶段需要决策的相关人员尽可能地全面搜集与问题相关的所有信息，找出可能出现问题的地方。既有现实状况、原有政策的执行情况和不断出现的新社会问题都是政策搜索阶段需要考察的内容，这些内容都有可能成为政策问题。

2. 问题界定

问题界定是指用科学、可操作化的概念将问题赋予明确的定义的过程。问题界定实际上就是将问题纳入一定的学科背景和相应的概念框架中,从而转变成"实质问题"的过程。这一过程实际上是一个主观与客观相互作用的过程,问题分析人员需要从自己的既有知识背景、价值观、世界观、组织要求等方面对问题做出判断。但应注意科学方法的运用,以便给出既定问题的客观界定。问题界定需要明确行政问题到底是一个"什么问题",是哪种性质的问题、哪一领域的问题等。

3. 问题详述

问题界定还仅仅是对问题的一个粗略勾画,在此基础上还需要对问题进行详述,即运用科学、可量化、可操作化的语言将问题的各个方面,包括问题边界、产生原因、发展趋势等加以具体地说明和阐述。经过详述的政策问题就转变成一个可以被用于各种讨论和官方公布的"正规"问题。

4. 问题感知

经过上述三个阶段,问题已经被建构成为一个明确的行政问题。此时,要对被建构的问题进一步地反思,再次感知问题。这种感知包含两个方面的内容。一方面,需要决策者和参与人员重新对问题状况进行反思,尤其要关注形成的政策问题与原有问题之间的关系以及被建构起来的问题所适应的社会条件。同时尽可能地将建构的政策问题向社会公布,以便使社会成员充分地感知问题。另一方面,问题不是一成不变的,而会随着社会环境的变化而变化,问题感知还需要建构一种对未来状况的设想,考虑某一社会问题的解决将会导致的其他所有可能情况,以便持续地完成政策连环后续循环。

(二) 分析预测的方法

科学的行政决策必须要有科学的预测。科学的预测能在错综复杂的关系中,透过偶然现象,把握事物内在的必然联系,从而对事物的未来发展趋势做出比较准确的估计,避免盲目性,增强预见性和自觉性,对决策成功具有重大意义。目前常用的预测方法可分为两大类:

1. 定量预测方法

主要是依据原始的数据,通过数学手段,建立数学模型。常用的方法有以下两种。

(1) 因果关系分析型预测法。它是根据事物发展变化的因果关系,以已知原因预测未来结果的方法,即利用变量间的因果关系,建立回归方程通过回归分析从事预测。因果关系越明晰,预测可靠性就越高。

(2) 时间序列分析法。它是通过把事物发展过程中所出现的事件按时间顺序加以排列,再把时间看作一种变量,则事物随时间而变化实际上就是这两个变量之间的数量关系,对此数量关系进行分析,并从中找到所预测的决策目标与时间过程之间的演变关系,最终可确定未来事物的趋势。

2. 定性预测方法

由于行政决策经常要处理突发问题、新发问题等结构不良的问题,进行非程序型决策,这些时候定量工具会显得无能为力。如有些问题因果关系过于复杂,难以厘清,发展趋势与变化规律不易把握,或因各种原因使决策者没有掌握足够的统计数据与原始资料,无法建立数学模型进行定量预测,这时只有采用专家评估法等定性的预测方法,科学地组织相关专家,利用专家集体的经验与综合分析判断进行预测。

在实际工作中,由于行政决策面临的社会问题十分复杂,只依靠定量预测的方法不能满足需要,定性预测的方法经常被采用,而且占有非常重要的地位。所以要重视定量与定性方法的结合,研究更为可靠的定量预测手段,充分发挥定性预测的优势,为行政决策服务。

(三) 方案拟定和抉择的方法

1. 拟定方案的方法

方案拟定是针对建构好的问题,在分析预测的基础上,尽可能多地给出解决问题的可行方案。方案拟定通常采用头脑风暴法、名义群体法和德尔菲法来进行。

(1) 头脑风暴法。便于发表独创性意见的头脑风暴法主要用于收集新设想,设计可行方案。通常是采用小型会议形式把专家集合在一起,由会议主持人发布问题,并创造和谐轻松的会议气氛让专家发表意见,以产生思维共振,形成有创见性的方案设计。其程序大致如下。

——选择对待决策问题颇有研究的专家(人数10人以内为宜)参加会议;

——由主持人介绍议题,介绍时不能带有任何个人意见倾向或暗示;

——请到会人员就议题提出个人观点,鼓励异想天开,欢迎一切奇特的设想;

——在提建议时,不批评别人的意见,在没有讲完所有的意见和建议之前,不以任何方式评论它们;

——在一轮建议提完之后进行建议的归纳和补充,欢迎对别人的建议提出改进;

——力争拓宽思路,思路越宽越有可能出现高质量的意见;

——最后由主持人总结所提意见，将可行性最高的待选方案提交决策者。

（2）名义群体法。即召开一个有各方面专家参加的正式会议，程序如下：

——公布问题，由各位专家在纸上写下自己对问题看法和解决问题的几种可行办法，不要跟别人商量；

——经过规定的时间（一般为 15 分钟左右），每个与会者开始向大家介绍自己的想法；

——发言采用抽签方法进行，轮到每个人发言时，每次只能发表一个意见；

——当各人发表意见时，记录员在纸上记下这些意见，一直到大家意见发表完毕为止；

——记录时不记录这个意见是谁提出的；

——对方案的优点、可行性和其他特点进行逐一讨论；

——最后，群体以无记名的方式进行投票，得票多的就成为群体的最终决策方案。

（3）德尔菲法（Delphi）。这是美国兰德公司于 1946 年发明并首先应用的。德尔菲法是专家会议预测决策的一种发展，它是围绕某个问题，以背靠背的函询方式，向有关专家和权威人士征求意见，并把每一轮得到的意见汇总整理后，再发给这些专家进行再一轮的分析判断，经过几轮反复，在各个征询项目上取得较为一致的意见，从而产生相对可靠的预测结果和决策方案的方法。德尔菲法具有如下三个特点。

——匿名性。由于应邀参加的预测专家互不见面，消除了各种心理消极因素的影响；

——循环反馈沟通。德尔斐在运用时一般要进行几轮的函询方式，由于每一轮预测决策之间进行了反馈沟通和比较分析，因而能够互相启发，提高预测决策的准确性、有效性、可行性；

——预测结果的统计特性。德尔菲法对专家意见的汇总和处理采用了统计方法，用定量的方式表示预测结果，所以能使最终的结论更具有科学性。

2. 方案抉择的方法

形成众多政策方案后便需要选择方案。选择方案通常采用特性列举法。特性列举法可分为缺点列举法和希望列举法。

（1）缺点列举法。这是消除决策方案实施后的隐患的方法，先针对所要解决的问题、所要采用的方案等找出其缺点与不足，最终提出改善的方法与途径。这种方法分两个阶段进行，第一阶段是提问题，即把某项政策的缺点与可能产生的后果找出来。第二阶段是讨论改进、找解决办法。

缺点列举法的两个阶段以会议方式进行，因此又叫"二次会议法"。该方法是针对现有问题或现有政策而使用的，不属于创新或开拓性的决策方法。

（2）希望列举法。这是在缺点列举法的基础上产生和发展起来的方法，也是采取"二次会议法"的形式，与之相反的是先列举出希望，然后再论证其可行性，是一种比较积极的决策方法，适用于革新原政策或政策创新。

（四）反馈与完善决策的方法。

行政决策方案抉择后，在大规模正式实施前，还必须进行局部试验，以验证其方案运行的可靠性，这个过程称为试点实施，也称试验与模拟方法。试点的关键在于所选的点必须在全局中具有典型特征，能够反映实施范围内的一般水平，并且必须严格按照行政决策方案加以试行，同时为了能够有比较地得出科学结论，还必须以条件相当的对象组加以对照，设计的模型如表5.1所示。

表5.1　试点实施与参比模型设计

	事前测量的变量	方案实施变量	事后测量的变量
试点区	X_1	A_1	X_2
对照区	Y_1		Y_2

如表5.1所示，实施方案变量A1所产生的效果 = （X2-X1）-（Y2-Y1），综合变量A所产生的效果可以得出实施方案所产生的综合效果。在某些情况下也可以用不公开的方式进行试点实施，以排除主观因素的干扰。

在试点效果的分析中，为了更好地反映决策方案的合理性，还可以应用可靠性分析技术。可靠性分析的方法就是指在方案所规定的条件下和预定的时间内，对方案完成既定目标可能性的分析。可靠性一般采用失效率表示，根据可靠性分析，在行政决策方案实施的全过程中，其失效过程一般可分为三个阶段：早期失效阶段、偶然失效阶段和耗损失效阶段，如图5.2所示。

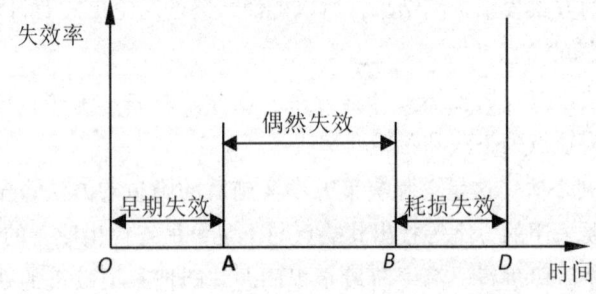

图5.2　行政决策方案失效过程

图 5.2 表明，行政决策方案在实施初期，由于传统习惯和对新的政策不理解，以及方案本身存在的缺点，失效率比较高。待实施一定时间后，实施转入正常，方案功能得到发挥，失效率降低。随后方案实施的失效率又会逐渐增大，从而需要进行新的决策。所以曲线规律要求行政决策主体在初始失效时，一方面须进行原因分析，但又必须坚持方案的实施，不要在原点左右消磨时机；在偶然失效阶段，应大力实施，力求使决策方案发挥最大的效益；在耗损阶段就必须对决策方案进行分析，认定是否需要重新决策。所以，试点实施并对其做可靠性分析，可以检验行政决策的合理性及其程度。如果试点分析表明行政决策是合理的，就可通过法定程序做出决策，并全面实施；如果试点分析表明行政决策不符合实际情况，不具有可行性，就需要进行再次追踪决策。

综上所述，行政决策的方法归纳起来为两大类：一类是定性决策方法，一类是定量决策方法，或称为"软技术"方法与"硬技术"方法。目前并不能以一类完全代替另一类，真正科学的决策应该把两种方法结合在一起，使之相辅相成，才能取得更好的效果。

第二节 行政决策的理论与分析模型

决策理论的科学研究，是在工业革命以后，随着管理科学的发展而发展起来的。社会科学研究规范的突破，使得从动态的、行为的角度研究政府运行规律的方法逐渐替代了静态的制度分析方法。自然科学领域中新的研究方法对社会科学的理论研究也有极大的影响。现代管理学中的决策学派正是在这种背景下产生和发展起来的。行政决策的分析模型是管理学家们作为改进决策过程的依据，模型构造和分析，构成了西方决策过程研究的一个基本特色。

一、行政决策理论的发展

在决策理论的发展过程中，西蒙的现代决策理论起到了一个承前启后的作用，西蒙以前的决策理论为古典决策理论，属于传统的规范性决策理论，而西蒙的现代决策理论则为决策行为学的产生打开了大门。到目前为止，关于决策理论的研究大致遵循着从经验决策到理性决策到行为决策，从个人决策到群体决策的发展过程。

（一）古典决策理论

古典决策理论属于传统的规范性决策理论，是建立在决策者是"经济人"

的假设之上,认为决策者的目标就是追求个人的最大利益,决策目标是单一的、明确的、绝对的,决策者是绝对的理性人,总能做出最优的选择,在制定政策时不考虑时间的限制。由此出发而开发出的一些决策优化方法,舍弃一些次要决策分析变量,使决策分析简化。

但很快,人们发现了古典决策理论的局限性,因为很多的事实不能解释,其原因不在于逻辑体系,而在于其前提假设有问题。首先,决策者的目标是多元和模糊的;其次,决策者并不是一个绝对的理性人,不可能找出最佳的决策方案;最后,决策是有时效性的,要受到时间、精力的限制。西蒙认为,古典决策理论无法准确解释现实生活中的决策者的实际行为,因为他不符合实际决策行为所追求的目标与主客观约束条件。

(二)决策行为理论

西蒙认为现实生活中的决策者是介于完全理性与非理性之间的"有限理性"的"管理人"。管理人的价值和目标取向往往是多元的,不仅受多方面因素的制约,而且各因素处于变动之中乃至彼此矛盾状态;管理人的知识、信息、能力都是有限的,不可能达到绝对的最优解,只是以找到满意解为目标。

决策行为理论不像古典决策理论那样研究决策者"应当如何"或"必须如何",而是试图解剖决策的实际过程,描述决策是怎样被具体制定出来的,也即"实际如何"。目的在于通过描述出不同的决策行为的不同结果,提供给人们决策的经验和教训,以有助于提高决策的有效性。

(三)现代决策理论

二战后发达资本主义国家经济的迅速发展,并引发的一系列社会效应,使经济发展、社会问题与政府行为的关系问题突出表现出来,此时政府能力问题便被提了出来,哪些因素导致了政府无能,如何加强政府的能力,这些问题成为决策理论研究的热点。在这一时期,效用理论、博弈论、决策支持技术都有所发展,共同构成了现代决策理论的基础。

这一理论认为,效用理论是现代决策理论的开端。决策的最基本原则就是效用极大化原则,只要推算出各个策略的期望效用,最后的选择就是举手之劳。

博弈论作为一种经济理论,随着其理论的逐步成熟,应用的领域不断拓展,现已被广泛应用于研究行为和利益有相互依存性的理性决策者之间的冲突与合作问题。它通过把决策过程中错综复杂的关系理性化、抽象化,以更精确地刻画事物变化发展的逻辑,为实际应用提供决策指导。

随着社会的发展,决策理论的应用受到普遍的重视,特别是随着计算机技术的飞速发展,出现了决策支持系统。决策支持系统是以管理科学、运筹学、控制论和行为科学为基础，以计算机技术、仿真技术和信息技术为手段，面对半结构化的决策问题，辅助支持中层、高层决策者进行决策活动、具有智能作用的人—机网络系统。该系统利用计算机来消除或减少组织中的通信障碍，加强成员间的交流活动，增加信息流通与分享，提高组织的合作能力；该系统通过各种定量和定性的决策模型与方法，辅助决策群体进行决策形势分析、合作问题求解，找到可行方案并对其进行评价；辅助非合作群体通过谈判与协商解决冲突，以达成彼此都能接受的一致结论。

行政决策不仅要面对问题复杂化的挑战，同时要考虑决策民主化和公开化的要求。如何充分地、正确地综合民众的知识和智慧，既保证行政决策的效率和质量，又达到科学、民主的要求，是目前迫切需要解决的问题。结合现代计算机技术和互联网技术，开发合适的行政决策技术并建立行政决策支持系统，已经成为当前研究的热点。

二、行政决策的分析模型

行政决策作为决策者在特定环境中的权力运用过程，具有一定的规律可循。管理学家们在研究决策理论的过程中，力图建立合理的理论模型，作为了解决策过程与改进决策过程的依据。行政决策模型的建立，为我们研究行政决策过程、分析社会各种变量提供了指南。常见的决策模型有：

（一）理性决策模型

理性决策就是强调人们经过理性的分析或推理，选择适当的手段去实现政策目标的思维方法。理性主义决策信奉这样的理念，决策应该通过收集与特定问题相关的所有信息，尽可能地规划出所有的解决办法，然后选择一个最佳方法，从而"科学地"或"理性地"解决社会问题。

现代公共政策分析中的理性主义与现代公共行政学的兴起与发展有着密切的关系。1887年，伍德罗·威尔逊在标志着现代行政学发端的《行政学之研究》一文中，提出了政治制度决策、行政制度执行的观点；之后，古德诺又进一步强化政治与行政"两分法"的观点并着重指出公共行政实践中二者需要在诸多方面实现协调。他们都认为，由于公共行政（人员）只在执行由政治（人员）所决定的政策，因此，他们完全可以在价值中立的基础上，客观地运用科学的方法即理性的方法有效率地执行政治决定。而同一时期韦伯提出的"官僚制科层组织理论"和这一时期兴起的"科学管理运动"（如法国的法约尔、英国的古利克和美国的厄威克等学者）从理论和实践两个方面为上述理论提供了支持。

综合而言，理性主义公共决策模型包含一个理性的个体所承担的一系列连续活动。

(1) 明确一个致力于解决特定政策问题的政策目标；
(2) 考察并列出所有可以实现既定目标的可供选择的策略方案；
(3) 预测每种可选择方案的所有重要结果，并计算这些结果发生的概率；
(4) 最后选择出能最好解决问题的方案或解决问题时花费最少的方案。

尽管逻辑上理性主义决策模型可以获得问题的最佳解决方案，但实践中遇到的各种难题使得许多曾经赞成这一观点的学者开始对它提出质疑。他们认为这种决策模式要想收到最大化效果，就必须事先对所有可能的选择和每一种选择的成本进行有效的评估。但正如批评家很快指出的那样，这种强调完全理性指导下的决策模式是有问题的，人类做决策时并不能达到完全理性，在寻找替代方案以及计算成本收益的活动中，人们的能力是有限的。

（二）西蒙的有限理性决策模型

传统理性模型是建立在"经济人"的假设基础之上，认为作为"经济人"的决策者具有"客观理性"，进而可以做出利益最大化的决策。但西蒙认为，由于传统理性决策模型假设决策者具有全能的认知能力、充分的信息并能够找到最优方案等假设存在重大缺陷，其所要求的条件现实中难以达到。西蒙认为，人是追求理性的，具有"经济人"的特征，但其他一些因素——如心理因素和客观外界条件，可能限制"经济人""完全理性"的实现。面对个人心理影响和环境限制的决策者在追求理性的过程中实际上难以获得传统理性模型所追求的利益最大化决策。这种受到个人心理和外界环境限制的"经济人"被西蒙称之为"行政人"，而"行政人"对理性的追求因受到诸多条件的限制，只能称之为"有限理性"。西蒙主张，在决策过程中应该用以"行政人"为基础的有限理性来代替以"经济人"为基础的完全理性。

西蒙认为，传统理性模型的公共决策并不能找到成本最小化收益最大化的最优结果，而仅仅是满足决策者在既有条件限制下按照具体的"情境性标准"而做出的"满意解"。因此，追求满意解就成为决策者的决策目标，但这种满意解不是对理性的放弃，而是在诸多条件限制下对理性的追求结果。

西蒙认为决策构成了行政的核心部分，决策本质上等同于管理。而决策过程中充满了有限理性。西蒙将决策过程分为四个部分，信息获取、方案设计、方案选择、审查活动，每个部分都是在有限理性的指导下完成的。

1. 信息获取

信息获取就是决策信息的搜集与甄别，了解决策进行的相关背景和环境。任何社会活动都是在既有的环境条件下进行的，受到周围环境的影响。决策信息的搜集也会受到信息获取方式与能力的限制。同时，从心理学角度讲，对信息的甄别、选择及其重要性的认定是决策者对信息的重新处理过程，将受到决策者个人知识背景、社会经验等因素的影响。

2. 方案设计

按照理性决策模型的要求，方案设计就是要寻找出所有的可行方案，从中选出最优的对策方案。西蒙认为，能够找出全部备选方案固然好，但是按照有限理性原则找到最优解实际上是不可能的。而且在他看来，寻求"满意解"的原则不需要找出最优方案，而是可以找到满意方案就可以。不用耗费更多的时间和精力搜索其他方案。

3. 方案选择

在理性决策模型下，方案选择就是比较所有可行方案的成本收益，选择最优解。而有限理性模型认为，方案之间的比较与取舍是一项成本高昂的活动，在方案抉择过程中，只要找出可以令决策者较为满意的方案即可，而不用费尽心思再去寻求更好的方案。

4. 审查活动

这里的审查活动是特指对政策执行过程的审查。西蒙认为，政策执行不仅仅是"执行"政策，而是比制定政策更加细密的决策过程。执行过程会发现政策决策细节与现实情况的符合程度，对执行困难的反应和新情况的发现为制定更加详细的政策提供了有益的"信息"。这一过程实际上是在面临诸多限制性条件以及执行者个人能力基础上的再决策过程。

总之，西蒙认为决策过程不是传统理性模型所强调的建立在"经济人"假设基础上的"最优解"的获得，而是建立在"行政人"假设基础上对"满意解"的获取。决策过程是在既有外在条件的约束下寻求满意方案的过程。

（三）系统决策模型

这是美国政治学家 D. 伊斯顿所提出来的一个决策分析模型。他认为传统政治学单纯从制度的静态分析进行研究存在不足，据此提出了动态地研究政府运行过程的政治系统论。他认为，政治系统是能为某一个社会提供权威性的价值分配的团体。作为一个系统，它为了适应外在环境所产生的压力，必须随时采取应对措施，以便形成决策；环境中所产生的影响政治系统稳定的压力称为投入（环境则指被界定在政治系统的界限之外的任何条件或情景），政治系统的产出是系统的权威性价值分配，以及这些分配所构成的公共政策。如图 5.3 所示。

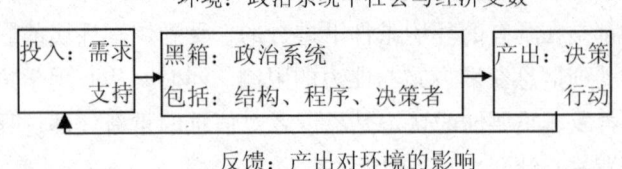

图 5.3 系统分析模型

系统分析模型从一个动态的视角，生动地描述了涉及政治决策过程的各种因素，即系统、环境、需求与支持的投入、转换过程、产出的政策以及反馈等要素之间的相互关系，为科学地认识政治过程提供了一套有效的概念工具。但也有学者指出，系统模型更多地是一种概念模型或是思维模型，难以用于现实政策分析，原因在于作为核心过程的政治系统是很难观察的，其内部运作对公众而言是个黑箱。因此，只能从逻辑上认定政策是政府根据社会需要的输入而做出的产出，但是这些产出是如何做出来的，则不得而知。

（四）渐进决策模型

这个模型是由美国政治经济学家 C. E. 林德布洛姆提出的。他认为，在现实社会中，政策的制定只是根据过去的经验，经由渐进变迁而达成共同一致的过程。政策制定过程一般都是以现行政策作为一个基本方案，与相关的新方案相互比较后，做出哪些现行政策应修改，或应增加哪些新政策的决策。所谓新方案，都是对现行政策所做的小规模或大规模地调整，或者两者综合进行。因此，决策者并不调查与评估全面的政策方案，只会考虑与现存的政策具有渐进差异的政策方案。且现实中，决策者只会考虑有限几个政策方案，而不是所有逻辑上可能的方案，对每个政策方案也只评估几个很可能产生的并且很重要的后果。决策者在决策过程中仅作边际性的调整，问题的解决，在于边际的比较，决策抉择于边际，并不全盘考虑每一项计划或每一个方案。如图 5.4 所示。

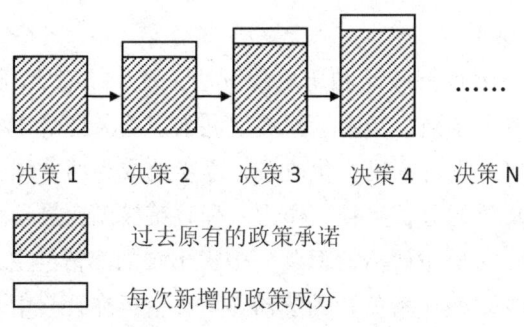

图 5.4 渐进决策模型

林德布洛姆认为,行政决策过程是渐进调整过程的根本原因在于以下几个方面。

(1) 社会由不同阶层甚至不同种族所组成,不同的团体各有不同的目标和政策要求。因此,在多元化的社会环境之下,政府为维持社会稳定,获取政策支持,通常希望保持现行政策,而不愿意进行全面的政策改革。

(2) 运用渐进调整的策略往往是政治上的权宜之计。通常在决策过程中,会有争论存在,若只是对现行政策稍做修正,决策者之间较易达成协议;反之,若是会引起极大损益的决策容易引起决策者之间的冲突。所以渐进决策有利于化解冲突,维持政治系统稳定。

(3) 政党与政治领袖对于基本国策的看法大多是一致的,当他们争取公民支持的时候,仅是对一些政策提出渐进的修改而已。

(4) 转轨的困难。现行政策可能已投入巨额的资本,若采用根本上的变革,会使原有投资浪费,且需更大投资才得以实现变革。

(5) 技术上的困难。决策者并没有足够的时间、智慧或经费,用以调整所有的政策方案。虽然现代科学技术充分发展,但人们对自然和社会发展仍未具有充分的预测能力,以全面了解每一项政策方案的后果。且决策者处在政治、经济、社会和文化多方面交互作用之下,无法预估每一项政策方案的成本与利益。

林德布洛姆的渐进决策思想,在一个稳定政策环境中,其模型的效度相当高;但在急速变迁的社会里,渐进改变便不能满足社会发展的需要。这时若按渐进模型一味地企图化解冲突,维护现状,就具有了消极的保守倾向。同时,渐进模型过分强调决策者之间的一致性,未能认识到所谓"一致性"也是动态的。

（五）精英决策模型

现代精英主义是一种理解政治和历史的方法，肇始于意大利学者莫斯卡、帕雷托以及德国学者米歇尔斯，经由美籍奥地利人、著名经济学家熊彼特和美国政治学家拉斯韦尔等人进行的民主化改造，逐步地成为西方国家特别是美国政治学研究中的一个重要的分析途径。作为一种政策模型，最早是由托马斯·戴伊和哈蒙·齐格勒在《民主政治的讽刺》中提出来的。精英主义的极端形式认为，社会总是处于少数人（精英）的统治之下，精英在社会中起决定作用并把权力集中在自己手中。精英决策模型将公共政策视为精英的价值偏好。其主要观点是：在政策过程中，公众是完全被动的，他们的要求及其行动对公共政策不会产生决定作用；相反，占统治地位的政治精英们把握政策制定的主动权，公共政策完全由他们来决定，然后由行政官员及其机构加以执行。

精英模型认为社会分化成掌权的少数人和无权的多数人，掌权的少数人决定社会价值的分配，无权的多数人则不能决定公共政策；前者垄断权力、掌控政治，后者受前者的指挥与控制。社会之所以由精英而非大众来治理的原因在于传统社会的精英是由知识、血统、武力等因素构成的。而在现代社会，精英主要来自城市化、工业化、工艺发展以及经济与政治组织快速发展形成的人们之间的分化。在精英模型中，精英处于社会上层，具有充足的社会资源，同时群体组织化程度较高且目标一致；而大众则处于社会下层且掌握的社会资源匮乏，组织化程度较低且目标分散。这种精英与大众的分化是相对长久的，不会因为社会背景不同而有所区别。

社会精英共享着同一套社会价值观并一致维护这种价值观。这种共同的价值观使不同领域的精英得以相互沟通、交流进而形成他们的认知基础，即他们认同的最基本的"游戏规则"。这种共识性的价值观和制度体系形成了公共政策的基础，公共政策正是这种精英间共享的基本价值观的反映。活跃的精英阶层很少受到麻木的公众的影响，精英阶层对大众阶层的影响远远超过大众阶层对精英阶层的影响。

对精英模型一直存在着激烈的争论，支持者认为这种模型反映了历史现实，具有极强的现实解释力。大量的历史事实证明，实际上是精英体系在统治整个社会。在传统社会中，由于知识、财富的不易获得和血统的不易转换，精英阶层大多可以维持相对稳定的社会统治，而广大民众则处于社会下层的被统治地位，无权干预政策。在现代社会中，尽管某些西方资本主义国家宣称其公民被赋予了宪法所保证的民主权利，也有众多国家实行了"自由民主"的代议、选举制度，但在这些体系中，实际掌握国家政治权力和各项社会权力的人总是少数人，而多数人则仍然被排斥在政策过程之外。在民主政治建设处在初期阶段的国家中，由于政治发展水平、公民的政治觉悟和受教育水平等条件的限制，社会公众还不可能具备足够的动机、能力和机会来参与政策过程，对政策过程发挥直接影响。反对者认为这种模型忽视了人民大众在政策过程中的作用，而且与不断扩展自由民主理念相违背。

精英决策模型一直是一种备受争议的模型，一方面它对现实政策过程具有较强的实际解释力，毕竟，无论采取怎样的代议民主形式，实际掌握政治权力、决策过程的都是少数人。但精英模型又明显地与现代政治理念不符，难以解释越来越多的公民政治参与。同时，精英模型也难以有效回应全球化所催生的"治理"结构下协商民主提出的挑战。

（六）团体决策模型

这是美国政治学家杜鲁门在他1971年出版的《政府过程》中提出的一个决策分析模型。杜鲁门认为，社会中具有共同利益的个人会以正式或非正式方式结成利益团体。当利益团体向政府机关提出相关利益主张时，它就是政治性的团体了。现实生活中，个人必须通过团体向政体主张其利益，且个人在政治上要有通过代表团体利益的行为来体现其地位，因此，团体便成为个人与政府间的重要桥梁。行政决策过程实际是团体之间争取影响政策的过程。在这种影响之下，政策便成为各种团体之间竞争后所造成的均衡。这种均衡取决于各个利益团体的相互影响力，一旦这种影响力的格局发生变化，政策便可能随之改变。

团体影响力的大小取决于成员的多少、财富的多寡、组织能力的强弱、领导能力的高低、与决策者的远近以及团体内部的凝聚力强弱等多方面的因素。杜鲁门指出，在团体影响的政治运行机制中，政治系统的主要任务应该是建立团体竞争的规则、安排妥协与平衡利益、制定政策以规定妥协的方式、执行妥协以解决团体间的冲突。

第三节 我国行政决策体制的现状及行政决策的发展趋势

现代行政决策体制是指以行政领导机构为中枢的系统，并与执行系统、信息系统、咨询系统和监督系统相配套的，协调有序并互相作用的科学决策体系，是决策权力在决策主体之间进行分配所形成的权力格局，是决策主体在决策过程中的活动程序的总体制度体系。行政决策体制具有历史性，不同时期出现过不同的行政决策体制（见表5.2），且各具特点。

表 5.2　历史上出现的公共决策体制类型①

类型		最高决策权归属	最高决策者（集体/个人）	主要存在时期	主要存在地点	主要决策方式
原始民主制		氏族等原始组织全体成员	全体会议	原始社会时期，现代	各原始氏族部落、古埃及等	合议
神权制		神	僧侣、宗教领袖（个人）	古代、现代	现代海湾伊斯兰教国家（如伊朗）	独裁
君主制		神或专制君主	由宗教或传统产生的皇帝（个人）	古代、近现代	中国封建王权国家、现代君主制国家（如沙特）	独裁
议会制	总统议会制	名义上是"人民"，实际上是资产阶级总统	议会（集体）总统（个人）	近代、现代	美国等	三权分立制
	内阁议会制		议会（集体）		英国等	
	委员会议会制		议会（集体）		瑞士等	
人民代表大会制		人民	全国人民代表大会制大会（集体）	现代	中国	合议、民主集中制
法西斯制		法西斯国家	政党领袖、国家元首（个人）	现代	意大利法西斯、德国法西斯	独裁
军人独裁制		神或君主或人民，实际上是独裁者个人	军队首领（集体或个人）	古代、近现代	各军人专政国家	独裁

一、行政决策体制的构成

决策体制是指关于行为主体之间相互关系、决策权力配置、运行机制及决策方法、程序规范的总称，主要内容包括决策权力结构、决策程序和决策的规则和方式。行政决策体制既受到国家的政治体制、经济体制、行政领导体制的

---

① 伍启元. 公共政策［M］. 香港：商务印书馆，1989.

制约,同时又要受行政文化、民族传统等诸因素的影响,不同政治、经济、领导体制和文化因素,塑造了不同的行政决策体制。

(一) 决策权力结构

权力一直是政治领域争论的核心,同样也是行政决策的中心议题,因此,权力的构架和来源构成了公共决策体制最主要的内容,也是区分不同决策体制的主要标准。决策权力配置分为纵向结构和横向结构两个方面。

1. 纵向结构

纵向权力结构是指各级决策组织之间构成领导与被领导的主从关系。我国行政决策体制的纵向结构有国务院—直辖市政府,及国务院—省政府—市政府—县政府—乡政府等不同层次的划分。除了政府间不同层级的纵向结构外,还包括自上而下的职能部门之间的纵向结构。

2. 横向结构

横向权力结构是指同级的不同组织和主体之间的领导与被领导或合作与协商关系,这些主体间的排列组合方式即为决策体制的横向结构。横向结构的决策组织间可能存在领导与被领导的隶属关系,也可能是一种平等但相互制约的关系。在我国一级政府中,党委在决策中领导政府,而在美国的三权分立体制下,行政决策由总统做出但是受到代表立法分支的国会和代表司法分支的法官制约。

(二) 决策规则方式

决策规则方式是指按照什么样的方式完成决策,主要包括全体一致制、多数制和个体负责制等。

1. 全体一致制

全体一致制是所有参与决策的主体一致同意某项方案,方案才能生效。1920年成立的国际联盟便采用这种议事原则。即国联的决议需由全体成员一致同意方可生效,若有任何成员否决则决议无效。1946年4月18日国联解散后,其全体一致原则也宣告终结。由于全体一致在很多时候难以实现,因此,继国联之后成立的联合国也没有采用这种方式。

2. 多数制

虽然一致同意的原则因难以达成并不是实践中理想和常用的规则,但是多数同意却是实践中最常用的规则。多数制有多种表现形式。

绝对多数要求一项决议要有绝大多数同意,才能通过,例如三分之二或一半儿以上。

相对多数要求一项决议需要获得总数最多的参与者同意便可通过,这种情况尤其适合于候选项很多，选择很分散的时候。例如，30 人对 5 个候选项投票，结果得票最多的选项获得了 10 票，虽然没有占到 30 人里的绝对多数，但却比其他 4 个选项得票多，因此获胜。

博尔达偏好排序法也是一种多数制。1770 年，法国数学家博尔达提出了著名的博尔达计数规则，是一种体现不同决策者对方案不同偏好的决策规则。其基本做法是按照决策者的偏好程度给每个候选方案计分，给 N 个候选方案中的每个方案设置一个分数，分值从 1 到 N，即某一决策者的首选方案得 N 分，列第二的方案得 N-1 分，被某一决策者排在最后一位的方案得 1 分，然后把所有的决策者的每个方案的分数分别加起来，最高分的方案为获胜者。

3. 个体负责制

个体负责制是指具有决策权的主要人物单独选择某一方案。尽管个体负责制经常被指责为专制或不民主，但在行政实践中，这种方式是经常采用的形式。

二、当代中国行政决策体制

当代中国的行政决策体制是由我国的国体、政体和政权结构形式所决定的。我国的国体是中国共产党领导的人民民主专政的社会主义国家，这决定了中国共产党在行政决策中的核心地位；我国的政体是人民代表大会制度，行政首长由人民代表大会选举产生对其负责，这决定了我国行政决策中行政首长的重要地位，并形成民主集中制的决策原则；我国的政权结构形式是单一制中央集权国家，这决定了我国行政决策中形成以上级为中心的纵向决策体制。

（一）以共产党为中心的整体决策体制

在宏观方面，中国的行政决策是党政联合以党为中心的体制。中国决策体制的核心结构是中国共产党的各级党委。首先，中国共产党参与行政决策，并且是行政决策过程中最重要的决策者，这是中国行政决策体制的一大特色。共产党既非权力机关，也不是国家机构，它作为行政决策重要的参与者的合法性正是来自新中国成立过程中形成的核心地位。中国共产党以执政党的地位，对国家各项事务实行直接领导，从而构成了具有中国特色的社会主义党政决策体制。共产党在行政决策决断系统中居于核心地位，体现了我国国家政权的性质和国家机构实行民主集中制的原则，反映了全国广大人民群众的根本利益，实践证明是有效的，是符合中国国情的。

（二）以上级为中心的纵向决策体制

我国的纵向行政体制是中央集权的单一制体制。与国家行政体制相一致，在不同层级政府之间以及不同层级业务部门之间形成以上级为中心的决策体制。我国《宪法》第一百一十条规定："地方各级人民政府对上一级国家行政机关负责并报告工作。全国地方各级人民政府都是国务院统一领导下的国家行政机关，都服从国务院"。《宪法》规定了国务院与地方政府间的领导与被领导关系，同时也规定了地方政府间上级政府与下级政府的领导与被领导关系。在这样的规定下，上级政府的相关决策成为下级政府决策的主要依据，下级政府决策不能与上级政府决策相抵触。

除上下级政府间的领导与被领导关系外，在政府业务部门的上下级之间也存在领导与被领导和指导与被指导的关系。《中华人民共和国地方各级人民代表大会和地方各级人民政府组织法》（以下简称《地方组织法》）第六十六条规定，"省、自治区、直辖市的人民政府的各工作部门受人民政府统一领导，并且依照法律或者行政法规的规定受国务院主管部门的业务指导或者领导。自治州、县、自治县、市、市辖区的人民政府的各工作部门受人民政府统一领导，并且依照法律或者行政法规的规定受上级人民政府主管部门的业务指导或者领导。"这种政府业务部门自上而下的领导或指导关系被形象地称为"条条"。由于同级政府各业务部门之间的事务相对独立，而上下级业务部门间的事务又高度一致，因此，来自上级领导或指导部门的决策便成为下级部门的重要依据，下级部门的决策不能与之相抵触。

（三）以首长为中心的横向决策体制

中国公共决策体制是以人大为核心的宪政结构和以中国共产党为核心的党政结构。整体上，党处于决策体制的中心，党的路线方针政策通过人大转化为国家意志，政府作为人大的执行机关，执行人大决议。但具体到行政领域，我国实行的是行政首长负责制，行政首长在与党和国家（人大）的路线政策方针相一致的前提下，负责本级政府或本部门的行政决策。

我国《宪法》第八十六条规定，"国务院实行总理负责制。各部、各委员会实行部长、主任负责制"，我国《地方组织法》第六十二条规定，"地方各级人民政府分别实行省长、自治区主席、市长、州长、县长、区长、乡长、镇长负责制。省长、自治区主席、市长、州长、县长、区长、乡长、镇长分别主持地方各级人民政府的工作。"从而建立起我国政府体系内的行政首长负责制，是一种各级政府及其所属部门的首长对本政府或本部门的工作负全面责任的制度，重大决策在集体讨论的基础上由行政首长定夺，具体日常行政决策由行政首长决定，行政首长独立承担行政责任。行政首长负责制既是一种领导制度，也是一种责任制度，又是一种决策制度。

(四）少数服从多数是核心决策原则

在决策规则方式上，我国行政决策遵循少数服从多数原则。少数服从多数历来是中国共产党的决策原则，而我国人大决策也采取少数服从多数的原则。

虽然在行政领域我国实行行政首长负责制，行政首长在行政决策中处于中心地位，但这并不意味着首长可以一意孤行，凭主观主义和简单的个人意志做出决策。我国《地方组织法》第六十三条规定，"县级以上的地方各级人民政府会议分为全体会议和常务会议。全体会议由本级人民政府全体成员组成。省、自治区、直辖市、自治州、设区的市的人民政府常务会议，分别由省长、副省长，自治区主席、副主席，市长、副市长，州长、副州长和秘书长组成。政府工作中的重大问题，须经政府常务会议或者全体会议讨论决定。"政府常务会议或全体会议讨论，实际上在行政首长负责制的同时融入了多数民主决策的元素，有助于确保行政决策的民主化和科学化。

三、我国行政决策体制的改进方法

中国是一个单一制国家，在纵向结构上实行地区管理和部门管理相结合的"条块并行"体制。中央政府和地方政府的决策权除了具有宏观与微观、全局与局部的总体性差异之外，在决策的目标结构序列上也有所不同。

完善中国行政决策体制，实现行政决策的科学化、民主化、法制化，必须从协调决策权力结构和规则方式着手。

（一）理顺决策权力关系，健全决策体制

1. 理顺上下级政府和部门在决策体制中的相互关系

行政决策体制表现在纵向上就是决策权集中于中央政府和上级主管部门。完善行政决策体制，要求进一步明确各级行政机关决策权限并给以具体的法律保障，建立一个符合中国单一制结构形式的层级目标决策系统，既要保证地方行政决策与中央政府决策目标、方向一致性，同时又能充分调动地方各级政府在行政政策中的积极性、主动性和创造性，处理好决策主体之间的权责关系。

2. 理顺行政首长与副职之间的关系

《地方组织法》第六十二条规定，"地方各级人民政府分别实行省长、自治区主席、市长、州长、县长、区长、乡长、镇长负责制。"相应地，政府组成部门的厅、局、委等也实行首长负责制。此外，政府副职人员也是人民政府的当然组成部分。除了各级政府设副职（如副省长、副市长和副县长等）外，《地方组织法》第六十五条规定，"各厅、局、委员会、科分别设厅长、局长、主任、

科长,在必要的时候可以设副职"。这样,在行政决策过程中就存在行政首长负责与副职分管之间的矛盾。在行政决策中一方面要突出行政首长在行政决策中的主导地位,同时也要充分发挥行政副职在其分管领域中的专业特长,兼顾行政副职在其分管领域中的决策权。

(二) 强化民主集中制,提高决策的民主化和科学化水平

1. 坚持民主集中制,提高决策的民主化水平

行政决策中坚持民主制,一是让群众以不同方式参与到行政决策活动中来;二是坚持在行政决策中枢系统各成员之间能尽可能允许不同意见的发表并与少数服从多数的原则统一起来。在行政决策活动中建立起领导干部经常深入基层、深入群众的制度,完善政府决策中枢系统与决策咨询系统、信息系统以及广大民众密切联系的制度,创新政府与群众沟通的渠道,如完善重大工程和重大决策的专家听证制度、政府向人大汇报工作的制度、政府与政协的通报协商制度、健全政府决策中的集体领导与个人分工负责相结合的制度,建立公开听证制度等,扩大与人民群众的联系。

2. 提高行政决策的科学化水平

行政决策的科学化是指在科学的决策理论指导下,运用科学的决策方法,按照科学的决策程序进行决策。行政决策科学化的对立面是决策的主观主义和狭隘经验主义。决策的主观主义是指不顾客观事实,以主观判断为依据做出决策;而狭隘经验主义决策是指将决策建立在小部分或简单的个人经验基础上做出决策。决策科学化水平的提高有赖于决策咨询系统和信息系统的完善。

完善行政决策咨询系统主要从以下几方面着手。第一,继续发展咨询机构,可以考虑建立几个像美国兰德公司一样的综合多学科专家、多种优秀人才的大型智囊机构。第二,建立咨询工作的程序制度,各级行政机关建立决策研究专项预算制度,咨询机构要有一定的独立性,应考虑实行咨询机构有偿服务制度。第三,咨询机构要加强自身的管理,提高工作效率。第四,中枢系统要真正重视发挥咨询机构的作用,为专家学者创造良好的研究环境,充分发挥他们的聪明才智;鼓励建立民间的政策咨询机构,形成信息市场等。

中国政府系统的信息工作科学化起步晚,但发展较快。中央和地方政府都有很多部门的信息工作已经运转起来,为行政决策做出了一定的贡献。但是目前中国行政信息工作的水平还是比较低,已建立的信息系统还存在很多问题。根据中国目前的具体情况,改善政府信息系统,必须提高领导者对行政信息重要性的认识,健全行政信息的网络体系,提高信息人员的素质,运用现代化的手段对信息进行搜集、加工、传输和整理。

民主化和科学化是行政决策过程中相互影响、紧密联系的两个方面。没有民主化，就很难保证决策的科学化；而没有科学化，决策的民主化也就失去了意义。因此，民主化是行政决策科学化的前提和保障条件，只有充分发扬民主，全面搜集各方面意见，才能摆脱决策中的主观主义和狭隘经验主义，将决策建立在客观的实践经验基础之上，才能实现决策的科学化。科学化是民主化的目标和归属。民主化的目的不仅仅是搜集意见，而是要在充分搜集意见的基础上做出科学的决策，不以科学化为目的的民主化只能陷入无限的低效之中。

（三）加强制度建设，提高决策的制度化水平

1. 加强行政决策法制化

行政决策必须在宪法和法律许可的框架下进行，并严格依照法律、法规的条文进行，这是行政决策法制化目标的基本要求。要建立起宪法、法律、法规等对行政决策活动的规范和约束。行政决策法制化一方面是依法行政的需要，是确保行政决策在法律的范围内进行，防止行政决策的随机性；另一方面，也是在行政决策活动中保护公民合法权利的需要。

2. 健全重大行政决策责任制

一项重大决策的错误会使人民的生命和财产受到严重损失，对重大决策失误的姑息就是对人民生命和财产损失的漠不关心。重视行政决策责任追究制度就是对人民生命和财产负责，就是坚持"一切从人民利益出发"的决策原则。行政决策责任制的关键是对于每个参加决策活动的人的责任的明确规定，尤其是重大的决策失误，更要追究相关领导干部的责任。如此，才更有利于重大决策制定的科学化，避免出现严重的损失。

3. 建立决策听证制度

决策听证制度是指在政府决策过程中，听取有关团体、专家学者的意见，特别是听取与该决策有利害关系的当事人的意见，把决策变成集思广益、有科学依据、有制度保证的过程，是扩大决策民主参与、增加决策透明度和公开性的重要途径。

复习思考题

1. 什么是行政决策？行政决策具备哪些特点？
2. 行政决策的地位如何？其作用有哪些？
3. 行政决策的基本程序是什么？
4. 行政决策方法的主要内容是什么？

5. 行政决策的主要理论有哪些？
6. 行政决策有哪些主要分析模型，其主要内容是什么？
7. 当代中国决策体制有哪些主要内容？
8. 我国行政决策体制不足之处表现在哪里，如何改进？

第六章

行政运行

行政运行是指行政组织和机构、行政人员采取各种行政行为，以便履行各项职责、发挥各项行政功能，从而使政府运转起来的过程。本章将主要介绍一般行政行为、动态行政运行和行政运行在中国形式。

第一节 行政行为

行政行为是指行政主体实施的产生行政法律效果的行为。这一简单定义包含三层含义。首先，行政行为是指行政主体的行为，即行政机关与法律、法规授权的组织所实施的行为。其次，行政行为是指行政主体实施的产生法律效果的行为，即行政主体的相应行为能对作为行政相对人的个人、组织的权利、义务产生影响，这种影响可能是对行政相对人有利的，也可能对行政相对人是不利的。最后，行政行为是指行政主体实施的产生行政法律效果的行为。即行政主体的行为所引起的关系是行政法律关系而非民事法律关系或其他法律关系。

按照不同标准，行政行为可区分为不同类型，本章主要介绍最基本的抽象行政行为和具体行政行为。

一、抽象行政行为

抽象行政行为是指行政主体针对不特定行政管理对象实施的行政行为。其行为形式体现为行政规范性文件，包括行政立法和行政规范性文件。

（一）行政立法

1. 行政立法的含义

行政立法是指国家行政机关依法定权限和法定程序制定行政法规、规章的活动。

2. 行政立法的性质

行政立法既具有立法的性质，是一种从属性立法行为（准立法行为），又具有行政的性质，是一种抽象的行政行为。

行政立法的"立法"性表现在以下几个方面。行政立法是以国家名义制定人们遵守的行为准则；行政立法具有法的普遍性、规范性和强制性等特性；行政立法必须遵循准立法程序。

行政立法的"行政"性主要表现在以下几个方面。行政立法的主体是行政机关；客体是有关行政管理事务；目的主要是执行法律，实现行政管理职能。

3. 行政立法的类型

根据不同标准，行政立法可以区分为不同类型。

根据其权力来源的不同，可分为职权立法和授权立法。职权立法是行政机关直接根据相关法律授权，为执行相应的法律、法规，或为行使相应行政管理职权，而进行的行政立法。

授权立法则是行政机关根据国家权力机关的特别授权，就本应由国家权力机关制定法律或地方性法规的事项进行的行政立法。

根据行使行政立法权主体的不同，可分为中央行政立法和地方行政立法。我国国务院及其部门的行政立法称为中央行政立法；各省、自治区、直辖市人民政府，省、自治区、直辖市所在地的市人民政府，国务院批准的较大的市人民政府以及经济特区市人民政府所进行的行政立法称为地方行政立法。

根据其内容不同，可分为执行性立法和创制性立法。执行性立法是行政机关为了执行效力高于其自身的规范性文件而进行的行政立法活动。其特点是不创设新的法律规则，只对效力比自身高的法律、法规的具体执行问题做出说明或规定办法。例如相关法律的实施办法、条例等。创制性立法是行政机关为了填补法律和法规的空白，或者变通法律和法规的个别规定以履行行政职能而进行的立法。前者一般称为自主性立法，后者一般称为补充性立法。

（二）行政规范性文件

1. 行政规范性文件的含义

行政规范性文件是指国家行政机关为执行法律、法规和规章，对社会实施管理，依法定权限和法定程序发布的规范公民、法人和其他组织行为的具有普遍约束力的政令。一般有条例、规定、通告、办法、决定等五种形式。

2. 行政规范性文件的性质

行政规范性文件是一种特殊政令，而不是行政立法，但具有普遍约束力的一种抽象行政行为。

3. 行政规范性文件的种类

根据规范性文件发布的主体，行政规范性文件可分为三类。一是享有行政立法权的行政机关发布的行政规范性文件；二是不享有行政立法权的国务院的工作机构发布的行政规范性文件；三是不享有行政立法权的地方人民政府及其工作部门发布的行政规范性文件，此类规范性文件数量最大。

二、具体行政行为

1991年5月，最高人民法院《关于贯彻执行中华人民共和国行政诉讼法若干问题的意见》（试行）中规定："具体行政行为是指国家行政机关和行政机关工作人员、法律法规授权的组织、行政机关委托的组织或者个人在行政管理活动中行使行政职权，针对特定的公民、法人或者其他组织，就特定的具体事项，做出的有关该公民、法人或者其他组织权利义务的单方行为。"这就是最高人民法院在行政诉讼法实施之初对具体行政行为所做出的法定概念。

但随着社会经济的发展，上述概念中的作用对象、和"单方行为"等规定已经不适合社会发展需要。2003年7月，最高人民法院讨论通过了《关于执行中华人民共和国行政诉讼法若干问题的解释》。解释第一条对具体行政行为进行了发展，它既包括法律行为，也包括事实行为；既包括作为，也包括不作为；既包括单方行为，也包括双方行为。为了避免学术上的争议，我们对具体行政行为给出较为简单的界定，即行政主体针对特定行政相对人所做的行政行为。

具体行政行为一般分为依申请行政行为和依职权行政行为。下面将介绍几种主要具体行政行为。

（一）依申请行政行为

依申请行政行为，又称为被动或消极行政行为，是指行政主体基于行政相对人的申请而做出的行政行为。我国依申请行政行为主要包括，行政许可、行政给付、行政奖励、行政确认、行政裁决等。

1 行政许可

行政许可，是指在法律一般禁止的情况下，行政主体根据行政相对人的申请，通过颁发许可证或执照等形式，依法赋予特定行政相对人从事某种活动或实施某种行为的权利或资格的行政行为。法律上，行政许可一般分为特许、一般许可、认可、核准、登记（备案）等五种类型。行政许可一般遵循法定原则，公开、公平、公正和民主原则，效率与时限原则和合理收费等原则。

现实中，行政许可发挥着诸多积极作用，有利于加强国家对社会经济活动进行宏观调控，有利于保护广大消费者及公民的权益，有利于保护并合理分配和利用有限的国力资源，有利于保障社会经济活动的良好环境。但如果行政许可制度运用过滥、范围过宽,将限制社会成员的活动,抑制社会活力。

2. 行政给付

广义的行政给付包括供给行政、社会保障行政、财政资助行政。狭义上的行政给付仅指社会保障行政,是指为保障公民能够维持基本的生活,而对生活贫困者提供公共扶助,通过实行社会保险救济以及公共卫生、医疗、社会福利等行政活动,消除或减少人民生活中致使贫困的危机。

目前,我国行政给付主要有抚恤金、特定人员离退休金、社会救济、福利金、最低生活保障费、自然灾害救济金及救济物资等种类。行政给付一般遵循法定,公开、公正、平等,专用和效率,国家保障与社会帮扶相结合、鼓励劳动自救等原则。

行政给付的主要功能,是赋予特定的行政相对人一定的权利和资格,以及一定的物质权益或与物质权益有关的权益,是一种典型的授益性行政行为,行政给付的实施,对于保障行政相对人的合法权益,具有极其重大的意义。

3. 行政奖励

行政奖励是指行政主体为了表彰先进、激励后进,充分调动和激发人们的积极性和创造性,依照法定条件和程序,对国家、人民和社会做出突出贡献或模范地遵纪守法的个人和组织,给予物质或精神的奖励的具体行政行为。

行政奖励形式多样。根据不同的法律、法规和规章的规定,行政奖励既包括给予受奖人以物质方面的权益,也包括给予受奖人以精神方面的权益。行政奖励一般遵循依法奖励、实事求是,奖励与受奖行为相当,精神奖励与物质奖励相结合原则以及公正、合理、民主、平等等原则。

行政奖励是调动相关主体积极性的重要手段,在我国社会主义革命和建设时期发挥了巨大作用。

4. 行政确认

行政确认是指行政主体依法对行政相对人的法律地位、法律关系或有关法律事实进行甄别,给予确定、认可、证明(或否定)并予以宣告的具体行政行为。目前,我国行政确认主要有确定、认定(认证)、证明、登记、签证等五种形式。

行政确认的内容可分为两个方面,即法律事实和法律关系。在法律事实方面,行政确认中除具有一般法律事实的性质外,着重强调其特定的确定行政相对人的法律地位和权利义务的属性。在法律关系方面,是用以确定行政相对人的法律地位或权利义务的法律关系。行政确认一般遵循依法,客观、公正和保守秘密等原则。

5. 行政裁决

行政裁决,是指行政机关依照法律、法规的授权,对当事人之间发生的、与行政管理活动密切相关的、与合同无关的民事纠纷进行审查,并依法做出裁决的行政行为。按主体不同,行政裁决分为专门行政机关的裁决和一般行政机关的裁决;按裁决对象不同,行政裁决分为权属纠纷的裁决、侵权纠纷的裁决和损害赔偿纠纷的裁决。行政裁决一般遵守法定、公开、公正、平等,客观、准确、便民和效率等原则。

(二)依职权行政行为

依职权行政处理行为,或称主动性行政处理行为、积极行政处理行为,是指依据行政机关所具有的法定行政职权,不需要行政相对人的申请即可做出的行政行为。我国依职权行政行为主要包括,行政命令、行政规划、行政征收、行政征收、行政处罚、行政强制。

1. 行政命令

宽泛地讲,行政命令泛指政府的一切决定或措施;狭义的行政命令是指行政主体依法要求行政相对人为或不为一定行政行为的意识表现。本书采用行政命令的狭义定义。行政命令具有强制力,一般包括两类。一类是要求相对人进行一定作为的命令,如命令纳税等。一类是要求相对人履行一定的不作为的命令,也称作禁(止)令,如禁止携带危险品的旅客上车等。

行政命令对于行政主体及时、有效地处理不断增加的行政管理事务,适应瞬息万变的社会发展,具有极其重要的意义,是现代国家实行行政管理的重要手段和方式之一。

2. 行政规划

行政规划也称行政计划,是指行政主体在实施公共事业及其他活动之前,首先综合地提示有关行政目标,事前制定出规划蓝图,以作为具体的行政目标,并进一步制定为实现该综合性目标所必需的各项政策性大纲的活动。行政规划具有政策性、综合性、法定性和广泛的裁量性等特点。

行政规划多种多样。如根据对象事项可以分为经济规划、产业规划、社会规划、土地规划、资源保护规划、城市建设规划、教育发展规划等。根据其对象的范围可分为综合规划和特定规划。根据其区域范围可分为全国规划、地方规划和区域规划。根据时间长短可以分为长期规划、中期规划、短期规划等。行政规划的规范化、制度化、法制化、民主化和科学化,更具有重大的现实意义和深远的历史意义。对我国而言,行政规划的意义更是明显。虽然我国摆脱了计划经济,但是作为社会主义国家,规划一直在国家社会发展中扮演重要角色。截至2020年，我国已经基本完成了第十三个五年规划，这些规划对我国社会经济快速发展起到了非常重要的作用。

3. 行政征收

行政征收有广义和狭义两种界定。广义的行政征收包括行政征收、行政征用和行政征调等，狭义的行政征收不包括行政征用和行政征调。狭义的行政征收，是指行政主体凭借国家行政权，根据国家和社会公共利益的需要，依法向个人、组织强制、无偿地征集一定数额金钱或实物的行政行为。行政征收具有强制性、无偿性、法定性、先定性和固定性等特点。

目前我国行政征收体制主要由税收和各种社会费用征收组成。

税收，简称税，是国家税收机关为了实现国家和社会经济目标，而凭借其行政权力，依法强制地、无偿地取得财政收入的主要手段。按照征税对象的不同，可分为流转税、资源税、收益（所得）税、财产税和行为税五种；按照税收支配权的不同，可分为中央税、地方税和中央地方共享税。

各种社会费用，简称费，是指一定行政机关凭借国家行政权所确立的地位，为个人和组织提供一定的公益服务，或授予其国家资源和资金的使用权而收取的代价。目前，我国的各种社会费用主要有公路运输管理费、车辆购置附加费、公路养路费、车辆通行费、港口建设费、排污费、河道工程修建维修维护管理费和教育费附加等。

4. 行政处罚

行政处罚，是指行政主体为达到对违法者予以惩戒，促使其以后不再犯，以有效实施行政管理，维护公共利益和社会秩序，保护公民、法人或其他组织的合法权益的目的，依法对行政相对人违反行政法律法规，但尚未构成犯罪的行为，给予法律制裁的行政行为。

行政处罚种类繁多，主要包括以下几种。警告是一种申诫罚，亦称精神罚或影响声誉罚，指行政主体对较轻的违法行为人予以谴责和告诫的处罚形式。罚款是一种财产罚，指有行政处罚权的行政主体对违反行政法律规范的行为人，依法强制其在一定期限内向国家缴纳一定数额金钱的处罚方式。没收，亦是财产罚的一种，指有处罚权的行政主体依法将违法行为人的违法所得和非法财物收归国有的处罚形式。此外还有，责令停产停业，暂扣或者吊销许可证、执照，行政拘留以及法律、行政法规规定的其他行政处罚，如驱逐出境、禁止进境、期限出境等。行政处罚一般遵循处罚法定，公开、公正，处罚与教育相结合，保障相对人权利和一事不再罚等原则。

5. 行政强制

行政强制，是指行政主体为保障行政管理的顺利进行，通过依法采取强制手段迫使拒不履行行政义务的相对人履行义务或达到与履行义务相同的状态；或者是出于维护社会秩序或保护相对人个人人身和财产的安全需要，乃至为了获得行政信息的需要，而对（私人）相对方的人身或财产采取紧急性、及时性或临时性强制措施的具体行政行为的总称。行政强制包括行政强制执行、即时强制、行政调查等三种形式。行政强制一般遵循法定，行政公开、公正，行政强制与预防相结合、与说服教育相结合等原则。

(三) 其他行政行为

除了上述抽象行政行为和具体行政行为外，行政主体还实施一些其他行为，主要包括行政指导、行政合同和行政事实行为。

1. 行政指导

行政指导，是指行政主体在其管辖权限内，为适应复杂多变的经济和社会生活需要，依据国家的法律或政策，适时灵活地采用指导、劝告、建议、协商、示范、制定导向性政策、发布有关信息等非强制性手段，在行政相对方的同意或者协助下，实施一定行政目的的行为。

按照不同的标准，行政指导可以分为不同的种类。根据是否有法律依据，可分为有法律依据的行政指导和无法律依据的行政指导。根据对象是否特定，可分为抽象的行政指导和具体的行政指导。根据功能的不同，可分为规制性行政指导、调整性行政指导和促进性行政指导。

行政指导是多级政府条件下优化行政管理方式的一种有效行政行为，是对行政法治的一种补充和配合，也是协调政府内部不同层级、不同部门以及政府和社会组织相互关系的有效手段。

2. 行政合同

行政合同，也称行政契约，是指行政主体为了实现特定的行政管理目标，与其他行政主体之间或者行政相对人之间基于意思表示一致而达成的协议。

根据不同的标准，行政合同可以分为不同的种类。根据行政关系范围的不同，可以分为内部行政合同和外部行政合同。根据合同内容的不同，可以分为政府采购合同，工业企业承包、租赁合同，土地承包合同和公共工程合同等。

行政合同是一种新型的行政管理手段。行政合同有利于行政管理目标的实现，有利于调动相对人的积极性和创造性。行政合同使行政主体与相对人之间的权利义务关系得以明晰，如果发生合同争议，当事人可以据此寻求法律保护或救济，保证合同争议得到解决，使公民和社会组织可以参与到公共治理中来。

近年来，我国各级政府积极推进向社会购买服务便是行政合同的突出体现。

3. 行政事实行为

行政事实行为是指行政主体及工作人员基于行政职权的行使而实施的，不以设定行政相对人权利和义务为目的，且不具有法律约束力的行为。具有行政性，不能产生、变更或者消灭行政法律关系，可致权益损害性的三大特征。

行政事实行为有多种形式，主要指作为国家机关工作人员实施的与职务相关的个人恣意行为。这种行为会对行政相对方产生损害，损害是由于行政机关工作人员在主观上有重大过错而且与其职务有紧密联系。由于这种行为对行政相对方造成伤害，因此，在法律上为受到行政事实行为侵害的行政相对人提供救济途径，是现代行政法治的基本要求。

第二节　动态行政运行

依据相关行政法规和规章，行政运行的动态活动，主要包括行政执行、行政沟通、行政协调和行政控制等环节。这些环节只有各把其口、各司其职，同时又互相联系、互相配合，才能使公共行政活动有效地进行。

一、行政执行

学术界对行政执行的定义很多，有广义和狭义之分。从广义上讲，所有的行政机关都是执行机关，它们执行权力机关制定的法律、法规和国家的大政、方针，并依法对国家各项事务进行管理。因此，从这个角度看，公共行政就是一系列的行政执行。从狭义上讲，行政执行就是具有行政权的行政机关及其工作人员，根据决策机关制定的方针、政策和上级有关部门的指示、命令而采取的具体管理活动。本节的行政执行指的是狭义的行政执行，从这个角度看，行政执行是为实现行政决策所做的具体工作。

（一）行政执行的内涵和特点

1. 行政执行的内涵

行政执行是指行政主体为实现行政决策而开展的全部行政活动，是一个复杂的活动过程。我们应从以下几个方面理解行政执行。

（1）行政执行与行政决策是相互承接的关系。从行政运行的角度看，行政执行是行政决策的后继。行政决策主要是一种谋略活动，而行政执行则是一种实施活动。行政执行是依据行政决策所规定的目标、方向、步骤进行的，是实现行政决策目标的过程。

（2）行政执行是行政管理的一个重要环节，是联系整个行政过程的核心。一切行政意志只有通过行政执行才能得以实现。行政组织结构是否合理，职责权限划分是否科学，信息渠道是否畅通，行政决策是否正确，都只能通过行政执行的结果来检验。

（3）行政执行必须依法执行。在依法行政的今天，行政执行是国家行政机关依法对国家事务、社会公共事务、机关内部事务的直接具体的组织、指挥和控制的过程。也就是说，行政执行是通过执行行政管理的法律、法规来实现行政管理决策的目标，完成行政管理任务。行政执行的依据、行为、程序等都必须遵循法律、法规，行政执行就是依法行政的过程。

2. 行政执行的特点

行政执行具有下面几个显著特点。

（1）目的性和时效性。行政执行必须严格服从决策的目标，所以它是一种目的性很强的活动。同时，行政目标的实现，也有着特定的时限要求。行政执行必须在规定的时间内，迅速、果断、高效、及时地实现行政决策的目标，完成行政执行的任务。

（2）经常性和连续性。作为行政管理的基本任务和基本职能之一，行政执行是一项大量的和日常性的工作。在行政执行中，不仅要贯彻执行某些特定的决策，同时还要执行大量的常规性和程序性决策，而这些执行活动更具有明显的连续性、经常性的特征。

（3）原则性和强制性。行政执行是对行政决策的实施，而行政决策一般都以政策法规的形式提出，并以国家强制力作为后盾。为了顺利完成决策任务，行政执行必须具有相应的权威性，必须以下级服从上级、地方服从中央、局部服从整体为前提。这决定了行政机关和行政人员在行政执行过程中，必须无条件地、不折不扣地按决策指令行事，不得讨价还价、阳奉阴违。

（4）灵活性和创造性。行政决策只是决策机构、决策人员的一种科学预测，并不是处理现实行政问题的全部根据。在行政执行过程中，很可能会出现一些原来不可预测的潜在性和偶然性因素，这就要求行政执行活动应当具有一定的灵活性，以适应一些突发性现象的出现。

（二）行政执行的原则

行政执行作为一个动态系统，有其机制运转的规律，行政执行的原则就是这些规律的反映，行政执行应遵循如下几个原则。

1. 忠实执行与灵活运用相统一的原则

政策具有很强的原则性。行政执行的第一位要求就是在精神实质上忠实地执行政策，保证政策的统一性、严肃性和权威性，严格按照政策本身所规定的对象、范围去实现政策目标。但忠实地执行政策，并非要执行者机械、刻板地照抄照搬，还要创造性地灵活执行决策。表面上似乎是矛盾的，实际上二者是统一的。所谓忠实，是指忠实于决策的基本精神和目标，而不是"句句照办"。因此，灵活运用、创造性地实施行政决策，不仅不与"忠实"矛盾，而且恰恰是忠实于决策、更好地执行决策所需要的。

2. 果断迅速与注重效益相统一的原则

行政执行的任务在于以最快的速度、在最短的时间内圆满地实现决策目标。一般地说，行政效率的高低，主要取决于行政执行的速度。对行政决策贯彻执行得越迅速，行政效率就越高。当然，行政执行既要坚持迅速原则，但又不可操之过急、简单图快，操之过急往往会导致事倍功半。在追求效率的同时，还要注重效益。只有在保证工作质量、达到预期效果的前提下，才能说越快越好。

3. 发扬民主与强调集中相统一的原则

民主集中制是我国的根本组织原则，在行政执行中同样要贯彻民主集中制的原则。为了保证行政执行的迅速果断，必须强调执行的集中统一领导，以集中代表全体的意志，统一协调各方行动，保证政策的有效推行。而高度的集中来源于充分的民主，因此，要充分发扬民主，让群众献计献策，调动群众的积极性，让不同的意见有表达的机会。

二、行政沟通

(一) 行政沟通的含义和意义

1. 行政沟通的含义

行政沟通是信息沟通的一种重要形式，是指行政组织、行政人员之间交流信息、相互了解、取得共识、团结合作，实现行政目标的活动。行政沟通是在行政管理活动中，行政机构之间或行政机构与各有关方面之间所做的信息上的传递交流与联系。行政沟通可以看作是行政组织的血液，正是沟通赋予了行政机构以生命力。

2. 行政沟通的意义

行政沟通在行政运行过程中起着催化剂、润滑剂的作用。除提升行政沟通的水平外，还有以下几个方面的重要意义。

（1）行政沟通是提高行政效率的重要方法。办事拖拉、推诿扯皮、相互掣肘等现象，都是行政管理活动中低效率的表现，缺乏有效的行政沟通是这些现象产生的主要原因之一。提升行政沟通的水平，及时有效地传递行政信息，能促成各方的理解和让步，增强组织的凝聚力，从而实现行政高效率。

（2）行政沟通是实现决策民主化的重要途径。行政沟通是行政管理良性运行和协调发展不可缺少的环节，是政府组织内部上情下达、互相理解、彼此协调的有力措施，是行政管理各层次、各环节和各种活动之间联系的桥梁和纽带。这就要求实现行政决策的民主化，广泛听取各方意见，通过行政沟通，实现集思广益、民主决策的目标。

（3）行政沟通是对行政人员进行疏导情绪、凝聚人心的重要激励手段。沟通是人的一种重要的心理需要。通过沟通，可以使行政人员消除内心紧张，自由表达自己的思想感情与主张，寻求同情与友谊。现代行政事务非常庞杂，人与人之间自然难免有冲突、误会与隔阂，因此需要强化行政沟通，增强相互了解，从而有效达到组织目标。

（二）行政沟通的原则

在行政管理活动中，行政沟通应遵循以下原则。

1. 平等原则

参与行政信息沟通的双方，一定要互相尊重、平等相待，以同志式的、商量或建议的方式进行沟通，反对颐指气使、盛气凌人的态度和作风。只有这样，才能使行政沟通顺利进行。

2. 准确原则

行政沟通一定要清晰、准确，不能使用模棱两可、含混不清的概念，否则就会造成歧义或误解。准确性原则要求行政沟通简单明了。冗长的谈话、报告、指示，往往会让人抓不住中心，把握不了要领。结果，既影响了信息沟通的效果，又降低了工作效率。

3. 及时原则

行政信息沟通具有明显的时限性，该沟通的情况，应及时沟通，并及时商量对策，采取措施，才能起到应有的作用。如果只是放"马后炮"，非但发挥不了行政沟通的积极作用，甚至可能会产生反作用。

4. 有效原则

行政沟通必须注意效果，提高信息沟通的有效性。在进行信息沟通时，必须了解自己的沟通对象，选择适合沟通对象的方式、方法，使对方对自己的意见能有充分的理解和把握。同时，还可以提出一些鼓励性、启发性的问题，以引起对方的兴趣,激发其沟通的热情,从而提高沟通的效果。

(三) 提高行政沟通效果的方法

行政沟通的目的是追求准度、速度和满意率的最佳效果。但是,在行政沟通中,也往往会出现沟通效果不佳的情况,为增强行政沟通的效果,提高行政执行的效率,必须重点做好下面几方面的工作。

1. 要加强思想教育和组织监督

加强对行政人员的职业道德教育,培养信息观念,使他们充分认识到在行政沟通的过程中传递真实信息的重要性,特别是要杜绝说假话、报虚功等不良倾向。假信息误国误民,误导广大干部,使政策难以落实,使人民群众不信任政府。要加强组织监督,追究有意弄虚作假人员的责任。

2. 要建立健全行政信息系统

行政信息系统是指收集、加工、传递、存贮和处理行政信息的系统,它是为行政管理活动提供所需要的行政信息的一种组织或程序。对其健全有四个步骤。一是确定信息需要,即确定需要什么内容、形态的信息,谁需要这些信息,需要多少信息,什么时候需要这些信息等。二是收集加工信息,即根据确定的信息需要,收集信息发生源发出的原始形态的信息和外界传来的各种信息,并经加工整理,使之成为可以提供、使用和存贮的有用信息。三是传递信息,即根据行政管理者利用行政信息的要求,检索出所需要的信息,然后向利用者提供和输出行政信息。四是系统管理信息,即对各种行政信息进行系统管理,提高利用率和有效性。

3. 要畅通沟通的渠道,减少沟通环节

要加强行政人员的沟通意识,尤其是行政领导要带头并鼓励上下级之间、同事之间及时交流沟通,经常交换思想和意见。要创造一定的机会和条件,使下级敢于表达真实想法;要建立健全各种对话制度,使上情下达、下情上达以及横向沟通畅行无阻。行政信息传递的线路越短越好,行政沟通越直接越好。沟通距离越长,中间环节越多,信息的失真率就越高,沟通效果就越差。

4. 要健全沟通制度,提高行政人员的素质

要建立健全行政沟通的规章制度,从制度上保证沟通工作的顺利进行。还要采取切实措施提高行政人员的知识水准和技术水平,增强其发送、接受与处理行政信息的能力,提高准确性和灵敏度。克服领导机关和领导干部发送信息词不达意、概念不清,下级人员接受信息知识水平不足等问题,消除沟通障碍。

三、行政协调

行政协调同行政沟通密切相关，沟通是协调的前提，是求得思想上的统一。协调是沟通的结果，是谋得行动上的一致。行政沟通的目的之一就是为了促进行政协调。行政协调的目的则是为了把行政管理过程中分散的行为变为集体的行为，冲突的行为变为合作的行为，矛盾的行为变为统一的行为，从而使行政管理运行有序化、高效化。

（一）行政协调的含义和作用

1. 行政协调的含义

行政协调是指在行政组织和行政人员之间，改善关系、照顾利益、调整行为，协同一致地实现行政目标的管理活动。行政协调的主体是行政机关、行政领导者以及行政工作人员。行政协调的对象主要是政府内部的各种管理要素，如各部门和各人员之间的关系，当然也包括其他管理要素，如时间和资源等也是协调的对象。行政协调的目的是提高行政管理的整体效能，是为了和谐、有序、高质量地达成行政目标，使行政机关适应外部环境的客观要求，满足社会需要。

2. 行政协调的作用

（1）增强行政凝聚力。在行政管理活动中，各个相关行政部门之间或部门内部可能会发生事权冲突，这些机关和部门的内部和外部都会产生很多矛盾，从而妨碍相互之间的合作，妨碍政府职能的实现。这就决定行政管理的过程应同时是一个解决矛盾即行政协调的过程，行政领导者应同时是行政协调者，一般的行政管理人员也应学会协调之道。

行政协调使行政领导与有关各方在强调根本利益一致和总体目标统一的基础上，达成共识，以求得行动上的协同一致。在这一过程中，一方面调整行政组织中的各方关系和利益，化消极因素为积极因素，有利于寻求解决问题的最佳办法；另一方面使全体工作人员了解目标和任务的意义，有利于相互增进理解和信任。

（2）提高行政效率。行政协调与行政效率是密切相关的，协调是效率的保证，效率是协调的结果，没有协调便没有效率。

（3）合理利用资源。各行政组织拥有的资源是不均衡的，有效的行政协调，可以节约金钱，减少浪费，使人、财、物等资源的利用得以适当调节。行政协调可以防止和处理不正当竞争中对资源的开发纠纷和无序开发的现象，可以科学合理地配置和使用各种资源，提高资源的利用率。

（4）适应外部环境的变化。政府是相对稳定的组织，而社会是比较活跃的，发展变化比较快。政府必须及时地协调其自身与社会的关系。政府往往通过转变职能、调整机构和行政参与等方法来进行协调，这样的行政协调活动也是民主行政的重要内容。行政协调要保证政府能够对社会发展变化做出及时的反应，满足社会的需要。

（二）行政协调的原则

在行政协调中，应该遵循以下基本原则。

1. 目标统一原则

行政协调是为了保证决策目标的实现，否则，协调便失去了应有的意义。因此，行政协调行为必须围绕行政决策的整体目标进行。

2. 利益统筹原则

利益关系是各种关系中最普遍、最敏感的关系。行政协调中往往会牵扯相关各方的利益关系，如果利益分配不公平，就容易激发矛盾。在行政协调过程中各种矛盾的解决，必须从大处着眼，处理好整体利益与局部利益的关系以及统筹兼顾长远利益与当前利益的关系。

3. 分层运作原则

行政组织纵向结构的表现形式是层级节制体系，即组织系统自上而下分成若干等级，下一层级与上一层级之间存在行政隶属关系。现代行政协调活动同样是在层级节制体系范围内进行的，因此在开展这一工作的时候，应该注意处理和把握好整体与层次、层次与层次之间既相互依存又相互制约的关系，根据不同层次之间或同一层次之间各职能部门的不同特点，要求协调者明确纵向协调与横向协调的关系，分清协调的对象和范围。

4. 权衡变通原则

行政协调工作在本质上是一种原则性和灵活性高度统一的工作，协调必须以实现决策的总体目标为最高准则。但是，这并不排除在特定条件下采取灵活的态度，做出一定的让步和妥协。所以，在行政协调过程中，既要坚持原则又要注意灵活性，在不影响目标实现的前提下，针对不同的特殊情况，照顾不同的特殊利益，做出必要的让步和妥协，以便尽快地解决矛盾，排除纠纷，保证执行工作的顺利进行。

（三）行政协调的方法

行政协调工作要取得应有的效果，就必须采取恰当的协调方法。行政协调的具体方法主要有以下几种。

1. 组织协调法

这是通过在各行政单位或部门之间建立协调性组织，由各有关方面派代表组成小组或委员会，并成立联合办公机构，以加强联系和协调工作步骤。成立专门的组织机构进行协调，目标明确，精力集中，客观公正，这种方法多用于大规模的行政活动。

2. 信息协调法

这种方法是通过传递有关信息和资料、发布公告和通报、张贴布告等信息的形式，促使各有关方面及其人员了解真相、互相谅解，步调一致地去完成行政实施工作。

3. 个别磋商法

个别问题因涉及面小，既不便行文，也不需要召开会议来"小题大做"。如果采取个别磋商的方式，融感情、实惠于一体，则可化解矛盾，收事半功倍之效。在解决具体问题和特殊问题时，领导者或其助手应当与有关工作人员进行直接的接触，分别做工作，化解矛盾。

4. 会议协调法

会议协调也就是集体协调。会议要有充分的准备，要巧妙利用集体的力量，创造协商、研究、讨论的气氛，求同存异，把各方面的积极性都调动起来。会议的形式可以多样化，既适用于协调单位内部，也适用于协调单位之间的工作。

四、行政控制

在一般的管理理论中，控制是管理活动中的一个重要环节，是衡量和检查组织计划完成情况和纠正计划执行中的偏差以确保计划目标实现的过程。行政控制与行政沟通都是行政执行的重要环节。两者既有联系，又有区别。行政控制以有效沟通为工作基础，行政沟通以优化控制为工作取向。行政控制在稳定行政秩序、调控管理过程、控制行政成本、保证沟通协调等方面起着重要的作用，是行政运行过程中的"控制阀"和"稳压器"。

（一）行政控制的概念

行政控制是指行政领导者和工作人员为保证行政执行工作与计划相一致而采取的管理活动。行政控制的根本任务是在行政决策制定之后，通过一定的组织机构，运用控制机制，采取必要措施纠正偏差，保证决策方案的实施，从而使政府职能得以很好地实现。

行政控制是行政管理活动不可缺少的重要环节。首先，人的认识能力是有限的。无论决策的制定者或执行者，都不可能通晓行政活动的一切主客观因素，决策与执行都难免出现偏差，因而需要通过控制加以纠正和补救。其次，客观情况的变化是无穷的。决策与执行的计划、措施，都需要通过控制以适应不断变化的情况。再次，人的思想观念存在某些不适应工作需要的方面。如果不对行政人员的某些私心杂念特别是过度膨胀的权力欲进行适度的控制，就会危害行政管理活动。

行政控制与行政协调有所不同：行政协调的对象是各个行政部门和人员之间的相互关系，目的是为了保证行政运行活动顺利进行；而行政控制的对象是行政运行的过程，目的是为了使行政活动与行政计划相符，是为了保质保量地如期完成行政任务，实现预期的决策目标。行政控制以信息反馈为基础，以行政权力为后盾，是自上而下的强制性行为。

（二）行政控制的作用

行政控制存在于行政管理的各个环节，是行政人员在行政执行中的一项重要职能，行政控制的实施可以起到稳定行政秩序、调控管理过程等作用，是行政目标实现的重要手段。

1. 可以保证行政目标的实现

行政控制贯穿行政管理全过程，保证行政目标的实现。首先，行政控制能保证行政工作方向正确，不至于偏离决策目标。在行政执行过程中，行政控制以行动计划为标准，衡量实际工作，对行政行为进行规范约束，保证其不偏离正确的轨道。其次，行政控制的引导和调控作用，可以整合行政系统的力量，把人们的思想和行动引导到实现行政管理的共同目标上来，促使行政管理活动围绕行政目标顺利开展。

2. 可以稳定行政秩序

公共行政是在稳定的行政秩序基础上进行的组织活动，没有行之有效的行政控制，就没有行政组织内部稳定的行政环境和正常的行政运作秩序。有效的行政控制能保证正常稳定的行政秩序，使各项具体行政活动良性运行。反之，则会出现纪律松弛、人心涣散、行政执行与决策目标要求相背离等问题，使公共行政处于无序状态。因此，行政控制作为行政系统的一种重要的功能性活动，对行政秩序和行政环境的稳定起到了重要的作用。

3. 可以及时纠正执行过程中出现的问题与偏差

在行政执行过程中进行有效的行政控制，按照行动计划对执行工作的情况进行检查和评价，可以及时发现那些偏离决策目标，降低决策标准的现象，并及时采取有效措施进行纠正，不使事态扩大，以免造成更大的损失。有时因为问题比较严重,必须追加决策,进行补救。如果没有行政控制,就无法防止、发现并及时纠正执行工作中出现的问题。

4. 可以控制行政成本

为了实现决策目标,在行政执行过程中必须付出行政成本。现代行政组织由于功能繁多、规模较大,在执行决策的活动中往往出现实际成本超出预算的情况。另外,有些行政机构和人员常常人为地扩大成本,增加开支,容易造成行政成本失控的问题。通过行政控制,能有效地抑制行政成本无节制地增长,从而使行政系统保持高效率、低消耗的营运状态。

(三) 行政控制的类型

从不同的角度,可以将行政控制划分为不同的类型。在这里,我们从控制时序的角度来看,可以把行政控制分为事前控制、事中控制和事后控制。

1. 事前控制

事前控制即在计划实施的准备阶段就加以控制,以保证将来实际结果能符合计划要求,尽量减少偏差。它的特点在于,控制机构利用所能得到的最新信息,对行政执行活动不断反复进行认真地预测,把行政执行计划所要达到的目标同预测值相比较,以便采取相应措施,把偏差消灭在出现之前。事前控制的中心问题是使计划所需的人力、财力、物力都合乎标准,防止在行政实施过程中所使用的各种资源在质和量上产生偏差,力图避免意料之外的事情发生,做到防患于未然。

2. 事中控制

事中控制即在实施计划过程中,直接对计划执行进行观察、检查并纠正偏差。在具体的行政执行过程中,控制机构根据执行情况中所反映出来的各种信息,一旦发现活动结果与目标之间出现了某种偏差,便立即对其进行调整。现场控制是事中控制最常见的一种形式,一般都是由第一线的管理人员亲临现场,进行观察、判断、检查,并督促各种操作,对下属所提出的问题做出指示,对不符合标准的行动加以修正,以指导下级人员按照规定的程序进行操作。需要指出的是,现场控制并非要越俎代庖,代为管理,而是针对工作中出现的与计划控制标准有差距的地方,指导下属改进工作。管理者所有的控制指示都要与下属商量,并由下属去执行。

3. 事后控制

事后控制,亦称成果控制或反馈控制,这种控制是针对最终成果的。它是在行为完成之后进行的控制,尽力去检查事情是否按期待的方式发生,衡量最终结果是否有偏差。换句话说,它是控制机构根据执行机构实施计划所获得的实际结果,并与预期目标相比较而进行的控制。这种控制,也就是人们经常所说的"亡羊补牢"。因此,与事前控制及事中控制不尽相同,事后控制主要不是为了保证现行决策的圆满执行,而是为了有利于下一个环节的工作得以顺利开展。由于这种控制发生在事后,有可能已经造成了失误或浪费。所以,一个有效的控制机构或有效的领导者,应该尽可能避免采用事后控制。虽然事后控制对于以往行为主要只起评价作用,但是,它毕竟为指导及修正将来的行为奠定了基础。

(四)行政控制的过程

行政控制作为一种专门的公共行政活动,其从制定控制标准、发现偏差,到纠正偏差或修正计划甚至追踪决策,是一个复杂的过程。根据不同的控制对象,行政控制过程及其所用的方法也是不尽相同的,一般来说有以下几个环节。

1. 确立标准

确定控制标准是整个控制过程的基础,如果没有一套完整的控制标准,就无法衡量和检查工作的成败和行为的偏差。控制标准要与行政计划具有一致性,是对行政计划的具体规定和阐述。控制标准与行政计划的区别在于行政计划强调连贯性、整体性、程序性,而控制标准强调指标的重点性和可测量性。行政控制的对象、任务不同,控制的具体标准也应不同。具体而言,确立控制标准有如下三方面的要求。

第一,要实事求是。控制标准必须根据行政活动的客观规律和实际情况,符合行政决策和行政计划的要求。作为衡量和检验行政工作实际情况的尺度,控制标准不能凭行政领导者的主观意志来确定,而应该建立在充分调查研究和实事求是的基础上。

第二,要具体明确。控制标准是要和实际执行情况相比较的,标准越是具体明确,行政控制的效度就越高。因此,所确定的标准应尽量做到简明、规范、可操作性强,这样就有利于对实际行政工作的掌握与控制。

第三,要保持适度。确立控制标准要把握合适的尺度,要防止出现"两个极端"的现象。标准太高或太低、过严或过松,都不利于行政控制的顺利进行。只有制定出一系列合理、适度的标准,才能增强行政执行工作中的比照性。

2. 衡量绩效

确立了标准之后,行政控制的第二步就是将实际执行情况按照标准进行衡量和比较,对工作做出客观评价,本着实事求是的原则,发现和肯定工作中已经取得的成绩,找出偏离目标和标准的差距和失误。

衡量绩效就是按照控制标准,衡量实际成效,检查执行情况是否与确定的标准相一致，找出执行中出现的偏差。为了衡量行政执行工作的实际效果，首先必须收集有关信息，才能进行衡量和评估。因此，衡量绩效的前提是健全反馈系统。反馈系统机构完善，人员素质高，信道畅通，就能把偏差及时、准确地反馈给行政领导。健全反馈系统的主要程序是：首先，按照已确定的标准，对行政实施的实际效果进行考核；其次，对相应的行政单位与行政人员的实际成绩进行评定；最后，确定所得结果与相应控制标准之间的偏差，为纠正偏差提供信息依据。

绩效的评估、衡量，是行政组织中的常态性工作，也是行政控制的一种奖优罚劣的功能性活动。通过对标准与实际执行成果之间的切实衡量，一方面，表彰认真实施决策目标并取得成绩的行政部门与行政工作人员，激励其更努力地投入下一步的工作；另一方面，警戒或处理延误决策目标执行工作和偏离决策目标的行为，鞭策其迅速改变原来的状况，及时地、正确地贯彻决策目标的实施工作。

3. 纠正偏差

在衡量绩效的基础上，第三步就是要对不符合计划标准的偏差和失误进行及时有力的纠正。这是行政控制的最后一个环节，也是最关键的一步，必须认真细致地做好工作。要找出和分析发生偏差的主客观原因，然后有针对性地采取控制措施，以达到最佳效果。

采取控制措施就是根据衡量绩效时反馈的信息，采取相应的措施，纠正实际执行过程中出现的偏差。这是保证行政执行工作按计划进行的一个重要步骤。控制措施可以是改变组织结构，重新委派人员，也可以是改善控制程序和方式，必要时要采取行政的、经济的、法律的和思想教育的调节手段。在实际工作中，要根据偏差的性质、程度、范围以及产生偏差的原因，采取相应的纠正措施，这些措施具体如下。

（1）组织人事的调整。一些行政部门产生工作偏差，是因为组织人事安排不周而产生的。或是由于人员配备不足，缺乏足够的人手；或是由于人员冗杂，人浮于事；或是因为事权冲突，职责权限不明等。针对上述原因，应及时采取合理的组织人事管理措施，进行机构与人事管理方面的调整，达到人事相宜的目的。

（2）工作方法的调整。如果偏差是由于绩效不足造成的，而相关行政人员对贯彻落实决策目标的态度认真，工作努力，这种情况就可能是工作方法运用不当。如果工作方法、措施或手段运用不当，虽然有良好的愿望和高涨的工作热情，也常常是事倍功半。这时应注意要善于学习，改用合适的、行之有效的工作方法。

(3) 控制标准的调整。在决策目标的实施过程中，往往会发现执行工作出现偏差和问题有可能是出自不符合现实的控制标准，也就是说标准定得过高或过低。如果行政领导者的主观性过强而导致所定的控制标准不科学，就必然造成目标与执行脱节的问题。在这种情况下，标准是主要问题，而不是执行工作绩效。因此，必须实事求是地修改标准，不能过高也不能过低，控制标准适中才有利于决策目标的实现。

第三节　行政运行的中国形式

行政运行是行政组织依照行政法规和规章完成行政职能的动态过程。但行政事务多种多样、纷繁复杂，行政环境变动不居、存在时间和地域差异，规范的常规运行机制无法满足对行政任务、时间限制和绩效目标的相关要求，实践中便发展出各种行政运行机制来弥补常规运行机制的不足。

在西方许多官僚制已非常成熟的国家中，面对官僚机构本身难以克服的部门层级分工过细、程序繁复、无效率等缺陷，学者及官员们试图构建新型的政府治理模式，并形成了"弹性治理""无缝隙政府""整体性政府""协作性公共管理""网络化治理"等实践模式来应对上述困难。由于我国国家治理体系和治理能力的现代化不足，便发展出一些极具中国特色的行政运行机制，包括文件制、会议制、小组制以及项目制等行政运行机制。

一、文件制

文件或"红头文件"在当代中国的政治生活和政治系统中扮演着极为重要的角色，它是维持中国政治体系运转的重要纽带，以至"大到中央，小到基层，红头文件几乎统领了社会经济生活的各个领域"[①]，是观察和理解中国政治的绝好切口。

(一) 文件制的源起与含义

1. 文件制的源起

中国传统行政便有"朱出墨入"的说法，"朱出"是指朝廷发出（当今所谓下行文）的文书是用朱（红色）标；"墨入"是指下级上呈（当今所谓上行

---

① 李林倬. 基层政府的文件治理——以县级政府为例 [J]. 社会学研究, 2013 (4).

文）的文书用墨（黑色）标。中国公文中下行文的红色版头便源于这个传统。

20世纪30年代的红色革命根据地，党内大小事务都通过文件规定和规范。那时，文件成为传递相关信息的最主要方式。而后在长期而残酷的地下斗争中，党内的多项决策只能通过书面文件或口头文件的形式传达到各分支，使文件成为党组织运行的重要工具。新中国成立后，文件也从最初的、党组织的传递信息机制发展为国家的治国理政机制。新中国成立初期的"三反""五反"等运动就是以文件形式开始的。此后，文件成为国家制度体系不健全条件下，完成行政运行的重要机制。

2. 文件制的含义

在《汉语大词典》中，"红头文件"的解释是"指党政机关下发的文件，因版头文件名称多印成红色，故称红头文件"。如果仅从红色文头的文件这一语词意义上讲，"红头文件"的范围非常广泛，不仅包括各级行政机关制发的"红头"文件，也包括其他国家机关及其他各自的职能部门制发的"红头"文件，还包括党的各级机关和部门、人民团体以及企事业组织等制发的"红头"文件。但是，人们习惯上说的"红头文件"，大多数情况下仅指各级行政机关制发的带有大红字标题（发文机关标识）的文件。

行政运行中的文件制，是以文件（红头文件，即下行文）为载体，围绕文件的起草、讨论、颁布、执行等环节形成的一种行政运行机制。

（二）文件制的特点

作为一种行政运行机制，文件制通过文件这种特殊的载体为行政组织履行功能提供依据，通过向下级层层传递来实现政策目标的运行机制，是社会主义中国民主集中制的一种体现形式。

1. 以文件为载体

文件制首要特征是以各种文件为运行载体。行政法规是行政运行的基本依据，对行政组织之间、行政组织内不同部门之间以及行政人员个人行为做出基本规定。而文件，则是在既有行政法规的基础上，对某些特殊事项做出规定，为行政组织运行增加了一种新型载体。很多时候，文件的重要性甚至超过了某些行政法规。

2. 以文件为依据

针对某些特殊事项出台文件，是因为这些特殊事项要么缺乏明确依据需要细化、要么重视不够需要加以强调。无论哪种原因，文件的重要作用在于其针对某些事项进行处理的重要依据。

3. 向下层层传递

文件制的另一个特点是通过向下级（政府、部门或所属机构）层层传递，建立行政组织间的纵向关系，形成自上而下地对文件所规范的事项的共识性认知，将行政上层与下层联系起来。文件一出台便具有了对其下级所属相关机构的约束力，成为下级相关事务的行动指南和依据。文件的逐级传达还是体现党和国家政治组织的重要形式。文件的机密程度决定了文件传达的范围。因此，文件的传递层级还具有较强的政治意义。

（三）文件制的优势与不足

1. 文件制的优势

（1）满足积极政府的需要。法律供给与法律需求之间的矛盾是红头文件存在的重要原因。新中国成立后，政府运行中的文件制在很大程度上源于其弥补行政法规的不足。通常而言，行政法规更多地是对于常规性行政行为的规范和约束，在我国社会主义体制下，国家承担着比自由资本主义国家更多的社会责任，而这些责任所涉及的事务都是常规行政法规没有做出规定的。

例如，从2004年到2022年的19年间，中央1号文件都是关于"三农"问题的，这反映了党和国家对"三农"问题的高度重视，"中央1号文件"一定程度上已经成为中央关注"三农"问题的特有代名词。相应地，各级政府也在国家1号文件的指引下，着力解决"三农"的相关问题。与此类似的政府职能履行问题是行政法规所不能解决的。

（2）充分体现民主集中制。文件制是民主集中制的一种体现形式，主要表现在文件的起草、讨论、颁布、执行等环节。文件的起草和讨论环节充分体现民主，颁布和执行环节充分体现集中。

文件的起草一般需要经过广泛的调查研究，搜集现实中存在的问题及其表现形式以及可行的处理方法，形成文件雏形。形成草稿后，一般需要搜集相关机构和个人的意见，在相关意见的基础上修改草稿，形成最终文件。很多时候一份文件的出台要经过几轮的意见搜集和文件修改，充分吸收各方意见，发扬民主。文件颁布是经由权威机构正式向社会或相关机构公开文件，宣告文件生效。文件一经颁布便具备了行政效力，需要贯彻执行。文件的颁布和执行是集中的充分体现。

（3）自由灵活。马克思主义强调具体问题具体分析，主张实事求是地对待问题，反对本本主义和教条主义。文件制便一定程度上因其灵活性而体现了上述精神。在不与相关法律法规和上级文件规定相冲突的前提下，相关行政机构可以就相关问题出台对其下级机构具有约束力的文件，可以较好地体现该机构的意图，灵活地处理相关问题。因此也成为行政组织乐于采用的一种行政运行方式。

2. 文件制的不足

文件制虽然有助于积极政府的能力履行、充分体现民主集中制，但也有诸多不足。

（1）制定程序不规范。有些部门的工作人员程序意识淡薄，在制定文件时不严格遵守相关法定程序，导致出台的相关文件由于缺乏程序的规范性带来"权威性"不足。甚至出现根据上级领导一个表态、一个指示就出台文件的现象。

（2）文件形式不规范。文件形式不规范主要包括文种、结构和语言等方面的不规范。文种方面主要表现为混淆文种，例如在规定和通知等文种间互用。结构方面主要表现为规范性文件一般具有的章、条、款、目等不健全。语言不规范主要指表达不够准确、具体，过多使用弹性较大的词语。

（3）文件内容质量不高。文件内容质量不高主要指文献出台没有经过翔实的前期调查研究，没有切合本地本部门的实际情况，文件内容空泛、不切实际、不可操作，甚至出现简单照搬照抄现象。

（四）文件制的规范

面对文件制存在的上述弊端，国家很早就开始着手清理，提高文件的规范性。早在2003年，省级人民政府已建立起规范性文件备案审查制度，处理"红头文件""走形""打架"问题。2003年至2005年上半年，通过对各省级政府报送备案的9745件规范性文件的审查，发现违反上位法规定的623件，已纠正了424件[①]。

2008年6月国务院发布了《国务院关于加强市县政府依法行政的决定》（国发〔2008〕17号），提出要建立健全规范性文件监督管理制度。2008年10月1日起，湖南省打破文件"终身制"，出台《湖南省行政程序规定》（湖南省人民政府令第222号），规定规范性文件有效期只有5年，标注了暂行、试行文件的有效期为2年，有效期满，文件自动失效。

2017年修正的《中华人民共和国行政诉讼法》第六十四条明确规定"人民法院在审理行政案件中，经审查认为本法第五十三条规定的规范性文件不合法的，不作为认定行政行为合法的依据，并向制定机关提出处理建议。"据此法院可认定"红头文件"是否合法，将极大提高文件的规范性和合法性。

---

① 吴兢. 31个省级政府"红头文件"全部备案审查［N］. 人民日报，2005-9-12.

二、会议制

正如文件制是我国行政运行的一种重要机制一样，开会也是一种工作机制，保证国家各项工作有序进行；同时也是一种民主管理的方式，体现了我国的民主政治建设①。

（一）会议制的源起和含义

1. 会议制的源起

民主集中制由列宁最早提出，是在民主基础上的集中和在集中指导下的民主相结合。它既是党的根本组织原则，也是群众路线在党的生活中的运用。而会议便是民主集中制的集中体现形式之一。"毛泽东同志曾说宪法是我制定的，但是我都记不住。我们还是靠讲话，开会来解决问题。党组织的主要工作方式就是会议。"② 党的历届大会和全会是选举党的领导人、提出党的路线方针政策的重要载体。

在国家治理过程中，会议也是重要的行政运行机制。例如，我国实行人民代表大会制，全国人民代表大会和各级地方人民代表大会是我国国家和地方权力机关。我国国务院实行总理负责制和部长（主任）负责制，同时又实行总理召集和主持国务院全体会议和常务会议的制度。实践中，各级党委常委会是地方大政方针的决策机制，行政首长办公会（例如市长办公会）等会议也是重大行政事项的决策和落实机制。

2. 会议制的含义

行政运行中的会议制，是以会议为载体，以议题设置、讨论规程和与会人员为内容形成的一种行政运行机制。会议制已经成为我国行政运行的一种通行机制，会议种类多样，功能各异。例如党代会、人代会等法定性或制度规定性会议，常委会、党组会等决策性会议，动员大会、工作布置会、经验交流会、现场办公会等工作性会议，表彰会、纪念会、庆祝会等告知性会议，预备会议、正式会议等不同阶段的会议以及常规会议、电话会议、电视会议、网络会议等不同方式的会议。

（二）会议制的特点

1. 以会议为载体

会议是会议制的运行载体，是会议召集人或机构向相关机构和人员发出会

---

① 王环环. 乡村基层政治运作——以开会为视角的分析 [J]. 社会主义研究, 2011 (1).
② 张学博. 文件治国的历史观察：1982—2017 [J]. 学术界, 2017 (9).

议通知，相关人员在特定时间、就特定议题共享信息的一种行政运行形式。与文件制度相比，会议制更强调共时性。传统会议有特定的会议地点即会场，所有参会人聚集在会场，展开会议议程。而现代科技的发展使得"在场"变得不再必要，而变成"在线"（例如电视、电话、网络会议）。但无论传统现场会议还是现代的"在线会议"都强调与会人员的共时性特征。

2. 以议题为内容

无论什么类型的会议和什么形式的会议，会议制的一个共性特征是有特定的会议议题。议题可以是一个或多个，但无论多少，议题是会议的中心内容，是与会者接收信息的核心。正是议题的差异，会议才分为不同类型，也正是议题的中心地位才是将不同机构的与会者召集起来开会的充分理由。

3. 以人员为纽带

无论参会人员在会上发言与否，都将接收会议信息，而且需要将会议信息转达给所在机构，因此参会人员对会议至关重要，具体表现为哪些机构的哪些人参加会议。参会机构的范围说明会议议题所涉及的相关部门的范围，也说明会议需要解决问题所涉及的范围。会议召集者要求哪些机构的哪些人来参会，与会议的议题密切相关。而当会议召集者没有指定参会机构的特定人参会时，参会机构指派哪些人参加会议也是相关机构对会议重视程度的体现。因此，参会人员实际上是以议题为中心的会议制得以运行的纽带，通过参会人员将会议所要解决的行政事务、需要协调与配合的相关部门连接起来，使相关行政工作得以运行。

（三）会议制的优势与不足

1. 会议制的优势

（1）时效性强。会议制的突出优势是时效性强。会议制的重要特征是所有参会人员的在场或在线，共时性地接收会议信息，使与会人员同时了解会议内容。此外，除某些法定性或制度规定性会议外，很多会议的召集时间较为灵活，可以及时应对需要处理的紧急问题。

（2）针对性强。不同于日常行政处理常规性行政事务，会议通常通过议题来处理特殊性事务。尽管很多会议的召开是常规化的，例如全国人民代表大会或是市政府常务会议，但无论常规性会议还是非常规性会议，都是针对某些特定事项展开。针对性强是会议制的一个重要优势。

（3）综合性高。会议通常需要与议题的相关部门及其人员参加，因此其综合性很高。综合性是有层次的，而且这种层次性也是相对的。例如政府的跨部门会议是相对较高层次的综合会议，某部门内部的跨科室会议是相对较低层次的综合会议。即使是某专项**会议**,也往往会综合不同地区的相关部门,例如某市的全市价格工作会议,便需要县和市辖区的价格主管部门参会。因此,综合性是会议制的一个突出优势,有助于打破行政部门的界限和行政地区的界限,综合考虑问题和解决问题。

2. 会议制的不足

"文山会海"是会议制缺点的充分体现,具体表现为会议过多、过长和过泛。

(1) 会议过多。会议过多是指不同类型的会议乃至同一类型的会议频率过高,导致相关行政人员应接不暇,无力开展正常行政工作,甚至无力落实会议要求。曾有基层干部抱怨,工作时间不是在开会就是在去开会的路上。

(2) 会议过长。会议过长是指会议延续时间过长。会议过长便难免烦琐,主题不突出,既耗费与会者时间又浪费精力。

(3) 形式主义。形式主义的会议主要表现为以开会之名行其他之实,例如借开会的名义旅游、借开会的名义花钱以及召开没有必要的会议等。会议是形式主义还表现为会议质量不高,参会者各行其是,会后对会议内容全然不知,将开会看作点卯,不迟到不早退即为完成开会任务。

(四) 会议制的完善

2018 年 8 月 7 日《人民日报》第 4 版刊载了《"多开会"莫如"沉下去"》的报道,1984 年年初的一次调研,令习近平决心搬"文山"、填"会海"。这次调研,一位乡党委书记的诉苦:2 月份,乡干部上县里开会 17 次,再加上乡里的会,会太多了。针对这一抱怨,时任县委书记习近平非常严厉地说:"这件事,要在常委会上研究,要搞无会议日,每周起码两天,全县严格执行。"上述报道将会议制的弊端展露无遗,也给出了完善措施。

1. 控制会议数量

从严控制会议数量,做到不开没有实际内容的会议,不开能用文件、电话解决的会议。对时间、内容、参会人员相近的会议,尽量合并召开或套开,以便最大程度减少会议数量。

2. 压缩会议时间

尽量压缩会议时间,减少不必要的繁文缛节,严格制定和执行会议议程,快速进入会议主题,直指议题的核心问题,对发言者的发言时间做出明确规定,严禁超时。

3. 提高会议质量

应提前告知与会者会议主题、议程等内容,使参会者有备而来,专注会议内容。明确会议纪律,确保参会人员不迟到、不早退、不会客、不交头接耳,不做与会议内容无关的事,切实提高会议质量。

三、小组制

(一)小组制的源起与含义

1. 小组制的源起

小组制首先是党组织采取的一种领导、协调机制,而后扩展到政府系统,并逐渐演变为中国政治生活中一种常见的亚正式制度①。

新中国成立初期,出于协调相关地区和部门共同解决某一问题的需要,开始成立一些领导小组。1958年6月10日,《中共中央关于成立财经、政法、外事、科学、文教各小组的通知》(以下简称"通知")发布,标志着党内领导小组的正式产生。此前的6月8日,毛泽东专门为通知稿中加写一段话指出,"这些小组是党中央的,直隶中央政治局和书记处,向它们直接做报告。"② 明确了"小组"的地位和隶属关系。

由于新中国成立以来确立的单一制国家结构形式和条块分割的行政管理体制对中央与地方关系形成了结构性约束,因而,当中央成立某一全国性或区域性领导小组时,相关地方各级政府通常会层层建立起相对应、结构相似的领导小组,以利于该项工作在当地的开展和政令在全国或特定区域内的推行,已成为一种惯例③。

1978年改革开放以后,尤其是1992年社会主义市场经济体制逐步建立后,中央一级的领导小组大量成立,且类型更为丰富和全面④。

1993年政府机构改革过程中,政府内部的领导小组被统称为议事协调机构或临时机构,成为具有明确地位和稳定结构的行为主体。由于中国政府运作过程透明度日益提高并趋于规范,凡中央政府成立某一领导小组,均由国务院或国务院办公厅发出有关规范性文件,说明领导小组的成立缘由、主要任务及组

---

① 赖静萍. 当代中国领导小组类型的扩展与现代国家成长[J]. 中共党史研究,2014(10).
② 张博. 党内领导小组场域中的组织制度化——以中央财经小组为例[J]. 理论与改革,2015(4).
③ 赖静萍,刘晖. 制度化与有效性的平衡——领导小组与政府部门协调机制研究[J]. 中国行政管理,2011(8).
④ 赖静萍. 当代中国领导小组类型的扩展与现代国家成长[J]. 中共党史研究,2014(10).

成机构,且其组织结构呈现出某些规则化特征①。

对小组制的作用,不同学者有不同的看法。一种观点认为领导小组制度是一种有效的具有中国特色的政治治理模式。如谢庆奎把领导小组称为一种综合性决策领导机构,认为领导小组是打破部门壁垒,具有层次界限,集中一切力量,迅速解决重大问题的成功尝试,这种决策是各级政府决策领导机构在实践过程中为了工作需要,临时性的灵活有效的重新组合,是对首长负责制、决策会议制度和分管领导制度的必要补充②。

还有一种观点认为领导小组制度反映了中国治理制度中法制缺失,需要进一步规范化、法制化、精简化。例如,周望在议事协调机构的改革上提出提升改革方案设计的层次性,在精简的同时配之以加强议事协调机构的规范化运作的种种手段③。

无论出于其正面作用的发挥还是出于既有体制不足的补充形式,领导小组已经成为中国国家治理的一种重要形式。党的十八大以后,新一届中央领导班子密集而频繁设立各类领导小组,包括中央全面深化改革领导小组、中央网络安全和信息化领导小组、中央军委深化国防和军队改革领导小组等,进一步突出了领导小组在中国国家治理中的重要地位。

2. 小组制的含义

历史上看,作为一种有中国特色的党政协调机制,"小组"包括各级各类各种名称,例如领导小组、协调小组、工作组、委员会、办公室、指挥部等。"小组"是中国政治体系与政府过程中的特定名词和特有话语,是中国政治体制中若干个"特殊板块"之一。

行政运行中的小组制,是以小组为载体,以跨部门高层领导为成员,借以完成决策、领导或协调等功能的一种行政运行机制。"小组"突破了原有的组织架构,彰显出统筹协调与强力驱动功能,并强调决策机制,有利于治理现代化决策的优化与落实④,其地位定位于归口领导体制的支持性机制、常设组织体系

---

① 赖静萍,刘晖. 制度化与有效性的平衡——领导小组与政府部门协调机制研究[J]. 中国行政管理,2011(8):22-26.
② 谢庆奎,燕继荣,赵成根. 中国政府体制分析[M]. 北京:中国广播电视出版社,1995:222.
③ 周望. 中国"小组机制"研究[M]. 天津:天津人民出版社,2010:190.
④ 樊晓晨,聂月岩. 国家治理现代化背景下"领导小组"问题探析[J]. 中共天津市委党校学报,2015(5).

之外的备用性机制①。

实践中，各种小组除名称多样外，根据不同标准也区分为不同类型。程同顺等认为中国的"组"可分为三类：一是综合领导决策型的组，如"文化大革命"期间的中央文革小组等；二是专门型的组，在中国目前现实政治中最多见、最普遍，如国务院西部地区开发领导小组等；三是派出型的组，如"大舜"号海难事故处理组等②。

吴晓林和周望则用三组简单二分法对领导小组进行分类：一是根据存在时间不同，分为"常设性（长期性）小组"和"临时性（短期性）小组"，如中央财经领导小组和中央第四次修宪领导小组分别属于这两类。二是根据横向协调的跨度不同，分为"党内领导小组"和"党政领导小组"，如中央党的建设工作领导小组，主要任务是加强党的政治、思想、组织、作风、制度、执政能力和先进性建设，属于内向型的"党内领导小组"，而中央外事工作领导小组成员包括了各相关党政部门的领导，因而属于"党政领导小组"。三是根据小组在纵向设置上是否"上下对口"，分为"同构型小组"和"异构型小组"③。

（二）小组制的特点

小组制以小组为载体、以协调为目的且不纳入正式党政部门序列。

1. 以小组为载体

小组是小组制的运行载体。不同于文件的文本形式和会议的共时形式，小组是一个由特定人构成的组织机构。小组的组成人员往往是相关机构的主要或次要负责人，小组组长一般由比组成人员级别更高的人担任。例如，1955年由毛泽东指示成立以上海市委第一书记柯庆施为总负责人的中央防治血吸虫病九人小组，包括了上海市委副书记、卫生部党组书记以及江苏、浙江、江西、安徽、湖南、湖北6个血吸虫病重点疫区的省委书记或省长，此后又将农业部、水利部部长等纳入领导小组，以期通过有实权的地方党政领导和相关部门负责人的加入，高效地组织和协调疫区的血防工作④。

2. 以协调为目标

尽管"小组"有领导小组、协调小组、工作组或指挥部等各种称谓，小组

---

① 周望. 超越议事协调：领导小组的运行逻辑及模式分化 [J]. 中国行政管理，2018（3）.
② 程同顺，李向阳. 当代中国"组"政治分析 [J]. 云南行政学院学报，2001（6）.
③ 吴晓林. "小组政治"研究：内涵、功能与研究展望 [J]. 求实，2009（3）.
④ 赖静萍，刘晖. 制度化与有效性的平衡——领导小组与政府部门协调机制研究 [J]. 中国行政管理，2011（8）.

也负担领导、决策、咨询和监督等职责，但总体而言，成立"小组"的主要目的之一是对某项综合性事务所涉及部门进行协调。小组组长的较高行政级别，小组成员的多机构来源，其目的都是为了实现区域间、机构间和部门间的协调，以避免部门间相互独立、区域间互不统属带来的沟通和配合不畅。小组制突破了原有的组织架构，彰显出统筹协调与强力驱动功能①，具有极强的协调能力。

3. 不纳入组织序列

在中国政治体系的实际运作过程中，我们经常能看到冠以各种名称的"领导小组"，这些小组数量众多、活动频繁。但是，无论是在中国共产党组织机构图还是中国政府组织机构图中，都难以见到"领导小组"的"身影"，他们既不进入正式的党政组织机构名录、不挂牌子，也没有固定的办公场所，而且不单独确定人员编制，具体运作情况也很少正式公开。虽然"领导小组"在现实的社会问题处理中异常活跃，但其存在方式却较为隐蔽。

（三）小组制的优势与不足

1. 小组制的优势

（1）层次高。"小组"虽然不纳入党政组织序列而显得隐蔽，但其在国家治理中的地位却很高。这主要源于小组的组成人员的行政地位较高。同时也是由小组旨在协调的目的决定的。在我国既有的科层体制下，在面对各类突发事件和新任务、新问题时，往往一个机构无法单独解决或完成，而是要牵涉不同的并列的机构部门或是并列的不同地区，小组制正是出于协调不同部门、地区需要而出现的行政运行机制。通过小组建立一个高于需要协调部门或地区的机构以便协调得以顺利完成。

（2）效果好。小组负责人的行政级别较高，组成人员多为相关部门的负责人，这样的组织结构使"小组"能够迅速积聚各种资源、协调相关部门行动来推动相关工作的有效开展，能有效突破原有的组织架构，实现统筹协调与强力驱动功能，有效跨越部门间的行政界线，避免横向部门间的正式沟通带来的行政阻隔和时滞，从而使相关问题有效解决。其成员包括了与该事务相关的各部门负责人，而领导小组组长通常具有更高的职权并能调动社会中有限的资源集中于该事务，其亲自参与势必使领导小组的决定具有较强的权威性并能得到较好执行，相关问题能够得到迅速解决。

---

① 樊晓晨，聂月岩. 国家治理现代化背景下"领导小组"问题探析［J］. 中共天津市委党校学报，2015（5）.

2. 小组制的不足

尽管小组制有诸多优势，已经成为国家治理的通行做法，但也面临着不足。许多地方政府在领导小组的设立方面较为随意，灵活性更大，数目和类型也更为繁杂，各地方领导小组的数量不断上升，愈演愈烈。由于对领导小组设置的关口把握不严，导致各地方领导小组数量过多，种类繁杂，无法形成有效监督。有研究表明，"某地区大部制改革后的某局作为牵头单位成立了大量的领导小组，参与跨部门协调的领导小组就有42个之多。单就食品安全领域而言，近年来就成立了区供北京奥运会食品安全工作领导小组、区处理三鹿牌婴幼儿奶粉事件领导小组、创建省级食品安全示范区领导小组等10多个"①。

过多过于频繁地设置小组导致小组的权威性和实际作用有所降低，成为既有科层制之外的额外机构负担，往往造成协调不畅，反而有碍行政效率的改进和提升。

（四）小组制的完善

面对小组制存在的问题，国家已开始逐步规范。2007年，通过《地方各级人民政府机构设置和编制管理条例》，该条例首次以文件形式规范了地方上议事协调机构的设置，但其约束力相对于法律法规还很有限。2008年，十六届四中全会通过的《中共中央关于加强党的执政能力建设的决定》指出，要"规范各类领导小组和协调机构，一般不设实体性办事机构"。2008年，《关于议事协调机构设置的通知》（国发〔2008〕13号）指出了议事协调机构的改革发展方向，即"严格控制议事协调机构的设置，凡工作可以交由现有机构承担或者由现有机构进行协调可以解决的，不另设议事协调机构。一般不单设实体性办事机构，不单独核定人员编制和领导职数"。

实践中，在充分肯定领导小组所具有的高效性时，有必要进一步完善关于领导小组的法律规范，提升其制度化水平；规范部门分工和协调机制，继续深化政治体制改革，这样才能充分发挥其议事协调机构的作用。成立小组应更为务实和理性地考虑如何加强对其的法治化治理。这就需要以法律对其进行规范，使领导小组的成立、与各相关部门的权责关系、日常工作程序及法律责任、组成成员的职责和奖惩、存续的时间等具有法律依据和制度保证，健全制度约束和监督机制，消除运作中的随意性和不规范行为。

---

① 原超，李妮. 地方领导小组的运作逻辑及对政府治理的影响——基于组织激励视角的分析［J］. 公共管理学报，2017（1）.

四、项目制

(一) 项目制的源起和含义

1. 项目制的源起

面对改革开放以来,财政包干制导致的财政收入占 GDP 比例和中央财政收入占全国财政收入比例(两个比例)持续降低的状况,1994 年国家实行分税制改革,提高两个比例,取得了显著成效。改革后中央财政收入稳定地占到全国财政收入的 55%左右,地方财政收入占到全国财政收入的 45%左右。而支出方面,中央财政支出占全国支出的 30%左右,地方财政支出占全国支出的 70%。面对中央收入多支出少,而地方收入少支出多的状况,国家通过中央对地方的财政转移支付来弥补地方财政收支缺口和缓解区域财力不平衡状况。中央转移支付主要有三种形式,一般性转移支付、专项转移支付和税收返还,其中专项转移支付是主要形式。项目制早期主要是指围绕专项转移支付形成的一种行政运行模式。

与一般性的转移支付和税收返还相比,专项和项目资金需要经历申请、批复、分配、使用、监督及审计等复杂程序。这些程序虽然为专项资金设定了各种限制,其使用并不像一般性转移支付(不限制用途)那么自由,但对地方(下级)政府而言,专项转移支付毕竟带来庞大的增量资金,成为地方(下级)政府尽力争取的对象。

虽然早期关于项目制的研究集中在中央对地方的专项财政转移支付方面,然而,以项目的方式完成相关工作已经成为国家管理社会政治经济各项事务的常用方法。实践中,项目制的覆盖面越来越广,影响力越来越大,逐渐溢出财政领域成为国家治理和贯彻政策任务的一个重要机制[1],一定程度上已经取代单位制,成为中国治理的基本方法[2]。

在不同层级政府之间,国家向地方财政转移支付的 35%通过项目的方式完成[3],上级地方政府也通过项目的方式向下级地方政府完成转移支付。在国家与社会之间,企业、乡村也通过各种项目向国家争取资源。在工业、农业、各项公共事业以及教科文卫等社会诸领域,也都采取项目的方式推进各项事业进展。

---

[1] 周雪光. 项目制:一个"控制权"理论视角 [J]. 开放时代,2015 (2).
[2] 黄宗智,龚为纲,高原. "项目制"的运作机制和效果是"合理化"吗?[J]. 开放时代,2014 (5).
[3] 曹龙虎. 迈向"项目中国":项目制与国家建设 [J]. 南京社会科学,2016 (1).

可以说，项目制已经成为社会各领域治理过程中普遍使用的运行机制。

2. 项目制的含义

根据国际项目管理协会的界定，项目是按照事本主义的动员或组织方式，即按照事情本身的内在逻辑，在限定时间和资源的约束条件下，利用特定组织形式完成具有明确预期目标（某种独特产品或服务）的一次性任务①。这是从管理学视角对项目给出的界定。

而作为一种行政运行方式的项目制，则关注以项目形式完成行政任务的运作机制。学术界最早关注的项目制的范围较窄，主要指中央对地方或地方对基层的财政转移支付的一种运作和管理方式②。

我们认为，作为一种行政运行机制或方式的项目制，是指以项目的方式展开行政运行，项目经费需要向项目发包方竞争性申请且专款专用，需要项目申请方组织力量负责项目完成并接受项目发包方的考核的一种运行方式。

（二）项目制的特点

这种项目制有以下几个特点。

1. 竞争性申请

项目的获取既不同于传统的计划性指派也不同于基于权利或资格的自然获取，而是需要向项目发包方申请。即项目数量有限，而需求量较大，要获得项目需要申报方提供其申请项目的理由、前期基础、完成项目的计划和预期效果等方面的说明，通过竞争来获得。

2. 独立经费且专款专用

对于申获项目的单位而言，项目经费是外来的，在其原有预算之外的增量资金，这也是为什么单位愿意积极申报项目的原因。项目经费一般款专用，即项目经费只能用于申获项目的相关事宜，不可挪作他用。

3. 独立运作

所谓独立是指独立于既有的行政组织的日常运作。项目申获方需要提供完成项目所需的组织、人力和其他一些相关条件，这些条件可以依托原有组织资源，可以新增，但一般要以项目为中心相对独立展开运作。

在行政资源紧张条件下，上级部门为达成工作目标，越来越多地通过项目制来调动基层政府。相比于传统的科层体制，项目制使得上级部门拥有集中的

---

① 项目管理协会. 项目管理知识体系指南 [M]. 王勇, 张斌, 译. 北京: 电子工业出版社, 2009: 199.

② 折晓叶, 陈婴婴. 项目制的分级运作机制和治理逻辑——对"项目进村"案例的社会学分析 [J]. 中国社会科学, 2011 (4).

资金管理权、特殊的人事安排权以及高效的动员程序，从而能更快地见到成效①。实际运行中，项目制主要通过分级运作和动员的方式运行。

（1）分级运作机制。虽然有些项目是直接由政府向社会的资源转移，例如面向企业的各种扶持资金，但大部分行政体系中的项目都涉及多层政府的传递，转移到最终的项目实施者。这样，项目制的实际运行就有赖于不同层级政府的分级运作。

实践运作中，国家面向农村的相关项目最能体现项目制的分级运作特点，因为这些项目需要从国家经过省、市、县和乡镇最终注入农村，需要经过多级政府才能完成。折晓叶、陈婴婴就通过对"项目进村"案例的考察，提出了项目制从中央到地方运作的分级逻辑，即国家部门的"发包"机制、地方政府的"打包"机制和村庄的"抓包"机制。其中，"发包"指的是掌握财政资金的国家部、委、办通过发布项目指南书等形式向下招标；"打包"指的是拿到项目的地方政府根据某种发展规划和意图，把各种项目融合或捆绑成一种综合工程，服务地方发展规划和意志的行为；而"抓包"则体现为村庄主动争取项目的过程。

（2）动员机制。项目制的突出优势是其灵活性和高效性，而这一优势主要得益于其运作过程中的动员特性。相比于传统的科层体制，项目制使得上级政府拥有集中的资源管理权、特殊的人事安排权和高效的动员程序，从而使得政府内部的动员由"层级动员"转向"多线动员"，行政资源的分配也演变为项目中心模式②。而且，项目制的"自我扩张"效应使得项目制越来越深入到政府体系中，具有持续性及不断增长的影响力。

通过对项目统一规划与科层条线传递、项目的时段性与科层的常态性、项目的目标导向与科层的规则导向这三种张力的分析，认为项目制并没有脱离科层制运作的常规，项目运作的实质是"科层为体、项目为用"③。

（三）项目制的优势与不足

1. 项目制的优势

（1）有助于实现上级部门的意志。行政运行中，上级的权力意志通过项目这样的渠道，超越科层体系，更直接、更高效地动员着基层政府。项目制能够

---

① 陈家建. 项目制与基层政府动员——对社会管理项目化运作的社会学考察［J］. 中国社会科学，2013（2）.
② 陈家建. 项目制与基层政府动员——对社会管理项目化运作的社会学考察［J］. 中国社会科学，2013（2）.
③ 史普原. 科层为体、项目为用：一个中央项目运作的组织探讨［J］. 社会，2015（5）.

绕过科层体系，上级用于基层办事的资源被"打折扣"的可能性减少，利用率相应增加，在行政体系的内部动员中不仅高效，而且合理。项目制作为一种财政专项转移支付，是上级政府实现自身意志的重要途径，这种资金被指定了专门用途、戴上了各种"项目"的"帽子"，以期严格体现资金拨付部门的意志。为了达到有效贯彻国家意志的目的，项目制为项目申报和管理提供了一整套标准化和技术化的操作程序，具有"标准化、技术化、统一化"的特征。很大程度上压缩了地方政府随意操作的空间，既能够有效提供公共产品和公共服务，又可以更多地赢得社会的认可与信任。

（2）充分调动下级积极性。虽然项目制旨在实现上级的行政意志，但是对下级政府或项目使用者而言，项目带来的是增量的财政投入，因此，对调动下级的积极性具有极强的激励作用。"跑部钱进"虽然一定程度上呈现了上级在资源分配和意志实现中的决定性作用，但是"钱进"也同时彰显出下级政府或部门愿意"跑部"的内在原因。在"财权上移、事权下沉"、基层财力日益紧张的情况下，以项目制形式实现的转移支付是一种能够有效调动下级政府和部门行政积极性的制度安排。

2. 项目制的不足

（1）虽然项目制管理具有标准化、规范化的特点，但是项目制运作在促进国家政权运作的理性化方面还有发展空间。项目制作为一种治理模式，对地方政府而言，在政治晋升方面缺乏足够的激励，在财政自主性方面则有一定"制度外"的激励，形成一种"跛脚"激励的局面。因此，项目制尚不足以妥善调节中央地方关系，从而达到有效治理的目的，也在实践中暴露出了诸多问题①。

（2）项目制一定程度上导致了县级、乡（镇）级政权的异化，加大了基层负担，而且形成了基层的"分利秩序"，导致了村庄的进一步分化②。

作为一种上级对下级的财政支付手段，虽然这种项目式的资源下放数量多、领域广，极具竞争性和诱惑力，但项目所体现出的上级的强控制、专款专用、程序规范、服务大局等"技术理性"性质毫无疑问严重削弱了当地政府的灵活性，"常常难以避免出现发展项目吞噬基层自主性的尴尬"，专项资金甚至于成为一种禁锢而不是资源，引来很大的抱怨；甚至有基层干部说出这样的话："这

---

① 于君博，童辉. 项目制：一种新的国家治理模式的文献综述［J］. 南京农业大学学报（社会科学版），2016（3）.
② 李祖佩. 项目制基层实践困境及其解释——国家自主性的视角［J］. 政治学研究，2015（5）.

些专项资金不但不好花,而且花起来都想哭"①。

(四)项目制的完善

项目制是通过转移支付实现国家(上级)意志的重要治理技术,是改革开放以来,国家"总体性支配"到"技术性治理"的具体体现。相比于传统的科层体制,项目制使得上级部门拥有集中的资金管理权、特殊的人事安排权以及高效的动员程序,从而能更快地见到成效。项目制在基层政府的推行使得科层体系发生重构,政府内部动员由"层级动员"转向"多线动员",行政资源的分配也演变为项目中心模式②。

然而,技术性的项目制一方面容易造成公共服务供给的碎片化,从而引起公共服务水平差异被放大,同时增量资金在经由中间层(部门)的再分配后容易造成基层治理的扭曲。因此,有效发挥项目制的优势,有必要以项目制为纽带建立各主体之间的联动机制,实现整体服务水平提高③。同时,要有效克服项目制基层实践困境,核心是从提升资源分配中的国家自主性能力着手,以重塑政府和基层社会的公共性为重点,理顺国家、基层政府(组织)和乡村社会三者之间的关系④。

复习思考题

1. 抽象行政行为的主要内容是什么?
2. 具体行政行为有哪些主要类型,其主要内容是什么?
3. 提高行政沟通效果有哪些主要方法?
4. 行政协调的作用是什么?有哪些主要行政协调方法?
5. 行政运行的中国形式主要有哪些,其内容和优缺点是什么?

---

① 杜春林,张新文.从制度安排到实际运行:项目制的生存逻辑与两难处境[J].南京农业大学学报(社会科学版),2015(1).
② 陈家建.项目制与基层政府动员——对社会管理项目化运作的社会学考察[J].中国社会科学,2013(2).
③ 杜春林,张新文.从制度安排到实际运行:项目制的生存逻辑与两难处境[J].南京农业大学学报(社会科学版),2015(1).
④ 李祖佩.项目制基层实践困境及其解释——国家自主性的视角[J].政治学研究,2015(5).

第七章

人事行政

1937年,古立克和厄威克在其著名的《行政科学论文集》中认为,公共行政应该包括计划、组织、人事、指挥、协调、报告和预算等七项主要活动。此后,人事行政便成为公共行政实践和研究的一个重要领域。本章将概述人事行政的主要内容,简述中西方国家公务员制度。

第一节 人事行政概述

一、人事行政的含义

在现代管理科学中,通常将"人事"二字拆分开理解,认为人事包括用人和管事两个方面,人事管理就是对人与事的管理。我们认为这种人与事分开的理解是一种具有中国特色的解读。人事管理在英文中称为Personnel Management,专指对人的管理,不存在拆分理解。因此,我们将人事看作一个词,就是对人的管理。

按照这样的理解,人事行政便是公共行政活动中对人的管理。具体而言,人事行政可界定为政府为维持其运作、履行其职能,通过一定的人事组织,采用一定的方法和手段,对其工作人员进行选拔、任用、培训、奖励、考核、调配、工资福利、退职退休等方面的管理活动。狭义的人事行政是指对国家公职人员即公务员的管理,广义的人事行政是指对国家机关工作人员的管理,除公务员外还包括政府雇员等非公务员的管理。中文所指为狭义的人事行政,即公务员为人事行政的管理对象。

二、人事行政的内容

人事行政通常在人事分类的基础上建立录用、考核、晋升、培养、交流、回避、工资、福利、保险、辞职、退休等管理制度。这里简要介绍人事行政的三个主要内容，分别是人事分类制度、人事录用制度和人事晋升制度。

（一）人事分类制度

人事分类研究主要关注公共行政人员类型划分的标准问题。职位分类与品位分类是两种基本的公务员分类方式。

1. 品位分类

品位分类是一种以人为中心的人事分类制度。它以人的个人条件，如地位高低、资历深浅等作为分类标准，以此建立起人事等级体系，并将它作为行政人员管理的依据。英国是品牌分类的典型国家。

品位分类的优点体现在以下几个方面：

第一，分类工作相对简单，易于实行；

第二，具有某种品级的人员可能从事不同领域工作，有助于人员综合能力的培养；

第三，官职相对分离，有助于行政队伍稳定。

当然，品位分类也有其明显不足，具体表现在：

第一，人在事先，易出现因人设岗、机构臃肿的现象；

第二，限制了学历低、能力高的人才的发展；

第三，强调年资，加剧了官员的保守性；

第四，以官阶定待遇，导致同工不同酬，不利于对人员的激励。

2. 职位分类

职位分类是一种以事为中心的人员分类制度。它在工作分析基础上，依据工作性质、繁简程度、责任轻重和所需资格条件，区分若干具有不同特色的职位，并加以分析。美国是职位分类的典型国家。

职位分类的优点体现在以下几个方面：

第一，因事设职，避免了因人设职导致的机构臃肿和人浮于事，有助于人事管理的规范化；

第二，因事择人为选拔专门人才提供了客观标准，有助于人事管理的专业化；

第三，按事给薪职等体系为制定同工同酬的薪金制度奠定了科学基础，有助于人事管理的科学化。

当然，职位分类也有其明显不足，具体表现在：

第一，职位分类更多地适用于专业性较强的工作，对高级政治职位、机密性职位、临地性职位和通用性较强的职位则不太适合；

第二，职位分类的程序复杂，需要动用较多的人力物力，往往难以做到科学和精准，也难以及时适应工作内容的迅速变化；

第三，职位分类重事不重人，严格限制了每个职位的工作数量、质量和责任，严格规定了人员的升迁调转途径，有碍于人的全面发展和人才流动，容易形成专业壁垒。

品位分类与职位分类各有利弊，由于具体历史条件和政治经济情况的不同，有些国家采用品位分类制度，有些国家采用职位分类制度。20世纪80年代后，这两种分类呈现互相融合的态势。

（二）人事录用制度

人事录用是从社会中汲取精英、为国家选拔人才的过程，不同的人事录用制度既体现出国家的选人用人倾向，也一定程度上影响国家内不同群体间的相对地位和国家行政能力水平。在人类历史长河中，世袭制、察举制和科举制是三种代表性的人事录用制度。

1. 世袭制

世袭制可追溯到我国周至春秋使用的世卿世禄制。卿是古代高级官吏的称呼。禄是官吏所享有的财物。世卿世禄是指父死子继，世为公卿，世享俸禄。世卿世禄制度是我国古代官位、俸禄和官级在一定范围内无限继承的制度，它一方面调整和稳定了奴隶主贵族的权力结构和统治秩序，另一方面埋没了人才，平民即使做个最低级的官也十分困难。

世卿世禄制开创了后世的世袭制。我国传统皇位继承制、古代选官中的"恩荫"就是这种世袭制的表现。西方国家自从资产阶级革命后就废除了世袭制，不过在君主立宪制国家，国王（天皇）及少数上议员依旧沿袭世袭制。

2. 察举制

察举制是我国古代第一个系统的选官制度，由汉武帝确立，对当时社会以及后来的选官制度产生了至关重要的影响。察举制是由地方长官在辖区内考察及选取人才，推荐给上级，被试用及考核后任命官职。

定期的察举称为岁举或常科，由皇帝不定期地下诏要求贡举的为特科、制科或诏举。察举的对象，既可以是平民也可以是现任的吏员。为了确保举荐官员的质量，汉代规定选任得当与否，选任者和被选任者都要负连带责任，功罪奖惩相同。

察举分常举和特举两种。常举科目主要有孝廉科和茂才科等；特举科目主要有贤良方正科、文学科、明经科、明法科、至孝科等。汉代察举使用推荐与考试相结合的方式，推荐过后要经过考试复核，复核合格后才能量才录用。西汉时期，考试只是区分人才高下，授官大小的参考。东汉时，为纠正察举荐人不当，开始注重考试，人事录用中考试重要性日益增加。

作为中国古代第一个系统的选官制度，察举制延续了约八百多年，对中国古代社会有深刻影响。隋唐时期，为弥补察举客观性差的弊端，逐步加大考试在其中的比例，最终形成后期的科举制。虽然，察举制作为一种正式人事选拔制度被废除，但是通过识别人的某些特征而选拔人才——通常所说的"伯乐"——的观念一直为人们所津津乐道。

九品中正制，到东汉末年，察举制之间被门阀世族操纵和利用，引起了要求参与政治的中小地主及其知识分子的不满，在这种背景下，九品中正制开始走上历史舞台，成为盛行于魏晋南北朝时期主要的选官制度。

九品中正制设置有中正，这是九品中正制的关键环节。所谓中正，就是掌管对某一地区人物进行品评的负责人，也叫中正官。品评和他同籍的人士，包括本周和散居其他各郡的士人是中正官的主要职责。中正官原则上以行状为主要依据，家世为参考将士人分为九品。上上、上中、上下、中上、中中、中下、下上、下中、下下是九品的等第名称。中央根据中正的评议结果对人才分别委以官职。

九品中正制初行时非常有效，为曹魏政权有效地遴选了大量的人才。然而，到魏国晚期及晋朝，中正们开始仅以家世为标准，行状逐渐被忽略，所选人才基本为世家大族，以至于出现"上品无寒门，下品无士族"的局面，九品中正制成为士族统治的工具。到南北朝之际，九品中正制更趋衰微。科举制建立后，九品中正制遂废。

3. 科举制

科举是一种通过考试来选拔官吏的制度，是古代中国的一项重要政治制度，对中国社会和文化产生巨大影响，邻近中国的亚洲国家如越南、日本和朝鲜半岛也曾引入这种制度来选拔人才。

科举始于605年的隋朝，发展并成型于唐朝，一直延续到清朝末年，在1905年才被废除；在越南更迟至阮朝末年的1919年才废除，整个科举共持续1300多年。现代社会公务员的选拔制度亦是从科举制间接演变而来。

清政府虽然废止了传统的科举，但并未停止通过考试来从民间选拔人才。在废科举的同时，清政府同时制订了"留学生考试章程"，吸引归国的海外留学生通过考试进入政府。

19世纪，西方国家结合当时的工业革命和民主、人权的需要，借鉴中国科举制形成了文官录用制度。除了笔试之外，欧美文官录用制度还增加了口试和面试制度，使录用体系更为完善和科学。

(三) 人事晋升制度

人事晋升制度主要有庇护制和功绩制两种方式。

1. 庇护制

庇护制指拥有较高政治、经济地位的个人（庇护者）利用自己资源和影响力为地位较低者（被庇护者）提供保护及恩惠，而被保护者则回报以一般性支持和服侍[①]。政治恩赐制和政党分赃制是历史上出现的两种庇护制形式。

政治恩赐制是中世纪及近代英国任用官员的主要方式，君主以恩赐方式将宫廷及政府官职授予其信任的贵族。都铎王朝（1485-1603年）建立之后，随着王权的加强，作为恩赐者的君主完全掌握了官员任命权，通过恩赐制吸纳贵族协助其治理国家。1688年光荣革命后，英国确立了君主立宪制，但人事制度上的恩赐制却保留了下来，重要官员的任免由议会多数党掌握，盛行任用私人。

美国建国之初便形成了政党分赃制，竞争获胜的政党，将行政职位分配给本党主要骨干，既作为对本党骨干做出贡献的赏赐，也旨在控制行政体系和国家机关，同时有助于巩固政党的合法统治地位。

2. 功绩制

功绩制是一种由国家行政机关通过考试和考核的方法实现人员和晋升的人事行政制度。功绩制最早源于维多利亚时代的英国，现已成为现代文官制度的基本特征之一。

三、人事行政的功能

（一）确立人事制度、制定人事政策

国家人事行政制度是国家机关任用行政人员的一整套制度集合，反映国家选人用人的基本理念、基本思路和具体方法。人事行政政策是在人事制度的规约下针对具体行政环境对人事工作的要求提出的解决方案。因此，人事行政的首要任务就是制定并优化人事行政制度并根据社会环境变化不断调整人事行政。保障国家职能的履行。

（二）维持行政运作、巩固国家政权

财力和人力是维持统治和良治的必要条件，但相对而言，人力比财力更加重要。正所谓"财用不足，非国贫；人才不竞，谓之贫"。国家机关的行政运作都要靠其内部人员来完成，良好的人事行政，一方面能为国家行政选拔、配置

---

① 张立鹏. 庇护关系——一个社会政治的概念模式[J]. 经济社会体制比较，2005(03)：131-136.

足够的人员，另一方面良好的人事行政也是避免国家机关机构臃肿、人浮于事的有力工具。因此，人事行政是维持国家机关行政运作，巩固国家政权的必要条件。

（三）加强队伍建设、提高行政效率

行政管理水平的改进，行政运作效率的提高，有赖于造就一支高素质、专业化的公务员队伍。人事行政工作正是通过录用、选拔等制度不断从社会上选拔优秀人才进入国家公务员队伍，更新优化公务员队伍；通过培训、考核等制度提高公务员专业素质和业务能力，提高行政效率；通过升降、任免以及交流等制度，调整政府机构中的人与事之间的结构关系，提高政府的治理效能。

四、人事行政的原则

（一）党管干部原则

党管干部原则是我国在长期革命和实践中形成的。党管干部主要是指各级党委坚持贯彻执行党的干部路线、方针和政策，并严格按照党的原则选拔作用干部，并对各级、各类干部进行有效管理和监督。党管干部原则是党的干部路线和干部政策正确贯彻执行的保证。

（二）德才兼备原则

德才兼备是我国传统的人才选拔原则，也成为当代公务员选拔的指导方针。这里的"德"是指国家行政人员的政治素质与职业道德；"才"是指国家行政人员的专业素质和业务水平。没有德便不能做正确的事，没有才便不能把事情做好。在选人用人上，德才两个方面不可偏废。

（三）量才使用原则

量才使用要求在人事行政中，根据公务员的才能类型和大小安排不同的行政岗位。既要避免大才小用，浪费人才；又要避免庸才高位，影响国家职能履行，人事行政的关键所就是使每个人才能水平与其任职所需的才能相匹配。

（四）注重实绩原则

功绩制源于西方早期的文官制度，是指按照工作的实际绩效选拔、提拔人才，现已成为人事行政管理的普遍原则。注重实绩的原则要求对国家行政人员评价、奖励、晋升都要以其实际工作能力以及在工作中的贡献和业绩作为标准，从而避免任人唯亲、结党裙带导致的不公平。

（五）合理报酬原则

公务员的工资、奖金、福利待遇既是维持公务员正常生活、工作的必需条件，也是公共部门吸引人才加入的重要条件。传统中国，尤其是明朝和清朝长期实行低薪俸制度，导致官员正式收入较低，衍生出很多非正式的收入形式。新中国以及改革开放前期，我们也由于强调奉献而少谈公务员的合理报酬问题。新时代，应该正视公务员报酬问题，将其作为人事行政的必要组成部分，合理设计报酬体系，一方面维持公务员的正常工作和生活，另一方面也吸引青年人才加入公务员系统。

（六）依法管理原则

人事行政是公共行政的重要组成部分，必须遵循依法行政的原则实行人事依法管理。我国传统社会是"人治"社会，以至于人事行政中任人唯亲、裙带关系严重。新时代倡导依法治国，建设社会主义法治国家，要求人事行政部门依照法律法规的规定和程序，对国家行政人员进行规范管理。

第二节 西方文官制度

西方国家文官制度是适应现代行政管理及民主政治发展的需要而产生和发展起来的。它最早起源于19世纪初的英国，当时英国政治权力集中于议会，重要职位的任命均由议会中的多数党控制，任人唯亲、营私舞弊等现象蔓延，所以，英国政府开始寻求对官僚制度进行改革。

1853年，英国议会为了对东印度公司进行改革，组织以牛津大学麦考莱为首的委员会调查东印度公司职员的任用制度，调查后形成了《麦考莱调查报告》，其基本思想是通才教育、择优取仕。与此同时，英国首相委派财政部常务次官屈维廉和诺斯科特两人调查英国任用官吏的情况。第二年，他们根据调查的结果，拟成了《诺斯科特——屈维廉报告》，即《关于建立英国常任文官制度的报告》，该报告奠定了英国现代文官制度的基础。1855年，英国以枢密院令的名义颁布了文官制度改革的第一个正式法令——《关于录用王国政府文官的枢密院令》，决定设立文官委员会。1870年，枢密院进一步宣布，除外交、内政两部外，其他各部的缺职均应由公开竞争考试合格者担任，否则无权享受退休金待遇。

此后不久，即1883年，美国国会通过了《彭德尔顿法》，该法案确定了文官制度的一些基本原则，如公开考试、政治中立等。自此以后，其他国家也纷纷仿效英国和美国建立了文官制度。

一、西方国家文官制度的特点

虽然，各国建立文官制度的时间不一样，制度本身也各有一些特点，但仍具有一些共同特征。

（一）依法管理

西方各国的文官制度，是建立在法治化管理的基础上，其重要特点之一，就是立法完备，种类繁多，内容广泛。文官的职位、地位、待遇均由法律来保障，公务员管理的"进""管""出"各环节以法律形式来确定。公务人员行使权力、执行公务必须以法律为依据，其行政行为也必须在法律和法规限定以及行政授权范围内，任何违法或越权行为都要受到司法制裁或行政处罚。文官履行公务时，只对法律或法定职位负责，而不对任何党派或个人负责，任何党派或个人均不得介入或干涉公务人员依法实施行政行为。依法管理，不仅提高了政府工作效率，而且还使文官在执行公务中和个人行为上有章可循，依法办事，有效地约束和遏制了文官的违法违纪行为。

（二）政治中立

为了保持政府工作的连续性、稳定性，也为了保证文官不受党派纷争的影响而公正地履行职责，西方各国都对文官的政治倾向予以严格限制，要求公务员在政治上保持"中立"，不得参与政治活动、不得兼任议员、不得接受政治捐款、对政党政治采取公正超然的态度。这些规定，一方面是为避免文官受到党派政治斗争的影响，"与内阁共进退"；另一方面，也是西方国家行政、立法、司法三权分立原则的重要体现。

（三）"两官分途"

所谓"两官分途"，是指将国家人事制度中执掌国家权力、管理国家公务的公职人员，分成"政务官"和"事务官"两大类，并基于其在政府中的地位、职责、性质、职能的差异，采用不同的制度进行分类管理。一般来说，政务官是通过选举或政治任命产生，有任期，随选举胜负而进退，主要负责政策的制定。事务官则是通过公开考试而择优录用，实行"无过失不受免职处分"的职务常任制，不与内阁共进退，主要负责政策的执行。事务官属于文官法的调整对象。

（四）职务常任

在西方，文官被当作一种职业，一旦任用即取得法定身份，受国家法律保护，成为终身职业（除非本人自愿转业）；文官非因违法失职并经过法定程序不得被免职或停薪，即使被认定有错，本人也有申诉和说明理由的权利；文官的身份一经确认，即享有法律规定的一切权益，非经法律程序，任何部门或个人不得剥夺其权益。职务常任是西方国家文官的身份保障，它不仅有利于保证政府工作的连续性和稳定性，也有利于稳定公务员队伍，还有利于保持政治的安定和政策的一贯性。

（五）功绩制

功绩制是西方文官制度的重要原则之一，是指以工作实绩、效果与贡献大小作为公务员享受待遇的主要条件，考核结果直接与其工资、待遇及级别升迁挂钩。它注重的是工作实绩和能力，而不论资历和亲疏。对于一般工作人员，考核内容是工作责任心、工作数量、工作质量、工作态度、工作能力、工作速度、工作方法、品德、组织纪律性、专业知识等。对于领导人员，则还要考核指挥能力、组织能力、协调能力、监督能力。对文官的考核，英国、美国称"考绩"，日本称"勤务内定"，法国称"鉴定"，名称不一，但内容和作用却是一致的，都注重考核工作业绩，并把考核结果作为职务升降、奖惩的重要依据。如1978年10月美国会通过了《文官制度改革法》，以法律形式重新确立了"功绩制"九条原则：公开竞争、公平对待、同工同酬、保持公德、效率原则、奖优罚劣、注重培训、政治中立、职业保障。

（六）成套的管理体制，强调官纪官风和职业道德

为了把庞大的文官队伍有机地组织起来，西方各国都分别建立了符合本国特点的文官管理体系，有统一的文官机构、严格的考试录用制度、培训制度、晋升方式、合理优厚的福利保障制度。强调公务人员不仅要具备高素质、竭诚为国民服务，而且必须讲究职业道德。为此，不少国家的文官制度做了明确、具体的规定，制定了完整的纪律、规章和行为准则。如：依法办事、廉洁自律、遵守纪律等。

二、西方国家文官制度的弊端

西方文官制度是一种与西方工业化社会相适应的现代人事管理体制和模式，它为保证在两党或多党竞争的政党政治条件下政府行政管理工作的连续性，对于吸引和选拔优秀人才进入政府管理领域，提高行政效率，保证公开、公正、公平，对于促进社会经济的发展曾起到了重要的作用。但是，随着西方由工业社会向后工业社会或信息社会的转变以及全球化时代的来临，传统的文官制度的局限性日益暴露出来，越来越不适应新时代的需要。传统的文官制度业已成

为一种过时的政府人事管理体制，它的基本原则或精神在当代面临严峻的挑战。

(一) 绝对的政治中立原则问题

作为制度化标志的"政治中立"原则，一直被西方公务员视为典范。按照这一原则，公务员必须掩盖个人的政党偏好，对所有政府保持服从。政府的更替不会涉及对人员的整肃。新的部长必须跟其前任（哪怕是反对党）合作过的文官共事。不得以一个内阁阁员的权威来支持保护自己。"政治中立"原则一方面是由行政机关作为权力机关的执行机关这一"民主政治"制度化形式所决定的，从而保证了政策制定与政策执行的分离；另一方面使公务员能够对于各派政党保持一定的距离，结果是使其自身形成了一个"封闭性架构"。随着公共行政的发展，政府决策是政治领导的特权的传统观念已不合时宜。因为，具有专业知识与实际运作经验的公务员，更能对政策做出正确的判断，如果从提高效益和效率的目的出发，就需要公务员发挥更大的主观能动作用。同样地，低层公务员不仅具有专业知识，而且他们直接同环境打交道，让他们直接参与决策将更有意义，打通他们参与决策的唯一渠道只能是下放权力（一定层次的决策权），即向其授权。何况，政府向企业学习的举措之一是从企业中引进管理人才，由"政治中立"所决定的公务员封闭架构显然无法适应改革的需要。所以，当代公务员的政治化进程使其已不可能墨守成规而保持政治中立。

(二) 连续性问题

公务员制度被用来保障政府日常运作的连续性，是由体制的稳定性与可预见性所决定的。其前提条件是必须超脱于党派斗争的政治日程之外，这样才可以减弱政治变迁引起的剧烈震动。这种"连续性"价值渗透于长期雇佣的规则（以抵消执政党变化带来的影响）中，也体现在一系列复杂的法律保护体制（以防止对公务员权利的随意侵害）中，造就了公务员个体稳定的职业感，形成了公务员事实上的终身雇佣制。无论从何种角度看，这种连续性是公务员体制的一个值得肯定的传统价值理念。然而，目前这一理念已愈来愈成为一种弊端。由于终身雇佣的期望，人们一旦拥有公务员资格，就有了稳定的职业地位，这变成了难以改变的权利，相应的待遇也着眼于公务员的工作年限而不是贡献。其结果是，公务员日益失去了竞争的动力，同时也不符合成熟的市场经济下的劳务商品的价值规则。可见，这种职位和工资的永久性倾向虽然符合连续性的要求，但已不再符合政府面向市场的现实。何况，变动不居的政治经济状况使当今政府的稳定性和可预测性已杳无踪影，而永久任职所产生的非灵活性和惰性已经使体制功能失调。在今天不确定的环境中，组织的活力对提高绩效来说已至为关键，这意味着灵活性，即为了应付竞争、财政约束以及满足消费者的要求，必须能够迅速改变组织的规模和面貌。在私营部门，对灵活性的要求就意味着结束事实上的终身雇佣制，除非个人和组织的绩效都不断提高从而为长期雇佣提供保证。

（三）功绩问题

文官制度最初是企图永远摒弃政党分赃制的实践（只有少数高级政策和决策职位除外）。在一定意义上说，这是连续性目标的进一步深化。但更重要的是，功绩制意在保证政府雇员具有管理日趋复杂的政府事务的技巧和能力。例如，功绩制是美国公务员制度所珍视的价值传统之一。因而，美国要求公务员具备能处理"政府日常事务"的中立性能力，强调以功绩标准选拔录用政府雇员。然而，过去的优势再一次变为今天的劣势。与连续性中的问题一样，体现功绩制价值的职位分类及资格要求、集权化的评估体制等已日益僵化，在实践中暴露出愈来愈多的弊端，能力和功绩已退居次席，被淹没在复杂而又以规则为基础的评估系统中，从而使形式代替了本质，手段代替了目的。其后果是：僵化而又无所不在的资格标准防碍了用人机构对求职者进行自主判断；集权化的评估和评估程序使用人机构不能"当场拍板"；复杂而又神秘的工作分类制度鼓励和奖励狭窄的技术专业化，进而导致工作的"部门化"，削减了机构发展和利用综合性人才的能力；复杂的保护体制使得管理者难以及时辞退不合格的公务员，难以实现公务员队伍的新陈代谢。本来上述规则的推行旨在保证政府雇员任命中的功绩标准，但规则的僵化性反而削弱了人力资源管理方面运用正确判断的能力。[①]

三、西方国家文官制度的改革取向

随着信息化和全球化时代的来临，人们对传统文官制度以及官僚体制普遍感到不满，这成为20世纪最后20年西方政府改革以及文官制度改革的一个诱因。西方各国文官制度改革采取了如下主要措施：

（一）放松管制，增强灵活性

西方各国在人事录用、报酬、职位分类、培训等方面放松管制，增强灵活性，其举措包括：消除繁杂的规则；减少繁文缛节以及办事拖拉现象等。美国的做法是废除过多过滥的法律、法规，如美国联邦人事局废除了10000多页的人事管理法规；欧洲的大多数国家采用内部市场一类的办法来代替原先的层级

---

① 张旭霞. 公务员制度 [M]. 北京：对外经济贸易大学出版社，2006：41-43.

控制。两者的做法不一样，但目的都是要增强灵活性。

（二）公共管理者的非职业化

合同雇佣制和临时聘用已成为公共部门以及政府机构用人的常见方式。公共机构职位专属性以及文官永业制的终结，已经在政府常任文官中引起震动。而按桑德斯的说法，未来的美国文官制度将发生更大变化，永业制的公务员减少且更不稳定，新型的公务员将通过绩效合同向公众负责，以达到基本的绩效标准。

（三）绩效评估及灵活的付酬制度

西方公务员制度改革的另一个基本取向是注重结果而非过程控制，重视绩效评估，并采取灵活的付酬奖励措施（其实放松管制和增强灵活性是以结果控制和绩效评估作为前提的）。根据OECD国家公共管理年度报告，单就1989年的改革情况看，澳大利亚的改革包括工资结构的修正和高级文官绩效评估的引进；丹麦设立灵活的工资制度，配置更多的资金；荷兰发展灵活的工资体制；葡萄牙使工资体制更合理化；土耳其建立业绩奖励制度；英国采取绩效工资制以及灵活的工资结构等。

（四）政治家和文官相互关系方面的改革

按照英格拉姆、彼得斯和哈里甘等人的分析，这种改革的目的是要提高公共部门以及文官对政治家的响应性，改革的取向是淡化文官的政策功能，同时加强对公共官僚组织的政治领导。在英国这样具有悠久的非政治化传统且文官既受尊敬也具有影响力的国家也在试图对文官队伍加强政治控制，并将私人组织的主管等"局外人"引入文官队伍；在像法国和德国这样文官对于政党有较高认同的国家，同样在进行着加强这种认同的改革。

（五）结构和规模改革

这被认为是一种最复杂的改革，不仅涉及公务员制度，而且涉及整个政府管理体制。英格拉姆认为，这方面的改革包括了四个方面的内容：中央政府的结构性重组；自上而下的（从中央到地方）分权；私有化以及其他的"卸载"改革；减少规模或非规模的适度化。

总之，20世纪末期西方公务员制度改革的涉及面之广，力度之大，是前所未有的，以致不少学者称之为公务员制度的全面变革或转型。还有学者认为，在西方已出现所谓的"后文官制度"。也有学者认为，在西方文官制度改革只致力于提高文官制度的效率和能力，但它并没有对文官制度的结构、文化、价值或激励等进行根本性变革，同时，也没有考虑如何保留传统行政文化中一些有价值的东西。①

第三节 我国公务员制度

根据《中华人民共和国公务员法》的规定,公务员是指依法履行公职、纳入国家行政编制、由国家财政负担工资福利的工作人员。国家公务员制度就是对国家公务员进行管理的有关法律、法规、政策等的统称或总称。

一、我国公务员制度的发展概况

20世纪80年代,按照干部"四化"即革命化、年轻化、知识化和专业化的方针,我国中央和地方国家机关先后进行了人事制度改革,逐步调整了各级领导班子,建立了老干部离退休制度,开始逐渐废除实际上长期存在的领导职务终身制。不仅如此,许多地区和部门在干部的录用、考核、交流、培训等方面也进行了一系列改革探索,如有些部门在录用干部时便采取了考试的办法;有些基层单位还大胆地采用了合同制的干部聘任方式;有些机关实行了干部责任制,采用民主评议的方法来考核干部;甚至有些地区建立了干部交流制度,试行了干部回避的若干规定。但是,所有这些改革都处于试验性阶段,从整体角度对政府人事制度进行的系统改革开始于1984年,《国家行政机关工作人员条例》从这一年开始起草,并且于1986年完成。1988年3月,中央决定成立国家人事部,这标志着国家公务员制度开始步向实施阶段。1989年,审计署、海关总署、国家统计局、国家环保局、国家税务局、国家建材局部门首先进行了部门试点。1991年,又在哈尔滨市和深圳市进行了地区性试点。与此同时,《国家公务员暂行条例》草案中的一些单项制度,如考试录用制度、亲属回避制度、人事考试制度、人员培训制度等,也在全国范围内试行并取得了明显的效果。

在此基础上,1993年8月14日,国务院颁布了《国家公务员暂行条例》,并于同年10月1日正式实施。该条例的实施代表了国家公务员制度的基本框架已经确立,也表明政府人事行政工作进入了法制化、科学化的轨道。2005年4月,历经4年和十余次修改的《中华人民共和国公务员法》(下文简称"公务员法")经全国人大常委会通过,并于2006年1月1日开始施行。它的出台,标志着我国公务员制度建设进入了新的阶段。它不仅完善了我国的人事管理制度,

---

① 竺乾威. 新公共管理与文官制度改革 [J]. 江苏行政学院学报, 2013 (4): 96-97.

而且表明我国公务员法律制度走向了相对成熟。2018年12月29日,第十三届全国人民代表大会常务委员会第七次会议对"公务员法"进行了修订,新修订的"公务员法"自2019年6月1日起施行。

二、我国公务员制度的基本框架

国家公务员制度是由总法规和若干与之配套的单项法规所构成。其中,总法规就是《中华人民共和国公务员法》,共十八章一百一十三条,对国家公务员管理的各个环节都做了明确而具体的规定。从逻辑体系上来看,《中华人民共和国公务员法》包括以下几个有机组成部分:总则、公务员与政府的法律关系及其责任追究、公务员的职位分类、公务员的"入口"管理、公务员的"在职"管理、公务员的"出口"管理等。

(一)总则

《中华人民共和国公务员法》对国家公务员制度的性质和基本原则做了概括性的规定,其内容包括以下方面:(1)立法目的和立法依据;(2)公务员的内涵;(3)公务员法的调整对象;(3)公务员制度的指导思想;(4)公务员管理应当遵循的原则;(5)公务员主管部门的职责和权限。

(二)公务员与政府的法律关系及其责任追究

公务员与政府的法律关系是国家公务员制度的重要组成部分。在《中华人民共和国公务员法》中,这一法律关系是通过确定公务员的义务与权利、公务员的申诉与控告而表达出来的。而关于公务员的违法行为的责任追究即公务员的法律责任则单独由一章加以调整和约束,其追究方式包括责令纠正或宣布无效,给予行政处分、行政处罚,追究赔偿责任和刑事责任等。

(三)公务员的职位分类

国家实行公务员职位分类制度,公务员职位类别按照公务员职位的性质、特点和管理需要,划分为综合管理类、专业技术类和行政执法类等类别。由各机关依照确定的职能、规格、编制限额、职数以及结构比例,设置本机关公务员的具体职位,并确定各职位的工作职责和任职资格条件。

(四)公务员的"入口"管理

国家公务员的"入口"管理包括以下几方面的内容:(1)公务员的考试录用,即一级主任科员以下及其他相当职级层次的要经过公开考试、择优录用;(2)公务员的调任,即国有企业、高等院校和科研院所以及其他不参照公务员法管理的事业单位中从事公务的人员,可以调入机关担任领导职务或者四级调研员以上及其他相当层次的职级；（3）公务员的聘任，即机关根据工作需要，经省级以上公务员主管部门批准，可以对专业性较强的职位和辅助性职位实行聘任制；（4）公务员的选任，即依据国家法律、法规应当采用民主选举方式产生的党委、人大、行政机关、政协、法院、检察院及民主党派中相当职位的公务员。

（五）公务员的"在职"管理

公务员"在职"管理，是指对正在工作职位上、履行一定职责的公务员所进行的管理，其内容主要包括以下几个方面：（1）公务员的考核与奖惩；（2）公务员的职务升降与任免；（3）公务员的培训；（4）公务员的交流与回避；（5）公务员的工资、保险与福利。

（六）公务员的"出口"管理

公务员的出口是指对国家公务员离开国家行政机关、改变公务员身份的管理。其内容主要包括三个方面：（1）公务员的辞职与辞退；（2）公务员的退休及其安置和管理；（3）聘任制公务员的管理。

三、我国公务员制度的具体管理机制

作为法制化的政府人事管理制度，国家公务员制度主要是为了解决传统人事制度的各种体制弊端，并充分借鉴和吸收了国外政府人事管理科学方法的基础而产生的。因此，与"大一统"的传统干部人事制度相比，国家公务员管理对公务员采取了不同于企业、事业单位的人事分类管理机制，具体来讲，这种机制主要包括以下内容：

（一）公务员的分类管理制度

分类是对公务员实施科学管理的前提和基础，而现代国家公务员制度的核心内容就是在进行科学分类的基础上依法对公务员实行统一管理。我国公务员法中规定："国家实行公务员职位分类制度"，明确了在设计职务、级别时，以职位为导向，同时也吸收了品位分类的一些合理因素来建构我国公务员的分类管理制度。

（二）公务员的素质保障机制

公务员的素质保障机制，是公务员制度的重要组成部分，是公务员管理必不可少的环节，它对加强公务员队伍的群体竞争实力、提高政府行政效率、优化公务员队伍起着重要作用。我国公务员的素质保障机制主要由录用、考核、培训、交流、职位聘任等管理环节和制度构成。

（三）公务员的激励机制

人力资源管理活动不仅要选择、任用符合任职资格的人员从事某一职位的工作，而且要善于运用一定的手段，不断地激发、提升组织成员的工作潜能与工作积极性，更有效地将个人事业的成功与实现公共组织的目标结合起来，所以激励是现代组织管理的核心，正如西蒙所说"组织问题不在组织本身，而在有关的人"。在公务员制度中，激励机制贯穿于公务员管理的全过程，同时与其他制度存在密切的交叉。公务员职务任免、职务升降和公务员奖励以及公务员工资、福利、保险等是研究公务员激励机制的主要角度。

（四）公务员的监控机制

为了确保掌握公共权力的公务员能够忠诚地为社会服务、更完善地履行自己的职责，就必须加强对公共部门成员的监督和控制。现代人力资源管理强调通过公务员的自我控制与主管部门的监督相结合的管理方式，来实现对公务员运用权力的监控。前者主要是通过加强公务员的自身职业道德、责任意识、义务意识、行为规范、宣传教育，提供其行为的自我约束力；后者则主要提供外在的力量对公务员实施监控，如纪律、规章、考核、回避等。

（五）公务员的权利保障机制

公务员权利保障机制是指为防止公务员权利受到侵害和确保公务员权利最终实现而采用的制度化设计。我国公务员权利保障机制包括公务员权利侵害的预防机制和公务员权利被侵害之后的救济机制。前者重在事先的预防侵权，主要有身份保障、社会保障、职业安全保障等一系列保障机制；后者重在事后的侵权救济，在我国主要是公务员申诉控告制度。

四、我国公务员制度的特点

（一）与西方文官制度相比的特点

1. 我国公务员制度坚持和体现了党的"基本路线"

我国公务员法中明确规定，公务员制度坚持中国共产党领导，以马克思列宁主义、毛泽东思想、邓小平理论和"三个代表"重要思想、科学发展观、习近平新时代中国特色社会主义思想为指导，贯彻社会主义初级阶段的基本路线，贯彻新时代中国共产党的组织路线，坚持党管干部原则。这就要求我国公务员必须始终与党中央保持一致，坚决捍卫和执行党的路线、方针、政策。而西方文官制度则特别强调"政治中立"原则，要求文官（"事务官"）不得参加某些政治活动，如不得兼任议员，不得加入政党，在公务活动中不得带有党派的政治倾向性等。

2. 我国公务员制度坚持"党管干部"

中国共产党是领导各项事业的核心力量。在公务员的管理上，我国强调要坚持党的组织领导，贯彻党的组织路线。而西方文官制度则强调文官（"事务官"）管理必须独立于党派之外，"不受任何党派干预"，"与党派政治脱钩"，是独立的管理系统，公务员职务晋升不受政党干预。

3. 我国公务员制度不实行"两官分途"

我国实行共产党领导下的多党合作与政治协商制度，不搞多党轮流执政，不存在因执政党更替而影响政府稳定的问题，所以没有必要将公务员分为"政务官"与"事务官"那样两种性质截然不同的类型。同时，公务员法也规定："法律对公务员领导成员的产生、任免、监督及监察官、法官、检察官等义务、权利和管理另有规定的，从其规定。"而西方国家现代民主的重要体现是通过按期选举、能者上台，实现两党或多党轮流执政。为了减少政党竞争对政府正常行政工作的影响，其文官制度实行"两官分途"——将公务员分为"政务官"和"事务官"两类，强调"政务官"的政治化和"事务官"的职业化。"政务官"包括内阁成员及其助手，通过选举和委任产生，地位较高，参与决策，有严格的任期，与政党、内阁共进退。"事务官"通常包括副部长以下的人员，需要经过公开考试、竞争、择优录用，他们专门从事业务工作，不卷入党派之争及有关的政治活动，可长期任职，不与政党、内阁共进退，非经法定事由，不可以任意辞退，这样每次政府领导人更迭，影响的只是少数人员，大部分职业文官保持基本稳定，国家机器能照常运转。"政务官"和"事务官"各自形成封闭的独立集团，待遇不一，升迁途径不一，是两个截然不同的职官体系，相互之间不能转任。

4. 我国公务员制度坚持服务于民的宗旨

我们党一贯倡导全心全意为人民服务，在公务员制度上也强调了这一点。从理论上讲，我国公务员的考核、奖惩、晋升等都要考察其为人民服务的精神；做人民公仆，为人民办事，对人民负责，受人民监督，这是中国公务员最根本的行为准则；中国公务员没有自己集团的特殊利益，也不存在任何形式的特权。而西方国家的文官则是一个独立的利益集团，它受雇于政府，是政府的雇员，一切服从政府需要，为政府利益服务；他们还可以通过自己的工会等组织，就工资、福利等问题同政府谈判，最大限度地维护自己的特殊利益。

（二）与我国传统人事制度相比的特点

1. 国家公务员制度体现了分类管理的原则

国家公务员制度适用于公共部门，与私营部门人事制度相区别，改变了传统人事制度下不论什么干部统统按一个模式管理的方式。国家公务员制度的建立,标志着具有中国特色的国家公共部门人事管理制度的初步形成。

2. 国家公务员制度具有比较健全的法规体系,法制化水平较高

国家公务员制度除有总法规——《中华人民共和国公务员法》之外,还有若干个配套的单项法规及其实施细则、实施方案,如考试录用、考核、奖惩、职务升降、回避、职位分类等具体规定,使国家公务员管理的各个环节都有具体的法规和规章可以依据,这是传统人事制度所无法比拟的。

3. 国家公务员制度在管理机制上比传统人事制度进一步健全和强化

国家公务员制度有竞争择优机制。在公务员考试、考核、晋升、任免等方面都体现了优胜劣汰机制,力图使每个职位都由最优秀的人员来担任。

国家公务员制度有新陈代谢机制。国家公务员制度一方面在公务员的"进口"即录用上严格把关,以保证公务员队伍的良好素质;另一方面,在建立正常的退休制度的同时,还规定必须进行人员交流、职位轮换,实行聘任制,规定不同职务的最高任职年龄限制,以及采取辞职、免职、辞退等办法,从而打破了职务终身制,增加了公务员的"出口",使公务员能进能出,能上能下,以增强国家机关的生机与活力。

国家公务员制度有廉政勤政保障机制。公务员法对公务员的义务、纪律、考核、奖惩、升降、回避等方面都加以严格约束,并通过监督来加以保障。

4. 国家公务员制度的相关制度更加合理

有关工资、福利、保险等方面的规定比传统人事制度的相关规定更为科学合理。比如,公务员实行国家统一的职务与级别相结合的工资制度。公务员工资包括基本工资、津贴、补贴和奖金。

复习思考题

1. 人事行政的主要内容包括哪些?
2. 人事行政有哪些功能?
3. 人事行政要坚持哪些原则?
4. 人事行政的理论主要有哪些内容?
5. 西方国家文官制度有哪些特点,有哪些弊端?
6. 我国公务员制度有哪些具体管理机制?
7. 我国公务员制度有哪些特点?

第八章

公共预算管理

财政是国家运转的基石,公共预算是国家财政治理的重要环节。作为政府经济管理职能的重要组成部分,公共预算管理显著影响着各项公共行政职能的履行成效和社会经济体系的运转效益。本章围绕公共预算整个体系而展开,着重探讨公共预算管理的内涵与职能、公共预算管理流程、公共预算收入与支出以及运行机制等核心问题。

第一节 公共预算管理概述

公共预算管理是政府有计划、有目的地利用各种财政政策和手段,有效维持自身运转与发展,并有力保障社会经济健康稳定增长的系统活动过程,有其特定的含义、特征和职能。

一、公共预算的概念、内涵与本质

所谓公共预算,就是指经过法定程序审批的具有法律效力的政府财政收支计划,是政府筹集、分配和管理财政资金及宏观调控的重要工具。从狭义来看,公共预算指的是预算文件或预算报告;从广义来看,公共预算是政府预算决策、编制、批准、执行、决算、审计结果的公布与评价等所有环节,实际上是整个预算制度。从经济角度而言,公共预算是政府调控经济运行的重要工具;从政治角度而言,公共预算体现政府集中性控制和支配公共资源;从法律角度而言,公共预算是具有法律效力的文件;从管理角度而言,公共预算是以年度财政收支计划的形式存在的。

公共预算是公共管理的核心和政府运行的整体反映。公共预算能清晰反映出政府做什么和不做什么的选择,体现政府支出上的优先权;还能看出政府服务于不同目标的各种决策的相对比例;公共预算将公众的偏好与政府产出联系起来,向公众提供了一个强有力的管理工具,并使公众能够通过影响预算,使政府的收支活动符合自己的偏好;还能反映公众对于不同形式和不同水平的税收偏好。

二、公共预算的特征

公共预算既讲究技术理性，亦有很强的政治性。公共预算的核心是公共利益分配的政治过程。公共预算特征主要包括：政治性、民主性、公共性、法治性。政治性主要表现为：公共预算由权力机关审批和制定，权力机关对预算行使控制职能。民主性表现在：公共预算活动以民主方式开展，国家权力机关能够通过民主表决控制公共预算。公共性体现为：公共预算是为了实现广大人民的社会福利，公共服务应成为公共预算的主要导向。法治性主要体现为：公共预算活动应纳入法治化轨道，"有法可依，有法必依，执法必严，违法必究"，实现依法理财。公共预算的核心在于可以依法监督与控制行政权，立法机构通过民主方式将社会成员对公共财政活动的集体意愿上升为法律，使社会成员的意志得以约束、规范和监督政府公共财政活动，确保政府公共财政活动符合社会成员的根本利益。

三、公共预算的职能

公共预算的范围取决于政府活动的范围，其基本职能相当于政府的基本职能。从这个角度出发，公共预算具有三个基本职能：资源配置、收入分配及经济稳定[①]。

资源配置职能，政府通过预算将社会资源在公、私部门之间进行配置，将公共资源在相互竞争的公共需求之间进行具体分配，并根据公共目标的重要性确定资源分配的优先顺序，经由预算的配置职能，政府向公众提供诸如国防、法律、教育和其他各种形式的公共产品和公共服务。

收入分配职能，公共预算的实施可促进不同人群之间利益分配的合理化，使分配更符合大多数人的意愿。

经济稳定职能，政府通常运用各种财政政策和手段，通过有目的、有计划和集中性的财政收支活动和财务举措，在实现财政收支、信贷收支、外汇收支和物资供求等综合平衡的基础上保持社会总供求的大体平衡，并主动在国民经济出现"通货膨胀"或"通货紧缩"时进行逆向的调节，以推进宏观经济的持续稳定增长。

---

① 苟燕楠．公共预算职能的发展变迁［J］．宁夏党校学报，2008（3）．

国外学者阿伦·希克（把政府预算）的职能划分为三种：计划、管理、控制。鲁宾认为，现代公共（预算）还必须包括另外两个职能，即优先排序和预算问责。公共预算的计划职能是指公共部门确定组织目标，测算为了实现这些组织目标所需要的资源以及决定怎么样获取和使用这些资源等决策过程，主要回答"做什么"的问题。公共预算的管理职能是指确定了组织目标后，项目管理者有效获取和利用资源以实现组织目标的过程，是解决"怎么做"的问题。公共预算的控制职能是为了确保有效实施特定的工作任务，而对具体的人、财、物的控制，早期的线性预算就是为了满足这个目的而产生的，公共预算的优先性排序职能是指公共预算资源相对于有效需求是稀缺的，因而公共支出需要对预算申请进行优先性排序，优先性排序反映了决策者的政策偏好，决定了预算分配的结果。而公共预算问责指的是确保政府花钱的行为对纳税人负责，让每一分钱发挥最大效益。

总之，公共预算有三大目的：（1）实现总额控制，有效确保减少预算赤字；（2）提高政府的管理效率，使国家有效统筹管理资金；（3）提升公共资源的配置效率。

第二节 公共预算管理流程

一、公共预算管理流程概况

现代政府预算程序业已高度成熟，科学高效、系统配套的体系已建成。科学高效、系统配套具体包括预算决策、编制、审批、执行、决算、绩效评价以及监督七个基本环节，下面以我国为例，对预算流程分阶段予以探讨。

二、公共预算决策

（一）公共预算决策含义

从广义上讲，公共预算决策是指的公共管理部门针对代表公众利益的财政预算资金和资产的来源、规模、结构、使用范围、使用方向、使用方式、使用绩效，预算管理各环节的程序以及模式等公共预算管理事项所做出的各种决策。预算决策贯穿于预算管理的整个过程，并非就是指单纯的财政收支计划的决策，还包括与各类财政收支计划决策相关的收支预测、机制建设、绩效评估等各个方面的决策，具有强烈的政治性、政策性，而且，每一项决策都要在相关的国家法律、公共政策框架内实施。

公共预算决策本身包括决策主体、决策范围、决策依据、决策方式、决策程序、决策监督等多方面内容。预算决策主体是指由谁来实施决策，各相关方的职责权利是如何界定的。预算决策范围是指预算决策的对象。预算决策的依据是指参照的法律、法规、政策，及其外部环境等约束条件。决策方式包括核心型决策方式、精英型决策方式，抑或民意型决策方式等。决策程序是指决策活动经过的步骤或阶段，包括提出问题、研究方案、选择方案、执行方案、监督评价方案等内容。

(二) 公共预算决策的特征

1. 公共性

主要体现在两个方面：公共预算决策的内容是公共性事务，其决策方式应当有公民参与。从决策内容上看，公共预算的本质与家庭部门、私有企业等私有部门预算的自利性相比较，它是以公共资源的管理为基础，为满足公共需要所进行预先计划，具有鲜明的公共性，表现出较强的利他性。

2. 政治性

从表面上看，公共预算的决策只是关于资金的收支，应当属于经济基础的范畴，但实际上，它作为公共资源的管理分配，涉及各个群体的利益，其决策过程是各个利益群体维护自身利益相互作用、相互博弈的过程，是各个利益群体相互讨价还价、相互妥协的结果，而这种结果还必须得到权力机关的认可和批准，才能形成法律规定。这么来看，公共预算决策属于上层建筑，体现了很强的政治性。

3. 法治性

公共预算管理与社会公众的切身利益息息相关，因此，公共预算决策绝不能为所欲为，而必须要严格依法行事。公共预算收入来源于哪里、如何筹集，公共预算支出用于什么方向、如何安排，每一项公共预算决策的做出都需要有真实可靠的法律法规依据，同时按照法律法规规定的程序和要求履行审查审批手续。一个良好的公共预算决策机制只有做到各相关主体的权责明确、程序清晰、定位准确，才能形成相互促进、相互制约的权力监督机制，防止公共预算决策权的失控，影响公共资源配置的公平和公正性。"依法理财"就是公共预算决策制度性特征的根本体现。

4. 公开性

公共预算涉及社会公众的切身利益，公共预算决策的过程应当向社会公众公开。从决策的方式看，公共预算权力来源于广大纳税人，政府只是作为公众代理人，按照社会公众意愿和诉求，在公共决策的基础上使用公共资金，为公众提供公共产品，完成公众的受托责任。党的十八大提出要创新社会治理体制，改进社会治理方式，鼓励和支持社会各方面参与，实现政府治理和社会自我调节居民自治良性互动，就是要充分采集民意，发挥民意，形成社会管理、政府决策的新型模式。西方发达国家的公共预算决策的过程会通过法律制度性的安排，比如听证、质询、预算公开等措施向社会公众公开，确保公共预算最大限度地体现社会公众的意愿和利益。公共预算决策公开是促进社会公众参与预算民主管理、监督的有效途径。

三、公共预算编制与审批

公共预算的编制即公共预算收支计划的预测及确定，预算编制意味着要考察资源过去的使用情况，分析已经实现的目标及其成本，并为将来的预算周期分配新的资源。因此，预算的编制必须符合国家有关法律、法规和制度的规定，必须反映国家的宏观政策及国民经济和社会发展的要求，满足预算管理的需要。

（一）公共预算编制的含义与依据

公共预算的编制就是指政府制定预算资金筹集、分配的年度计划，明确政府预算资金从哪里筹集，筹集多少，分配到哪里去的过程。因此，公共预算是政府用以促进社会政治经济政策目标最基本的工具，每一项预算收支的安排都要有其法律依据和政策制度依据。

目前，我国公共预算编制的法律依据主要是《中华人民共和国预算法》和《中华人民共和国预算法实施条例》以及相关的法律、法规，如在《中华人民共和国预算法》中，对预算编制的要求、内容、形式、财政后备资金的建立、编制及批复的时间和程序等做了明确的规定。党和国家的政策是政府预算编制的政策依据，特别是当年国家政治经济的大政方针，是编制年度预算的基本依据。公共预算编制贯彻国家的方针政策、体现政府的调控意图，主要是通过预算收支范围的调整和预算收支结构的变动来实现的。预算收支范围的变化直接体现着政府对经济和社会发展管理范围的变化；预算收支结构的变动反映政府执行的产业政策及部门和地区发展政策的调整。尽管各个财政年度的基本方针政策不尽相同，但是作为年度财政计划的公共预算必须紧密围绕当年的基本政策要求进行安排，只有这样，才能把国家的方针政策落到实处，为顺利实现年度预算收支任务打好基础。

(二) 公共预算编制模式

随着经济的发展与社会的进步，需要政府提供的公共产品的规模不断增加，结构日益复杂，政府职能相应拓展，政府预算的模式也经历了由简单到复杂、由低级向高级发展的过程。按预算编制的结构划分，可分为单式预算与复式预算；按预算编制方法划分，可分为基数（增量）预算与零基预算；按预算编制的导向划分，可分为投入预算与绩效预算。本章将着重介绍基数预算与零基预算两种常用的预算模式。

1. 基数预算

基数预算是指在安排预算年度收支时，以上年度的收支为基数，综合考虑国家政策变化、财力增加额及支出实际需要量等因素，确定一个增减调整比例，以测算新的预算年度有关的收支指标，并据此编制预算的方法。其基本公式为：预算年度某项收支数额＝上年度该项收支的基数×（1±增减率%）。基数法是我国预算编制过程中最常用的方法之一。

该方法的优点在于：简便易行，在数据资料有限、工作人员知识水平较低、预算管理的科学性和规范性要求不高的条件下，可满足财政决策和预算编制的需要。基数法编制预算也有缺点：首先是收支基数的科学性、合理性难以界定。在实际工作中，往往以上年度实际数或以前若干年度的平均数为预算收支基数，这是以承认既得利益为前提，使以前年度不合理的收支基数继续延续；其次是方法简单粗糙，国家政策变化、财力增加额及支出实际需要量等因素的分析，以及增减变化率的确定，主要依靠预算编制人员的主观判断，随意性较大，缺乏科学依据。

2. 零基预算

零基预算是指在编制预算时对预算收支指标的安排，根据当年政府预算政策要求、财力状况和经济与社会事业发展需要重新核定，而不考虑该指标以前年度收支的状况或基数。美国农业部早在20世纪60年代就开始使用零基预算方法。实践中零基预算对有关预算收支的安排，也不完全是从头开始，有时是在原有预算的基础上提出一组备选方案，供决策参考。比如，为减少某项收支，在备选方案中至少有一个方案是低于原预算的。零基预算的优点在于：预算收支安排不受以往年度基数的约束，预算编制有较大的回旋余地，可突出当年政府经济社会政策的重点，充分发挥预算政策的调控功能，防止出现预算收支结构僵化。其缺点在于：不是所有的预算收支项目都能采用零基预算，有些收支在一定时期内具有刚性，如国债还本付息支出、公务员工资福利支出等；另外，每年对所有收支都进行审核，是一项需要消耗大量人力、物力和财力的工作，难免出现不必要的浪费。因此，由于种种因素制约，1981年美国里根政府宣布取消零基预算编制方法。

（三）公共预算编制程序

按照编制主体划分，我国预算可分为部门预算和财政总预算。部门预算由各预算部门编制，是财政总预算的基础；财政总预算由各级财政部门编制，是各部门预算的汇总和综合。因此，预算编制应主要包括三个方面的内容，即单位预算编制、部门预算编制和总预算编制。本教材着重介绍部门预算编制程序。

虽然部门预算改革在中央和地方的具体做法和实施程度不尽相同，但基本原理是一致的，本节主要以中央部门预算为例，来介绍部门预算编制程序和内容。简单来讲，中央部门预算编制程序经过"两上两下"过程，即预算部门两次将预算草案上报给财政部，而财政部两次返回预算的过程。

1. "一上"：部门编报预算建议数。各预算单位按照有关预算编制要求编制预算建议数，并提供与预算需求相关的基础数据和相关资料，然后层层审核汇总，由一级预算单位审核汇编成部门预算建议数，上报财政部门。

2. "一下"：财政部下达预算控制数。财政部各业务主管机构对部门上报的预算建议数进行初审，由预算司审核、平衡，在财政部内部按照规定的工作程序反复协商和沟通，最后由预算司汇总成中央本级预算初步方案报国务院，经批准后向各部门下达预算控制限额。涉及预算分配权部门的指标确定，由财政部相关司对口联系，其分配方案并入"一下"预算控制数，统一由财政部向中央部门下达。

3. "二上"：部门上报预算草案。中央部门根据财政部门下达的预算控制限额，编制部门预算草案上报财政部。部门在填报有关支出报表的同时，必须填报部门预算报表中的收支预算总表、收入预算表、预算外资金收入预算表、政府性基金收入预算表等报表。

4. "二下"：财政部批复预算。财政部根据全国人大批准的中央预算草案批复部门预算。财政部在对各部门上报的预算草案进行审核后，汇总成按功能编制的本级财政预算草案和部门预算，报国务院审批后，再报全国人大预算工作委员会和财经委审核，最后提交全国人大审议。在全国人大批准预算草案后30日内，统一向部门批复预算，各部门应在财政部批复本部门预算之日起15日内，批复所属各单位的预算。

当然，预算部门和财政部门并非严格和完全按照上述预算程序进行编制，不一定是"两上两下"，有些地方可能是"三上三下"，有些地方是"一上两下"，实践中，各预算部门可与财政部门就有关预算编制问题随时进行交流，并就具体内容进行必要的调整。

(四) 我国公共预算审批程序及内容

我国各级人大是法定的预算审批部门。人大审查的内容和重点主要是预算草案的合法性、完整性及可行性等方面。其中包括预算收支指标是否符合国家的方针政策和法律法规要求，是否符合国民经济和社会发展计划等。人大审批预算的具体工作流程分为预审、初审、大会审三个阶段。

1. 预算工作委员会的预审

增强预算的全面性和准确性。预算工作委员会（简称"预工委"）的主要职责包括：第一，制定预算预审工作计划，并向常委会领导报告；第二，听取政府有关部门汇报经济运行情况，分析财政经济形势；第三，向财政部门提出下年度预算编制及审查工作的意见；第四，会同相关专门委员会，组织代表参与，听取有关部门本年度预算执行情况和下年度预算编制情况汇报，了解财政下达预算控制数，听取部门意见，提出改进建议并与财政部门沟通，完善部门预算草案编制；第五，人民代表大会召开的一个半月前，会同财经委和其他专门委员会，听取财政部门关于当年预算执行情况和下半年预算草案初步方案的汇报，邀请专家人大代表对预算草案初稿发表意见和建议，汇总整理、提出预审意见，与财政部门沟通。财政根据这些意见对预算草案进行修改，并将修改情况反馈预工委；第六，预工委撰写预算草案初步分析报告，指出上年预算执行的成绩、不足及其原因，并对当年预算草案的总体安排、收支结构等进行评价，提出意见和建议，供财经委和常委会审查预算草案时参考。

2. 财政部经济委员会的初审提升了政府预算的科学性和统筹性

各预算部门、单位均具有超出实际需要多编预算的风险动机，但在预算审批制下其实际影响并不突出。现行基本预算支出的定员定额核算等措施使得各部门、单位不能随意地多编预算。存在较大多编预算风险动机的是相对独立的项目预算，而由于财政部门通常将其统一纳入项目库管理，并根据现有财力和各部门、单位事业发展需要的轻重缓急实行滚动管理，因而各部门、单位在编制项目预算时将会为争取更大的申报成功率和更早地落实所申报项目而开展一系列项目"性（项目重要性）价（项目费用）比"的竞争。这在客观上促进了各预算部门、单位务实、节俭地编制项目预算，提高了财政资金使用的科学性和统筹性。

3. 人民代表大会的立法审查和批准确立了政府预算的公共性和法律性

《中华人民共和国预算法》规定，各级人民代表大会是审查、批准本级政府预算的权力机关，政府预算在经过部门编制和财政部门审查之后，须交由人代会进行审查和批准。人代会代表社会各界最共同的利益,经由人代会审查和批准的政府预算代表了社会成员对于政府收支活动范围及其规模的广泛认可,上升成为真正的公共预算。同时,人代会作为立法机关,经由其审查和批准的政府预算具有法律严肃性,因而得到必要的法律保障和必需的法律约束。

近年来,我国政府预算审批工作在制度化、程序化、透明化等方面均取得了较为显著的完善,但是仍然存在着特定的不足之处亟待改进:一是预算审批时间应适当提前并延长,以提升预算审批的完整性和深入性;二是建立专业论证和公众听证制度,以确保预算审批的科学性和公共性。

四、公共预算执行

公共预算的执行是指将公共预算由计划演变为现实的具体实施步骤,即预算年度内政府实现各项预算收支任务的重要工作过程,是预算管理的中心环节。

我国公共预算的执行是在"统一领导,分级管理,明确分工,密切合作"的原则下由特定行政组织负责完成的。在公共预算执行过程中,一切财政收入均须集中缴入国库,一切财政支出均由国库集中拨付。

一般而言,公共预算的执行任务主要包括以下四个方面:(1)按照公共预算确定的收入任务,积极组织预算收入。(2)按照公共预算支出计划,及时、合理拨付预算资金。(3)根据预算收支变动情况,加强预算执行中的平衡工作。(4)加强预算执行的监督活动,防止、纠正各种偏差情况。

五、公共预算决算

(一)公共预算决算的含义

公共预算决算是指政府各部门按照法定程序编制的、用以反映法定程序批准的年度预算执行结果的政府预算总结报告,是一定预算年度内公共预算收入和支出的最终结果,也是政府的经济活动在财政上的集中表现。

政府决算与政府预算处于预算执行过程的两端,分别反映了该过程的起点、依据和终点、结果。公共预算是国家财经政策的集中体现,是对预算年度收支规模、结构和各种比例关系的总体估算;公共预算决算则是国家财经政策和政府预算的真实执行规模与效果的集中反映,并且是重新制定国家财经政策和公共预算的重要依据。公共预算决算的编制与公共预算的编制、执行构成一个统一的运作过程。

(二)公共预算决算的意义

公共预算的执行结果如何,只有通过依法编制政府决算才能客观、全面地加以考察和反映。因此，编制公共预算决算具有以下三方面的重要意义。

1. 公共预算决算客观反映了政府预算执行的实际结果

公共预算决算所表明的数据是公共预算执行中最终形成的实际数据。公共预算决算收入反映了年度公共预算收入的总规模、收入来源和收入构成的实际情况；公共预算决算支出反映了政府预算支出的总规模、支出方向和支出构成的实际情况，也反映了各种重要的比例关系，体现了国家经济建设和社会事业发展的规模与速度；公共预算决算中的基本数字则反映了各项事业发展的实际进程和成果。

2. 公共预算决算提供了制定国家财经政策的参考资料

通过公共预算决算的完整编制和具体分析，可以从预算资金积累和分配的角度，系统总结特定预算年度内的各项经济活动在贯彻执行既定国家财经政策方面的基本过程和客观成效，为有关政府机构务实研究重大财经问题和正确进行相关宏观决策提供重要的参考资料。

3. 公共预算决算系统整理和积累了公共预算收支实际资料

通过公共预算决算的编制，可以系统地整理、反映预算执行状况，报告最终实际数字；通过对决算资料的分析，可以总结年度内预算编制、预算执行、预算管理、平衡收支、资金使用效益和财政监督等方面的经验教训，提出改进意见和措施，以便提高下年度的预算管理水平，并为制定下年度以及以后年度的预算收支控制指标提供必要的数字基础。

六、公共预算绩效评价

（一）绩效预算的内涵

绩效预算是把市场经济的一些基本理念融入公共管理之中，强调投入与产出的关系，即政府通过公共产品服务与成本的比较，要求以最小的投入取得最大的产出。其宗旨在于有效降低政府提供公共产品的成本，提高财政支出的效率，约束政府支出的扩张，因此又被称为以结果为导向的预算。绩效预算的目标是政府工作的"成果"，而不是政府机构的"产出"。

（二）绩效预算与投入预算的区别

传统的预算编制方法主要是投入式的分项预算，有时也称为线性预算，即预算内的各项支出按照支出类型和目标进行分类，对资金使用进行控制，避免不同分项支出之间的资金转移。而绩效预算则不同：

1. 从管人转向管事，更贴近市场需求

传统投入预算管理方式是按照"人员—职能—经费"这一模式进行制度安排的容易导致"因人设事"，绩效预算是以一种全新的角度，把政府作为一个提供公共品的经济部门，建立起"公共品—公共品成本—预算"的模式，通过对公共品的核算进行预算编制，关注点是政府应该花多少钱来购买某项公共产品，而不是供养人员，改变原来只考虑政府公共资源投入，忽略产出效果，体现了预算的约束机制。

2. 从收支核算到成本核算，更符合价值规律的要求

市场经济条件下，公共品也是商品，也必须遵循成本效益原则。在传统投入预算理念下，预算收支仅仅体现了政府自身意图，政府依据自身需要编制、执行预算，缺乏内在约束机制。尽管有人大监督、审计部门监督以及财政部门内部监督，但总的来看，这些外部监督都难以摆脱政府自身需求膨胀的趋势。绩效预算则强调公共品核算，在预算中融入了成本核算的理念，从而在制度上强化政府内控机制，使公共产品和服务能严格按价值规律的要求进行核算。

3. 从被动转向主动，绩效预算更好调动各部门的积极性

在传统投入预算管理体制下，要么先由财政代部门编制预算，要么由部门编制预算而财政审批，财政与各部门实际上站在对立的角度，在预算经费指标上进行博弈。绩效预算把预算的执行权还给了部门，在确定了部门的业绩指标和预算指标后，部门可以在指标确定的前提下，自行调整实现业绩指标的技术路线，可以增加人员，也可以增添设备；可以通过招投标的方式借助市场力量来完成，也可以通过政府部门来完成。从而一方面使政府能较好地控制预算规模，另一方面可以极大地调动预算单位的积极性，使它们能更好地进行资源配置。这种选择权的下放，可以促进政府行为更符合市场经济要求，从而使政府行为与市场经济更为协调。

4. 绩效评估体系代替传统的业绩考核，民主化理念凸显

绩效预算的核心是建立起一套能够反映政府公共活动绩效的评估体系。各部门绩效的评估既不是本部门自己说了算，也不是财政部门说了算，而是由纳税人的代表对政府的公共服务进行评价，这就赋予了绩效预算民主化的功能。无论是财政部门，还是用款单位，都必须在公众的监督下，通过提供有效的公共服务，才能取得公共预算的支持。这可以有效改变目前各级官员盲目追求"业绩"和"形象"的形式主义做法。因此，绩效预算是一种公民监督下的预算方式，它对于强化财政监督和提高政府的管理水平有着十分积极的意义。

(三) 全面实施预算绩效管理

全面实施预算绩效管理是推进国家治理体系和治理能力现代化的内在要求，是优化财政资源配置、提升公共服务质量的关键举措。为解决当前预算绩效管理存在的突出问题，加快建成全方位、全过程、全覆盖的预算绩效管理体系，2018年9月1日中共中央、国务院印发并实施了《关于全面实施预算绩效管理的意见》（以下简称"意见"）。

意见指出，构建全方位预算绩效管理格局：一要实施政府预算绩效管理，将各级政府收支预算全面纳入绩效管理，各级政府预算收入要实事求是、积极稳妥、讲求质量，必须与经济社会发展水平相适应，严格落实各项减税降费政策，严禁脱离实际制定增长目标，严禁虚收空转、收取过头税费，严禁超出限额举借政府债务，确保财政资源高效配置，增强财政可持续性。二要实施部门和单位预算绩效管理。将部门和单位预算收支全面纳入绩效管理，赋予部门和资金使用单位更多的管理自主权，围绕部门和单位职责、行业发展规划，以预算资金管理为主线，统筹考虑资产和业务活动，从运行成本、管理效率、履职效能、社会效应、可持续发展能力和服务对象满意度等方面，衡量部门和单位整体及核心业务实施效果，推动提高部门和单位整体绩效水平。三要实施政策和项目预算绩效管理。将政策和项目全面纳入绩效管理，从数量、质量、时效、成本、效益等方面，综合衡量政策和项目预算资金使用效果。

"意见"指出，建立全过程预算绩效管理链条。一要建立绩效评估机制。各部门各单位要结合预算评审、项目审批等，对新出台重大政策、项目开展事前绩效评估，重点论证立项必要性、投入经济性、绩效目标合理性、实施方案可行性、筹资合规性等，投资主管部门要加强基建投资绩效评估，评估结果作为申请预算的必备要件。二要强化绩效目标管理。各地区各部门编制预算时要贯彻落实党中央、国务院各项决策部署，分解细化各项工作要求，结合本地区本部门实际情况，全面设置部门和单位整体绩效目标、政策及项目绩效目标。绩效目标不仅要包括产出、成本，还要包括经济效益、社会效益、生态效益、可持续影响和服务对象满意度等绩效指标。三要做好绩效运行监控。各级政府和各部门各单位对绩效目标实现程度和预算执行进度实行"双监控"，发现问题要及时纠正，确保绩效目标如期保质保量实现。各级财政部门建立重大政策、项目绩效跟踪机制，对存在严重问题的政策、项目要暂缓或停止预算拨款，督促及时整改落实。四要开展绩效评价和结果应用。通过自评和外部评价相结合的方式，对预算执行情况开展绩效评价。各部门各单位对预算执行情况以及政策、项目实施效果开展绩效自评，评价结果报送本级财政部门。各级财政部门建立重大政策、项目预算绩效评价机制，逐步开展部门整体绩效评价，对下级政府财政运行情况实施综合绩效评价，必要时可以引入第三方机构参与绩效评价。健全绩效评价结果反馈制度和绩效问题整改责任制，加强绩效评价结果应用。

完善全覆盖预算绩效管理体系，要建立一般公共预算绩效管理体系。各级政府要加强一般公共预算绩效管理。收入方面，要重点关注收入结构、征收效率和优惠政策实施效果。支出方面，要重点关注预算资金配置效率、使用效益，特别是重大政策和项目实施效果，其中转移支付预算绩效管理要符合财政事权和支出责任划分规定，重点关注促进地区间财力协调和区域均衡发展。同时，积极开展涉及一般公共预算等财政资金的政府投资基金、主权财富基金、政府和社会资本合作（PPP）、政府采购、政府购买服务、政府债务项目绩效管理。二要建立其他政府预算绩效管理体系。除一般公共预算外，各级政府还要将政府性基金预算、国有资本经营预算、社会保险基金预算全部纳入绩效管理，加强四本预算之间的衔接。政府性基金预算绩效管理，要重点关注基金政策设立延续依据、征收标准、使用效果等情况，地方政府还要关注其对专项债务的支撑能力。国有资本经营预算绩效管理，要重点关注贯彻国家战略、收益上缴、支出结构、使用效果等情况。社会保险基金预算绩效管理，要重点关注各类社会保险基金收支政策效果、基金管理、精算平衡、地区结构、运行风险等情况。

七、公共预算监督

（一）公共预算监督的含义

公共预算监督是指在预算全过程中，对有关预算主体依法进行的检查、督促和制约，是政府预算管理的重要组成部分。这种监督有广义和狭义之分，广义的监督是指预算监督体系中具有监督权的各主体。依照法定的权限和程序，对各级政府预算所实施的检查和监督行为，狭义的监督，是指财政机关在财政管理过程中，依照法定的权限和程序对各级公共预算的合法性、真实性和有效性实施审查、稽核等检查活动。

（二）公共预算监督的分类

按照公共预算监督体系的构成来划分，公共预算监督可以划分为立法机关监督、财政部门监督、审计部门监督、社会中介机构监督、社会舆论监督和司法监督。

1. 立法机关监督

立法机关即各级人大及其常设机构。立法机关对政府预算的监督主要通过两种方式进行：一是通过立法实施监督，包括宪法层次的监督和一般法层次的监督。对于权力机关而言，宪法层次的监督是其特有的并且是根本性的，因为宪法规定直接决定着监督机构的地位和权限。二是通过审查、批准公共预算以及以对公共预算执行的监督对公共预算施加影响。

2. 财政部门监督

财政部门的预算监督实际上是一种行政监督方式。财政部门对公共预算的监督在公共预算编制和执行过程中起决定性作用。财政机关在进行财政管理活动中，依照法律赋予的权限和程序，有权对各级政府预算的真实性、有效性实施审查、稽核等检查活动。

3. 审计部门监督

审计部门对政府预算的监督实际上也属于行政监督的范畴。审计部门通过审查和评价政府预算的活动，确定政府预算是否合理，是否进行了充分的内部控制，是否满足法律要求，最终达到维护国家财政经济秩序、促进廉政建设、保障国民经济健康发展的目的。

4. 社会中介机构监督

社会中介机构（如会计师事务所、审计师事务所等）的监督对象主要是预算单位，对预算单位的监督实际上来源于前面三者预算监督职能的部分让渡以及预算单位内部监督社会化的要求。社会中介机构对预算单位的监督是对财政部门监督和审计部门监督的有益补充，是符合市场经济运行规律的必不可少的经济监督形式。

5. 社会舆论监督

社会舆论监督贯穿于预算监督的各个环节。这是一种十分广泛的社会监督，使社会公众通过发表自己的意愿和看法，对国家各方面的工作以及社会法律生活进行监督，特别是广播、电视、报刊等新闻媒体的监督，对公共预算的实施具有十分重要的监督作用。

6. 司法监督

司法机关主要是指我国各级检察机关和各级人民法院。检察机关行使公共预算监督的权力集中体现在：依法对国家机关工作人员和全体公民是否遵守国家财经法律、法规实行监督；对严重违反财经纪律的行为提起公诉；对其他预算监督机关的执法行为是否合法进行监督。人民法院的预算监督主要是通过人民法院刑事审判权和审判监督程序来实现的。与其他监督方式不同的是，司法监督完全属于事后监督，即一旦预算主体在预算活动中发生了违法行为，即追究其法律责任。

第三节 公共预算收入与支出

一、公共预算治理体制：分税制改革

（一）公共预算治理体制的内涵

公共预算治理体制是指正确处理中央政府与地方政府以及各级地方政府之间的财力分配关系，确定各级预算收支范围和预算管理职权的一项根本制度。建立公共预算治理体制的根本任务是通过规定预算管理权限及其相互间的制衡关系，合理划分各级公共预算的收支范围，实现国家财力在各级政府和各区域间的优化分配。

（二）我国分税制预算治理体制

1. 分税制的含义及其意义

1994年，我国预算治理体制进入重大改革时期，实行中央与地方财政分配形式的创新，即由财政分级包干制向分税制预算治理体制转型。分税制预算治理体制（简称"分税制"）是指在划分事权的基础上，按税种划分中央、地方财政收入的一种分级预算治理体制，即划分中央与地方两级政府的事权，按照财权与事权相统一的原则，明确各级政府支出范围；并在此基础上按税种划分中央与地方的财政收入范围，明确各级政府的税收管理权限，以使中央和地方财政都具有稳定的收入来源，建立独立、完整的分级预算体制。

分税制是当前许多国家的通行做法，也是我国预算管理体制的既定改革方向和目标模式。这对于有效适应社会主义市场经济发展的客观要求，正确处理中央与地方政府间的财政分配关系，具有重大的理论和实践意义。（1）有利于理顺和规范中央与地方政府间的分配关系，确立其制度化、固定化和透明化的运作轨道。（2）有利于扩大中央财政收入范围，增强中央财政力量，强化中央宏观调控效能。（3）有利于提高中央政府的转移支付能力，并相应提升其宏观调控能力。（4）有利于发挥地方政府在区域经济管理、发展中的积极作用，促进各区域间的横向经济联合，形成统一的社会主义市场体系。

2. 分税制的基本内容及其完善

分税制的基本内容主要包含中央与地方政府间的支出划分和收入划分，以及中央财政对地方财政所提供的税收返还数额的确定。

根据现行中央与地方政府事权划分的安排，中央财政主要承担国家安全、外交和中央国家机关运转所需经费，调整国民经济结构、协调地区发展、实施宏观调控所需支出，涉及由中央直接管理的事业发展支出；地方财政则主要承担本地区政权机关运转所需支出以及本地区经济、事业发展所需支出。

根据事权与财权相结合的原则，按税种划分中央与地方政府的收入范围，即将维护国家权益、实现宏观调控所必需的税种划为中央税；将与经济发展直接相关的税种划为中央与地方共享税；将适合地方政府征管的税种划为地方税，并逐步充实之，增加地方税种收入。

在分税制下，原本属于地方政府支柱财源的消费税全部和增值税的75%（下称"两税"）上划中央政府。为了保持原有地方既得利益格局，减少改革阻力，中央政府明确制定了中央对地方税收返还的办法。相应税收返还数额的计算方法为：以1993年为基期，以分税后地方净上划中央的收入数额（"两税"减去中央下划收入），作为中央对地方税收返还的基数，基数部分于1994年全部返还地方；同时，1994年以后的税收返还数额具有一定的增长，即将税收返还与各地方当年上缴中央金库的"两税"增长率挂钩，各地方上缴的"两税"每增长1%，税收返还便增长0.3%。

我国分税制改革采取整体设计、逐步推进的方式进行，通过二十多年的运行，已初见成效，基本达至预期目标，但仍需要总结实践经验进一步完善。（1）明确各级政府的事权范围和各级预算主体的支出职责。（2）逐步调整和规范央地政府间的收入划分模式。（3）完善央地政府间的转移支付制度。（4）推进省（区）以下转移支付制度的建立和完善。

二、公共预算收支分类

公共预算收支分类是指在政府预算管理中，按照一定的标准，将庞杂的预算收支项目进行划分和归类，以准确体现各类收支的性质、运行规律，反映国家一定时期内的路线、方针和政策，为政府预算的编制、执行和决算服务。预算收支分类的目的就是要让"外行人看得懂，内行人说得清"。通过公共预算收支分类，可以：（1）体现政府职能，反映国家一定时期的路线方针政策；（2）研究各项预算收支规律，为预算管理服务；（3）直接为政府预算的编制、执行和决算服务；（4）全面反映政府预算运行状况，加强预算监督。

在我国预算收支分类体系改革前，原分类体系暴露出一些弊端：（1）与市场经济体制下的政府职能转变不相适应，不能清晰地反映政府职能活动；（2）分类体系不科学，财政管理的科学化和信息化受到制约；（3）分类内容涵盖范围窄，不能准确反映政府收支活动全貌，财政预算管理和监督职能弱化；(4) 与国民经济核算体系和国际通行做法不相适应，既不利于财政经济分析与决策，也不利于国际比较与交流。因此，我国政府于2006年推出了政府收支科目改革方案，并于2007年全面实行。

政府预算收支分类分为两部分内容，一是收入分类，二是支出分类。其中支出分类又采用功能和经济两种标准。支出功能分类和支出经济分类从不同侧面，以不同方式反映政府支出活动，有利于全面、完整、明细地反映政府资金的使用情况。支出功能分类反映政府职能活动，说明政府的钱到底干了什么事，如办学校、修水利等；经济分类反映政府支出的经济性质和具体用途，说明政府的钱是怎样花出去的，如办学校的钱究竟是发了工资，还是买了设备、盖了校舍。从某种意义上讲，支出经济分类是对政府支出活动更为明细的反映。

财政支出按支出功能一般分类可分为四个部分：一是一般政府服务，主要包括一般公共管理、国防、公共秩序与安全等；二是社会服务，主要包括教育、卫生、社会保障等；三是经济服务，包括交通、电力、工业、农业等；四是其他支出，如利息、转移支付等。现行政府支出分类根据公共财政建设、政府管理和部门预算编制的要求，统一按支出功能设置逐步细化的类、款、项、目四级科目。总体上讲，支出功能分类中的类、款、项科目主要根据政府职能，按由大到小、由粗到细分层次设置。其中：类级科目反映政府主要职能，包括一般公共服务、国防、教育、公共安全等；款级科目反映政府履行某项职能所要从事的主要活动，如教育类下的普通教育、特殊教育等；项级科目反映某活动下的具体事项，如普通教育下的小学教育、初中教育等；目级科目，是指更加详细具体工作，如小学教育的设备购买等。

支出经济分类是对政府支出活动更为明细的反映，是进行政府预算管理、部门财务管理以及政府统计分析的重要手段。按支出性质一般分为购买支出、转移支出。现行支出经济分类科目设类、款、项三级。类级科目分为12类，具体包括：工资福利支出、商品和服务支出、对个人和家庭的补助、对企事业单位的补贴、转移性支出、赠予、债务利息支出、债务还本支出、基本建设支出、其他资本性支出、贷款转贷及产权参股、其他支出。

三、我国公共预算的收支构成

在我国，政府预算体系由四大部分组成，分别是：一般公共预算、政府性基金预算、国有资本经营预算和社会保险基金预算。

(一)一般公共预算

一般公共预算收入指政府凭借国家政治权力,以社会管理者身份筹集的以税收为主体的财政收入,用于保障和改善民生、维持国家机构正常运转、保障国家安全等方面的各项收支。

1. 各项税收

包括国内增值税、国内消费税、进口货物增值税和消费税、出口货物退增值税和消费税、营业税、企业所得税、个人所得税、资源税、城市维护建设税、房产税、印花税、城镇土地使用税、土地增值税、车船税、船舶吨税、车辆购置税、关税、耕地占用税、契税、烟叶税等 20 种。

2. 非税收入

包括专项收入、行政事业性收费、罚没收入和其他收入。财政收入按现行分税制财政体制划分为中央本级收入和地方本级收入。

3. 债务收入

包括中央政府债务收入加地方政府债务收入。

4. 转移性收入

包括返还性收入、一般性转移支付、专项转移支付收入等。

(二)社会保险基金预算

社会保险基金预算是社会保险缴款、一般公共预算安排和其他方式筹集的资金,专项用于社会保险的收支预算。其中社会保险基金预算收入包括社会保险基金收入和转移性收入,社会保险基金预算支出包括社会保险基金支出和转移性支出。

(三)政府性基金预算

政府性基金是指政府通过向社会征收基金、收费,以及出让土地、发行彩票等方式所取得的收入,专项用于支持特定基础设施建设和社会事业发展等方面的各项收支。其中政府性基金预算收入包括非税收入、转移性收入、债务收入,政府性基金预算支出包括科学技术、社会保障与就业支出等。

(四)国有资本经营预算

国有资本经营收支是政府以所有者身份依法取得国有资本收益,并对所得收益进行分配而发生的各项收支。其中国有资本经营预算收入包括非税收入以及转移性收入,国有资本经营预算支出包括社会保障和就业支出、转移性支出。

四、财政风险与政府债务

财政风险是指政府财政收入、支出或费用因各种原因产生出乎意料变动的可能性。最严重的财政风险意味着一旦风险损失成为现实,将会引发严重的财政危机:破产、政府债券/票据/支票的不兑付、无法履行其他义务,如支付工资、养老金等。

财政风险一般来源于以下几个方面:(1)政府习惯于借助于国有或私人金融机构来解决资金不足的问题,然而,一旦金融机构自身无法解决这些债务问题时,政府必须拿出财政资金来解决问题;(2)政府通过国有企业提供某些社会福利从而负有为其债务兜底的责任,或者通过向个人、企业和地方政府提供各类担保的形式,但同时政府也背负着国企的债务和潜在责任;(3)普遍存在的预算外收入进行的担保、贷款活动导致政府隐形负债和风险;(4)地方政府的借债行为,发行债券、担保私人或公司贷款,会增加中央财政的财政风险;(5)养老金和公共医疗项目也会增加未来的财政风险。

管理财政风险的目的是要控制财政风险,包括政府转移、消减和承担财政风险三种。转移财政风险,可以将风险转移给市场或者第三方承担,如出售经营不善、财务脆弱的国有企业,撤销对金融机构的担保等;消减财政风险,对贷款担保实施严格的监督和管理是典型的好办法。并且不轻易做出将导致沉重财政义务的承诺(例如对提高劳务工资、放宽失业救济和养老保障领取资格或标准);承担财政风险,通过风险融资由自己承担风险。建立或有储备,或由保险公司来冲销或部分损失。

在我国,地方政府通常在向当地居民提供公共服务方面扮演关键性角色,而地方财政状况也在很大程度上影响整个国家公共财政体系的稳定性与财务绩效。因此,中央政府对地方财政风险的监控是非常有必要的。应采取措施有效监控地方财政风险:(1)改进和加强政府会计、报告与审计;(2)建立地方财政风险预警系统;(3)中长期中应着眼建立一个处理地方财政紧急状况的法律框架。

实际上,随着我国社会经济快速发展,各级地方政府举债规模越来越大,地方政府债务规模迅速增长,潜伏着巨大的债务风险和诚信危机。因此,加强地方政府债务管理是推动地方社会经济持续、快速、健康发展的当务之急。

第四节　公共预算运行机制

一、政府间转移支付制度

政府间转移支付制度是预算管理体制的一个重要组成部分，是确保各级地方政府正常履行职能的一个必要条件，科学规范的转移支付制度是规范化分税制的重要组成部分，完善的预算体制离不开规范的政府间转移支付制度。

（一）政府间转移支付的概念与分类

政府间转移支付，是指在一定的预算管理体制下，上级政府与下级政府之间或同级政府之间财政资金的无偿转移（包括下拨和上缴）。政府间的转移支付实质上是存在于政府间的一种补助。在分税制的框架下，由于政府之间既定的职责、支出责任和税收划分，在上下级政府、同级政府之间普遍存在着财政收入能力与支出责任不对称的情况。这样，为平衡各级政府之间的财政能力差异、实现各地公共服务水平的均等化，就必须实行政府间的转移支付制度。

虽然各国实行转移支付的具体做法不同，但从性质上来讲，政府间转移支付都可以归结为两类：无条件转移支付与有条件转移支付。

1. 无条件转移支付

无条件转移支付又称一般性补助，指中央政府向地方政府拨款，不附加任何条件。也不指定资金的用途，地方政府可以按照自己的意愿自主决定如何使用这些资金。因此中央政府向地方政府提供无条件转移支付最主要的目的是解决纵向和横向的财政不平衡，即弥补地方的收支缺口，以保证每个地方政府都能提供基本水准的公共服务。

2. 有条件转移支付

有条件转移支付又称专项补助，指中央政府向地方政府指定拨款的用途，地方政府必须按照指定的用途使用这些资金。中央政府在向地方政府拨款时，往往要求地方政府按一定比例提供配套资金。有条件转移支付的资金必须专款专用，适合于特定的支出目的，因此能够有效地贯彻中央政府的政策意图，但也在一定程度上影响了地方政府的自主决策权。

(二) 为什么需要政府间转移支付？

1. 有利于实现公共资金的公平分配

无论财政收支是纵向不均衡还是横向不均衡，都会影响相应级次和地方政府对公共物品或服务的合理供给，从而造成社会成员之间在获得公共物品或服务上的差异性。这是背离社会公平原则的，因此，必须通过政府间转移支付对公共资金的分配进行调节，以保证各地财政能力的大体均等。实际上，在分税制预算管理体制下，基于税收的收入功能与调节功能的分税是公共资金在政府间的第一次分配，而以财政能力均等化为目标的转移支付则是公共资金在政府间的第二次分配。从各国的实践来看，政府间转移支付无不以使一国的社会成员均能享有与经济发展水平相应的基本的公共福利为主要目标。我国幅员辽阔。各地的自然条件和经济发展水平存在较大的差异，通过政府间转移支付来协调地区间的利益关系，满足各地居民基本的公共需要，是政府必须承担的一项重要责任。

2. 有利于保持中央政府对地方政府行为的必要控制力

一般来说，在分税制体制下，为保证国家的集中统一管理，有效落实中央的政策，赋予中央政府的财权通常会大于其事权，因而从整体上看，这种转移支付首先表现为中央政府对地方政府的资金拨付，其次才是地方各级政府间的资金拨付。即使是地方政府间的横向转移支付，也要由中央来主持，否则难以达到标准化和普遍性。应当说，政府间财政转移支付是分级预算体制中央政府控制和诱导地方政府行为的重要手段，它从利益机制上确定了中央政府的主导地位和权威性。

3. 有利于解决区域性公共产品外溢问题

区域性公共产品的外溢是由地方政府管理的区域性，以及部分由地方政府提供的公共产品的效益不完全局限在其辖区内所决定的。比如地方公路交通网络的建设，受益的不仅是当地企业和居民，其他地方也能从该区域较为便捷的交通中获益；再如防洪设施，其收益范围并不局限于设施所在的行政区域，流域内的其他地区也可以从中获得好处。在区域性公共产品存在外溢性和这类公共产品的成本完全由所在地的地方政府承担的情况下，其提供公共产品时所采取的策略容易产生某种程度的扭曲和偏差，即地方政府从本地利益出发，有可能高估提供公共产品的成本，而低估其整体效益，并以无法完全负担成本为理由减少此类整体效益较理想的公共产品的供给。这种扭曲性政策的实施，不仅影响了区域性公共产品的提供和本地区及相关地区居民的利益，而且也不利于地区间经济关系的协调。在这种情况下，实行政府间转移支付，由上级政府给予下级政府一定的财政补助，对具有外溢性的公共产品的提供进行适当地调节，便是一种较为有效的干预方式。

4. 有利于促进落后地区的资源开发和经济发展

对于具有一定规模的国家而言，由于各地地理条件、人口素质、资源状况以及其他要素禀赋的差异，一定时期内地区在经济发展水平上存在某种差距是必然的。但这种差距过大或任其发展，会引起资金、人才、劳动力的非规则流动，造成地区间的利益矛盾，严重时甚至导致社会动荡。因此，国家应以一定的政策措施促进落后地区的资源开发和经济发展，逐步缩小地区间的经济差距。运用政府间转移支付手段，可以增加对落后地区的资金投入，加大其资源开发力度、基础设施和公共项目建设的力度，引导资源向落后地区流动，协调区域经济关系。实际上，各国政府间转移支付的对象，主要是经济相对落后因而财政能力较为低下的地区，这不仅是实现社会公平的需要，同时也是促进资源在区域间合理配置的内在要求。

二、政府采购

前面我们有学习过公共预算的管理流程，其中公共预算支出的执行直接决定了公共产品和服务的质量和效果，是公共预算管理中非常重要的环节。按公共预算支出是否与商品和服务相交换为标准，可将其分为购买性支出和转移性支出，前者是指按照市场经济等价交换原则进行的财政支出行为，即进行这类财政支出后可获得一定的商品和服务；后者是指为实现特定目的进行的不按照市场经济等价交换原则的财政支出，进行这类支出并不能获得相应的商品和劳务。购买性支出即是政府采购，在大多数发展中国家，由于政府较多地直接参与生产活动，财政收入相对匮乏，因此购买性支出占总支出的比重通常较大，转移支出的比重较小。

（一）政府采购的含义

按照《中华人民共和国政府采购法》的定义，政府采购是指各级国家机关、事业单位和团体组织，使用财政性资金采购依法制定的集中采购目录以内的或者采购限额标准以上的货物、工程和服务的行为。根据这一定义，政府采购具有以下内涵：

1. 政府采购是以政府为主体的采购活动

按照法律规定：政府采购的主体是指各级国家机关、事业单位和团体组织，政府采购区别于个人采购、企业采购的重要方面就是其采购主体是政府，因此政府采购从制定采购需求、计划采购内容和数量、支付采购资金到使用采购产品（服务）的一系列行为都由政府确定。

2. 政府采购是以满足社会公共需要为目的的活动

政府采购是财政购买性支出的重要方式，其实质是政府代替公众购买所需的公共产品（服务），因此在国际上也将政府采购称为"公共采购"。从这一点来看，政府采购是公共财政的重要组成部分。

3. 政府采购运用财政性资金

政府采购是以政府为主体进行的采购活动，相应地，其运用的资金是筹集于公众的财政性资金。

4. 政府采购要按照法定程序进行

政府采购是政府代表公众进行的采购，行使公众的受托责任，而不是某个单位或部门内部的事情。为此，政府采购应该遵循相关的法律、法规，按照法定的程序进行，以保证采购的公开、公正和公平。

5. 政府采购的对象包括货物、工程和服务

从世界范围看，政府采购的对象主要包括货物、工程和服务。由于我国法律规定，政府采购是指采购依法制定的集中采购目录以内的或者采购限额标准以上的货物、工程和服务。因此，目前我国政府采购实践中采用的概念与上述理论意义上的政府采购不完全一致，是小口径的、狭义的政府采购。

（二）政府采购的特征

从政府采购的含义可以看出，它具有如下几个特征。

1. 规模巨大，影响重大

政府采购运用财政性资金进行采购，具有企业采购和个人采购不可比拟的资金实力，其采购规模通常比较巨大，世界上很多国家的政府采购总规模占GDP比重达10%以上。正是由于政府采购规模巨大，采购的数量和项目都会对国民经济和社会发展产生重要的影响。

2. 政策性强

政府采购不仅是政府代表公众采购所需的公共产品和服务的过程，而且还是一种重要的政策工具。通过控制采购的项目和数量可以达到调整产业结构等特定目的。比如，在经济萧条时，如果增加政府采购规模则有利于拉动经济增长，反之则可以通过减少政府采购规模而减缓经济发展速度。

3. 公开透明

对于企业采购和个人采购而言，其采购行为没有必要公之于众（法律规定的除外），而政府采购由于是政府代表公众的采购行为，公开透明性是政府采购

的内在要求，因此政府采购也被称为"阳光采购"。

4. 非营利性

政府采购作为财政的购买性支出，不是以营利为目的，而是为满足公共需要采购必要的公共产品和服务。

（三）政府采购作用

政府采购是目前世界各国都在普遍推行的财政制度，其原因在于政府采购能够发挥以下作用。

1. 节约财政资金

竞争机制、透明化的操作过程和规模效应是政府采购能够实现节约资金功能的主要原因。在发达的市场经济国家中，政府采购的节资率约为10%。从我国实行政府采购的实际情况来看，预算资金节约率也能达到10%左右。可见，政府采购可以有效节约财政资金，缓解财政压力。

2. 促进廉政建设

在不够成熟的市场经济中，法制的不严密和交易过程的不透明都容易引起大量"寻租"行为。供应商暗中从政府权力那里争取到国家的优惠待遇，政府工作人员则从供应商那里获得私下的"好处"。而政府采购，特别是公开投招标方式，可以通过透明化和制度化的操作，减少"权钱交易"等腐败行径，推进廉政建设。

3. 符合市场经济要求

相对于传统的计划经济体制，市场经济最大的特点是引入了竞争机制，而竞争也是政府采购的重要原则之一。在公开、公平、公正的竞争原则的指导下，政府采购依照一定的评价标准选择供应商及其产品和服务，这种机制促使供应商不断提高产品质量、降低生产成本或者改善售后服务，以使自己能够赢得政府这一最大的消费者。

4. 加强宏观调控

政府采购的主体是政府，在实际采购过程中，政府采购往往承载着政府意愿，因此，政府采购不是简单的市场采购行为，而是重要的宏观调控手段。从总量上讲，政府可以通过增加或减少政府采购的规模来调控社会总需求的规模；从结构上讲，政府可通过对某些行业、地区或企业的优先采购而实现经济结构的调整。

三、国库制度

预算在经过编制环节进入执行环节后，每一项收支行为都要经过国库，因此国库及其管理对预算执行起着非常重要的作用。

(一) 国库的含义

国库即国家金库，是保存和管理一国财政的资产和负债，以及反映该国预算执行情况的组织机构。最初的国库只是存放具体实物、货币和黄金的库房，但现代国库的职能已由传统的"库言"管理发展成控制政府预算内外资金、管理政府现金和债务等全面财政管理的重要组织。

(二) 国库的类型

从世界范围看，国库体制主要有三种类型：一为银行制，即财政部门在银行开立账户，办理预算收支业务，财政账户的性质与一般存款账户相同，实行存款有息、结算付费；二为委托国库制，即国家委托中央银行经理或代理国库业务；三为独立国库制，即国家专设独立的国库来办理预算收支的出纳业务。按《中华人民共和国预算法》的规定，我国国库业务由中国人民银行及其分支机构经理。因此，我国国库体制基本上属于委托国库制。我国国库组织按照财政管理体制设立，分为中央国库和地方国库。

(三) 国库的职责

根据《国家金库条例》的规定，目前我国国家金库的基本职责有：(1) 办理国家预算收入的收纳、划分和留解；(2) 办理国家预算支出的拨付；(3) 向上级国库和同级财政机关反映预算收支执行情况；(4) 协助财政、税务机关督促企业和其他经济收入的单位及时向国家缴纳应缴款项，对于屡催不缴的，应依照税法协助扣收入库；(5) 组织管理和检查指导下级国库工作；(6) 办理国家交办的同国库有关的其他工作。

(四) 国库的管理模式

按照资金拨付方式，国库的管理模式可划分为两类：一是国库分散收付制度，二是国库集中收付制度。国库分散收付制度是指各项预算单位可以分别在银行开立多个账户，而这些账户不在财政部门监管范围内，预算外收支和预算内收支可通过这些账户进行。因此在国库分散收付制度下，国家预算资金是分散管理。与此相反，国库集中收付制度是指各预算单位在银行开立由财政部门统一监管的账户，预算单位和财政部门的所有预算收支都通过这些账户完成。在国库集中收付制度下，预算资金是集中、统一管理的。

国库分散收付制度是在预算管理水平比较低的情况下，为及时方便满足各项预算单位的收支要求而设置的，这也是中华人民共和国成立以来长时间采用国库分散收付制度的原因之一。随着市场经济的不断深化和我国预算管理水平的提高，国库分散收付制度逐步暴露出它的不足。首先，预算外收支脱离监管。预算内外资金"两张皮"，预算外资金本属于财政性资金，应纳入财政监管范围，但由于国库分散收付制度与预算单位设立多重账户，财政部门难以掌握预算外资金的相关信息，因此，要真正解决预算内外资金"两张皮"的现象，改多重账户为单一账户是必要的措施之一。其次，为违规违法行为留下了制度漏洞。国库分散收付制度下，一项预算收支要通过多重账户实现，而这些账户又不在财政监管范围内，这使得预算单位有机可乘，截留、挪用、占用预算资金现象比较普遍。最后，降低预算资金的使用效率。在预算资金一定的情况下，与国库集中收付制度相比，国库分散收付制度下的预算资金使用效率比较低。因为它一方面导致各项预算单位有大量的沉淀资金，另一方面减少了财政部门的资金总量，削弱了财政部门集中财力办大事的能力。

国库集中收付制度则正好能弥补国库分散收付制度的上述不足。首先，它有利于提高预算的全面性。实行国库集中收付制度后，各预算单位的预算收支都要通过单一的国库账户进行，包括预算外的收支，这为将预算外资金纳入预算监管奠定了基础，从而也有利于预算管理的全面性和完整性。其次，它有利于提高预算的硬性约束。国库集中收付制度下，各国都设有类似于国库收付中心的专门负责预算收支的组织，这类组织要接受财政部门的管理。各预算单位在通过国库收付中心进行预算收付时，必须通过该部门的审核，这就可以避免不合规或者不合法的行为发生，从而维护了预算的严肃性。最后，它有利于提高预算的使用效率。国库集中收付制度下，各预算单位实现收入时即及时上缴国库，实际支出时才拨付资金，因此国库集中收付制度既保证了预算单位的收支需求，也防止了沉淀资金的存在。对于财政部门而言，则可以统筹财力，更有效率地支配预算资金。

复习思考题

1. 公共预算有哪些特征和职能？
2. 绩效预算与投入预算有哪些区别？
3. 我国公共预算收入主要由哪些组成部分？
4. 为什么说公共预算具有经济和政治双重属性？
5. 我国分税制改革的成因、过程及其影响？

第九章

行政机关管理

从政府职能的一般意义看，每一个行政组织都有其特定的职能以及为实现这些职能而开展的职能活动（如管理与服务于国民经济、社会秩序、人民生活、国家安定等），我们通常将这方面的职能称为"政务"。而各项政务的有效开展离不开政府自身这架机器的正常运转，我们通常把政府维持自身运转过程中的人、财、物管理（本章将要阐述的行政机关管理）称为"事务"。做好行政机关自身的"事务"工作，对行政机关完成各项"政务"起着积极的推动作用。加强行政机关的管理有利于充分利用行政资源，提高行政效率，树立政府良好形象。行政机关的管理是行政管理的重要组成部分。本章拟就行政机关管理的内涵、原则、作用、内容等进行精要而全面的讨论。

第一节 行政机关管理概述

一、行政机关管理的内涵

机关，在汉语中有着多重含义。其最基本的含义是指整个机械中的最关键部分，起着发动和控制全机的作用，也可引申指周密而巧妙的计策。在近代，机关这一名词引申到社会上，主要指国家、政党、团体、企事业单位等为实现其职能而建立的固定机构，这些固定机构在各自的组织和单位中起着枢纽作用。这一概念在引入行政学后被赋予了特殊的含义。在行政管理中，机关泛指政府为了实现其职能而组织的固定机构，即行政机关。

行政机关管理，指行政机关内设事务管理机构对行政机关自身事务的管理，即指为机关职能活动的有效展开和机关各种职能实现奠定基础、提供服务、创造条件的条件性、辅助性、技术性的活动。

机关内部为职能活动奠定基础、提供服务、创造条件的事务活动也具有多样性，按照学科发展和科学分工的需求，本章所指的行政机关管理也不是针对机关自身所有事务活动的管理，而只涉及一部分办公事务和后勤事务活动，具体包含以下几层内涵。

第一，行政机关管理的主体是行政系统内的综合办事机构，其中以各级人民政府内部的办公厅（室）最为典型，而不是各级政府行政职能机关。因此，行政机关管理常被称为"办公室管理"。

第二，行政机关管理的内容是政府内部各种事务，如日常工作程序管理、会议管理、文书和档案管理、信访、保密、印章、接待管理、机关行政经费管理、后勤管理等，而不直接参与对国家事务和社会公共事务的管理。因此，行政机关管理也被称为"机关事务管理"。

第三，行政机关内部管理的目的是为各级人民政府实现各项公共行政职能提供工作条件和后勤保障，而不是直接维护社会安定，促进社会生产发展，推进社会物质文明和精神文明。

二、行政机关管理的作用

任何行政机关，不论机构大小，人员多寡，层次高低，一般都要通过机关事务管理机构来辅助行使权力、管理公务。从一些西方发达国家的情况来看，美国、加拿大、法国、澳大利亚等，这些国家尽管管理体制有差异，但在政府内部都设有相应的人、财、物等事务管理机构。行政机关管理直接影响行政效率，是行政管理能否实现其职能的重要条件，在整个行政机关管理中发挥着巨大的作用。具体表现为以下三点：

（一）保障作用

一方面，行政管理机构多，范围广，任务繁杂。要做好公共行政管理工作，圆满完成任务，首先必须管理好行政机关本身。行政机关水平的高低，机关工作人员工作积极性的高低，往往直接关系整个行政管理质量的优劣。另一方面，行政管理活动总是同办公室的工作程序、文书档案、信息管理、会议管理、财务管理、后勤管理等紧密相连，它们的水平高低是整个公共行政管理效率的基础。只有夯实基础才能保证行政机关高质量地完成各项任务，所以，行政机关管理对于整个公共行政活动起着基本的保障作用。

（二）枢纽作用

办公厅（室）是行政首长的指挥机构和办事机构，它具有四个方面的作用。一是参谋助手作用；二是推动指导作用；三是督促检查作用；四是综合协调作用。在一个具体的行政机关，行政首长是领导者和决策者，但秉承首长意图起指挥和组织作用的则是办公室。所以，办公室在综合承办工作的过程中，实际上是保证机关各项工作正常运作的重要枢纽。因此，规范机关工作，快速进行上情下达，下情上传，既为领导当好参谋，又为机关搞好日常业务，使整个组织形成一个完整的体系，帮助行政首长把握全局，才能名副其实地发挥"枢纽"作用。

（三）垂范作用

办公厅（室）是一个单位领导机关的总进出口，对于上、下级和其他兄弟单位来说，是信息的网络中心，是联系上下左右、沟通四面八方的"窗口"。一般与外界的联系，都首先要经过办公厅（室），外界对本单位机关的第一印象也常常是看办公厅（室）的精神风貌、管理水平与工作效率。所以，搞好行政机关管理，对于塑造机关整体风貌起到一种垂范作用。

三、行政机关管理的原则

（一）系统原则

行政机关管理的各项事务活动具有相对的独立性，这些活动由机关上下各类工作人员、各个部门共同参与，但大都分散进行，以致事务活动的整体性容易被忽视，从而出现局部优化、轻视配合、工作重复或缺位等严重制约事务活动整体效能的情况。因此，将整个机关的全部事务活动视为一个整体，以系统的思想、系统工程的方法认识和分析解决实际问题，是行政机关管理的基本原则。

系统原则具体体现在以下三个方面。

1. 整体性原则

坚持从整体需要，从共同目标出发研究、设计和改进事务系统，采取合理措施，避免局部优化；注意各项工作及其各组成部分之间的相互影响，不断调整变化着的关系，努力实现最佳配合；各项工作之间相互提供便利条件，相互借鉴工作经验，相互利用工作成果，尽可能共享资源，避免没必要的工作重复，优化工作效果。

2. 集中化原则

根据机关事务分散处理、分工负责的特点，以集中的管理建立秩序，提高效能。行政机关管理工作应置于机关首长的直接领导之下；由专兼职机构或人员分类集中处理一部分事务；上下级机关管理部门应实施统一的业务指导，科学分工，合理控制。

3. 规范化原则

充分制定、严格实施各类统一规范，切实实现管理的制度化、程序化、标准化。要完善规章制度体系，严格依法依制办事；要根据事务活动的性质和需要，对重复发生的过程进行认真规划，制定、实施各类各级标准。

(二) 服务原则

行政机关管理全部工作的出发点和落脚点是为公众服务。其服务范畴包括：为本单位行政领导的政策和执行提供服务；为上级机关和基层工作提供服务；为机关全体工作人员的工作、生活提供服务；为其他行政（事业）单位、社会团体、人民群众与本单位的沟通提供服务等。总的来说，行政机关"事务"管理，对内为机关发挥其职能作用而提供学习、工作、生活的条件；对外为机关完成各项任务提供高效便捷的服务保证。所以，服务是行政机关管理的重要原则。

服务原则具体体现在以下三个方面。

1. 平等服务原则

即本着对上负责和对下负责一致的精神，提供平等的优质服务。

2. 适时原则

掌握事务活动服务对象的特点、要求、约束条件（法律、法规、程序、惯例等）及其变化规律，保持服务的即时性与适应性，当工作需要或当行政人员产生某种正当需求时，能及时向其提供有效服务。

3. 按章服务原则

机关服务是一项政策性很强的工作，部门的资金、物资的使用，办公室用房的分配和维修及用车服务等都应有明确的规章制度。凡规章制度允许的，无论是谁，都要及时、热情地提供服务；凡规章制度不允许的，无论是谁，不能以情面关系慷国家之慨，同时要做好耐心细致的解释工作。

(三) 廉洁原则

廉洁原则集中体现在以下三个方面。

1. 勤俭办事原则

行政机关管理天天与钱、物打交道，如何将取之于民的钱又最大限度地用之于民，最大限度地节约人力、财力、物力，学会少花钱多办事，是衡量机关行政廉洁和高效的基本标准。为此要建立各种运用经济手段进行管理的制度，进行严格把关。

2. 反对以权谋私

从事行政机关管理工作的人员身处政府机关，上能接近领导，下能管理一定的人、财、物，可能会在不知不觉中产生优越感，甚至利用职权营私舞弊，搞不正之风，应该坚决反对和抵制。

3. 克服"官僚"作风

在行政机关管理人员身上，"官僚"作风通常表现为"满""浮""骄""捧""假""偏""粗""懒""捞""混"等不良机关风气。所以，应该通过培育正确的权力观、地位观、利益观来加以克服。

(四) 效率原则

所谓效率原则，就是指用最少的人、财、物的消耗，在最短的时间内，完成最多的工作量，取得最大的经济效率和社会效益。

具体来说，效率原则应体现在以下三个方面。

1. 节约原则

所谓节约原则，即要按照低行政成本导向合理地支配机关的财和物，使有限的资源发挥出最大的效能，反对铺张浪费、互相攀比、大手大脚的败家子作风以及公私不分、损公肥私的腐败行为。其中重点要抓好建筑节能、节电节水节材、节能采购和公务消费节能工作，加强资源综合利用，降低行政成本。

2. 快速原则

所谓快速原则，即指办公室人员要有强烈的时间观念，要有雷厉风行的工作作风，办事要及时。特别是紧急公文稍有拖延，就有可能贻误大事。所以，这就需要提高工作人员的综合素质和办事能力，使行政机关管理工作程序化、制度化、规范化。

3. 效益原则

效益原则在"节约""快速"的基础上强调一种"好的结果"。行政机关管理工作中坚持"效益"原则，就是要求机构和成员在工作过程中不仅要围绕如何实现某一目标去节约、快速地协调各项工作，更要考虑目标的合理性以及实际分配的公平性。

(五) 保密原则

保守秘密，既是行政机关办公室的重要原则之一，也是其重要职责之一。办公室保密范围很广，诸如文件保密，会议保密，外事保密等，这是办公室保密工作的一个重要特点。办公室的工作人员经常在领导的身边工作，接触机密的机会多，知道机密的时间比一般人要早，很容易成为打探消息和获取情报的对象。办公室的保密工作与办公室的每一位成员有着直接的关系。这就要求办公室的工作人员要有很强的保密观念，要自觉遵守保密制度。

第二节 行政机关管理的内容

行政机关管理的内容繁多，主要包括机关日常工作程序管理，会议管理，文书和档案管理，信访、保密、印章、接待等管理，经费管理，后勤管理等。

一、机关日常工作程序管理

机关日常工作程序管理就是将机关日常纷繁复杂的工作程序化、规范化，使行政机关管理工作有条有理、井然有序。加强机关日常工作程序管理，是提高行政机关管理效率的前提。一般来说，实现行政机关管理工作程序化，应把握以下几个环节：

（一）计划安排

机关日常工作管理计划的制定与其要达到的管理目标密切关联，计划即是实现机关日常管理工作的行动纲领，又是实施机关日常工作控制的一个标准。计划必须明确、具体、切实可行，并留有余地。计划的内容应建立在科学预测的基础上，并广泛征求意见，尽可能在付诸执行前让执行人理解与认可。

（二）组织实施

组织实施是实现工作计划的关键。工作中，要做到人事有机结合，分工合理、责任明确。使事事有着落，人人有任务，各就各位，恪守本职。

（三）沟通信息

沟通可以加强了解，促进认识，统一思想。通过沟通，提高机关工作的整体性、系统性认识，使机关工作人员了解各自的工作进展，加强配合，协调一致。及时沟通信息，还可以应付紧急事件的发生，避免意外损失。

（四）协调控制

行政机关管理工作范围广、内容多，相对来说工作弹性大、灵活性强。遇到重大失误、异常情况或发现工作与计划相违背时，应及时进行控制，及时调整、及时补救，采取有效措施，使工作重新步入正轨。

（五）检查总结

在工作中要定期开展检查，跟进进度，力促工作按计划准时完成。还应重视总结，肯定成绩，找到不足，以获得经验，改进工作。

（六）奖惩教育

在总结的基础上，表彰先进、鞭策后进、惩罚失误。通过对有功者奖、有过者罚，激励工作的积极性，提高机关工作效率。加强典型事例的宣传教育，培育积极向上的榜样，促进组织的精神风貌。

二、会议管理

会议就是召集大家商讨问题的集会，是一种有组织有目的的活动。从古至今开会议事都是一项很重要的工作，是国家行政机关实施行政管理的重要手段。会议能实现信息的上传下达，部署任务；会议还能通过集思广益、研究讨论，发挥咨询、协调、计划、立法等作用；会议还能宣传教育、扩大影响、提振士气。

会议管理是指召开会议的准备工作和组织工作。会议管理的核心问题是提高会议的质量和效率。加强会议质量，以重视时间价值为基础，首先，应注意让会议的内容与会议所占的时间比率合理；其次，应控制会议数量，从实际出发，按需开会，避免"会海"现象。同时，明确会议的目标与主题，充分做好会议准备工作，加强会议组织控制与会后总结工作，是提高会议效率的主要途径。

（一）会议的类型

根据不同的标准，可以将会议划分为许多种，比较有实际应用价值的划分主要是：根据时间方向的规定性，可分为定期会议和不定期会议两类；根据会议的作用，可分为决策性（必有决议、决定）、讨论性、执行性（分配工作、布置任务、执行政策）、告知性（发布会、说明会）、学术性、协调性、动员性、纪念性会议等；根据会议的内容，可以分为专业性（解决专门领域的问题）、专题性、综合性、咨询性会议等；根据会议的规模，可分为特大型（万人以上）、大型（数千人）、中型（数百人）、小型（数十人或十人）会议等。

（二）会议的组织安排

一般的会议，都可以分为三个阶段进行组织和安排：

1. 会前准备阶段

为使会议达到预想的效果，会前要做好充分的准备。会前准备是会议管理的基础，直接关系会议的质量和效率。会前的准备工作包括以下内容。

（1）确定会议主题。明确会议要解决的问题和要达到的目的；

（2）制定会议预案，包括会名、会期、会场、出席范围、会议议程、会议票证等内容。议程安排要紧凑有序，这是保证会议有条不紊进行的前提；

（3）准备会议通知，内容包括会名、会期、开会时间和地点、出席对象、会议主要内容、筹办单位等，通知要及时发送至与会者手中，使其早做准备。其他会议相关票证也可与通知并制发送；

（4）起草文件材料，组织发言文稿。会议材料要确保人手一册，在会前印好，并送达与会人员手中；

（5）做好会务工作安排，如布置会场，安排与会人员的接待工作，包括交通、食宿、医疗和参观访问等，这是保证会议顺利进行的物质条件。

2. 会议进行阶段

会议进行阶段的主要工作包括以下内容。

（1）检查、核对与会人员。这是会议开始后要做的第一项工作。如果是立法性质的会议，还要进行代表资格审查，发现问题要及时采取措施，妥善处理；

（2）做好会务管理，落实签到与会议用品发放，保障会议设备的使用，控制会议议程推进，处理其他协调工作与突发事件；

（3）做好会议记录，编写会议简报。记录会议信息，要求真实、完整、简洁、准确。编写会议简报要少而精，以供领导掌握会议进程，发现存在的问题，及时部署工作，保障会议顺利进行。

3. 会议结束阶段

会议结束阶段的主要工作包括以下内容。

（1）清理会场，回收有关文件；

（2）整理会议记录，或根据会议需要，形成大会决议或会议纪要；

（3）立卷归档，即把会议过程中的一整套材料进行分类立卷，最后归档；

（4）安排与会者做好离会返回的工作。

三、机关文书和档案管理

（一）机关文书管理

机关文书也称公务文书，简称公文，是国家机关、企事业单位、人民团体等法定的机关和组织在其公务活动中形成和使用，作为传达意图、办理公务、记载公务活动的一种工具。公务文书，作为传达贯彻政府的方针政策，公布法规和规章，指导、布置和商洽工作，请示和答复问题，报告、通报和交流情况等的重要工具，在行政管理中起着事务管理、行为规范、领导和指导、公务联系、宣传教育等各种作用。

公文的制作和处理具有严格的程序要求，在格式构成方面要遵守国家公文处理法规和统一的国家标准，或要遵循约定俗成的原则。

1. 公文的类型

因为公务活动的内容、要求、方式不同，使公文形成了不同的文种，并有不同分类。

按照公文的来源划分，可分为：

（1）发文：指本单位制作并对外发出的公文。发文有两种情况，一种是发往外部单位的文件，另一种是发至本单位内部机构的文件。

（2）收文：指本单位收到的由外部单位制发的公文。

按照公文的行文方向划分，可分为三类：

（1）上行文：指下级机关向所属上级机关报送的公文。

（2）下行文：指上级机关向所属下级机关制发的公文。

（3）平行文：指同级机关或不相隶属的机关相互发送的公文。

上行文和下行文反映的是机关之间领导（指导）与被领导（被指导）的关系；平行文反映的是机关之间的协作关系。通常情况下，行文方向不同，所采用的文种、公文用语、表达方式以及处理过程亦有区别。

根据《党政机关公文处理工作条例》第八条的规定，我国现行法定公文文种共有15种，分别为决议、决定、命令（令）、公报、公告、通告、意见、通知、通报、报告、请示、批复、议案、函、纪要。其中，报告和请示是典型的上行文，命令、决定、通知、指示、批复是典型的下行文，函是常用的一种平行文。

2. 公文管理的基本环节

公文管理是指按照一定的程序，制发和收办公务文件，组织运行机关行政信息流的一系列工作。公文管理工作主要包括三个方面：

（1）收文的处理。对收文的办理是指本单位对收到的公文所要履行的一系列处理环节，包括签收、登记、初审、拟办、传阅、承办、催办、注办、答复等。

签收是指收到公文后，收件人在送件人的公文投递单、发文通知单或回执单上签字，以明确交接双方的责任，保证公文安全运行的第一个环节。负责人对收到的公文应当逐件清点，核对无误后再签字或盖章，并注明签收时间。

登记是将需要登记的公文在收文登记簿上记录。登记承"清点"之用，须以"账目"之法，因此，对公文的主要信息和办理情况应当详细记载。

初审指对收到的公文进行初审，重点包括是否应当由本机关办理，是否符合行文规则，文种、格式是否符合要求，涉及其他地区或者部门职权范围内的事项是否已经协商、会签，是否符合公文起草的其他要求。经初审不合规定的公文，应当及时退回来文单位并说明理由。

拟办是指对来文按照其性质、内容和办理要求提出初步的处理意见。阅知性公文应当根据公文内容、要求和工作需要确定范围后分送；批办性公文应当提出拟办意见报本机关负责人批示或者转有关部门办理。需要两个以上部门办理的，应当明确主办部门。紧急公文应当明确办理时限。

传阅是根据领导批示和工作需要将公文及时送传阅对象阅知或者批示。办理公文传阅应当随时掌握公文去向，不得漏传、误传、延误。

承办是指机关有关部门或人员根据批办意见对文件进行具体的处理。承办部门或人员对交办的公文应当及时办理，有明确办理时限要求的应当在规定时限内办理完毕。

催办是指文书人员按照处理文书的时限检查催促承办机关或人员加紧办理，以便提高办文效率，避免延误办文时间，耽误工作。

注办是指对文件的办理情况和承办结果所做的说明，这项工作应由承办人随手完成。

答复指对公文的办理结果及时答复来文单位，并根据需要告知相关单位。

收文处理工作属于公务信息的输入、加工阶段。做好收文处理工作，对充分发挥公文的现行效用具有重要意义。处理收文，要求保证准确、及时和保密。处理准确是指收文的分发转呈不得有误，登记无差错；处理及时是要求根据公文内容的轻重缓急抓紧处理，做到随收随办，不积压，不拖延，不误时，不误事，减少公文旅行的时间，保证行政效率和经济效益；处理保密是要防止处理公文过程中，出现泄密和丢失，给国家造成政治或经济损失。

（2）发文的处理。对发文的办理是指对本单位对外发文时所要履行的一系列处理环节，包括拟稿、审核、签发、复核登记、印制、核发等。

拟稿就是起草公文的工作，是整个发文处理工作的起点。拟稿应根据领导的意见和批办意见起草文稿，一般分为交拟、拟议、撰写三个步骤。

审核是指有经验而且水平较高的文书人员在文稿送交领导人审批签发之前，对公文内容和形式的审核。对公文的审核工作是非常重要的"把关"环节，应重点关注是否需要制发文件，是否符合国家法制要求，是否体现了党和国家的方针、政策和上级的要求，措辞是否妥当，办法是否行之有效，结论是否正确，论理是否符合逻辑，结构是否合理，语言是否符合语法和公文的特点，文件的行文格式是否合体等问题。

签发属于公文草稿的终审环节。文件经领导人核准签发即成为定文，可以据此打印正本，这是文稿效用的关键，签发人要最后把关，代表机关或部门对文件负从政治到文件上的完全责任。文件如有问题，可以签"不发"或"待修正后再发"。

已经发文机关负责人签批的公文，印发前应当对公文的审批手续、内容、文种、格式等进行复核；需做实质性修改的，应当报原签批人复审。对复核后的公文，应当确定发文字号、分送范围和印制份数并详细记载。

公文印制必须确保质量和时效，涉密公文应当在符合保密要求的场所印制。

核发指对印制的公文进行校对、用印或签署、发文登记、分发等一系列的工作。对公文的文字、格式和印刷质量等检查无误后，加印或签名，以作为公文生效的法定凭证，再将文件主要信息登记归册，最后按签发意见和复核要求，分装文件，对外发出。

发文处理工作属于公务信息的生成、加工与输出处理。做好发文处理，有助于及时、准确地表达发文机关领导人的意图，为实现机关职能、密切机关之间的联系提供有效的信息服务。

(3) 办结文件的处理。办结文件是指在发文和收文处理程序中已经履行完各种手续的文件。办结文件的处理工作，包括文件的清退、销毁、立卷与归档等内容。

文件的清退，是指将办结文件退还原发文单位或由其指定的其他单位，旨在保证机密文件信息的安全，避免丢失、失密、泄密现象的发生。如上级单位下发的标有密级的公文、发文单位明确要求限期清退的内部文件材料、供本单位内部领导传阅的文件、有重大错漏或被明令撤销的文件等，都需及时清退。

为防止公务信息失密，减少公文管理的负担，对确已不具备留存价值的文件材料应当销毁处理，如重份文件、多余的复印件、抄送的一般性文件、临时性文件、事务性文件、会议讨论稿或征求意见稿以及不销毁会产生严重失密或泄密损失的文件等。

在文件办理完毕后，还有长久保存价值的文件要加以系统整理，以满足日后查考利用的需要。将这些文件按照一定的要求和方法进行分门别类地整理，组成便于保管和利用的基本单位，并最终向法定的保管部门移交、归档，就是文件的立卷、与归档工作。文件的立卷、归档是办文程序的终点，也是重要文件的最后归宿。其工作量大、业务性强、工作标准较高，直接关系机关档案管理工作的质量。

(二) 档案管理

档案是各机关、团体、企事业单位和某些个人在社会活动中形成并作为历史记录保存起来，以备查考的各种文书和有关资料。机关档案包括文件、会议记录、人事材料、技术文件、出版物原稿、财会簿册、印模图表、音像资料、照片、录像、电子文档等，是机关活动的历史记录，是由机关文书有条件地转化而来，是按照一定规律保存起来的文书资料。机关档案管理，是文书工作的继续，是按照科学的原则和方法使机关档案保持完好，为机关工作提供服务，为国家积累档案史料的机关工作的一部分。

档案在机关管理中具有重要作用。第一，档案所记录的机关历史可以做机关工作时研究处理问题的依据，因而它有真凭实据的作用；第二，它作为宝贵的第一手资料，对于人们了解行政历史，总结经验教训，进行行政历史和现状的研究都有参考价值；第三，它可以保持行政的连续性，从而提高机关工作效率和质量。

按照国家有关部门的规定，我国机关档案工作的基本内容包括两大类：本机关档案业务；下属机构档案工作的管理，即对本系统和直属单位档案工作的监督和指导。具体的机关档案管理包括收集、整理、鉴定、保管、统计、提供利用等内容。

1. 档案收集

档案收集就是把各机关在社会活动中形成的数量众多的文件进行点收和挑选，集中保存。机关档案的收集工作，应以机关归档制度与收发文登记制度为基础，结合机关内部组织机构的设置情况、机关的职权范围、主要职能、工作内容、隶属关系以及机关文件的来源、种类、数量、价值等的分析研究来进行。

2. 档案整理

档案整理，是把收集来的文书材料按一定原则分门别类加以整理，使之系统化，从而方便保存和使用。

归档文件一般以"件"为整理单位。文件正本与定稿为一件；正文与附件为一件；原件与复制件为一件；转发文与被转发文为一件；报表、名册、图册等一册（本）为一件；来文与复文为一件。

案卷是具有密切联系的若干文件的组合体，是档案的基本保管单位。立卷，就是将文件组成案卷的工作。案卷的组合方法，一般根据文件的不同特征，将具有某方面共同特点和联系密切的文件综合在一起，组成一个案卷。通常会按照问题、作者、文种、时间、地区、通讯者等六种特征立卷。其中通讯者特征，指本单位与某单位就某个问题或几个问题的来往文件一同组成案卷。实际立卷工作中，一般灵活采取多种立卷方法，做到几种特征的综合运用。

机关档案整理需要对机关形成的档案按统一标准分成若干层次和类别，使档案形成有序的结构，方便查找与利用。最常用的档案分类法有年度分类法、组织机构分类法、问题分类法。现实分类中常采用复式结构分类法。

3. 档案鉴定

档案鉴定指对收集整理出的文件资料进行识别，精简，去粗取精，确定保管期限。

随着时间的推移，不断有新的档案产生，档案总量与日俱增，而库存容量有限，为了解决这一矛盾，需要对以往档案进行甄别，剔除其中已失去保存价值的档案，并经一定手续予以销毁，以容纳更多新的有价值的档案。也可采取移存、删除、提要等方法，简化档案，增加库存量。甄别中如发现损坏或遗失，应及时报告机关主要负责人，并设法追查补救，销毁后要保存好注明已销毁的清册。

4. 档案保管

档案保管，是指对具有保存价值的档案，必须采取保护措施，防止档案的损坏，延长档案的寿命，维护档案的安全。由于自然和社会的原因，档案管理总是处于不断地被破坏与被希望能长久保持完好的矛盾之中，保管工作就是要运用科学技术手段，采取保护措施，防火避湿，去虫灭鼠，延长档案使用寿命。

5. 档案统计

档案统计，指对档案的收进、移出、整理、鉴定、保管中表现出来的数量现象进行调查分析，借以了解档案管理工作的规模、水平等情况，为改进档案管理工作提供依据。

6. 档案的提供利用

提供利用是档案管理的出发点和归宿，是在上述档案管理工作的基础上，为满足机关利用档案的需要，更好地开发档案信息资源，充分发挥档案作用所提供的各种方便，包括编辑、公布和出版有关档案资料，提供阅览和借出、提供咨询服务、举办档案展览等事项。

行政机关要搞好档案管理工作，应重点注意做好档案接收、维护与移交工作，统一制度和标准，使工作统筹衔接，创造有利条件，确保档案完整安全、方便社会利用。

四、信访、保密、印章、接待等管理

（一）信访管理

信访工作就是负责处理人民群众的来信来访。人民群众通过给行政机关写信、来访面谈等形式，提出要求，反映情况，以至申诉、检举和表扬、批评国家机关工作人员。信访工作是国家机关发扬民主、体察民情、联系群众的一条重要渠道。做好信访工作对维护人民当家做主的权利、密切政府机关同群众的联系、纠正不正之风有重要意义。

信访工作管理是以充分发挥信访工作的功效为目的，对构成信访工作的因素及其流通过程所做的规划、组织、监督、协调、控制等活动。其主要内容包括：确定信访工作领导体制，建立信访工作机构；在信访工作中实施科学分工；明确信访干部队伍；建立完善信访工作制度；规划信访工作程序；明确对信访工作的监督控制责任；及时收集信访工作信息，以指导查办、催办、统计、总结、奖惩等方式对信访工作的质量与效率实施有效监督与控制；协调信访工作所涉及的多方面利益关系；调整计划目标、政策、内外关系、工作节奏等。

（二）保密管理

机关工作中，不管是职能活动还是事务活动，不管是领导性的活动还是管理性的活动，或者是操作性的活动，许多环节、许多过程都有可能直接形成或接触秘密，因此，保密工作也融合渗透到其他各项工作当中。保密工作的任务，就是严格保守秘密，防范来自内部的危害秘密完整与安全的失密、泄密行为，防范来自外部的窃密活动。

对保密工作的管理是对这项工作进行合理的规划、组织和监控，其主要内容是：组织实施国家有关保守国家秘密的法律法规；建立健全并严格监督实施保密制度；建立保密工作队伍；开展保密宣传教育和保密业务培训；研究并指导应用保密技术；配备保密工具和设施；有针对性地采取各种保密措施；审查涉密事项；监督涉密文件档案资料的管理和销毁工作；按审批权限划定、核定、调整保密范围和保密等级；对保密工作情况进行检查；追查处理泄密、失密问题等。

（三）印章管理

行政机关的公章代表该机关的正式署名，具有法律效用；私章是机关领导人的签名章，代表领导人的身份，文件盖上私章，就意味着得到了领导人的许可并承担相应的责任。因此印章管理是办公室的一项重要任务。

印章的刻制、颁发、保管和使用都应遵循有关规定。印章应由专人保管，管印人不得委托他人代取代用印章。印章应存放在安全的地方妥善保管，管印人在用印过程中，要严格执行印章使用规范，包括严格履行用印批准手续；严格监督用印；严格执行用印登记制度；认真盖好印章等。

（四）接待管理

行政机关的接待事务是指行政机关工作人员对上下级、平级及外单位来本单位联系工作及国外友人的参观访问进行的接洽与招待。接待工作是一种有着公共关系职能的具体活动。

一般来说,接待工作包括五个要素,即来访者、来访意图、接待者、接待任务和接待方式。行政机关工作人员的接待事务管理工作将主要围绕这几个要素展开:

1. 收集来宾情况

机关接待对象有两种类型,来访个体或来访团体。不论是个体还是团体来访,接待者都应对来访者的基本情况如年龄、性别、职务等进行了解,还要明确其来访意图,了解其抵离时期与日程等。

2. 确定接待任务

了解来访的起因和背景,结合来访者的目的和意图,根据机关工作的相关管理要求,确定接待任务。

3. 制定接待计划

接待计划的内容包括确定接待规格;策划接待方式;明确接待任务;做好接待日程安排。接待规格的确定决定了在接待经费预算之下的接待方式和日程安排,也对接待中选择主要陪同人员有参考价值。当然,接待方式的选择和具体日程安排,还与来访者的意图与目的、本机关的接待任务要求、机关的接待能力与条件等相关。

4. 落实接待事项

包括准备接待材料、礼物;预订住房与宴席;安排交通工具;布置安全保卫;选派陪同人员和翻译等具体工作。

在接待工作中,接待人员既是本单位或领导的代表,又是各种接待事项的具体办理者。接待人员的能力和水平,直接反映出一个单位的工作作风和外在形象。因此,在接待工作过程中,接待人员应本着诚恳热情、讲究礼仪、细致周到、按章办事、俭省节约的原则,认真做好接待事务管理工作。

五、经费管理

行政机关经费管理是指对本单位行政经费的领拨、开支进行的计划、分配、控制和监督等活动。行政机关财务管理的重点在于管好行政经费的使用。它是财务行政的组成部分。

行政单位的经费由国家预算供给,行政机关必须按照国家财务行政中规定的会计、审计等制度,管理好国家预算拨款,为本单位的事业和工作服务。机关行政经费的管理主要指对本单位行政经费的领拨、开支的计划、分配、控制和监督活动。其主要内容是围绕着行政任务的完成,以资金运转为管理客体而开展的各项财务活动。它包括预算管理(单位预算编制、执行和调整)、财务管理(支出管理、收入管理、定员定额管理、费用开支标准)、财务活动分析及财务监督四个方面,构成一个有机的整体。目前,较大的机关事务管理机构专设财务处,负责有关的行政费用的收付管理工作。

机关财务管理必须在严格遵守财务规定的前提下,管好经费的使用,要节约和合理支配行政经费,要控制会议经费、差旅费,节约购置费与其他办公经费,勤俭办外事,奉行精打细算、厉行节约的原则,努力节减不必要的行政开支,把钱用到最需要的地方。同时,要做到量入为出,留有余地,按计划、制度、规定用款;大力加强财务监督严禁用公款请客送礼,严禁私分国家财物,对违反财务制度的收支坚决予以制止。

六、后勤管理

机关后勤管理又称总务管理,指为保障行政机关工作的正常进行,对本机关的物资和日常生活事务的管理,其宗旨是为行政活动提供必要的物质条件和后勤保障,为机关工作人员创造良好的生活条件。后勤管理工作范围广,服务性强,内容包括办公场所的筹建、分配和管理;办公用品和办公设备的购置、供应与保管;机关车辆的调配与管理;办公环境管理及其他公共场所的管理等。

(一)房产管理

房产管理包括三个部分:办公用房、生活用房、机关公共用房(食堂、会堂)。房产管理的内容有:建筑、分配、管理、维修、房产登记等。当中,要重点做好办公用房的分配工作,办公用房的分配要坚持方便、安全的原则,对一些有对外业务的工作部门,分配的办公用房应在楼层与位置上适当安排,以为来办事的群众提供方便;对一些保密性比较强的工作部门,其用房要从安全方面考虑,不适合安排在临街、人多、嘈杂的位置上。

(二)办公用品和办公设备管理

除了纸张笔墨等日常办公必需品外,大部分单位为了提高办公自动化程度,还购置配备了电话、传真机、电脑、复印机、打印机、碎纸机等现代办公设备。对办公用品及设备的管理首先要做好办公设备和用品的购置工作。购置前,要做好调查研究,根据需要与可能的原则做出计划和预算;要按严格的审批程序或按照政府采购制度的规定,保证采购行为的经济性和有效性;要确保采购过程公开透明,严防浪费和腐败。还应及时购置、合理配备,最大限度地提高办公效率。其次,办公设备和用品的领取与保管方面,要建立专人负责或谁使用谁负责的制度,严格执行领取登记,专人定期核查,重视资产保护。

(三) 车辆管理

为适应机关工作的需要,配备必要的车辆,保证公务用车,是提高办事效率,保证各项工作顺利开展的重要条件。车辆管理的关键是建立健全制度。主要有:一是建立用车制度;二是值班、调度制度;三是车辆维修、保养制度;四是油料管理制度;五是用车登记制度;六是对司机的培训教育、考评、奖惩制度。

(四) 环境管理

机关环境分为室内环境和室外环境两部分。室内环境,包括整个办公楼内公共地方和办公室的环境。室外环境是指办公大楼外面整个办公区的环境。良好的机关环境不仅反映出机关严肃认真的工作作风,为机关树立良好的形象,提高机关的凝聚力,而且也有利于激发机关人员良好的工作状态,有利于调动机关人员工作积极性,提高工作效率。所以,机关环境应统一规划,统一管理,制定相关管理制度。

(五) 机关公共场所的管理

主要包括机关食堂、招待所、宾馆、会堂、文娱体育场所、盥洗室、医疗室等的管理。这些部门虽然不直接参与政务,但影响政务。因此,必须加强对这些部门的管理,强化服务意识,才能为机关提供良好的服务。

当前,随着机构改革的推进和社会主义经济体制改革的进行,特别是在加入WTO的情况下,我国原有的后勤管理体制逐渐显示出与时代的不相适应性。改革原来的陈旧体制,建立适合新的社会条件的后勤管理体制,已经成为机关改革的迫切要求。伴随着改革的大潮,推动后勤服务社会化是唯一出路。

复习思考题

1. 机关管理的作用有哪些?
2. 机关管理应该遵循哪些原则?
3. 机关日常工作程序有哪些?
4. 会议如何组织安排?
5. 后勤管理包括哪些内容?

第十章

行政法治

第一节 行政法治概述

一、行政法治的内涵

（一）法治与人治、法制的区别与联系

1. 法治与人治

法治，即依据法律治理国家，是与人治相对应的一种治理理念和治理方式。早在古希腊时期，就有关于法治与人治的争论。如柏拉图在《理想国》一书中，力主贤人治国的人治论，即"哲学王的统治"。而亚里士多德的《政治学》中则提出，"法治应包含两重意义：已成立的法律获得普遍的服从。而大家所服从的法律，又应该本身是制订的良好的法律"，"法治应当优于一人之治"等。我国的历史上也有人治与法治的争论，如儒家主张"为政在人"，"其人存，则其政举；其人亡，则其政息"，"有治人，无治法"。而法家是最重视法律及其强制作用的一个学派，认为法是治国的不二法门，主张以法治国。我国法学界关于法治与人治也经过了历次的讨论，出现过"法治说"，"法治与人治结合说"，"摈弃法治与人治说"等观点。

概括而言，法治是一种以正式的、相对稳定的、制度化的社会规范去治理国家的理念和方式。法律在国家治理中具有至高无上的权威，是"法治"的根本标志。人治主要是以道德规范去约束人民的行为，从而产生社会秩序，常见于我国的封建社会，用君主至高无上的权力进行国家统治。两者主要的区别在于：第一，建立的基础不同。法治是建立在民主的基础之上，而人治建立在个人专断与独裁的基础上。第二，法律的地位和作用不同。法治强调法律的地位是至高无上的，具有统一性、稳定性、权威性的特点；而人治中法律只是统治者实现社会控制的工具,呈现出随意性、多变性的特征。第三,统治者的地位不同。在法治社会中,所有人都必须服从法律,法律面前人人平等;而人治中统治者具有超越法律的权力。

党的十八大以来,习近平深刻地阐述了厉行法治、摒弃人治的历史规律和深远意义。在党的十八届四中全会第二次全体会议时讲话指出:"法治和人治问题是人类政治文明史上的一个基本问题,也是各国在实现现代化过程中必须面对和解决的一个重大问题。综观世界近现代史,凡是顺利实现现代化的国家,没有一个不是较好解决了法治和人治问题的。"他还指出:"历史是最好的老师。经验和教训使我们党深刻认识到,法治是治国理政不可或缺的重要手段。法治兴则国家兴,法治衰则国家乱。什么时候重视法治、法治昌明,什么时候就国泰民安;什么时候忽视法治、法治松弛,什么时候就国乱民怨。"

2. 法治与法制

法制,根据《现代汉语词典》,法制指法律制度体系,既包括一个国家的所有法律法规,也包括一个国家的立法、司法、守法及法律监督等活动。在实践中,法制含义分为两类,一是一个国家的全部法律、法规,即静态意义上的法制;二是立法、执法、司法、守法及法律监督等,即动态意义上的法制。而法治是依法治理,是一种治国的理念和方式。关于法治与法制的争论,我国法学界出现过三种代表性的观点:一是相同论,认为两者存在相同的一面,都强调依法办事,不应割裂两者的关系;二是相异论,认为法制与法治之争并非仅是概念之争,而是观念上的差异,这表现在主张还是否定"法律至上"的争论上,也体现在"工具论"的法律观和"价值论"的法律观的分歧上;三是联系区别论,主张两者之间联系和区别都存在。

根据孙育玮在《"法制"与"法治"概念再分析》中的观点,法制与法治两个概念之间具有显著区别[①]其一,法制相对于经济制度、政治制度、文化制度等其他类别制度而存在;法治与人治相对立,两者所属的概念序列不同。其二,两者的基本含义不同,法制的基本要素在于法律和制度,属于上层建筑中的制度层面;法治的基本内容为治国的理论、方法、原则或方略,属于上层建筑中的思想层面。其三,法制是一个中性的概念,其在各种社会形态中都可以存在,该概念本身不涉及价值评价;法治与人治对立,该概念是在与人治孰优孰劣的比较中产生,法治概念自身包含着价值判断的内容。其四,法制的内容反映的是国家统治阶级意志的法律与制度,法治则回答统治阶级用何种方法治理国家以

---

① 孙育玮. "法制"与"法治"概念分析[J]. 学术交流, 1987 (6).

实现其意志的问题。

2018年宪法修正案中将"健全社会主义法制"修改为"健全社会主义法治",在于强调和重视法治建设,体现了我国依法治国理念的新发展。

(二) 行政法治的内涵

行政法治不仅是行政管理的基本准则,也是建立社会主义法治国家的重要前提。"行政法治""依法行政""法治政府"这些概念,在中国提出有二十多年的时间。早在1999年国务院发布的《关于全面推进依法行政的决定》中就提出了"依法行政"的要求。2004年国务院发布的《全面推进依法行政实施纲要》提出了法治政府的建设目标,也确立了依法行政的基本要求,即合法行政、合理行政、程序正当、高效便民、诚实守信、权责统一。这里"行政法治"与"依法行政"的含义是不同的,"行政法治"的内涵比"依法行政"更为丰富和全面,在依法行政的基础上同时强调了与法治国家理念的统一、行政法治与立法的关系、行政法治与司法保障的关系等内容。

所谓行政法治,是指在保障国家法律体系能充分体现广大公民的意志的前提下,实现国家行政管理的依法治理状态,即国家行政主体依法获得行政权力,依照法定程序,依法行使行政权力并为行使行政权力产生的后果承担相应的法律责任。本质上是对行政权力的规范和限制。行政法治的内涵主要包括以下几个方面:

第一,具有完善的行政法律体系。法律是治国之重器,良法是善治之前提。行政法律体系是国家行政管理活动的规范体系,完善的行政法律体系是实现行政法治的前提条件。如行政主体的设立、行政职权的获得和行使、行政过程的规范以及行政责任的承担都需要有明确的法律规定。我国已经建立起初步的行政法律规范体系,但是由于行政关系的复杂性、变动性等原因,在行政法律体系的建设上任务依旧严峻。

第二,坚持依法行政。一是行使行政权力的主体必须合法,要求行使行政权力的机关和组织必须符合法律规定的主体地位、资格和组织条件,如果进行行政活动的主体不是依法成立的或者不具备行政主体资格,那么,其行为不具有法律效力。二是行政权力的取得和行使必须合法。依法行政要求行政权力的取得必须有法律依据,因为"行政机关的职权并不是行政机关所固有的,而是经人民授予,也即由法律法规授予的"。同时,行政权力的行使必须符合法律法规的规定,行政活动必须在法定的权限范围内活动。三是行政行为的实施必须符合法定的要求。四是违法和不当行使行政权力必须承担相应的责任,做到权责统一。

第三，行政监督与救济机制的完善。行政监督和救济的法治化是行政法治化的重要内容，通过行政监督和救济机制的实施，可以及时监督各级行政机关及其工作人员执行国家制定法律法规政策的情况，同时纠正和惩处违反法律、行政法规、行政规章与行政纪律的行为，保障行政法治的顺利进行。

第四，本质上是规范和限制行政权力。不同于"管理论"和"平衡论"的观点，我国的行政法治选择的是"控权论"①，这也是我国行政管理实践的要求。行政法治本质上是为了规范和限制行政权力，保障行政权力的规范实施。要求行政机关及其工作人员必须在法律规范的范围内活动，要切实保障行政相对人的合法权益。有学者指出行政法控制与规范行政权的方式主要有三："一是通过行政组织法来控制行政权的权源；二是通过行政行为法和行政程序法规范行政权行使的手段和方式；三是通过行政监督法、行政责任法、行政救济法来制约行政权滥用"。②

二、行政法治的作用与意义

（一）行政法治是实现依法治国的重要途径

全面推进依法治国的重大任务就是：完善以宪法为核心的中国特色社会主义法律体系，加强宪法实施；深入推进依法行政，加快建设法治政府；保证公正司法，提高司法公信力；增强全民法治观念，推进法治社会建设；加强法治工作队伍建设；加强和改进党对全面推进依法治国的领导。行政法治是实现依法治国的重点和关键，是实现依法治国的重要途径。

（二）行政法治确立了行政管理的基本价值标准和终极目标

根据法治原则，行政管理的基本价值标准是行政行为的合法性，违法的行政行为都要为法律所否定。因此，合法性是行政行为有效的前提，是行政管理价值的基本载体。否则，行政行为不但没有价值，而且还可能产生负价值，导致行政机关承担相应的赔偿责任。行政管理的终极目标是通过维护公正、有效的行政管理秩序来最大限度地保障和实现公民的合法权益，一切不利于公民利益的行为都必须为法律否定，为行政机关所抛弃。行政机关在实施行政管理活动中，当有多种能同样达到目的的方法时，应选择对公民利益损失最少者，以

---

① 沈岿.行政法理论基础回眸——一个整体观的变迁［J］.中国政法大学学报，2008（6）.

② 姜明安.行政法与行政诉讼法（第五版）［M］.北京：北京大学出版社，北京：高等教育出版社，2011：26.

符合权利至上的法治精神。

（三）行政法治是促进政府管理民主化、科学化的有力手段和必要保障

政府管理的民主化、科学化和法治化是相互依存、相互促进的，而这三者的结合又是行政管理现代化的主要内容。民主、科学、高效的行政管理方法和技术有赖于制度化、规范化和法律化才能巩固下来，才能有效地、持久地、普遍地发挥作用。行政管理必须借助完备的法制来维持和巩固各种管理制度、管理权威和管理效能。行政管理法治化是达到行政管理现代化的必经之路，它既是实现行政管理现代化的重要手段，又是实现行政管理现代化的重要标志。

（四）行政法治有助于实现真正的行政效率

应当肯定，提高行政效率是行政管理的出发点和基本追求，是检验行政管理是否科学的一个重要标准。但是，追求效率不能舍弃公正，违反公正的效率，是一种适得其反的效率。正如英国著名的行政法学家威廉·韦德所说："对行政机关而言，遵守程序会耗费一定的时间和金钱，但如果这能减少行政机关运转中的摩擦也是值得的。因为程序促进了公正，减少了行政怨苦，其作用是促进而非阻碍了效率。"行政法治在某种程度上说，就是要求行政机关依法定程序行政，通过设计并遵守兼顾效率的公开、公平程序，追求行政公正，进而实现公正与效率的统一，实现真正的行政效率。

（五）行政法治是深化行政管理体制改革的必然要求

行政体制是国家体制的重要组成部分。行政体制改革是推动上层建筑适应经济基础的必然要求，是坚定走中国特色社会主义政治发展道路和推进政治体制改革的重要内容，党的十八届四中全会提出，"重大改革于法有据"，是改革法治化的重要标志，强调运用治思维和法治方式推动改革。党的十九届四中全会提出，坚持和完善中国特色社会主义行政体制，构建职责明确、依法行政的政府治理体系。可见行政法治既是深化行政管理体制改革的目标，也是改革的法治保障。

三、行政法治的产生与发展

1954年，第一届全国人民代表大会上通过首部《中华人民共和国宪法》，从此我们走上探索和实践法治的道路。但是在1978年以前，由于历史时期的特殊性，未能实现真正的行政法治。在1978年召开的十一届三中全会上，党中央提出"健全社会主义民主，加强社会主义法制"的目标，行政法治的建设才开始提上议程。根据马怀德、孔祥稳对中国行政法治四十年的梳理，可以将我国

的行政法治划分为：行政法治的复苏阶段、行政法律体系的建立阶段、重点推进依法行政阶段和法治中国建设中行政法治的全面发展阶段。①

（一）行政法治的复苏阶段（1978-1985 年）

1978 年，党的十一届三中全会召开，提出"健全社会主义民主，加强社会主义法制"的任务，确认了法制在国家发展中的重要地位，从此我国的行政法治建设开始走上正轨。1982 年第五届全国人民代表大会第五次会议通过的《中华人民共和国宪法》，即现行的 82 宪法，为建设法治国家的目标奠定了基础。这一阶段行政法治建设成就主要体现在：理论上开始了行政法学的研究，部分高校开始开设行政法课程。行政诉讼制度在民事领域的单行立法中得到体现。如 1982 年通过的《民事诉讼法（试行）》第 3 条第 2 款规定："法律规定由人民法院审理的行政案件适用本法规定"，为行政诉讼的实施提供了法律依据。

（二）行政法律体系的建立阶段（1986-1996 年）

1987 年，党的十三大报告对行政法治的思想进行了较为前瞻和相对系统的阐述，指出"为了巩固机构改革的成果并使行政管理走上法制化的道路，必须加强行政立法，为行政活动提供基本的规范和程序"。并提出了完善行政机关组织法，制定行政机关编制法，制定行政诉讼法等一系列具体要求。这一阶段的主要成就体现为行政法律体系的建立，例如第七届全国人民代表大会审议通过了《中华人民共和国行政诉讼法》，标志着我国行政诉讼制度的正式确立。1994 年 5 月《中华人民共和国国家赔偿法》开始实施，确认了我国行政赔偿制度的建立，虽然赔偿的范围和标准还不是特别完善，但是对于公民权利的保障提供了有利的法律依据。1991 年 1 月 1 日《行政复议条例》正式实施，这样以行政复议、行政诉讼和国家赔偿制度为载体的，具有中国特色的行政监督和救济制度基本确立。1996 年，《行政处罚法》出台，该法对行政处罚的种类、设定、程序、执行、救济几类问题进行了规范，贯彻了法律优先和法律保留原则，创立了听证制度，具有重大的创新意义。这一时期的行政法律体系的建立，为我国行政法治实践的发展提供了法律保障和支持。

（三）重点推进依法行政阶段（1996-2012 年）

这一阶段是我国行政法治建设实施的重点和难点阶段，即依法行政的推进和实施。党的十五大提出了"发展民主，健全法制，建设社会主义法治国家"，依法治国成为国家战略。在 1999 年通过的宪法修正案中，"中华人民共和国实行依法治国，建设社会主义法治国家"被写入宪法。国务院 1999 年《关于全面

---

① 马怀德，孔祥稳. 中国行政法治四十年：成就、经验与展望 [J]. 法学，2018（9）.

推进依法行政的决定》明确指出："依法行政是依法治国的重要组成部分"，确认了依法治国的关键在于依法行政。2004年国务院《全面推进依法行政实施纲要》则正式提出了建设法治政府的目标。推进依法行政，建设法治政府，成为这一阶段行政法治建设的主旋律。

1999年全国人大常委会在原有《行政复议条例》的基础上，审议通过了《中华人民共和国行政复议法》。2000年，全国人大审议通过了《中华人民共和国立法法》。在这一时期，我国还通过《中华人民共和国行政许可法》和《中华人民共和国行政强制法》，这样《中华人民共和国行政处罚法》《中华人民共和国行政许可法》《中华人民共和国行政强制法》行政行为法体系中的三部曲基本完成。2005年全国人大常委会还审议通过了《中华人民共和国公务员法》。2008年的《中华人民共和国政府信息公开条例》和《湖南省行政程序规定》，为我国行政行为的程序规范提供了依据。其中国务院1999年11月发布了《国务院关于全面推进依法行政的决定》，2004年出台了《全面推进依法行政实施纲要》，2008年制定了《关于加强市县政府依法行政的决定》，2010年又发布了《关于加强法治政府建设的意见》等，为依法行政的实施起到了积极的推动作用。

（四）法治中国建设中行政法治的全面发展阶段（2013年至今）

十八届四中全会在我党历史上第一次以"依法治国"为主题并出台《中共中央关于全面推进依法治国若干重大问题的决定》，确立了建设中国特色社会主义法治体系、建设社会主义法治国家的总目标。党的十九大在十八大"全面推进依法治国"的基础上，进一步要求"坚持全面依法治国"，强调推进全面依法治国，必须坚定不移走中国特色社会主义法治道路。

这一时期我国的行政法治建设在法治中国的建设中全面发展。2014年11月，全国人大常委会通过《关于修改〈中华人民共和国行政诉讼法〉的决定》。本次修法是《中华人民共和国行政诉讼法》生效二十余年以来的首次修改，在保障当事人诉讼权利，完善诉讼管辖、诉讼程序等方面进行了修改。2015年3月，全国人大表决通过了《关于修改〈中华人民共和国立法法〉的决定》，对《中华人民共和国立法法》进行了较大幅度的修改，在完善立法体制，健全科学立法民主立法的机制和程序，维护法制统一这三个方面进行了有益的制度创设。尤其是新《中华人民共和国立法法》赋予设区的市立法权，大幅扩张了享有地方立法权的主体。2017年6月，全国人大常委会决定修改《中华人民共和国行政诉讼法》，行政公益诉讼制度正式向全国推开。2018年3月11日第十三届全国人大一次会议第三次全体会议通过了《中华人民共和国宪法修正案》，将"健全社会主义法制"修改为"健全社会主义法治",为推进全面依法治国,建设中国特色社会主义法治体系,加快实现国家治理体系和治理能力现代化,为党和国家事业发展提供根本性、全局性、稳定性、长期性的制度保障。为了深化国家监察体制改革,加强对所有行使公权力的公职人员的监督,实现国家监察全面覆盖,深入开展反腐败工作,推进国家治理体系和治理能力现代化,2018年3月《国家监察法》正式实施。2018年3月,中共中央印发了《深化党和国家机构改革方案》,这些都标志着我国的行政法治建设进入了全面发展的阶段。

第二节　行政法治的基本原则

行政法治的基本原则是指导和规范行政法的立法、执法以及指导规范行政行为的实施和行政争议的处理的基础性法则,是贯穿于行政法具体规范之中,同时又高于行政法具体规范体现行政法基本价值观念的准则。它调整和指导整个行政领域,包括行政立法、行政执法和行政救济等方面。当下提两项原则者,都将行政法治的基本原则主要归纳为行政合法性原则和行政合理性原则,① 然而近些年以来,程序正当原则以及信赖保护原则等行政法治原则也越来越被国内行政法学界所认同。根据国务院发布的《全面推进依法行政实施纲要》,我国行政法治的基本原则包括合法行政原则、合理行政原则、程序正当原则、高效便民原则、诚实信用原则和权责统一原则。

一、合法行政原则

合法行政原则是行政法治的首要原则,是建设法治国家、法治政府,实现行政法治的必然要求和前提。它首先是指在行政立法方面,以及在行政执法方面必须依据宪法和法律规定,不能违反宪法和法律。其次,行政主体在实施行政行为时必须遵循宪法、法律和行政法规等规范。合法行政原则可以从法律优先和法律保留两个方面来理解。

(一) 法律优先

法律优先是指行政机关的一切行政活动,均不得与法律相抵触。当法律的规定和行政活动的内容相抵触时,法律对"一切"行政活动优先。如果立法机关制定的法律与行政机关制定的行政法规、规章相抵触时,法律的效力优先,

---

① 胡建淼. 行政法学(第四版)[M]. 北京:法律学出版社,2015:38.

即与法律相抵触的行政法规和规章无效；如果具体行政行为违反法律，则会被撤销或归之为无效。

在我国，法律优先的宪法基础在于，法律是国家权力机关全国人民代表大会及其常委会制定的，在法律体系中具有最高的法律地位，而行政机关是法律的执行机关，它的一切活动都应受到法律的约束。包括行政立法在内的抽象行政行为是在法律的授权下进行的，在法律体系中的位阶自然低于法律。而宪法的法律效力又高于法律、行政法规和规章。《中华人民共和国立法法》第八十七条规定：宪法具有最高的法律效力，一切法律、行政法规、地方性法规、自治条例和单行条例、规章都不得同宪法相抵触。第八十八条规定：法律的效力高于行政法规、地方性法规、规章。行政法规的效力高于地方性法规、规章。第八十九条规定：地方性法规的效力高于本级和下级地方政府规章。省、自治区的人民政府制定的规章的效力高于本行政区域内的设区的市、自治州的人民政府制定的规章等。我国《宪法》第六十七条原则上规定了全国人大常委会有权撤销国务院制定的同宪法、法律相抵触的行政法规、决定和命令。《中华人民共和国立法法》第一百条规定了撤销地方性法规、规章的具体程序，从而树立了法律优先的原则。

（二）法律保留

法律保留是指没有法律授权，行政机关不能做出合法的行政行为，即宪法规范已将某些"特定类型"的行政活动，保留给全国人大及其常委会通过法律的形式予以规定，而不能由行政机关予以规定。根据这一原则，行政活动不能仅仅是消极的不抵触法律，还必须有法律的明文规定。如《中华人民共和国立法法》第八条规定了犯罪和刑罚、对公民政治权利的剥夺和限制人身自由的强制措施和处罚、司法制度等事项是法律绝对保留的事项，即这些事项只能由法律规定，其余事项是相对保留事项，全国人民代表大会及其常委会可授权国务院制定行政法规，这种授权决定应当明确授权的目的、范围。根据我国目前行政活动实践的情况，法律保留的范围主要集中在干涉行政领域，即凡是会对行政相对人的基本权益造成侵害的行政活动都应有法律的明文规定。

二、合理行政原则

合理行政原则指的是行政机关在作出行政行为时既要按照宪法、法律、行政法规以及规章规定的前提进行，同时要服从法律规范所要达到的法律精神和目的，符合公平正义的法治目的。合理行政原则要求行政行为应当具有理性，属于实质行政法治的范畴,尤其适用于裁量性行政活动。最低限度的理性,是指行政行为应当具有一个有正常理智的普通人所能达到的合理与适当,并且能够符合科学公理和社会公德。

(一) 公平公正原则

公平、公正的基本精神是要求行政机关及其工作人员办事公道,不徇私情。要求行政机关及其工作人员平等对待相对人,即同样情况,同样对待;不同情况,不同对待;不因相对人的不同身份、民族、种族、性别或者不同宗教信仰而予以歧视。要求行政机关及其工作人员严格依法办事,不偏私。法律不是确定某一个人的特殊利益,也不是针对某一个人或某几个人的,而是根据社会的整体利益所作的规定。公平、公正应当以依法办事为标准,离开依法办事,公平、公正就难以判断。平等对待并不排除对弱势群体的照顾,对少数民族、女性或社会上处于弱势地位的群体(残疾人)不仅不应歧视,还应根据实际与可能,适当地对他们予以优待和照顾。

(二) 考虑相关因素,不专断原则

考虑相关因素不专断原则,指行政主体在做出行政行为时,只能考虑符合立法授权目的的各种因素,不得考虑不相关因素。相关因素,包括法律、法规规定的条件要求、社会公正的准则、相对人个人情况、行为可能产生的正面负面效果等。专断就是没有考虑应当考虑的相关因素,凭自己的主观认识推理、判断,任意地、武断地作出决定和实施行政行为。

(三) 比例原则

行政比例原则是行政法的重要原则,是指行政机关实施行政行为应兼顾行政目标的实现和保护相对人的权益,如果行政目标的实现可能对相对人的权益造成不利影响,则这种不利影响应被限制在尽可能小的范围和限度之内,二者有适当的比例,将其放在合理性原则之下。[①] 比例原则包含适当性原则、必要性原则和狭义比例原则三个子原则。适当性原则又称为妥当性原则、妥适性原则、适合性原则,是指所采行的措施必须能够实现行政目的或至少有助于行政目的达成并且是正确的手段。也就是说,在目的和手段的关系上,必须是适当的。必要性原则又称为最少侵害原则、最温和方式原则、不可替代性原则。它要求行政机关在实施行政行为时,必须要全面权衡利弊,然后采取对公民侵害最小的行政行为,并且使行政行为造成的侵害与追求的行政目的相适应。[②]。这里实

---

① 罗豪才,湛中乐. 行政法学(第三版)[M]. 北京:北京大学出版社,2012:31-34.
② 杨临宏. 行政法中的比例原则研究[J]. 法制与社会发展,2001 (6).

际包含两层意思：其一，存在多个能够实现法律目的的行为方式，否则必要性原则将没有适用的余地；其二，是在能够实现法律目的的诸方式中，选择对公民权利自由侵害最轻的一种。狭义比例原则又称比例性原则、相称性原则、均衡原则，即行政权力所采取的措施与其所达到的目的之间必须合比例或相称。

三、程序正当原则

程序正当原则又称正当法律程序原则，起始于"自然正义"。"自然正义"的概念已存在多个世纪，其主要含义可归结为两个规则：其一，任何人不得自己做自己的法官；其二，任何人在受到公权力不利行为的影响（特别是刑事处罚或其他制裁）时，有获得告知、说明理由和提出申辩的权利。程序正当的具体内容也可以被分解为几个方面：一是信息公开，又称情报公开，指的是行政机关应向社会大众公开其活动的依据、过程以及结果，当然，涉及国家秘密和依法受到保护的商业秘密、个人隐私的信息，不在公开之列。例如我国的信息公开制度就是信息公开原则的体现。二是参与原则，作出行政行为应当说明理由，并告知相对人权利；作出影响相对人权益的行为，应当听取相对人的意见；特别是作出对相对人不利的行为时，须听取他们的陈述和申辩。例如听证制度，它要求行政主体在作出对相对人及利害关系人的利益有重大影响的决定时，必须直接与相对人及利害关系人进行"对话"，听取相关当事人的意见和辩驳，不能单方面认定事实，作出处理，剥夺对方为自己辩护的权利。三是回避原则，行政机关工作人员履行职责，与行政管理相对人存在利害关系时，应当回避。行政主体在行使行政职权时，不能存有利益牵连，不能存有偏见。例如回避制度、禁止单方面接触制度、职能分离制度等都是回避原则的体现。

四、高效便民原则

行政机关实施行政管理，应当遵守法定时限，积极履行法定职责，提高办事效率，提供优质服务，方便公民、法人和其他组织。例如《中华人民共和国行政许可法》第六条规定，实施行政许可，应当遵循便民的原则，提高办事效率，提供优质服务。高效便民原则可从以下两个方面理解：

（一）行政效率原则

首先是积极履行法定职责，禁止不作为或者不完全作为；其次是遵守法定时限，禁止超越法定时限或者不合理延迟。例如《中华人民共和国行政许可法》第四十二条规定，除可以当场作出行政许可决定外，行政机关应当自受理行政许可申请之日起二十日内作出行政许可决定。二十日内不能作出决定的，经本行政机关负责人批准，可以延长十日，并应当将延长期限的理由告知申请人。但是，法律、法规另有规定的，依照其规定。依照本法第二十六条的规定，行政许可采取统一办理或者联合办理、集中办理的，办理的时间不得超过四十五日；四十五日内不能办结的，经本级人民政府负责人批准，可以延长十五日，并应当将延长期限的理由告知申请人。

（二）便利当事人原则

行政机关在实施行政行为时，以方便当事人为原则，不能随意增加当事人的负担。例如《中华人民共和国行政许可法》第三十二条规定，行政机关对申请人提出的行政许可申请，应当根据下列情况分别作出处理：申请事项依法不需要取得行政许可的，应当即时告知申请人不受理；申请事项依法不属于本行政机关职权范围的，应当即时作出不予受理的决定，并告知申请人向有关行政机关申请；申请材料存在可以当场更正的错误的，应当允许申请人当场更正；申请材料不齐全或者不符合法定形式的，应当当场或者在五日内一次告知申请人需要补正的全部内容，逾期不告知的，自收到申请材料之日起即为受理；申请事项属于本行政机关职权范围，申请材料齐全、符合法定形式，或者申请人按照本行政机关的要求提交全部补正申请材料的，应当受理行政许可申请。由此可见，在行政许可过程中，要体现出便民的原则，不能以任何理由要求当事人反复提交相应材料，增加当事人的额外程序负担。

五、诚实信用原则

诚实信用原则一直是民法中的重要原则，随着行政许可法的颁布，诚实信用原则在行政法领域逐步确立。行政机关公布的信息应当全面、准确、真实。非因法定事由并经法定程序，行政机关不得撤销、变更已经生效的行政决定；因国家利益、公共利益或者其他法定事由需要撤回或者变更行政决定的，应当依照法定权限和程序进行，并对行政管理相对人因此而受到的财产损失依法予以补偿。例如行政许可法中规定，公民、法人和其他组织依法取得的行政许可，受法律的保护，除法律另有规定外，行政机关不得随意撤销和变更已生效的行政许可，即便是为了公共利益的需要变更或者撤销行政许可的，行政机关对由此造成的损失应当予以补偿。诚实信用原则的内涵主要包括诚实守信和信赖保护两个方面。

（一）诚实守信

行政机关不得为了自身的利益欺骗行政相对人，违反法律、法规、政策的初衷和目的。政府在制定法律、政策、决定和作出承诺前，必须充分考虑各种复杂的情形，听取多方意见，在慎重考虑的基础上作出决定。行政机关必须依法行政，不得任意反悔。法治要求法律规范具有稳定性与连续性、可靠性与可预测性，行政活动应具有真实性与确定性。行政机关作出行政活动，应出于真实的目的和意图，意思表示真实、准确，真实性不只适用于行政法律行为，也应包括行政事实行为，如咨询、信息提供等。虚假、错误的行政行为造成公民合法权益损害的，行政机关负有赔偿义务。

（二）信赖保护

信赖保护原则是指公民、法人或其他组织对行政机关及其管理活动已产生信赖利益，并且这种信赖利益因其具有正当性而应得到保护，行政机关不得随意变动这种行为，或者如果变动必须补偿相对方的信赖损失①。信赖保护原则的要求体现为：第一，行政行为一经作出，非有法定事由和非经法定程序不得随意撤销、废止或改变，即行政行为具有确定力和公定力。第二，行政机关对行政相对人作出授益行政行为后，即使发现有违法情形，只要这种违法情形不是相对人的过错（行贿或提供虚假资料、信息）造成的，行政机关亦不得撤销或改变，除非不撤销或改变此种违法行政行为会严重损害国家、社会公共利益。第三，行政行为作出后，如事后据以作出该行政行为的法律、法规、规章修改或废止，或者据以作出该行政行为的客观情况发生重大变化，为了公共利益的需要，行政机关可以撤销、废止或者改变已作出的行政行为。但只有通过利益衡量，认定撤销、废止或改变已作出的行政行为所获得的利益确实大于行政相对人将因此损失的利益时，才能撤销、废止或者改变相应行政行为。第四，行政机关撤销或者改变违法作出的行政行为，如这种情形不是因相对人的过错造成的，要对相对人因此受到的损失予以赔偿。行政机关因公共利益需要撤销、废止或者改变其合法作出的行政行为，如这种撤销、废止或改变导致相对人损失，要对相对人的损失予以补偿。

六、权责统一原则

权责统一原则是指行政机关依法履行经济、社会和文化事务管理职责，要由法律、法规赋予其相应的执法手段，保证政令有效。行政机关违法或者不当行使职权，应当依法承担法律责任。这一原则的基本要求是行政权力和法律责任的统一，即执法有保障、有权必有责、用权受监督、违法受追究、侵权须

---

① 马怀德. 行政法学（第二版）[M]. 北京：中国政法大学出版社，2007：25.

赔偿。

权责统一原则包含两个方面的内容：行政效能原则。行政效能原则的三个基本要求是：行政活动应当遵循成本—效益分析；行政组织、手段和程序应当与行政目的和任务匹配；行政行为应当具有可接受性。行政责任原则：第一，行政机关有责任依法行使职权。在行政活动中，有职权必须有职责，不存在无责任的权力。第二，行为主体必须也是责任主体。在行政活动中，行政机关是名义上行使行政权的主体，而任何行政活动又都必须通过具体的行政机关工作人员来实际完成，行政机关工作人员是实际行使行政权的主体。第三，对违法、不当行为及其他造成公民（或组织）权益损害的行为应承担惩罚责任或补偿责任。

第三节　行政法治的基本内容

从行政法治的概念中我们可以看出，行政法律体系的完善是行政法治的前提条件，依法行政是行政法治的关键和重点，行政监督与救济体制是行政法治的保障。因此本节主要从行政法律体系的建立、依法行政的体现和行政监督与救济三个方面进行阐述。

一、行政法律体系的建立

我国社会主义法律体系由多个部门法律体系组成，行政法律体系是其中的有机组成部分。由于行政法所调整的行政关系包括行政组织关系、行政管理关系、行政法制监督关系以及行政救济关系等，同时我国现阶段没有统一的行政法法典，因此行政法的渊源种类繁多，包括宪法、法律、行政法规、地方性法规、自治条例、单行条例、法律解释、规章、国际条约等，也就形成了我国行政法律体系构成的复杂性。

根据行政法律规范所调整的行政关系和内容的不同，行政法律体系可以划分为行政组织法、行政行为法和行政救济法三大内容。我国现阶段，以《中华人民共和国国务院组织法》《中华人民共和国地方各级人民代表大会和地方各级人民政府组织法》《中华人民共和国公务员法》等法律为基础，已初步构建起了行政组织法体系；以被称为"行政三法"的《中华人民共和国行政许可法》《中华人民共和国行政处罚法》《中华人民共和国行政强制法》为基础，初步形成了我国的行政行为法体系；在行政监督与救济方面，以《中华人民共和国行政复议法》《中华人民共和国行政诉讼法》《中华人民共和国国家赔偿法》等为基础,初步构建起了较为通畅的行政监督(救济)法体系。我国已经建立起具有中国特色的行政法律体系和制度体系,初步实现了对行政权的有效规范[①]。

根据制定主体和法律效力的不同,行政法律体系又可以划分为宪法、法律、行政法规、行政规章、地方性法规和地方政府规章以及其他规范性文件等。如《中华人民共和国立法法》第七条,规定全国人民代表大会制定和修改刑事、民事、国家机构的和其他的基本法律。全国人民代表大会常务委员会制定和修改除应当由全国人民代表大会制定的法律以外的其他法律。第六十五条规定,国务院根据宪法和法律,制定行政法规。第七十二条规定,省、自治区、直辖市的人民代表大会及其常务委员会根据本行政区域的具体情况和实际需要,在不同宪法、法律、行政法规相抵触的前提下,可以制定地方性法规。设区的市的人民代表大会及其常务委员会根据本市的具体情况和实际需要,在不同宪法、法律、行政法规和本省、自治区的地方性法规相抵触的前提下,可以对城乡建设与管理、环境保护、历史文化保护等方面的事项制定地方性法规,法律对设区的市制定地方性法规的事项另有规定的,从其规定。第八十三条规定,国务院部门规章和地方政府规章的制定程序,参照行政法规的规定,由国务院规定。

可以看出行政法律体系的制定主体既有国家权力机关如全国人大,也有国家行政机关如国务院和地方政府。因此我们在行政法律体系的建立中,一方面要通过各级人大的立行政法行为构建完善的行政法律法规体系,另一方面也要注重行政机关的行政立法与制定其他规范性文件的行为,即抽象行政行为,完善行政法规规章和其他规范性文件的制定。

二、依法行政的体现

依法行政是现代法治国家政府行使权力时所普遍奉行的基本准则。它反映了社会从人治走向法治转变的历史进程。依法行政是依法治国基本方略的重要内容,是指行政机关必须根据法律法规的规定设立,并依法取得和行使其行政权力,对其行政行为的后果承担相应的责任的原则。依法行政也是市场经济体制条件下对政府活动的要求,是政治、经济及法治建设本身发展到一定阶段的必然要求。我们从行政主体的法定化、行政职权的合法取得、行政行为的法治化、行政程序的法治化和行政监督与救济的法治化等方面加以阐述。

---

① 陆伟明.论我国行政法律体系的形成与完善——以《立法法》第8、9条为标准[J].理论导刊,2012(5).

(一) 行政主体法定化

1. 行政主体的概念

"行政主体"概念源于王名扬先生对法国行政法的介绍，其认为行政主体是实施行政职权的组织，即享有实施行政职务的权力，并负担由于实施行政职务而产生的权利、义务和责任的主体①。它必须符合三个构成要件：

(1) 行政主体必须依法享有行政职权。在行政法治原则之下，行政权必须来自法律规定，即所谓"无法律即无行政"。因此依法享有行政职权是行政主体的首要法律要件。例如应松年教授就认为："行政主体的法律要件只有一项，即必须具有法律法规的明确授权。"②

(2) 行政主体应当能够以自己的名义行使行政职权。以自己的名义作出行为是由依法享有行政职权这一法律要件衍生出来的，是否能以自己的名义行使职权直接决定了行政主体独立的法律人格。

(3) 行政主体能够依法独立承担因行使行政职权而产生法律责任。这里强调的就是行政主体的行政诉讼主体资格问题，即能否作为行政诉讼的被告。

2. 行政主体的类型

行政主体的类型按照法律上的描述可以划分为：国务院、国务院组成部门、国务院直属机构、经国务院授权的办事机构、国务院部委管理的国家局、地方各级人民政府、地方各级人民政府的职能部门、经法律法规授权的派出机关和派出机构、经法律法规授权的行政机关内部机构与议事协调机构和临时机构、法律法规授权的其他组织等。

行政主体的类型按照行政法理可以划分为两类组织：依照宪法和组织法设立，行使国家行政权力、管理国家行政事务的国家机关；以及由法律、法规和规章授予行政职权的组织，又称行政机关与法律、法规和规章授权的组织。

3. 行政主体与行政机关

从行政主体的概念与类型的划分中可以看出，行政主体与行政机关是两个关系非常紧密的概念。行政机关是行政主体的一种，也是行政主体中最重要的一种。国家基本的主要的行政职权都是由行政机关行使的。在现行的法律中将"行政机关"的含义扩大为行政主体的内容。本章前面所用到的"行政机关"就有扩大的内容，包括行政机关和法律、法规规章授权的组织，也就是行政主体的内容。但是，行政机关与行政主体仍然是有重要区别的。

---

① 王名扬. 法国行政法 [M]. 北京：中国政法大学出版社，1989：38-41.
② 应松年. 行政法与行政诉讼法学（第二版）[M]. 北京：法律出版社，2009：60.

首先,行政主体是行政法律关系一方当事人的总称,在行政管理法律关系中,它与行政相对人相对;在行政法制监督关系中,它与行政法制监督主体相对;在行政救济关系中,与权利保障的主体相对。而行政机关只是行政法律关系具体当事人的称谓,与法律、法规授权的组织,以及法律关系对方当事人的公民、法人或其他组织等并列。其次,行政主体主要是一种行政法学的概念,而行政机关主要是一个具体法律概念,用以指称享有某种法律地位,具有某种权利(权力)、义务(职责)的法律组织。此外,行政主体与行政机关具有包容关系,前者包容后者。尽管行政机关在行政主体中占有极大的比重,但毕竟行政机关不是行政主体的全部,行政主体除了行政机关以外,还包括法律、法规授权的组织。

(二)行政职权合法化

1. 行政职权的概念与特征

行政职权不同于国家行政权,是国家行政权的转化形式,是行政主体实施国家行政管理活动的资格及其权能。行政职权按照不同的分类标准可以划分为:固有行政职权与授予行政职权、羁束行政职权与自由裁量行政职权、内部行政职权与外部行政职权、行政立法权与行政执法权及行政司法权等。

行政职权具有法定性,即任何一个组织的行政职权都是来源于宪法、法律、法规赋予;公益性,即行政职权的拥有与行使旨在谋求和保护国家、集体、社会的公共利益,同时保护行政相对人的合法权益,必须符合法定的公共目的和范围;专属性,行政职权的归属,即只属于行政主体;国家意志性,国家意志的体现,而非个人意志的体现;单方性,行政职权的行使主要是行政主体单方意思表示的行为,不以相对人的意志为转移;强制性,行政职权的行使以国家强制力作保障,具有直接支配他方当事人的强制命令力量;不可处分性,即行政主体对其拥有的行政职权不得任意转让和放弃;优益性,行政主体在行使行政职权时,依法享有行政优先权和行政受益权。从行政职权的来源上来划分,可以将行政职权划分为:行政职权的设定、行政职权的授予以及行政职权的委托①。

2. 行政职权的设定

是指通过立法直接赋予行政机关一定职权的法律制度,是行政职权最基本的配置方式,也就是固有行政职权的来源,这里的立法主要是指宪法和组织法等,特殊情况下还包括某些与行政机构改革有关的法律文件,这是行政职权最

---

① 莫于川.行政职权的行政法解析与建构[J].重庆社会科学,2004(1).

主要的来源。如宪法第八十九条明确规定了国务院行使下列职权：根据宪法和法律，规定行政措施，制定行政法规，发布决定和命令；向全国人民代表大会或者全国人民代表大会常务委员会提出议案；规定各部和各委员会的任务和职责，统一领导各部和各委员会的工作，并且领导不属于各部和各委员会的全国性的行政工作；统一领导全国地方各级国家行政机关的工作，规定中央和省、自治区、直辖市的国家行政机关的职权的具体划分等。

3. 行政职权的授予

行政授权是指单项法律、法规、规章直接决定，或通过其明确的授权性规定由行政机关间接决定，将某方面或某项行政职权授予行政机关以外的组织行使并独立承担相应责任的行政职权配置方式。被授权者以自己的名义行使行政职权、实施行政管理，并对外独立承担相应的法律责任。这里所说的行政机关以外的组织，除符合条件的各类社会组织以外，还包括行政机关内设机构、派出机构和其他组织。[①] 从行政职权的授予概念上可以看出，行政授权必须有明确的法律依据并符合法定方式，即行政授权的主体、对象、方式、程序、内容等都必须有法律依据。行政职权的授予要符合公共行政管理的目的，有利于行政权力的实施和管理目标的实现。被授权组织在被授权范围内以自己的名义自主地行使行政职权，具有行政主体资格，创设了新的主体资格。行政授权导致被授权组织的职权和职责发生变化，被授权的组织在接受职权的同时，也必须接受行政职责，即为自身的行政行为承担相应的法律后果。

4. 行政职权的委托

行政职权的委托是行政机关在其职权职责范围内，为实现行政管理的目标，由于自身条件的限制等原因，依法将其行政职权或行政事项委托给有关行政机关、社会组织或者个人，受委托者以委托机关的名义实施管理行为和行使职权，并由委托机关承担法律责任。从概念上可以看出行政委托必须有法定依据，委托的事项必须在法定的范围内；委托的目的是为了实现行政管理的目标；委托的前提是行政机关拥有法定的职权，但不具有实施行政职权的条件；行政委托必须符合法定程序；委托的对象必须具有完成行政任务的资格和条件；行政委托不发生行为效果的转移及行政主体资格的变化，受委托者行使受委托的某方面或某项行政职权，但并不因为该行政委托行为而取得行使某方面或某项行政职权的行政主体资格等。关于行政职权委托的限制，一般体现在两个方面，一是应当是在人员不足、时间紧迫、专业人员水平和技术装备暂时不适应行政管

---

① 莫于川. 行政职权的行政法解析与建构 [J]. 重庆社会科学，2004（1）.

理的客观需要等情况下，委托者才将某方面或某项行政管理事项委托给他人；二是委托的对象要有完成委托任务的资格和条件。

（三）行政行为法治化

1. 行政行为的概念与类型

行政行为是行政法中非常重要的一个概念，但也是争议最多的概念，有最广义的、广义的、狭义的、最狭义的几种界定。如姜明安认为"行政行为是行政主体运用行政权，实现行政目的的一切活动"。① 本章采用了最狭义的一种概念，即行政行为是指行政主体为实现行政管理的目标，依法行使行政职权对行政相对人作出的具有法律效力的行为。具有从属法律性、裁量性、单方意志性、效力先定性和强制性等特征。

按照不同的分类标准，行政行为可以划分为不同的类型，如以针对的对象是否确定划分为抽象行政行为和具体行政行为；以行使行政职权是否具有选择的余地划分为羁束行政行为和自由裁量行政行为；以是否需要相对人的申请为前提划分为依申请的行政行为和依职权的行政行为；以做出是否必须具备法定形式为标准划分为要式行政行为与非要式行政行为；以行政权作用的方式和实施政行为所形成的法律关系为标准划分为行政立法、行政执法与行政司法行为等。第六章中已经有关于抽象行政行为和具体行政行为的基本介绍，因此这里重点以具体行政行为来介绍行政行为的合法性。

2. 具体行政行为的概念和特征

具体行政行为是与抽象行政行为相对应的一个概念。自《中华人民共和国行政诉讼法》颁布后，把政府的行政行为划分为具体部分与抽象部分，不仅是学者的理念，同时也成了我国法律的明确态度。② 同时这种划分和研究方法与我国法理学上对行政机关功能的划分也非常一致。③ 具体行政行为是指具有国家行政职权的机关和组织及其工作人员在实施行政管理活动、行使行政职权中就特定事项对特定的公民、法人和其他组织的权利、义务作出的单方行政职权行为。具体行政行为具有以下特征：

---

① 姜明安. 行政法与行政诉讼法（第五版）[M]. 北京：北京大学出版社，北京：高等教育出版社，2011：152.
② 胡建淼. 行政法学（第二版）[M]. 北京：法律出版社，2003：55.
③ 根据我国法理学的传统看法，在法律体系运行过程中总共有三大机关：立法机关，执法机关和司法机关。行政机关从地位和功能上来说是执法机关，是为保证宪法和法律的运行，实现立法机关的立法意志而产生的，因而其一切抽象行政行为尽管有行政立法在内，仍然从本质上而言是为了执行宪法、法律而进行的，具体行政行为作为针对特定的人、特定的事作出的行政行为更是执行宪法、法律的体现。

（1）法律行为性。具体行政行为是行政主体对行政相对人做出的行政意思表示，这种意思表示的目的是要发生一定的法律效果，使行政相对人的权利、义务取得产生、变更、丧失或者消灭变更等。（2）单方意志性。行政主体单方意思表示即能成立，无须行政相对人同意。具体行政行为属于单方行为，不同于行政合同。行政合同是行政主体以实施行政管理为目的，与行政相对人协商一致所达成的协议。行政合同是一种双方法律行为，行政合同必须依双方当事人意思表示达成一致为前提。（3）外部性。是指行政主体在对社会实施行政管理活动中针对公民、法人或者其他组织所作出的行政行为。（4）特定性。具体行政行为是对特定人或者特定事项的一次性处理。具体行政行为只对特定对象具有约束力并且在效力上具有一次适用性。不同于抽象行政行为，抽象行政行为的显著特点是对象的不特定性和效力的反复适用性。

3. 具体行政行为的合法性要件

（1）有充分的事实依据。这包含两方面的要求，一是存在需要行使行政职权的客观事实；二是该事实是客观的、合法的且与行使行政职权相关联的。（2）适用依据正确。这包含三方面要求：一是行使行政职权有法律、法规或者规章的依据，即"有依据"；二是该依据本身合法有效，即"有合法的依据"；三是该依据与需调整的对象相关联，即"有正确的依据"。（3）符合法定程序。行政机关遗漏程序步骤、颠倒顺序、超越时限以及违反行为法定方式，均构成违反法定程序。（4）权限合法。行政机关必须在法律、法规或者规章授予的权限以内活动。行政机关不得超越法定的职责权限以及事务管辖权、级别管辖权和地域管辖权，不得超过法定期限行使职权。（5）目的合法。目的不合法的典型是滥用职权。所谓滥用职权，是指行政主体具备实施具体行政行为的权力，且该行为形式上合法，但行使权利的目的违反法律、法规或者规章授予该权力的目的。

（四）行政程序法治化

1. 行政程序的概念与特征

行政程序是指行政行为在时间上和空间上的存在方式，是由法规所设定行政主体在实施行政行为时必须遵循的途径、方式、步骤和时限等义务的总称①。从不同的角度，可以对行政程序作不同的分类。如以行政程序适用的范围为标准，可分为内部行政程序与外部行政程序。以所涉及的行政行为的性质为标准，行政程序又可分为抽象行政行为的程序与具体行政行为的程序。按照行政程序

---

① 胡建淼. 行政法学（第四版）[M]. 北京：法律出版社，2015：60.

适用的时间顺序不同分为事先行政程序与事后行政程序。以行政程序对行政相对人合法权益所产生的影响是否具有实质性,可以将行政程序划分为主要行政程序与次要行政程序等。

2. 行政程序的基本原则

(1) 程序法定原则。它是指行政法律关系双方主体都必须依法定程序作出行为。程序必须用法律形式进行规范化、系统化,要符合法律要求。

(2) 相对方民主参与原则。它集中体现为相对人在行政程序中的参与听证权、陈述申辩权、复议申请权等受法律保护。

(3) 行政效率原则。是指为了保证行政活动的高效率,行政程序的各个环节应当有时间上的限制。另外,对行政行为顺序性的要求也是行政效率原则的一个重要内容。

(4) 行政民主原则。是指行政必须贯穿民主精神、体现民主意志、符合民主要求。行政民主原则要求行政程序法的内容更注重于行政民主化和对公民民主权利的保障。必须从保障公民民主权利的角度出发,通过对行政主体职责、权限、行为方式的规范,对行政权的运行进行控制、监督。

(5) 程序公平原则。它是指行政机关在行政管理活动中合理地处理公共利益与个人利益之间的关系,并在程序上平等地对待相对一方。

3. 行政程序的基本制度

(1) 行政听证制度。是指行政机关在行使行政权作出影响行政相对一方当事人的权利义务的行为前,就有关的事实问题和法律问题听取利害关系人意见的程序性法律制度。

(2) 信息公开制度。行政机关向公民、法人或者其他组织公开政府文件、档案材料和其他政府信息的制度。

(3) 行政调查制度。是关于行政机关获取公民、法人和组织的个人信息档案,从事商业经营和公共事业活动信息档案和有关证据材料的制度。

(4) 说明理由制度。关于行政行为必须阐明其理由和真实用意的行政决策程序制度,特别适用于行使裁量权时和不利于当事人的行政行为。

(5) 行政案卷制度。行政行为只能以行政案卷体现的事实作为根据的行政程序制度。意义是使行政决定建立于按照法定程序形成的客观事实之上规范认定程序和认定结果的权威性,排除外界对行政决定的不当影响和干预,便利司法审查和法制监督。

(6) 时效制度。行政时效制度是指行政法律关系主体若有在法定期间内不行使权利或履行义务的法律事实时,将会对其产生不利法律后果的制度。

(7) 行政审裁分离制度。是指行政机关审查案件和对案件裁决的职能，分别应由其内部不同的机构、人员来行使，以确保行政相对人的合法权益不受侵犯。

(8) 行政回避制度。是指行政机关工作人员在行使职权过程中，因其与所处理的事务有利害关系，为保证实体处理结果和程序进展的公正性，根据当事人的申请或行政机关工作人员的请求，有权机关依法终止其职务的行使并由其他人代理的一种法律制度。

(五) 行政责任法治化

根据行政法治的要求，任何行政违法行为均会引起相应的法律责任。行政机关及其工作人员依法承担行政责任，既是现代法治国家的法律要求，也是现代行政法的特点。行政机关及其工作人员依法承担行政责任，与公民、法人和其他组织承受行政机关的行为，在法律上应当是平等的，也与行政机关享有行政权力和负有行政义务是一致的。由行政机关及其工作人员对其行为承担相应的法律后果，是行政法治原则的要求。

1. 行政责任的概念和特征

行政责任是指行政机关及其工作人员由于不履行法定职责和义务依法应当承担的法律责任，是行政违法或行政不当的法律后果。行政违法或不当与行政责任是因果关系，行政违法或不当是原因，行政责任是结果。行政责任具有以下特征：

(1) 行政责任以行政违法或不当为前提条件。依照依法行政原则的要求，依照法律法规行使职权，履行职责，即遵守权限不越权，履行职务不失职，符合法律目的不滥用职权，遵守程序而不违反，合理行政而避免失当，是行政机关及其工作人员应当遵守的义务。行政机关及其工作人员一旦违反上述义务，就会构成行政违法或者不当，就要承担相应的行政责任。

(2) 行政责任的主体是行政机关、法律法规授权组织及其工作人员。行为人具有法律上的权利能力和行为能力，是其承担法律责任的条件之一。同样，行政责任的承担者必须是具有行政权力能力和行政行为能力的组织和个人。

(3) 引起行政责任的行政违法或不当行为必须发生在行使行政职权，履行行政职责的过程中。

(4) 行政责任必须是为法律规范所确认的责任。行政机关及其工作人员应当承担行政责任的情形及其行政责任的方式、内容都必须由法律规范作出明确规定。法律法规未规定行政责任的情形，行政机关及其工作人员不承担行政责任。

(5) 行政机关工作人员承担行政责任，必须具有主观故意或重大过失。与判断行政机关的职权行为违法主要采取客观标准不同，行政法要求把主观过错作为追究行政机关工作人员的行政责任的要件之一。

2. 行政违法

在实践中，要正确地认定行政违法，从而确定违法主体应负的法律责任，就必须分析行政违法的构成要件。构成行政违法的行为必须同时具备以下几个要件：（1）行为人必须是行政机关或其工作人员。（2）行政机关或其工作人员具有相关的法定义务。没有职务上的义务，就不能构成行政违法。依法行政原则要求行政机关及其工作人员做到：履行职责，不失职；遵守权限，不越权；正当行使权力，不滥用职权。构成行政违法所要求的义务必须是具体的、法律法规明确规定适用于某一行政机关或者工作人员的义务。（3）行政机关及其工作人员有不履行法定义务的作为或者不作为。这一要件要求，行政机关及其工作人员有不履行行政机关法律规范规定的义务的行为。除以上三个要件，行政机关工作人员违法还必须出于行为人的过错。过错分为故意和过失：故意是指行为人明知自己的行为会造成危害社会的结果，且希望或者放任这种结果的发生的心理态度；过失是指行为人应当预见到自己的行为可能发生危害社会的结果，因为疏忽大意而没有预见或者已经预见而轻信能够避免以致这种结果的发生。

根据《行政诉讼法》和《国家赔偿法》的规定，行政违法主要有以下几种表现形式：（1）具体行政行为主要证据不足；（2）具体行政行为适用法律、法规错误；（3）具体行政行为违反法定程序；（4）超越职权；（5）滥用职权；（6）行政机关及其工作人员不履行或拖延履行法定职责；（7）违法的事实行为。

3. 行政不当

行政不当又称不当行政行为或行政失当行为，是指行政主体不合理地行使自由裁量权，在法律规定的范围内作出的不合理的行政行为。自由裁量权是行政权的核心，由于行政事务广泛、复杂多变，为了适应这一实际情况，且为了调动行政主体及其公务人员的积极性，必须允许行政主体拥有一定的自由裁量权，但行政自由裁量权的使用要符合合理性原则的要求，如果行政主体出于各种不同的原因或动机，违背这个合理性原则，就形成不当的行政行为。根据行政自由裁量权的范围、内容以及对自由裁量权违反的程度，可以对行政不当作出不同的分类。根据行政自由裁量权的范围不同，可以分为主体不当、时间不当、地点不当；根据行政自由裁量权的内容不同，可以分为权利赋予不当、义务科以不当；根据违反自由裁量权的程度，可以分为明显不当的行政行为、一般不当的行政行为。尤其是要关注明显不当行政行为，新修订的我国《行政诉讼法》将明显不当行政行为纳入对相对人救济范围。该法第七十条规定：行政行为有下列情形之一的，人民法院判决撤销或者部分撤销，并可以判决被告重新作出行政行为：……（六）明显不当的。该法第七十七条规定：行政处罚明显不当，或者其他行政行为涉及对款额的确定、认定确有错误的，人民法院可以判决变更。

由此可以看出行政违法与行政不当的主要区别在于：（1）行为的合法性不同。行政违法行为是不合法行为，而行政不当在形式上仍属合法范畴；（2）行为效力不同。行政违法自始无效，而行政不当仍有法律效力；（3）行为的责任不同。违法应负行政责任，而行政不当只负改进之责；（4）处置方式不同。违法行为在司法审查中应予判决无效并撤销，行政不当一般应维持该行政行为。由此行政相对人对行政违法行为享有一定的和平抵抗权，而对于一般的行政不当行为，依行政权公定力原理，行政相对人不得抵抗，必须先行服从。

4. 行政责任的承担方式

根据《行政复议法》第二十八条规定，行政复议机关负责法制工作的机构应当对被申请人作出的具体行政行为进行审查，提出意见，经行政复议机关的负责人同意或者集体讨论通过后，按照下列规定作出行政复议决定：具体行政行为认定事实清楚，证据确凿，适用依据正确，程序合法，内容适当的，决定维持；被申请人不履行法定职责的，决定其在一定期限内履行；具体行政行为有下列情形之一的，决定撤销、变更或者确认该具体行政行为违法；决定撤销或者确认该具体行政行为违法的，可以责令被申请人在一定期限内重新作出具体行政行为。被申请人不按照本法第二十三条的规定提出书面答复、提交当初作出具体行政行为的证据、依据和其他有关材料的，视为该具体行政行为没有证据、依据，决定撤销该具体行政行为。行政复议机关责令被申请人重新作出具体行政行为的，被申请人不得以同一的事实和理由作出与原具体行政行为相同或者基本相同的具体行政行为。第二十九条规定，申请人在申请行政复议时可以一并提出行政赔偿请求，行政复议机关对符合国家赔偿法的有关规定应当给予赔偿的，在决定撤销、变更具体行政行为或者确认具体行政行为违法时，应当同时决定被申请人依法给予赔偿。可以将行政违法和行政不当的法律责任分为以下几种：

（1）撤销或者部分撤销违法行政行为。行政行为具有确定力、拘束力和执行力，一经作出便产生法律效力，但如果该行政行为违法，依法治原则，行政主体有义务也有权力或依当事人的申请撤销违法的行政行为，其他有权机关（如权力机关、上级行政机关、人民法院）也可依法撤销，从而使违法或不当的行政行为所可能产生的损害后果得以消除。

（2）变更违法或不当的行政行为。在我国，原行政主体可以主动改变自己的违法或不当行为，上级行政机关依复议程序可对明显不当的行为予以改变，而人民法院则一般无改变行政主体行政行为的权力，但它享有有限的司法变更权。例如，《行政诉讼法》第五十四条第四项规定，"行政处罚显失公正的，可以判决变更。"

（3）责令重新作出行政行为和限期履行。行政行为被依法撤销后，或行政主体未依法履行职责，或者履行不当的，有权机关可责令行政主体重新作出或在一定期限内履行职责。如《中华人民共和国行政诉讼法》第七十条规定："行政行为有下列情形之一的，人民法院应当判决撤销或者部分撤销，并可以判决被告重新作出行政行为：主要证据不足；适用法律、法规错误；违反法定程序；超越职权；滥用职权；明显不当等。

（4）行政赔偿。行政赔偿，是指国家行政机关及其工作人员在行使职权的过程中侵犯公民、法人或其他组织的合法权益并造成损害，由国家承担赔偿责任的制度。行政赔偿有几个要素：一是必须是行政主体实施的行为；二是必须是行政行为，即行政主体行使行政权、执行公务的行为，才能构成行政赔偿。非行政行为，如立法机关的立法行为、司法机关的司法行为、行政机关的民事行为及行政人员的个人行为等，均不能构成行政赔偿。三是行政违法是行政赔偿的前提，只有违法行政行为才能构成行政赔偿，合法行政行为不能构成行政赔偿，行政赔偿仅以客观上行政行为违法为要件，而不以行政主体主观上是否有过错为要件。行政赔偿不同于行政补偿，行政补偿是指行政主体在管理国家和社会公共事务的过程中，因合法的行政行为给公民、法人或其他组织的合法权益造成了损失，由国家依法予以补偿的制度。行政行为是否违法，是两者最重要的区别。四是违法的行政行为造成损害，并且违法的行政行为与损害之间具有因果关系。五是最后的赔偿责任由国家来承担。

（5）强制执行措施。在行政救济机关作出裁决后，作为负有义务的行政主体必须主动履行行政救济机关作出的裁决，完成自己所承担的义务，否则行政救济机关可以采取强制执行措施。例如，我国《行政诉讼法》第九十六条规定行政机关拒绝履行判决、裁定、调解书的，第一审人民法院可以采取下列措施：对应当归还的罚款或者应当给付的款额，通知银行从该行政机关的账户内划拨；在规定期限内不履行的，从期满之日起，对该行政机关负责人按日处五十元至一百元的罚款;将行政机关拒绝履行的情况予以公告;向监察机关或者该行政机关的上一级行政机关提出司法建议。接受司法建议的机关,根据有关规定进行处理,并将处理情况告知人民法院;拒不履行判决、裁定、调解书,社会影响恶劣的,可以对该行政机关直接负责的主管人员和其他直接责任人员予以拘留;情节严重,构成犯罪的,依法追究刑事责任。

三、行政监督与救济

行政监督有广义和狭义之分。广义的行政监督是指各类监督主体依法对国家行政机关及其工作人员的行政执行过程和行为所实施的监督,这些监督主体既包括内部的行政机构,又包括立法机关、司法机关、监察机关、政党、社会团体、利益集团、公民等。狭义的行政监督指国家行政系统内部的行政机构的监督。本章使用广义上概念。行政救济是国家有权机关为排除行政行为对公民、法人和其他组织合法权益的侵害,而采取的各种法律补救制度的总称。行政监督和行政救济是既有区别又联系紧密的两个概念。从范围上来讲,行政监督包含了行政救济,行政救济也是行政监督的一种方式,同时行政救济的实现途径也是行政监督的主要方式。另外行政救济主要应用在行政相对人的权益受到损害的前提下,是一种事后的法律补救措施,而行政监督不以国家行政机关及其工作人员的行政行为是否发生侵权为前提。为避免重复介绍,这里主要介绍行政监督体系的构成和行政救济的实现途径。

(一)行政监督

1. 行政内部监督

行政内部监督是指行政机关在国家行政系统内部实施的各种监督所组成的行政监督系统,分为一般监督和专门行政监督。

一般监督主要包括日常监督、职能监督和主管监督三种情况。日常监督,是指国家机关在日常工作中根据需要随时进行的各种双向监督,包括自上而下和自下而上两种形式。职能监督,是指政府各职能部门就其所主管的工作在自己职权范围内对其他部门所实施的监督。主管监督,是指上级政府的工作部门对下级政府相应的工作部门所实施的监督。

专门行政监督主要是指财务管理的审计监督。过去我国的专门监督还包括行政监察监督,是指我国政府各级行政监察机关对各级行政机关及其工作人员在行政管理活动是否坚持依法行政和廉洁奉公所实行的监督。在我国主要是由监察部来负责。2018年3月17日,第十三届全国人民代表大会第一次会议审议通过了国务院机构改革方案，将中华人民共和国监察部并入新组建的国家监察委员会。因此监察监督属于行政外部监督的范畴。审计监督是指设在各级政府内部的专门监督机构，即审计机关依法对各级行政机关及其工作人员、国有的金融机构和企事业组织等进行财政、财务活动过程中是否坚持依法办事和廉洁奉公实施的监督。我国的审计机关是审计署和地方各级审计局。

2. 行政外部监督系统

行政外部监督系统是指除行政机关以外的监督主体所构成的对行政机关及其工作人员行政行为的遵纪守法情况进行督查、督导的监督体系。包括立法监督、司法监督、监察监督、政党监督和社会监督。

（1）立法监督，也称为国家权力机关的监督，是指国家立法机关对行政机关实施的监督。（2）司法监督，也称为国家司法机关的监督。司法监督是指司法机关通过司法手段和司法程序对国家行政机关及其工作人员的行政行为的监督和限制，例如行政诉讼监督。（3）监察监督，国家各级监察委员会是行使国家监察职能的专责机关，依照《监察法》对所有行使公权力的公职人员进行监察，调查职务违法和职务犯罪，开展廉政建设和反腐败工作。（4）政党监督，我国实行的是中国共产党领导下的多党合作的基本政治制度，党的监督应包括各个政党的监督，这里主要指中国共产党的监督。（5）社会监督，是指由各种社会组织和团体及公民作为监督主体对行政机关及其活动实施广泛监督的活动。具体来讲，它可以通过下列渠道进行：人民群众的监督；社会团体和群众性自治组织的监督；社会舆论监督和信访制度的监督。

（二）行政救济

行政救济一般是指公民、法人或者其他组织认为行政机关的行政行为侵犯其合法权益，向法定有权机关提出，请求改正、补救的行政法律制度，包括诉讼、复议、赔偿等制度。① 分为行政内救济和行政外救济两种。

1. 行政内救济

行政内救济，是指行政相对人在其合法权益受到行政主体及其工作人员侵害时，由行政机关实施的救济。行政内救济以其效率高、成本低的优势而成为行政救济制度的一个重要组成部分。而且救济广泛，凡是行政行为侵犯相对人合法权益的，除了法律、法规有特别规定外，相对人都可以申请。而且由于行政内救济程序手续简便，可以迅速对行政违法行为和不当行为作出调整和纠正。但是由于行政内救济的性质仍然属于行政性的，也需要体现行政效率原则，因

---

① 应松年. 行政救济制度之完善 [J]. 行政法学研究, 2012 (2).

而在救济程序上不可能像司法程序那样严密和规范，而且从整个行政系统来看，是一种自我监督形式，这方面的固有弱点也难以避免和克服。

（1）行政复议。行政复议系指行政相对人（公民、法人和其他组织）不服行政主体的行政行为，依法向行政复议机关提出申请，请求重新审查并纠正原具体行政行为，行政复议机关据此对原具体行政行为是否合法、适当进行审查并作出决定的法律制度。2020年2月5日，中央全面依法治国委员会第三次会议指出，要落实行政复议体制改革方案，优化行政复议资源配置，推进相关法律法规修订工作，发挥行政复议公正高效、便民为民的制度优势和化解行政争议的主渠道作用。现阶段我国的行政复议体制改革正稳步推进，《行政复议法》已经完成修订。

（2）信访制度。信访是指公民采取书信、电话、走访等形式，向各级行政机关、县级以上各级人民政府所属部门反映情况，提出意见、建议和要求，依法应当由有关行政机关处理的活动。信访制度又称制度外的制度，不同于行政复议和行政诉讼，在信访的主体、范围、对象、方式、程序上等都有较大的差异。有的学者认为信访制度的存在影响了行政复议和行政诉讼的实施，建议取消，但自2013年信访工作制度改革启动以来，我国信访法治化建设稳步推进，涉法涉诉信访依法终结制度、依法分类处理信访诉求制度、信访工作责任制实施办法等一系列改革措施陆续施行，为信访法的制定奠定了良好基础。《信访法》已经出台，为信访制度提供法治化的保障。

另外，行政内救济还应包括声明异议和请求改正错误。所谓声明异议，是指公民、法人和其他组织不服行政主体的行政处理，向原处理机关声明不服，请求重新作出处理的一种行政救济类型。这种类型的运用，通常是引发行政复议或行政诉讼的原因。所谓请求改正错误，是指公民、法人和其他组织对行政主体及其工作人员在实施行政行为过程中出现的错误，直接向有关机关或工作人员提出，要求其予以改正的一种行政救济类型。

2. 行政外救济

行政外救济，是指行政相对人对其合法权益受到行政主体及其工作人员侵害时，由行政机关以外的机关所提供的救济，主要包括立法机关或者司法机关实施的已经形成为制度的救济。行政内救济虽然有很多优点或方便，但行政内救济是在行政系统内进行的，因而难以避免"自己当自己的法官"之嫌。只有行政内救济与行政外救济互相配合才能充分保证相对人受损的合法权益得到恢复，国家和人民的利益得到保障。在我国，行政外救济主要包括立法机关的救济和司法机关的救济两大类。

（1）立法机关的救济。也称权力机关的救济，是指行政相对人认为行政主体的具体行政行为侵犯了其合法权益，依法向各级权力机关或通过人大代表向各级权力机关提出申诉，请求救济的一种制度。根据我国宪法和相关法律的规定，权力机关有权监督本级行政机关及其工作人员的行为，受理群众对本区域内行政机关的申诉，这是权力机关的法定职责。但是权力机关对行政机关的监督主要表现为：①权力机关的监督一般是宏观上的、带有全局影响的重大行政行为，并且一般只限于对抽象行政行为的监督，如审查行政机关制定的行政法规、部门规章是否违反了宪法和法律。②对具体行政行为的监督是通过处理公民的申诉和控告来实现的，其实现方式为责成政府有关部门处理，或者自行调查、提出处理建议，权力机关不能直接否定具体行政行为的效力。

（2）司法机关的救济。主要是行政诉讼，是我国以立法的形式确立起来的较为完备的救济制度。它是指行政相对人认为行政主体的行政行为侵害了其合法权益时，依法向人民法院提起诉讼，由人民法院审查该行政行为是否合法，并根据审查结果依法作出裁判，以排除不法行政行为或补救行政相对人受损合法权益的一种行政救济途径。2014年11月1日十二届全国人大常委会第十一次会议通过修改《行政诉讼法》的决定，这是《行政诉讼法》颁布25年来的首次修改。针对"立案难、审理难、执行难"等问题，进一步拓宽了"民告官"的法律渠道，完善了依法维权和化解行政纠纷的机制，体现了司法为民和监督行政的法治精神。

另外，行政救济的途径还应包括申诉。所谓申诉，是指公民、法人和其他组织不服行政机关的行政处分，不受管辖等级、控告次数和控告期限等条件的限制，向有关国家机关提出处理要求，由有关国家机关作出处理。

复习思考题

1. 行政法治的含义是什么？
2. 行政法治的基本原则有哪些？
3. 行政法治的内容包括哪些方面？
4. 行政违法与行政不当的区别？
5. 行政救济的途径有哪些？

第十一章

行政监督

行政监督是行政过程的一个重要环节，它是行政决策能否有效执行的有力保证。行政活动如果缺少了这一环节，就很难做到快速行政、有效行政。因此，行政监督在整个行政活动中的作用十分重要。任何一个行政机构为了保证组织目标的顺利实现，必须对行政过程中的各个环节进行监督，这属于行政机构内部上级行政机关对下级行政机关的指导和控制。同时，行政机关和行政人员还必须接受政党、国家权力机关、司法机关、公民和社会团体依法对其行政管理活动进行的监察和督促。此外，行政监督的有效实施也离不开适当的方法和措施。

第一节 行政监督概述

行政监督是行政管理活动中不可或缺的一环，具有重要的意义和作用，在完善我国行政监督制度的改革中，借鉴西方国家的有关理论和制度方面的经验也十分的必要。

一、行政监督的含义和特征

要研究行政监督，必须首先搞清楚它的含义和特征。

（一）行政监督的含义

监督（Supervision）的原义是指监视和督促。通常把在行政管理活动中的监督称为行政监督。如果从科学规范的角度来认识行政监督，我们认为行政监督的含义有狭义和广义之分，狭义的行政监督是指行政机关内部的监督，也就是在行政体系内部，由上级行政机关和行政首长对下级行政机关及其工作人员行使职权的权限、活动加以观察、指导和控制，或者由专职的行政监督机关对其他国家行政机关实施监督。广义的行政监督是指对行政管理活动进行监督的所有形式，包括行政机构的内部监督和外部监督（所谓外部监督是指国家立法机关、司法机关、社会团体和人民群众通过多种形式，对各级各类行政机关及其工作人员实施国家法律、政策、法令、执行政府的决议、命令和上级机关的命令、指示等行政活动进行的监督、检查和监察）。本章所述的行政监督是指广义的行政监督。

（二）行政监督的特征

行政监督具有鲜明的特征，具体表现在以下几个方面：

1. 监督主体的多样性

行政监督主体包括多种政治力量和社会力量。各级行政机关的上级机关、监察机关和审计机关及其派出机构，是行政系统内部的监督主体；各政党、国家权力机关、司法机关、社会团体、公民等是行政系统外部的监督主体。

2. 监督对象的特定性

行政监督的对象是行政组织及其工作人员，更确切地说是行政组织及其工作人员的职务行为或行政行为，非职务行为或非行政行为则不在行政监督的范围之内。

3. 监督内容的广泛性

政府行政管理内容的广泛性，决定了行政监督内容的广泛性。行政监督不仅包括对行政机关各部门的监督，而且包括对行政管理各环节的监督。行政监督的基本内容包括：一是对行政活动合法性的监督；二是对行政活动合理性的监督；三是对国家行政机关工作人员是否廉洁奉公、遵纪守法所进行的监督。

4. 监督过程的公开性

行政监督的各种法律规定都是公之于众的，同时行政组织的工作计划、工作程序、工作内容也应有一定的透明度，即公开办事制度、公开办事结果，便于接受人民群众的监督。

5. 监督依据的法定性

行政监督是依法监督，是依法行政的具体体现。行政监督机制和各种专门的监督机构是依法建立的，行政监督的权力是依法授予的，行政监督活动是依照法定程序进行的，整个行政监督过程不仅有法可依，而且对违法行为或不当行为也要有法必依、违法必究。有效的行政监督必须以强有力的法律制度为后盾。

6. 监督程序的规范性

行政监督不同于一般的监督。其性质是监督主体对行政机关及其工作人员的一种法制监督。各监督主体享有的监督权是法律赋予的，要严格按法定程序施行监督；同时，这种监督主要是对行政机关及其工作人员在行政活动中遵守法制情况的监督,亦即对行政行为的合法性及合理性的监督。因此,监督程序具有规范性特征。

7. 监督目的的确定性

监督对象的特定性决定了监督目的的确定性。行政监督的目的在于改善和强化行政管理,提高行政效率,促进廉政建设,推动行政管理的法制化进程。

二、行政监督的作用

行政监督作为行政管理的一种独特职能,是其他行政管理环节不能代替的。其根本的作用在于保证行政权运用的合理合法,提高行政管理的效能。具体地说,行政监督主要具有如下四个方面的作用:

(一) 预防作用

这是反映在事前监督中的作用。行政监督在行政管理活动过程中无处不在,因而如果能够及时发现行政行为不当或过失的苗头,并通过监督的实施及时提醒行政机关和行政人员,那么就能把行政管理的问题、偏差和失误消灭在发生之前。同时,如果通过行政监督发现某方面、某环节已出现的问题、偏差和失误,并及时处理,那么对行政管理的其他方面、其他环节也能起到一种预警作用,从而防止类似问题和过失的发生。

(二) 控制作用

这是反映在事中监督中的作用。在行政管理过程中,通过行政监督,能促使行政机关和行政人员按照法律规定的权限和程序实施管理,按照正确的规范和原则去完成行政管理的任务,能随时校正行政管理的航向,确保行政管理不至于偏离行政目标。同时,由于行政监督主体比较广泛,使行政管理随时都置于多角度、多层次的监控之下,可以弥补依靠上级行政机关及行政首长对行政管理实施控制时可能出现的疏漏,保证行政管理朝着既定目标健康地向前发展。

(三) 补救作用

这是反映在事后监督中的作用。通过行政监督,对行政管理中出现的失误,对行政机关和行政人员的不当行为做一种事后的补救和纠正,促使行政机关就行政监督发现的问题,制定出相应的整改措施,并通过此举尽量挽回和弥补失误造成的损失。同时,通过对行政机关和行政人员违法违纪及腐败的揭露、惩处,使这些不良现象得到有效遏制,避免今后再次发生不当行为而造成更大的损失。

(四) 评价作用

这是体现在监督全过程中的作用。行政监督的过程,同时也是对行政管理进行比较和测评的过程。通过行政监督，能够对行政机关和行政人员的工作做出恰如其分的评价，并帮助他们不断总结经验教训，使他们不断发扬成绩，克服缺点，改进工作，纠正错误，不断提高行政管理的水平，提高行政系统的整体效能。

三、行政监督的分类

行政监督的种类很多，按不同的标准可以划分为以下几种：

（一）按行政监督的主体不同，大致可分为政党监督、国家监督、社会监督和群众监督

政党监督。在我国指中国共产党对自身组织、广大党员和国家行政机关及其工作人员行政行为的监督。

国家监督。国家监督即运用国家权力依法对行政机关实行的监督，包括国家权力机关的监督、司法机关的监督和行政机关内部的自我监督。国家权力机关的监督又叫立法监督，即国家立法机关通过行使立法权和其他法定的监督制衡权力，对行政机关实施监督。司法机关的监督即司法监督，指司法机关通过司法手段和司法程序对国家行政机关及其工作人员的行政行为的监督与限制。

社会监督和群众监督。社会监督指各种社会组织，包括社会团体、利益集团、企事业单位等对行政机关的监督。群众监督主要指国家公民基于政治上的责任感和参与意识，对政府工作所进行的监督。

（二）按照行政监督渠道的不同，分为内部监督和外部监督

内部监督即国家行政机关组织系统内部纵向的自我监督，主要包括上下级机关、领导者与被领导者之间的相互监督和组织系统内部专设机关的监督（如行政监察部门、审计部门等）。

外部监督指社会各系统对行政机关及其工作人员的监督，既包括决策权之间的横向监督，又包括执行权在职能交叉点上的互相监督。

（三）按照行政监督时间的先后，可分为事前监督、事中监督和事后监督

事前监督是指对行政决策过程的监督，其目的是为了保证行政决策的正确、及时，防止决策失误。

事中监督是对行政执行的监督，是为了及时发现决策执行中的缺陷和偏差，以便采取措施加以克服和纠正。

事后监督是指在一项行政管理任务完成后进行总结、检查，看是否达到行政决策所预期的目标。其目的是为了从检查中总结经验，发现缺点和错误，及

时分析偏差产生的原因，提出改进的办法。

（四）按照行政监督内容的不同，可分为一般监督和专门监督

一般监督是指对某一行政机关的整个工作实行监督，它涉及被监督者活动的一切方面。如行政监察。

专门监督是对行政机关某方面业务工作的监督，只涉及被监督者活动的某一方面。如审计监督、人事监督等。

四、行政监督应遵循的原则

行政监督的基本原则是指行政监督应当遵循的基本准则和指导思想。它对行政监督的实施起着指导和规范作用。一般来说，行政监督应当遵循下列基本原则：

（一）合法性原则

合法性是监督主体从事行政监督的必要条件。这种合法性表现在三个方面：第一，从事行政监督活动的主体必须合法。监督主体的每一项行为都必须符合有关行政法规，如果监督主体的行为超出了行政法规的规定范围，其行为就是非法的。第二，行政监督活动必须符合法定程序，即每项具体的行政监督活动都必须按照相应的法律规定程序办事。第三，行政监督活动必须符合法定方式，即行政机关从事的每项监督活动都必须符合法律所规定的方式。

（二）经常性原则

行政监督作为一种经常性活动，存在于行政管理活动的全过程，具体地贯穿于决策、协调、执行的各个环节上。经常性监督，有利于及时发现行政组织和公务员在处理公务中的不当行为和违法现象，并及时纠正和处理。

（三）平等性原则

依法监督，法律面前一律平等，是社会主义行政监督的基础。因此，不论是领导机关还是被领导机关，不论是专门监督机构还是一般机构，不论是领导者还是一般公民，在享有监督的权利和接受监督的义务上完全平等，不存在不受监督的特权和具有特权的监督。

（四）广泛性原则

行政监督不论是从监督的主体、对象，还是范围来讲具有广泛性。因此，行政监督的性质决定了全体公民有对政府的公务活动实施监督的权力。这种广泛性还表现在行政监督要对一切政府机关的行政行为、行政措施、行政制度的实施进行监督。

（五）有效性原则

行政监督的有效性主要体现在监督实施后的效果如何。有效的行政监督就是要做到客观、公正、准确、及时，做到违法、违纪必究，执法必严，对违法失职人员一视同仁，追究责任，查处案件高质、高效。为此要求行政监督必须做到深入实际、实事求是，倾听不同意见，做出客观、正确的分析判断。

第二节　西方行政监督理论与实践

一、当代西方行政监督理论

（一）政治腐败论

塞缪尔·亨廷顿认为腐败就是公职人员为实现其私利而违反公认规范的行为，其基本形式是政治权力与财富的交换，即权钱交易。在现代化进程中，导致政治腐败的原因是多方面的。但主要在于两个方面：首先，在变革社会的政治转型期，由于现代化开创了新的财源而占统治地位的传统规范又不能及时适应需要，提供公认的合法的控制规范，造成缺漏，因而极易诱发腐败现象；其次，在变革社会的政治转型期，政府的政治系统输出功能加大了。现代化意味着政府权威的扩张和受政府管理的活动增多了，即使国家制定了众多的法律，腐败的可能性也会增加。这取决于法律受公众普遍支持的程度、违法行为本身不易被察觉的程度、官员受获利欲望驱动的程度等因素。法律只是提供识别是否腐败的标准，仍然有人无视法律。

亨廷顿认为，"现代化进程引起的腐化在中央集权的官僚制国家，比在封建国家更广泛。"[1] 就西方国家而言，拿美国、加拿大和澳大利亚、英国相比，政治腐化在美国和加拿大似乎更为严重。关于政治腐败的规模和频率，亨廷顿指出，在现代化程度低的国家，除去一些例外（如共产党领导的社会主义国家），高级行政官员比低级行政官员更为腐败；而在现代化程度高的国家，低级行政官员则比高级行政官员更为腐败。

尽管亨廷顿所论述的政治腐败论带有腐败必然论的意味，他本人甚至认为腐败对变革中社会的政治发展尚有推动作用，但各国尤其是第三世界国家绝不

---

[1] 塞缪尔·亨廷顿. 变革社会中的政治秩序 [M]. 王冠华，刘为，等译. 上海：上海人民出版社，2008.

会对权力腐败坐视不理,而是采取从制度进行制约和管束等强劲措施。

(二) 政府寻租论

所谓政府寻租,即寻求租金,是指追求者凭借权力对社会资源的垄断而造成涨价的那部分差价收入。它是由于政府干预和行政管制的人为因素,抑制了市场竞争,扩大了供求差额所形成的。这种寻租活动,是一种非生产性活动,确切地说是维护既得的经济利益或是对既得利益进行再分配的非生产性活动,不增加任何社会财富和福利。

实际上,私人企业对政府的寻租活动存在某些偏好,因此,寻租活动一方面是政府的行为,在另一方面也是企业的行为。詹姆斯·布坎南在《寻租和寻利》一文中指出,企业寻租活动是为了获得政府特许而垄断性地使用某种市场紧缺物资,或任何其他方面的政治庇护,所寻求的政府对现有干预政策的改变,用以保证寻求租金者能按自己的意志进行生产,或防止他人对这类活动的侵犯。政府现有干预政策的改变,通常可以给寻租者带来高于,甚至远远高于改变之前所能得到的利润额。这揭示了企业寻租活动和政府寻租活动的相关性。

弗雷德·麦克切斯内在《抽租与创租》一文中指出,政府寻租活动,既是政府的"政治创租"过程,也是政府的"抽租"过程。在"政治创租"过程中,政府官员利用行政干预的办法来增加私人企业的利润,人为地创设出租金,诱使企业向他们交纳"贡款"作为得到租金的条件。在"抽租"过程中,政府官员故意提出某项会使企业利益受到损害的政策作为威胁,迫使私人企业割舍一部分利润与政府官员分享。

寻租活动给政府和社会造成了极大的危害:首先,它污染了政治环境,使政府滑向腐化堕落的深渊;其次,增加了政府的工作负担和政府成本。实际上,并不可能每一个官员都不受贿、索贿,所以当代各国政府都对"反贪局""监视厅""廉政公署""查弊专署"等监督机构投入相当大的人力和物力,导致了社会资源的惊人浪费。

(三) 垄断者政府论

公共选择学派认为,人们必须破除凡国家、政府都会尽心尽责为公众利益服务的观念,不应视政府为按公众要求提供公共物品的机器,而要看到政府既是由个人选出也是由个人组成的群体。因此,选举规则和个人的多元目标追求是决定政府行为的重要因素,在任何不合理的选举规则下产生的政府以及政府官员为满足不合理的个人追求而采取的行动,都将把经济状况和社会福利引入恶化的境地,由此确立了应把政府置于有效监督之下的观点。

从政府作为垄断供给者的事实出发,公共选择学派论证了对政府监督的必

要性:

第一,政府作为执政党的政府,执政党会利用政府特殊的垄断供给者的地位,为该党谋取私利。政府通过将只有利于小部分投票者的意义狭窄的服务项目,填充到政府垄断了的而又受公众普遍欢迎的服务项目中去,来实现政府成员的多种目标,诸如竞选连任获胜的概率,个人在金钱上的收益,个人在权力、声望、形象上的提高。

第二,政府是垄断供给者,政府产出的供给活动便具有了非市场交易的特征。一般情况下,政府机构只从一个生产单位购入公共物品,其理由是避免浪费性的重复生产。由政府买方的垄断者造成生产单位卖方的垄断者这样双边垄断关系,使政府机构和生产单位均免除了激烈的市场竞争压力,无论是何方都变得没有效率。市场竞争条件下的私人公司,其管理者通常能够要求得到一份由于效率增加所产生的节省效益,但政府官员的薪金与增进效率或者是毫无关系,或者是只有间接关系,甚至可能成为反比例的关系。因此,政府机构完全丧失了对效率、效益追求的内部动力和外部压力。

第三,由于政府产出的供给活动缺乏效率、效益追求的环境和动力,政府机构具有过度膨胀、资金预算具有过度扩张的趋势。这些存在于政府机构所需提供的公共物品和服务效益之间的矛盾,引出了对机构和资金的控制、监督问题。

为了监督"垄断者政府",公共选择学派的威廉·尼斯卡宁提出了不少可行性措施,如国会指出某个上层机构产出的高需求使用者的代表到下设委员会负责评定该机构的运行情况,通过这种外部监督过程,使该机构预算扩张的可能性受到削弱;再如把私人市场的办法运用于官方机构,许多公共服务由私人市场来提供;通过将生产中节省的一部分成本奖励给官员的办法,来使官员具备最有效率地提供增量服务的动力。

(四)双边控制论

政治多元主义理论认为:第一,现代人是"政治人"。每个人都在某一时期以某种方式介入某种政治。作为现代政治人,可以广泛分享参与决策的机会。民主的实际意义就在于大众的参政。第二,权力是可以分解、分配和分享的。达尔指出,在社会和政治中,很少有什么事情可以截然分成两堆,这种互相排斥的分类方法,常常把人引入歧途。权力可以也应该分配,可以也应该为大众分享。

基于以上的理论分析前提,达尔认为,国家的权力是多元的,民主的真实含义就是权力为众多的社会利益群体、政治组织和自治团体所分享的多头政制

（多数人的统治）。根据政治多元主义的价值判断，达尔把国家的政体分为三种类型：允许大众广泛参政的多头政制；压制公共言论自由的镇压性霸权政制或寡头政制（少数人的统治）；给予反对政府者以不同程度自由的、较为宽容的混合政制。达尔指出："只要一个政治体系复杂而稳定，就会产生种种政治角色。最明显的政治角色或许就是由那些制订、解释并实施对政治体系成员有约束力的法规的人来扮演的。这些角色就是官职，而一个政治体系中官职的集合体就构成那个体系的政府。"即政府的最显著的特征就在于官职，它是一个官职集合体结构。只有在多头政制之下，民众反对和参与的政治权利比寡头政制广泛得多，所以政府和民众的关系上双边控制，政府的政策往往是通过谈判和说服来决定的。相比之下，只有在多头政制下，民众有了有效的参与、充分的议政，可以对议事日程作最终的控制，政府才能得到有效的约束和控制。

达尔指出，理想的多头政制具有六个方面的基本特征：（1）言论自由；（2）结社自由；（3）获取信息的自由；（4）自由公平的选举；（5）政治领导人为赢得支持和选票而竞争；（6）根据投票及其他意向表示制订政府政策的体制。他认为像美国、英国、加拿大、德国、斯堪的纳维亚国家、意大利和日本这样的"多头政制"国家，政治多元主义和双边控制的实现并不充分。因此有必要进一步提高民主监督的程度。

二、国外行政监督实践

（一）英国的行政监督

英国的政治体制是君主立宪政体，英王是英国的国家元首。英国的中央政府名义是英王和枢密院。枢密院是英王作为行政首脑时的辅助机关，它是形式上的最高行政机关。行政权实际掌握在内阁手中，内阁是英国政府的领导核心。英国议会由上议院和下议院组成，它是英国最高权力机关和最高立法机关，其法律地位居于行政机关和司法机关之上。政府对议会负责，司法只服从法律。英国行政监督的主要内容是：

1. 议会对行政的监督

英国议会实现两院制。两院的地位、职权、议事程序等都由《议会法》和若干宪法惯例规定。英国实行议会内阁制，因此，政府受议会监督，对议会负责。它的监督权主要是：

（1）质询权。议会议员可以对政府大臣职务范围内的事项，向政府提出质询。通过议员对政府执行法律、政策等情况的质询，可以发现政府工作中存在的问题,也可以成为其他更加严厉监督形式的起点。如果议会对政府答复不满意,或者发现政府重大的违法行为,就可能由质询转为调查、弹劾、不信任投票等监督形式。

(2)弹劾权。弹劾权是议会运用司法程序对违法失职的政府官员进行审判,以达到监督政府目的的一种权力。列入弹劾对象的主要是内阁的阁员、各部的大臣等高级官员,弹劾的理由是这些高级官员的违法犯罪行为,而不是一般的执行政策的失误行为。弹劾案由下议院提出,上议院审理。

(3)不信任案。根据英国的宪法习惯,所有内阁大臣对议会负有连带责任,内阁必须取得议会的信任和支持,丧失下议院信任的内阁,必须全体辞职,或者提请英王解散下议院重新举行大选。议会对政府不信任,主要表现为对所执行的政策以及财政法案的不信任。这种不信任导致了政府失去了议会支持的基础。不任信案对政府的监督具有预防性,因此,与作为追惩性的弹劾案相比,它能更有效地对政府实施监督。

(4)议会行政监察专员。其专门负责解决因政府不良行政给公民造成合法权益损害的补救问题。根据法律规定,行政监察专员由首相提名,英王任命,只向议会负责。行政监察专员不得出任议会的议员,未经本人辞职或弹劾,终身在职。行政监察专员的职权限于调查中央政府各部门的不良行政行为。

2. 法院对行政的监督

根据英国1971年《法院法》的规定,目前英国的法院分为中央法院和地方法院两个系统。中央法院由最高法院、枢密院司法委员会和上议院组成,地方法院由治安法院和郡法院组成。最高法院由高等法院、上诉法院和皇家刑事法院三部分组成。英国普通法院主要通过以下三种方式监督行政机关:

(1)普通诉讼。根据普通法的规定,任何人受到他人不法侵害,都可以向普通法院起诉,请求普通法保护。英国没有公私法之分,所有的侵权行为,无论是私权利还是公权力都由普通法院提供救济。

(2)上诉。在英国,"上诉是指对下级机构的决定不服向上级机构或者其他机关申诉,请求改变原来决定的行为而言。"作为普通法院监督行政机关的方式,它是指当事人不服行政裁决而向普通法院请求重新审查行政行为的一种起诉行为。

(3)司法审查。英国高等法院基于它对下级法院和行政机关所具有的传统的监督权,并依当事人的请求,对下级法院和行政机关的行为的合法性进行的审查。司法审查是一种公法救济。公法救济的手段是特权状,它们主要是提审令、禁止令、执行令和人身保护状。目前,特权状已成为英国高等法院在制定法授权以外，监督行政机关和行政裁判所行使权力和履行义务的主要手段。

3. 行政机关内部监督

英国的行政机关分中央政府和地方政府。英国行政机关内部监督主要是：

(1) 公务员的惩戒。英国公务员如违反纪律、失职等行为，所属的各级文官的常务次官可以用口头或者书面的形式单独或公开予以警告，如情节严重的，可报大臣处以停止或延期晋升、停职或撤职等处分。对公务员的处分，行政机关必须遵守自然公正原则。

(2) 部长监督。公民在其权利受到行政机关不法或不当行为侵害时，有权直接向部长申诉，请求部长干预。但是，公民向部长请求干预，有两个限制条件：一是限于针对地方政府的行为；二是必须有法律明文规定。可见，部长监督实际上是中央政府对地方政府的监督；必须有法律明文规定。部长在审查地方政府的行政行为时，既可以审查行政行为的事实问题，也可以审查行政行为的法律问题；既可以进行合法性审查，也可以进行合理性审查。

(3) 行政裁判所监督。英国的行政裁判所是指在普通法院系统外，根据法律规定而设立的专门裁判组织。行政裁判所主要是解决公民与政府之间因公共政策而引起的争议。因此，行政裁判所作为行政机关解决行政争议的一种专门组织，有效地监督了行政机关的行政行为。

(二) 美国的行政监督

美国是一个典型的三权分立的国家。国会是最高的立法机关，由参议院、众议院两院组成。立法权属于国会，行政权属于总统，司法权属于法院。总统无权解散议会，但总统对国会的立法有否决权。国会认为总统有犯罪行为的，可以弹劾总统。总统可以提名联邦最高法院的法官，但必须经参议院批准。联邦最高法院享有违宪审查权。根据宪法和法律的规定，美国行政监督的主要内容是：

1. 议会对行政的监督

美国国会由参议院和众议院两院组成。美国国会对行政的监督主要体现在以下几项权力上：

(1) 预算权。预算权是国会控制政府的重要权力。根据美国的宪法规定，国会有权为提供合众国共同防务和公共福利而征税和支出，但是，除非经法律规定，否则不得从国库中提取款项。政府需要财政开支的预算，必须由国会以法律形式通过后才能执行，政府的开支只限于国会同意的项目。

(2) 弹劾权。因美国不以议会内阁制为政府运作的基本原则，所以国会不能迫使总统或政府辞职，但国会拥有对政府的弹劾权。国会对犯有严重失职行为和犯罪行为的总统、政府部长以及其他联邦文职官员有权弹劾。弹劾由众议院提出，参议院审判，如参议院以 2/3 多数通过弹劾案时，被弹劾的政府官员才可以被定罪。

（3）调查权。国会行使调查权的基本形式是举行听证会。国会为了调查某一事件而举行的听证会，可以传唤政府官员到会作证。如果被调查的事件是直接针对政府的，到听证会作证对政府所产生的压力更大；如果被传唤的政府官员拒绝到听证会作证，国会可以对其作藐视国会罪论处。

（4）批准任命权。此项系参议院的特有权力。虽然美国总统不是由国会选举产生的，但是他在组阁时却要受到国会参议院的严格审查。基本程序是，总统提名的政府高级官员，必须经参议院逐个审查。审查的方式是举行听证会，对被提名的人的道德品质、受教育的背景、身体健康、心理状况等进行核查，并要求被提名的人到会回答有关问题。只有通过参议院的审查，总统的提名才能获得参议院的批准。

此外，美国自 20 世纪 60 年代相继有一些州和地方政府仿照北欧国家，设立行政监察专员制度，对州和地方政府行使行政监督权。

2. 法院对行政的监督

美国是一个联邦制国家，存在着两个法律体系，与此相适应的是法院也存在着两个系统，即联邦法院系统和州法院系统。每个州也有自己独立的法院系统。这里主要论述联邦法院对政府的监督制度。美国联邦法院对政府的监督主要是通过司法审查来实现的。司法审查的基本含义是法院通过法律程序对国会制定的法律和行政机关做出的行政行为是否符合宪法而进行的一种审查活动。美国与英国一样，没有专门的行政法院来实施对行政机关的监督权。

根据美国联邦行政程序法的规定，凡是受到行政行为不法侵害的人或不利影响的人，都有权对该行政行为请求司法审查。行政行为在美国行政法上是指包括行政机关的法规、裁定、许可证、制裁、救济的全部或部分，或者和上述各项相当或否定的行为或不行为。就可审查的行政行为范围而言，它包括法律规定可以审查的行政行为。法院对行政机关的行政行为可以进行全面的审查，既可以进行事实审查，也可以进行法律审查。

3. 行政机关内部监督

美国是一个非常重视权力监督的国家，除在联邦一级国会、总统和法院之间以及联邦中央和地方之间确立分权和制衡机制外，联邦政府内部的监督机制也比较完善。它们主要是：

（1）人事管理局。人事管理局是美国联邦政府人事管理的中心机构，直接对总统负责，基本职责之一是监督联邦政府各机构是否执行人事政策和规则。

(2) 联邦劳工关系局。联邦劳工关系局是负责制定政府机构内部关于劳工管理政策、解决公务员工会同行政机关的争端的独立机构。联邦劳工关系局负责听取公务员的申诉，监督公务员工会的建立和选举，监督关于谈判范围条例的实施等。

(3) 功绩制保护委员会。功绩制保护委员会是保护功绩制且具有司法职能的独立机构。它的监督职责是：①受理联邦政府各部门和雇员在人事方面的诉讼案件；②审查人事管理局制定的规章是否合法，并对具体执行中是否具有违法执法的行为予以监督。

(4) 特别监督官。特别监察官是功绩制保护委员会设置的，从事对被控诉的公务员进行调查的官员。他由总统提名，经参议员批准任命。对公务员违纪行为进行调查后，他认为有充分证据证明被调查人的行为构成违法。

(5) 监察长。监察长是设立在美国中央部局及独立管制机构内部的监督行政机关违法的组织。监察长可以对行政机关的行政行为展开调查。

(6) 政府道德署。政府道德署是根据《政府道德法》在人事管理局中设置的，专门负责高级行政官员财产申报和协调人事管理局对公务员进行监督的机构。政府道德署的主要监督职责是：①接受和审查总统、副总统等高级官员的个人财产申报；②检查政府官员的财产申报内容是否符合规定；③必要时要求行政机关就财产开支出具报告；④必要时责令行政机关改正其不当的行为等。

(7) 独立检察官。当某一高级行政官员涉嫌具有违法犯罪行为，且由司法部部长对其调查，或者由其领导的检察官来调查不合适时，司法部部长可以根据《独立检察官法》任命一个独立检察官进行调查。独立检察官具有很大的，且独立行使的职权。

(8) 总审计署系美国的国家审计机关。它的职责是对所有公共财政的开支进行调查，提出更加有效地利用公共资金的措施等。

(9) 行政复议。当事人对行政机关做出的初审裁决不服，可以向行政首长或者专门机关提出重新审查的请求，行政首长或者专门机关对初审裁决所进行的复查活动，称之为行政复议。经过复议审查，行政首长或专门机关认为初审裁决不合法，则可以作出撤销决定。

(三) 法国的行政监督

法国现行的政治体制是由法兰西第五共和国宪法确立的。从当时议会通过的制定新宪法的指导原则看，法国现行的政治体制不同于法兰西第四共和国。制定该新宪法的指导原则是：第一，只有普选是权力的唯一渊源，立法权和行政权都来源于普选和由普选产生的机构；第二，立法权和行政权必须实行分立，以便政府和议会各自负责地履行其全部职权；第三，政府必须对议会负责；第四，司法权必须保持独立，以便维护1946年宪法序言和人权宣言所规定的基本自由；第五，宪法应对与共和国有结合关系的各民族的关系作出规定。法国的政治体制可以说是"半总统半议会制"。法国行政监督的主要内容是：

1. 议会对行政的监督

议会分为国民议会和参议院，是法国的立法机关。两院各设有6个常设委员会和几个调查委员会、监督委员会和特别委员会作为日常的工作机构。议会对政府除了具有财政法案审查权等监督权外，还有三项重要的监督权：

（1）弹劾权。弹劾权是资本主义国家议会对违法失职的官吏（如总统、首相、大法官等）揭发和追究其法律责任的权力。弹劾权的基本内容是：对犯有叛国罪的总统和在执行职务中犯罪的政府成员，议会两院可以行使弹劾权。弹劾只有以公开投票的方式，并由议会组成人员的绝对多数做出相同表决时才能成立。被弹劾的官员经特别高等法院审理后被认为有罪的，除免除职务外，必须按刑法追究其刑事责任。

（2）不信任案表决权。不信任案是资本主义国家议会对政府的政策和施政纲领持不同意见时提出的一种议案。不信任案表决权是议会对该议案是否通过进行表决的权力。不信任案表决权的基本内容是：总理应就内阁会议讨论通过的政府施政纲领或者总政策，对国民议会承担政府责任。国民议会根据所通过的不信任案，应追究政府的责任。但是，该不信任案必须至少有国民议会1/10的议员签名才能提出。不信任案必须在提出48小时后方可表决。不信任案的决定只计算赞成票，不信任案在获得国民议会全体议员多数赞成票时才能通过。如果不信任案被否决，签名的议员不得在同一次会议上提出新的不信任案。但当国民议会通过不信任案或者当它不同意政府的施政纲领或政策说明时，总理必须向共和国总统提出政府辞职。如果政府认为它的纲领或政策并没有失信于民，它可以请求总统解散议会，重新进行大选。如果新选出的国民议会仍不同意政府的政策，那么国民议会必须总辞职。

（3）质询权。质询权是代议制机关的成员对政府的活动以书面或口头形式向政府提出质疑，并要求其在法定期限内做出答复的权力。质询权的基本内容是：在议会例会期间，每周有一次会议专供议会议员提出质询和政府进行答辩。质询分为书面和口头两种方式。

2. 法院对行政的监督

法国存在着两种法院系统，一种是普通法院，它由初审法庭、专门法庭、警察法庭、轻罪法庭等基层法院、巡回法院、国家安全法院、上诉法院等中级人民法院和最高法院组成；另一种是行政法院。除此之外，还有起宪法法院功能的宪法委员会。法院对行政机关的监督，主要是通过行政法院和宪法委员会两个机构。

（1）行政法院。行政法院分为最高行政法院、上诉行政法院和地方行政法院三级。就行政法院的性质而言，它属于行政机关。行政法院通过行政诉讼程序行使着对行政机关的监督权。行政法院监督权的基本内容是：①受案范围。法国行政诉讼的受案范围包括除私人行为、立法机关行为、司法审判行为、外国机关行为和政府行为以外的一切行政机关公务行为；②行政法院对行政案件进行审理后，可依法做出维持、撤销、变更、重作、赔偿等决定。

（2）宪法委员会。宪法委员会的成员由两部分组成，一部分是经任命产生的委员，任期9年，不得连任，共有9名，分别由总统、国民议会议长和参议院议长各任命3名；一部分是由共和国的各前任总统组成的当然终身委员。宪法委员会主席由总统任命。宪法委员会的职能是：①监督总统选举、议会两院议会选举和全民公决的合法性；②审查法律和法令是否符合宪法。

3. 行政调解专员制度

行政调解专员由部长委员会任命，具有相对的独立性。行政调解专员可以利用各种不同的方法调查法国的行政部门，有权要求有关部门提交所需要的各种文件材料。行政调解专员在调查后可以提出相关的建议，如果有关部门不执行他的建议，则他可以采取有关制裁性措施。但是，法国的行政调解专员无权调查在职公务人员，或其他国家雇员以雇员的身份提出的对政府机构的申诉。

（四）德国的行政监督

联邦德国和民主德国统一后，以1949年联邦德国基本法为现在德国的宪法。联邦议院和参议院是德国的立法机关，行使立法权。德国总统由联邦大会选举产生，为德国的国家元首。总统享有任免法官、联邦官员、军官和下级军官的人事权和代表联邦行使大赦权。总理由联邦议会选举产生，为德国政府首脑。由总理和各部部长组成的联邦政府行使行政权。总理确定施政方针，并对其承担政治责任。各部部长在其所管辖的范围内独立负责地行使职权。司法权由独立的法院行使。德国的政治体制属于议会内阁制。德国行政监督的主要内容是：

1. 议会对行政的监督

德国议会由联邦议会和参议院两院组成。从德国议会的职权看，它监督行政的方式主要有：

（1）信任投票权。德国总理由总统提名，并由联邦议会投票选举，如获联邦议会全体议员多数票者即当选，再由总统任命。政府部长经总理提名，由总统任免。如果联邦议会经大多数议员通过对总理的不信任案，并选出了新总理人选，总统应将总理免职，并任命新选出的总理。

（2）议会调查委员会。联邦议会有权在必要时或者在1/4议员的提议下设立调查委员会，对有关问题进行专门调查。法院和行政机关在法律上有协助调查委员会工作的义务。调查委员会可以公开或秘密地依照刑事诉讼规则审查证据。调查委员会在结束调查后应向议会提交调查报告。调查委员会的决定不受法院意见的影响，法院对调查所依据的事实可以做出自由的判断。

（3）议会申诉委员会。议会申诉委员会的功能是加强议会对行政机关的监督，保护公民的合法权益。

2. 法院对行政的监督

德国的法院系统分两种：一是宪法法院；二是普通法院。普通法院由民事法院、刑事法院、行政法院、劳动法院、财政法院和社会法院组成。法院监督行政的职能主要是通过宪法法院和行政法院来实现。

（1）宪法法院。德国宪法法院是宪法的最高维护机关和宪法争议的审判机关。宪法法院的职责是：①监督联邦及各州行政机关是否依法行使权力；②议会的法律及其政府的委任立法是否符合宪法；③监督总统、法官的职务行为是否合法；④监督政党及每个公民的宪法活动等。宪法法院因具有极高的法律权威，所以在监督政府活动中具有其他国家机构不可替代的作用。

（2）行政法院。德国的行政法院由初等行政法院、高等行政法院和联邦行政法院组成。行政法院监督行政机关依法行使职权的范围很大。德国行政法院在行政诉讼中以下列6条理由控制行政行为：①无权限；②超越管辖权；③实体瑕疵；④违反程序；⑤超越自由裁量权；⑥滥用自由裁量权。针对不同的行政行为，行政法院可以做出如下5种判决：①确认无效的判决；②强制履行判决；③宣告性判决；④变更性判决；⑤确认补救判决。由此可见，德国行政法院对行政机关的监督是强有力的。

3. 行政机关内部监督

德国行政机关内部监督的方式主要有：

（1）异议审查。当事人对行政机关做出的行政决定不服时，可以先向做出该行政行为的行政机关提出审查的要求。如该行政机关认为当事人的请求符合法律规定，则给予权利救济；如果该行政机关认为当事人的请求没有理由，或者应由其他行政机关处理的，则不给予权利救济。此时，该当事人请求就可移送直接上级机关，或者是其他有管辖权的行政机关再进行审查，即进入诉愿程序。对诉愿决定不服的，当事人可以向行政法院提起行政诉讼。

（2）公务员惩戒。德国的宪法和公务员法规定，公务员违法行使职权，应当给予纪律惩戒。各行政机关的行政负责人有权对公务员实施警告、申诫等，其他惩戒如停止晋升、降级、降任等则由联邦行政裁判所做出。公务员对惩戒决定不服的，可以向上一级联邦行政裁判所提起上诉，这有助于推动行政机关依法行政。

第三节 我国行政监督体系

我国的行政监督体系从总体上可以分为外部监督体系和内部监督体系两大类。

一、我国行政机关的外部监督体系

行政机关外部监督，是指由来自行政机关以外的监督主体，为保证行政工作的合法性、正确性以及社会效益而对行政机关及其公务员实施的监督。主要包括政党监督、政权监督、司法监督和社会监督。

（一）政党监督

我国实行的是中国共产党领导下的多党合作和协商的政治制度，我国的政党监督主要包含以下两方面的内容：

1. 中国共产党对行政机关及公务员的监督

中国共产党作为执政党，是整个国家的领导力量，有权对政府执行党的方针、政策的情况进行监督，并有权对行政机关中的党员干部违反党纪的行为进行检查、审查和处理。中国共产党的监督主要有以下几种方式：

（1）日常监督。即通过各级党组织了解和掌握社会政治经济的发展状况，研究国家行政机关决策和执行中存在的各种问题，提出正确的主张或改进意见，并督促和约束行政机关内部的党员尤其是党员领导干部遵纪守法，依法行政。

（2）专门监督。即通过从中央到地方普遍设立专门的纪律检查机构，来检查党的路线、方针、政策和决议的执行情况，协助党委整顿党风，维护党的纪律，对政府中的党员进行党纪监督，检查处理违纪案件和受理党员的控告、申诉以及接受人民群众对党员违法违纪行为的控告和检举。

此外，党的信访部门通过接受信访，对政府中有关党员的问题进行核实后，由党内做出决定或转交有关行政部门处理，并就有关情况向来信来访者做出解释或答复。

2. 民主党派对行政机关及公务员的监督

民主党派对行政部门的监督，是我国行政监督体系的一个重要组成部分，它在一定程度上代表了一定阶层一定范围的民众的利益要求。民主党派的监督主要有两种形式：

一是通过政治协商会议或通过该党在人民代表大会中的代表，协商国家大事，参与制定国家的大政方针和国家事务的管理，参加政府工作并对政府机关的活动提出批评和建议。

二是通过该党党员以及主办的各种报纸刊物对各级政府的行为提出批评和建议。

（二）政权监督

政权监督是指国家权力机关对行政机关的监督，又称为立法监督，是具有高度法律效力的监督。在我国，政权监督是指各级人民代表大会及其常委会对政府工作的监督。人大监督具有最高的法律效力，具体包括法律监督与工作监督两种。法律监督针对行政机关执行宪法、法律、行政法规和地方性法规的情况；工作监督针对行政机关执行人大决议、决定的情况。

政权监督的内容和方式主要有以下六种：

1. 计划预算监督

根据我国宪法的规定，各级人民代表大会有权审查和批准同级人民政府关于国民经济与社会发展计划及其执行情况的报告，以及预算和决算报告等，这是每届人大会议召开时的重要议程之一，通过这种方式，权力机关直接拥有了对政府财政预算的监督和控制权。

2. 工作报告审议

根据我国宪法的规定，国务院要向全国人民代表大会及其常务委员会报告工作，地方各级人民政府要向同级人民代表大会及其常务委员会报告工作。各级权力机关听取和审议同级人民政府的工作报告，这是权力机关监督行政机关的基本形式。权力机关通过听取工作报告，进行讨论和审议，对政府工作予以评价，提出意见，肯定成绩，批评错误、缺点。这种听取和审议工作报告的过程，就是监督的过程。

3. 法制审查

是指各级人大有权就政府的提案进行审查和表决；此外，各级人大及其常委会有权审查同级行政机关颁布的行政管理法规，撤销同宪法、法律相抵触的行政管理法规、决议和命令，对政府遵守和执行宪法、法律和法令的情况实施监督。

4. 人事监督

宪法和法律规定，政府组成人员由人大或人大常委会决定任免。全国人大三个以上的代表团或十分之一以上的代表，可以提出对国务院组成人员的罢免案，罢免案由大会主席团提请大会审议，在被罢免人提出申辩意见之后，经大会表决过半数通过即为成立。县级以上地方各级人民代表大会常务委员会在本级人民代表大会闭会期间，有权决定撤销本级政府个别副职领导人员和由它任命的其他政府组成人员的职务。

5. 质询和询问

我国各级人民代表大会及其常委会在开会期间，代表和委员有权依照法律规定的程序对本级人民政府及其所属行政机关提出质询，以及时了解并监督政府事务，消除其不适当的行政行为；人大代表对政府工作的某些方面或某位领导者不满，要求追究责任时，可依法提出质询案。法律规定，在全国人大开会期间，一个代表团或30名以上的代表可以联名提出质询案，质询案必须写明问题和质询对象，交由大会主席团，由其决定并交由被质询的机关，受质询机关必须负责答复，答复可用口头和书面两种形式。另外，《全国人大组织法》第17条规定："在全国人民代表大会审议议案的时候，代表可以向有关国家机关询问，由有关机关派人在代表小组或者代表团会议上进行说明。"

质询一般是在认为某项工作存在问题时才提出的，带有追究、批评之意，所以法律规定了比较严格的程序；询问是人大代表或人大常委会委员在审议某项议案、工作报告和其他事项过程中，为了解有关情况、弄清有关问题而提出的，无严格的法定程序，一般以口头方式提出，人数没有任何限制，有关机关口头答复即可。对于比较重大的问题，需要做出书面答复的，有关机关可以做出书面解释和说明。

6. 视察与调查

我国人大常委会设有专门处理人民群众来信来访的机构，接受人民群众对行政事务的意见和建议以及对政府机关及其工作人员违法失职行为的检举控告。人大代表也有权直接对政府工作进行检查、视察或调查。他们主要是利用业余时间，结合工作，就地就近进行经常的分散的视察活动，但每年也要进行一定时间的集中视察，并依据所了解到的情况向有关方面提出意见或建议。另外，执法检查和组织调查委员会就特定问题进行调查是权力机关行政监督的重要方式。

（三）司法监督

司法监督是指国家司法机关依照司法程序，以司法手段对国家行政机关及其工作人员的行政行为进行监督。西方国家的司法监督主要有司法审查、行政诉讼和行政裁判等方式。在我国，司法机关的监督包括人民检察院和人民法院对行政的监督，它主要针对行政机关及其人员的违法行为。

1. 检察机关的行政监督

我国的人民检察院是国家法律监督机关，对行政机关及其工作人员是否遵守宪法和法律行使检察权。

检察机关还受理公民或法人就行政侵权行为提起的诉讼，并在内部设立举报中心，接受全社会就行政机关中的违法现象进行的检举，或接受行政监察机关和审计机关转交的严重行政违法或刑事违法案件，进行调查并决定是否向法院起诉。

2. 审判机关的行政监督

我国的人民法院是国家的审判机关，通过审理与行政机关和行政人员有关的案件，处罚行政人员的违法犯罪行为。法院对行政的监督主要通过对行政机关中的违法案件的审判来实现，即通过审理行政诉讼案件，审查行政活动的合法性；处罚行政机关及其工作人员违法行为，责成有关机关恢复公民被侵犯被损害的合法权益。

审判机关的行政监督和其他部门的监督不同，它具有几个显著的特征：（1）审判机关的监督是在行政机关及其公务员的行政行为已经正式做出之后实施的事后监督；（2）审判机关的监督是消极的、被动的监督，即不告不理，只有当事人起诉，才会进入监督程序；（3）审判机关的监督权是有限的，仅限于对具体行政行为进行监督，不包括抽象行政行为，并且主要审查行政行为的合法性问题，至于行政行为的合理性问题则不属于审判机关的监督的范围；（4）审判机关的监督是依照司法程序进行的，由行政诉讼法来调整。除了通过司法裁决达到监督目的外，还可以通过向行政机关提出司法建议的形式来发挥审判监督的作用。

（四）社会监督

社会监督主要是指由社会各界，即各人民团体、群众组织、企事业单位和公民个人以及新闻媒体和社会舆论对国家行政机关及其工作人员的行政行为实施的监督。社会监督的方式很多，主要有以下三种：

1. 社会团体监督

社会团体监督，即工会、妇联、共青团等机构有权以社会团体的名义，对政府的决策和执行情况、政府制定颁布的法规等，向有关行政机关提出质询，表达自己的要求和建议，并对行政侵权行为进行检举。

2. 公民监督

公民对政府及其工作人员的监督，是宪法规定的公民的基本权力之一。我国宪法规定：公民对任何国家机关和国家工作人员，有提出批评和建议的权利；有就任何违法失职行为向有关国家机关提出申诉、控告或检举的权利；一切国家机关和国家工作人员都必须接受人民的监督，倾听人民的意见和建议，努力为人民服务。在现实中，公民可以采用上书、走访、行政诉讼、借助新闻舆论等方式，对行政机关和行政人员的违法或不当行政行为进行批评、提出建议和维护自身的权益。

3. 舆论监督

社会舆论监督是指通过报纸、广播、电视等大众传播媒介对行政机关和行政人员所进行的监督。这种监督以其独特的手段，与其他监督机构相配合，促进行政监督工作的开展，具有公开、迅速、引人注目、震慑力强、影响面广、方式灵便、效果显著等特点，起着其他监督形式无法取代的作用，它能产生巨大的政治压力和效应。

二、我国行政机关的内部监督体系

行政机关内部监督是由行政机构内部形成的监督系统进行监督的制度，即从国务院到地方各级政府及其所属的各个工作部门之间对行政行为的实施所进行的监察和督促。

（一）行政机关内部监督的含义和特点

行政机关的内部监督，也叫层级监督，是指各行政机关相互之间按照隶属关系进行的双向工作监督，它既包括上级机关对下级机关行使权限实行监督，也包括下级国家行政机关对上级国家行政机关的监督，以及互不隶属的国家行政机关之间的监督。

行政机关内部的自我监督具有经常性、广泛性和直接性的特点。从政府内部监督的各种类型分析，层级监督的频率远高于监察和审计等专责机关的监督；而且监督的范围最广，所有涉及行政管理的活动，只要是行政行为，都列入它的监督视线之内；同时，这种监督是以隶属关系纽带维系的，监督主体与监督对象之间具有直接、密切的联系。

(二) 行政机关内部自我监督的形式

行政机关内部自我监督的主要形式可以分为以下四种：

1. 一般监督

即国家机关在日常工作中根据需要随时进行的各种双向监督，主要包括上级监督和下级监督两种形式。上级监督是指上级行政机关或行政领导在推行政令过程中对下级机关及其人员所实施的监督，以避免在日常工作中出现偏离行政目标的不当行为，保证行政任务的完成；下级监督是指下级行政机关的行政人员对上级行政机关及其人员的违法违纪行为所进行的检举、控告等。

2. 主管监督

即上级主管部门对下级相应的工作部门的监督。这种监督，有些属领导关系，有些属业务指导关系，其权限范围由中央和地方上下级部门之间实行领导或业务指导关系的不同而相区别，有时仅有专项业务指导统筹关系，有时还有人财物等方面的权限分割或双重领导关系，从而使监督的内容和方式有所不同。

3. 职能监督

即政府各职能部门就其主管的工作，在其职能范围内对其他部门实行的工作监督，包括平行关系和上下级关系的政府职能部门的监督。

4. 专门监督

即由政府设立的专门机构对所有部门的行政工作实行专业分工性质的监督。就我国情况而言，一般包括行政监察和审计监督。

(三) 行政监察

行政监察是指由国家监察机关，即监察委员会依照《中华人民共和国监察法》对所有行使公权力的公职人员进行监察，调查职务违法和职务犯罪，开展廉政建设和反腐败工作。

各级监察委员会是行使国家监察职能的专责机关，依照法律规定独立行使监察权，不受行政机关、社会团体和个人的干涉。

1. 国家监察机关和体制

国家监察机关是监察体制的组织保障。我国的国家监察体制包括：(1) 国家监察委员会。中华人民共和国国家监察委员会是最高监察机关，由全国人民代表大会产生，对全国人民代表大会及其常务委员会负责，领导地方各级监察委员会的工作。(2) 地方各级监察委员会。在省、自治区、直辖市、自治州、县、自治县、市、市辖区设立地方监察委员会，由本级人民代表大会产生，负责本行政区域内的监察工作。地方各级监察委员会对产生它的国家权力机关和上一级监察委员会负责,并接受其监督。

我国国家监察体制中,监察委员会不设党组,与纪律检查委员会合署办公,履行纪检、监察两项职能,实行一套工作机构、两个机关名称。

2. 行政监察范围

我国行政监察监督的业务范围主要包括:

(1) 监督检查国家行政机关、公务员和国家行政机关任命的其他人员贯彻执行国家法律、法规和政策以及决定、命令的情况;

(2) 受理对国家行政机关、公务员和国家行政机关任命的其他人员违反国家法律、法规以及违反政纪行为的检举和控告;

(3) 调查处理国家行政机关、公务员和国家行政机关任命的其他人员违反国家法律、法规以及违反政纪的行为;

(4) 受理国家行政机关、公务员和国家行政机关任命的其他人员不服行政处分的申诉;

(5) 法律、法规规定的其他由监察机关受理的申诉。

3. 行政监察的权限和职责

《行政监察条例》规定了行政监察机关的权力范围:检查权、调查权、建议权和一定的行政处分权。

检查权和调查权具体包括:(1) 查阅、复制与监察事项有关的文件、资料,了解其他有关情况;(2) 暂予扣留、封存可以证明违法违纪行为的文件、资料、物品和非法所得;(3) 必要时可以按照规定程序,查核与查处案件有直接关系的人员在银行或其他金融机构的存款,并可以通知银行或者其他金融机构暂停支付;(4) 要求被监察部门和有关人员报送与监察事项有关的文件、资料及其他必要情况;(5) 责令有关人员在规定时间、地点就监察事项涉及的问题做出解释和说明;(6) 责令被监察部门和人员停止正在或者可能损害国家利益和公民合法权益的行为;(7) 建议主管机关暂停有严重违法违纪嫌疑人员的公务活动或职务。

行政监察机关在检查和调查的基础上有权向被监察机关或被监察机关的主管部门提出处理建议,具体包括:(1) 不执行、不正确执行或者拖延执行国家法律、法规和政策以及决定、命令应予纠正的;(2) 发布的决定、命令、指示不适当应予纠正或撤销的;(3) 录用、任免、奖惩决定明显不适当的;(4) 违反政纪应当给予行政处分的;(5) 按照有关法律、法规规定需要予以行政处分的;(6) 其他需要提出监察建议的。

如果行政监察机关通过立案调查证实了监察对象的行为已构成违法违纪,

则行政监察机关有权对行为人予以一定范围的行政处分。我国行政处分的种类包括警告、记过、记大过、降级、撤职、开除。行政监察机关具有撤职以下的直接处分权。

4. 行政监察的程序

行政监察机关实施行政监察通常包括两个程序：

（1）检查程序。包括立项、制定检查方案并组织实施，向本级人民政府或者上级监察机关提出检查情况报告，以及根据检查结果做出监察决定或者提出监察建议。

（2）调查程序。即对涉及行政机关和公务员违反行政纪律行为的控告、检举，由监察机关受理，并按不同情况采取不同步骤。如对需要调查处理的事项进行初步审查，认为有违反行政纪律的事实，需要追究行政纪律责任的，予以立案；立案后组织实施调查，收集有关证据，如有证据证明其违反了行政纪律，需要给予行政处分或者做出其他处理的，进行调查审理；根据调查审理的结果，针对不同的违法违纪情况，提出监察建议或者做出监察决定。

就某项具体案件而言，行政监察工作的大致程序包括：第一，准备阶段，即制定行政监察工作方案，通知被检查部门和有关人员等；第二，立案阶段，即对违反行政纪律的行为事实进行收集证据和审核证据的过程。立案的条件一是确有违反行政纪律的事实，二是需要追究行政责任或给予行政处分。立案要填写立案审批表，经领导机关审批后正式立案，期限一般为6个月；第三，案件的审理阶段，案件审理要求事实清楚，证据确凿，定性准确，处理恰当，手续完备，基本过程包括与被调查人谈话，召开会议集体讨论，把做出的监察决定以书面形式送达被调查者本人等，对监察决定不服的可提出复审，再不服的可向上一级监察机关申请复核，对已构成犯罪的，则移送司法机关依法处理。

（四）审计监督

这是一项有关财政经济方面的专门监督制度，它通过依法对国家行政机关和企事业单位的财务收支以及有关经济业务活动的检查和监督，来实现政府管理经济、维护社会的法制秩序的基本职能。

1. 审计监督主体

新中国成立初期，没有设立专门的审计监督机构，由各级政府的行政监察机关和各部门的内部监察机构担负审计监督的任务。其后，随着行政监察机关的撤销，审计监督在20多年内未能起到作用。1983年9月，根据宪法的有关规定，我国建立了国家专门审计机关，形成了由国家审计、部门单位内部审计和社会审计相互配合的审计监督体系。这一体系包括：

(1) 国家审计机关。在中央，是1983年成立的审计署，它是国家最高的审计机关，在国务院总理的领导下，组织领导全国的审计工作；在地方，是县级以上地方各级人民政府设立的审计局。

(2) 部门单位内部审计机构。在我国的国家金融机构、全民所有制大中型企业、大型基建项目的建设单位等可以按需要设立内部审计机构，独立行使审计职权，对本单位负责并报告工作，在业务上必须接受国家审计机关的指导。

(3) 社会审计组织。目前主要有会计师事务所和审计师事务所。会计师事务所是指经国家财政部门审核批准，由取得注册会计师资格的专业人员所组成，依法独立承办注册会计师业务的事业单位。审计师事务所是指经国家审计机关审核批准，由具有能独立从事审计工作能力和相应政策水平的人员所组成，依法独立承办审计查证和咨询服务的事业单位。它们从事审计工作，必须接受国家机关、企事业单位或个人的委托，接受审计机关的管理和业务指导，它们做出的审计报告应当报送审计机关审定。

2. 审计监督的内容

我国审计监督的内容主要有：（1）对财政计划、信贷计划的执行及其结果进行审计监督；（2）对国有企业、事业组织、基本建设单位、金融保险机构的财务收支及其经济效益进行审计监督；（3）对行政机关、中国人民解放军和有关国家资金或接受国家补助单位的财务收支进行审计监督；（4）对严重侵占国家资财，严重损失浪费及其他严重损害国家利益等违反财经纪律的行为进行专案审计；（5）对国家利用国际金融组织贷款的建设项目、联合国专门机构援助项目的财务收支进行审计；（6）督促包括行政机关、企事业单位在内的一般部门机构建立健全的会计制度，等等。

3. 审计监督主体的权限

为保障审计监督职能，审计机关被赋予调查权、审查权、建议权、处理权和通报权等一系列法定职权。根据《审计法》的规定，审计监督主体的具体权限包括：

(1) 要求报送权。审计机关有权要求被审计单位按照规定报送预算或者财务收支计划、预算执行情况、决算、财务报告，社会审计机构出具的审计报告，以及其他与财政收支或者财务收支有关的资料，被审计单位不得拒绝、拖延、谎报。

(2) 检查权。审计机关有权检查被审计单位的会计凭证、会计账簿、会计报表以及其他与财政收支或者财务收支有关的资料和资产，被审计单位不得拒绝。

（3）调查权。审计机关有权就审计事项的有关问题向有关单位和个人进行调查，并取得有关证明材料，有关单位和个人应当支持、协助审计机关工作，如实向审计机关反映情况，提供有关证明材料。

（4）制止并采取措施权。审计机关对被审计单位正在进行的违反国家规定的财政收支、财务收支行为，有权予以制止，制止无效的，经县级以上审计机关负责人批准，通知财政部门和有关主管部门暂停拨付与违反国家规定的财政收支、财务收支行为直接有关的款项，已经拨付的，暂停使用。

（5）通报权。审计机关可以向政府有关部门通报或者向社会公布审计结果，但应依法保守国家秘密和被审计单位的商业秘密。

（6）处理权。审计机关发现被审计单位有违反国家规定的财政、财务收支行为，有权依法做出处理。

4. 审计监督的程序

按照有关规定，审计机关每年要编制年度工作计划，报上级审计机关，并报本级人民政府。审计监督的程序主要分以下三个阶段：

（1）准备阶段。关键在于确定审计工作的项目，内容包括：审计的目的和范围、审计的重点、审计的时间安排和步骤、审计人员的分工，等等。

（2）实施审计阶段。这一阶段的中心任务是做好查证核实工作。实施审计有两种方式：一种是就地审计；另一种是将账册和其他有关进行经济活动的资料报送审计机关审计。这两种审计方式，都要求政府各部门和企事业单位按规定向审计机关提供财政或财务收支计划、信贷计划、预算、决算、财政或财务报表、财经规章制度以及其他有关经济活动的资料。

（3）终结阶段。经过查证审核后，在审计终结阶段，要做好综合分析研究工作，切实解决问题，写好审计报告。审计机关在提出审计报告时，应当征求被审计单位的意见，然后再做出审计结论和决定，通知并监督被审计单位和有关部门执行。被审计单位如有异议，可以向上一级审计机关申请复议。

（五）行政机构内部的自我监督制度

行政机构内部的自我监督对行政机关及其公务员的行政管理活动往往产生直接的甚至重大的影响，因此建立完善的行政机关内部自我监督制度显得尤为重要。一般来说，这种监督制度的主要内容包括以下几个方面：

1. 报告工作制度

我国宪法明确规定："地方各级人民政府对上一级国家行政机关负责并报告工作"。因此，听取和审查本级政府工作部门和下级政府的执法情况报告，是政府内部监督的重要方式之一。这里所说的报告指下级国家行政机关向上级国家行政机关就工作重大措施、主要事项、重大事件、主要问题等所做的工作报告，它分为工作简报、年度工作报告、专题报告、临时报告和综合报告等形式。

2. 执法检查制度

这是由监督主体主动了解被监督对象的执法情况，并及时纠正违法不当行为的法律制度。它具有深入实际、真实客观的优点。执法检查包括对执行计划、决议、命令、任务的情况进行检查，分为全面检查和专题检查两种方式。

3. 审查批准制度

审查批准是指监督主体按照有关的法律规范对被监督对象的部分行政行为进行审核确认的活动。审查批准的内容主要涉及比较重大的行政行为，包括抽象行政行为和具体行政行为，如对某一行政法律规范、行政决定、命令、预算、决算、财政收支计划、报表、账册、单据等进行审阅核对，以确定其是否合理合法及符合必要的程序和形式要求。审查主要分事先审查和事后审查两种形式。

4. 行政复议制度

凡是公民、法人和其他组织认为行政机关及其公务员所做的行政行为侵犯其合法权益并造成损害的，有权依法申请复议。受理复议申请的复议机关是具有层级监督权的机关，即做出该行政行为的行政机关所属的本级人民政府或者上一级行政机关。国务院专门就行政复议制定了《行政复议法》，从而使行政复议成为层级监督中规定比较完善、周密的一项法律制度。但行政复议只涉及具体行政行为，不涉及抽象行政行为。

5. 备案检查制度

根据法定要求，被监督对象制定的规章及其他规范性文件或者某些行政执法活动都应在事后报上级主管机关备案，以供监督主体了解情况。如果在备案检查中发现违法或者不当之处，可以责令被监督对象予以纠正或者由监督主体直接撤销。

6. 违纪调查制度

指具有监督权的国家行政机关对某一国家行政机关所发生的事故和违法乱纪案件所进行的调查，它包括一般性问题的调查和比较重大、复杂的违法乱纪问题的专案调查。

7. 考核惩戒制度

就是指监督主体依法对行政执法人员的具体执法行为进行定期考核，如果发现执法人员的违纪违法行为，则视情节轻重由任免机关或者行政监察机关做出行政处分决定。

第四节 有效行政监督的方法和措施

行政监督的有效实施离不开一定的方法和措施，方法和措施的不同往往会导致监督结果的大相径庭。我国在长期的行政活动过程中积累了丰富的经验，其中包含大量的监督方法和措施，了解和掌握这些方法和措施对于行政监督的有效进行和行政活动的健康发展具有举足轻重的作用。

一、有效行政监督的方法

行政监督的方法多种多样，概括起来，主要有以下几种：

（一）检查和调查

检查是一种经常采用的行政监督方法，一般为内部监督体系所采用。上级行政机关对下级行政机关及其工作人员的监督，上级行政机关的职能部门对下级行政机关及其职能部门的工作人员的监督；审计机关和行政监察机关对同级行政机关的职能部门和下级行政机关及其工作人员的监督，都经常采用这种方法。检查是一种工作介入，它影响行政管理过程的进行。通过检查可以发现国家行政机关及其工作人员中所存在的问题，督促其改进工作。

调查也是一种广泛采用的监督方法。调查分为授权调查和非授权调查两种：授权调查是指有关监督主体根据法律授予的调查权所进行的调查。授权调查程序和方式以及在调查过程中所采取的措施等，一般都有十分严格的法律规定，调查对象必须予以合作。非授权调查也就是我们通常所讲的调查研究或社会调查，是指监督主体就有关社会问题进行调查，并根据调查所了解的情况对政府的工作提出意见、批评和建议等。非授权调查的程序、方式和措施等一般都比较灵活，没有十分严格的法律规定，调查对象既可给予合作，也可不给予合作。

（二）视察和评议

视察一般为国家权力机关和一些层次较高的国家机关所采用。例如，各级人大常委会组织人民代表视察某些地区和部门的行政管理工作，中央和省市国家机关有关领导视察地方和基层行政机关的工作，等等。通过视察，可以对行政管理工作中存在的问题提出有针对性的批评和建议，督促其改进工作。

评议这种监督方法是通过对国家行政机关及其工作人员的工作态度、工作作风、工作能力、工作质量等情况的民主评议，促使其总结经验，不断改进工作，以实现对国家行政机关及其工作人员的监督。近几年来，地方和基层人民代表大会的代表，在闭会期间监督本级人民政府及其职能部门和行政人员，各级人民政府及其职能部门的工作人员监督本部门或本级人民政府的领导干部，一般都采取这种方法。

（三）审查和批准

审查和批准这种监督方法，一般为国家权力机关和上级行政机关所采用。例如，地方组织法规定，地方各级人民代表大会有权审查和批准本行政区内的国民经济和社会发展计划、预算及其执行情况的报告，听取和审查本级人民政府的工作报告。上级行政机关也可以通过对下级行政机关的行政决策、工作规划、计划的审查和批准，来实现对它的监督。

（四）检举和控告

对国家行政机关及其工作人员的违法违纪行为进行检举和控告，是一切享有监督权的组织和公民个人监督国家行政机关及其工作人员的一种重要方法，也是宪法和法律赋予他们的民主权利。当他们的合法权益受到侵害时，可以采取这种方法维护自身的合法权益，监督国家行政机关及其工作人员。但这种监督必须借助于司法机关和行政监察机关，才能发挥作用。

（五）复议和诉讼

公民和法人对行政机关的处理意见不服的，可以向该行政机关所在的人民政府或上级行政机关提起行政复议；或者向人民法院提出行政诉讼。这种监督也必须借助于司法机关和行政监察机关，才能发挥作用。

（六）审理和判决

这是司法机关和行政监察机关经常采用的行政监督方法。国家司法机关和行政监察机关在接到有关监督主体的检举、控告和申诉后，对案件进行审理和做出判决，通过案件的审理和判决来监督国家行政机关及其工作人员的行政行为。

（七）公开曝光

在报纸、刊物、广播、电视等大众传媒上，公开披露国家行政机关及其工作人员的违法违纪行为和不合理现象，使其暴露在光天化日之下，可以广泛和有效地接受社会各方面的监督。通过这种监督方式，可以促使有关的行政机关和行政人员尽快采取措施，纠正违法违纪行为，改进自身工作。

二、有效行政监督的措施

行政监督的措施是指对国家行政机关及其工作人员的违法违纪行为和违反

社会公德的行为所采取的责任追究手段。在我国，经常采用的行政监督措施主要有：

（一）改变和撤销

这是对国家行政机关经常采用的一种行政监督手段。国家行政机关做出的行政决定，发布的行政命令，制定的行政规章和工作计划，如果与国家的宪法和法律相抵触，违背党的路线方针政策，有权采取监督措施的行政监督组织可以对其进行改变和撤销。

在我国，有权采取这种监督措施的行政监督组织主要有：各级国家权力机关、县级以上的国家行政机关和各级人民法院等。

（二）罢免和撤职

罢免是国家权力机关专门采用的一种监督措施。这种监督措施适用于由国家权力机关选举、决定、任命、批准任命的国家机关组成人员。罢免各级人民政府的组成人员，是各级国家权力机关对各级人民政府采取的最严厉的监督手段。我国《宪法》和《地方组织法》规定，全国人民代表大会有权罢免国务院总理、副总理、各部部长、各委员会主任、审计长、中国人民银行行长、秘书长的职务；地方各级人民代表大会有权罢免本级人民政府的组成人员，省长和副省长、市长和副市长、县长和副县长、镇长和副镇长的职务。

撤职是各级地方国家权力机关的常设机构对本级人民政府的个别副职领导人，以及政府的其他组成人员采用的又一严厉的监督手段。我国《地方组织法》规定，县级以上的地方各级人民代表大会的常务委员会，在本级人民代表大会闭会期间，有权决定撤销个别副省长、自治区副主席、副市长、副州长、副县长、副区长的职务。此外，国家行政监察机关对其监察的对象进行行政处分时，也有权采用这种严厉的监督措施。

（二）行政处分

行政处分是国家行政机关对违法违纪和违反社会公德的行政人员所采取的惩罚性监督措施。采用这种监督措施的主体是同级或上级国家行政机关和行政监察机关，其对象是违法违纪和违反社会公德的行政人员。行政处分的具体形式有六种，即警告、记过、记大过、降级、撤职和开除等六种形式。采用何种形式的行政处分，要根据行政人员违法违纪和违反社会公德的错误事实、性质、情节、危害后果，参照本人的一贯表现和对错误的认识程度，区别对待，并按照法定程序和组织程序在规定的时间内做出处分决定。采用这种监督措施的目的是为了监督行政人员改正错误，遵纪守法，挽回影响。此外，党员干部还应受到相应的党纪处分。

(四）责令停止侵害、返还财产、恢复原状、消除影响、恢复名誉、赔礼道歉

责令停止侵害，是指上级行政机关或者行政监察机关、司法机关对国家行政机关及其工作人员正在实施的侵害行为所采用的一种监督措施。

责令返还财产、恢复原状，是指国家行政机关在行使职权时，违法没收被侵害对象的财产或者对财产造成损坏的，有关监督机关责令其返还财产，或者将已被损坏但能够恢复原状的财产恢复到原有状态。它是对已经造成侵害的违法行为的一种监督措施。采用上述监督措施的目的，在于保护被侵害对象，即公民、法人和其他社会组织的合法权益，尽可能减少被侵害对象和国家的损失。

责令消除影响、恢复名誉、赔礼道歉，是对国家行政机关及工作人员侵害行政管理对象名誉和荣誉权的违法行为的一种监督措施。我国《赔偿法》规定，国家行政机关及其工作人员行使职权时侵犯人身权，并造成受害人名誉权、荣誉权损害的，应当在侵权行为影响的范围内，为受害人消除影响、恢复名誉、赔礼道歉。消除影响、恢复名誉，可以通过一定的会议，或通过报纸、杂志、电台说明真相，承认原行政行为的错误，以恢复社会对受害人的品行、才能等的信任。赔礼道歉则应向受害人当面为之，即当面向受害人承认错误，表示歉意。

（五）行政赔偿

根据我国《宪法》《民法通则》和《国家赔偿法》的规定，国家行政机关及其工作人员在行使职权的过程中，引起违法行使职权侵犯公民、法人和其他社会组织的合法权益，造成公民或法人和其他社会组织的人身和财产损害的，由国家行政机关以支付赔偿金的形式赔偿其损失。国家行政机关在履行赔偿义务后，可以责令有故意或重大过失的工作人员或者受委托的组织或者个人，承担部分或者全部赔偿费用。行政赔偿是追究国家行政机关及其工作人员的行政责任，保护公民、法人和其他社会组织的合法权益，监督国家行政机关及其工作人员的一种重要手段。

（六）刑事制裁

国家行政机关工作人员在行使职权时触犯法律，构成犯罪的，应依法追究其刑事责任。这可以说是国家司法机关对违法犯罪的行政人员从刑事角度所采取的一种监督措施。它是所有行政监督措施中最为严厉的一种。

思考题：

1. 行政监督的含义和特征是什么？

2. 行政监督有什么样的意义和作用?
3. 行政监督应坚持怎样的原则?
4. 简述西方国家的行政监督理论思想。
5. 内部监督体系的组成部分有哪些?
6. 外部监督体系的组成部分有哪些?
7. 行政监督可采取的方法和措施有哪些?

第十二章

行政文化

每个人都生活在一定的文化环境当中,特定的文化系统对行政制度和行政行为有着重要影响。行政文化是人类在行政领域中进行实践活动而产生的一种独特的文化形式。良好的行政文化不仅有助于确立正确的行政目标以及规范、指导、约束行政管理者的行为,还可以通过行政管理者与外界的交往,把优良作风、良好的精神面貌辐射到整个社会,对全社会的精神文明建设和社会风气的根本好转,产生积极的影响和促进作用。

第一节 行政文化概述

"文化比起政治、经济等更富有普遍性、继承性和延续性,渗透到社会生活的各个领域,发生广泛的作用。"① 人们在行政领域中的实践,同样会形成行政文化并受其影响和制约。任何行政都是一种文化中的行政,文化的本质特征必然要反映到行政之中。

一、行政文化的含义及其重要性

(一)行政文化的含义

有行政活动就必然有行政文化。所谓行政文化,指的是在一定的社会文化体系背景下,行政系统中的成员在行政活动中形成的,并且通过实际的行动体现出来的价值取向、心理特征和行为习惯的统一体,反映的是行政管理的主体和客体对行政管理活动所持的意识和观念。

行政文化是文化系统中的一个特殊领域和重要组成部分。一方面,行政文化的形成和发展,都离不开文化系统中如世界观、价值观、政治哲学思想等其他现象的影响和作用;另一方面,行政文化又会反作用于这些文化现象。

---

① 许文惠,张成福,等. 行政决策学 [M]. 北京:中国人民大学出版社,1997:63.

（二）行政文化的重要性

任何一个行政体系的结构、过程、程序及行政主体的行为观念，都会直接或间接受到文化的影响。行政文化作为行政管理体制的思想文化根基，通过国家行政管理者的思想意识影响着行政实践。国家行政管理者的行政心理、行政道德、行政价值观在政府组织结构、职能配置等制度性安排以及行政运行机制的选择上都起着决定性的支配作用。因此，行政文化的创新与进步，可以保证行政管理制改革顺利、健康地进行；行政文化的滞后，必将成为阻碍行政管理体制改革的桎梏。

我国的行政文化是在新中国成立后，以社会主义公有制为基础，以马列主义、毛泽东思想、邓小平理论、"三个代表"重要思想、科学发展观、习近平新时代中国特色社会主义思想为指导的新型行政文化，这既是中国传统文化在现代的延续，又是马克思主义中国化及其在意识形态领域占主导地位的结果。因此，我国的行政文化呈现出复杂、融合、过渡的特点。一方面，西方的行政文化对我国的行政文化产生了很大的影响；另一方面，我国从古代王朝时期延续下来的传统行政文化，仍然以强韧的生命力存在于我国当代的行政文化系统中。

目前，中国特色社会主义事业进入新的发展阶段，我们迫切需要在全面建成现代化强国的背景下、在全面加强党的领导的要求下深化中国特色社会主义行政文化建设。2021年7月1日，习近平发表重要讲话，为行政文化建设提出了新要求和新任务。他强调，要在全面加强党的领导的要求下深化中国特色社会主义行政文化建设，要擅于借鉴人类文明的一切有益成果，推进行政文化建设和研究。因此，要建立有中国特色的、适合先进生产力发展要求的行政文化系统，是我们重要而艰巨的任务。

二、行政文化的分类

（一）从行政关系的角度来看，可分为主体行政文化和客体行政文化

任何行政活动都是由行政主体与行政客体组合而成的。由于主体与客体在行政关系中的地位与作用不同，从而形成有差异的行政文化。行政文化是行政活动中的行为者（主体和客体）对行政现象、行政活动理解和认识后形成的行政心理、行政态度与价值追求。所谓主体行政文化，是指在行政管理活动中，实际掌握行政权力的政府组织及行政管理者对行政现象、行政活动的理解、认识而形成的固定文化倾向。所谓客体行政文化，是指在行政管理过程中，不直接掌握行政权力并作为管理对象而存在的社会与公众对行政活动的理解与认识

后形成的固定文化倾向。主体与客体都从各自的角度出发，对以行政权力为核心的行政活动、行政体系的本质属性有不同的认识和理解。当主体和客体所持的行政文化出现强烈冲突时，正常的行政秩序便无法实现。只有当主体行政文化与客体行政文化，在行政权力这一核心问题上的认识与理解基本趋同时，作为总体的行政文化才是和谐与统一的。

（二）从文化层次的角度来看，可分为行政态度、行政信念与行政价值

美国著名的行政伦理学教授库珀说："如果我们想象出三个同心圆，价值观就是位于最里面的一个圆，这表明了价值观与一个人所拥有的更为具体的信念之间的基本关系，信念是位于中间的一个圆，态度是位于最外层的一个圆。"① 这段话揭示了行政文化在行政管理者个体身上的三种表现形态，即行政态度、行政信念与行政价值。行政价值观是指导人们行政行为的根本准则，在价值观下是人们的具体信念，从而进一步落实为人们对行政活动、行政行为的态度。在儒家传统学说中，"向善""为仁"是主要的价值观之一，因此，作为行政管理者的官员以及作为行政管理对象的社会民众对行政权力所抱有的信念应是"替天行道"，在价值观和信念的指导下，行政态度应为"兢兢业业"。但是儒家的传统学说的目的毕竟是维护王朝统治，所谓的"替天行道"和"实施仁政"都是建立在等级制上的，这样的说法经常成为官员剥削民众的粉饰符号。只有在当代中国，社会主义理想的"全心全意为人民服务"的宗旨、"维护公共利益"的行政信念、"尽职尽责"的行政态度才是真正从人民出发、一切为了人民，社会主义行政文化的建立有赖于行政管理者建立正确的行政价值观、行政信念和行政态度。

（三）从表现形式的角度来看，可分为观念性行政文化、规范性行政文化和行为性行政文化

观念性公共行政文化是指公共行政主体在具体的实践过程中创造出来的新的观念形态的文化形式，这种观念性文化得到了行政机构和其他行政人员的共同认可和支持，形成了观念性公共行政文化。观念性公共行政文化是公共行政文化的主导和中心，在公共行政活动过程中，对公共政策起着指导作用，并决定着其他公共行政文化的发展方向，主要包括公共行政信念、公共行政理想、公共行政思想、公共行政意识和公共行政价值等方面的内容。

规范性公共行政文化是指对公共行政主体和公共行政机关行为产生规范影

---

① 库珀. 行政伦理学——实现行政责任的途径 [M]. 北京：中国人民大学出版社，2001：75.

响的行政文化。它往往没有明文的规定,只是反映公共行政主体日常态度的标准和公共行政的基本规律,受社会舆论的制约,主要包括公共行政道德、公共行政传统、公共行政习惯、公共行政法规、公共行政制度、公共行政原则和公共行政纪律等内容。

行为性公共行政文化是公共行政文化的外在表现,是其他公共行政文化在公共行政行为上的具体反映,集中表现着一个行政机关在整个社会公共事务管理中的外在形象。它主要包括公共行政目的、公共行政行为、公共行政关系、公共行政作风和公共行政效率等。①

(四)其他的分类

从行政文化的取向模式角度看,可分为认知取向,即行政态度和信仰;情感取向,即行政情感;价值取向,即行政评价。从组成上分析,行政文化可分为社会总体行政文化与区域行政文化。从时空分布来看,行政文化可分为传统行政文化与现代行政文化、本土行政文化与外来行政文化。从文化主体的角度来看,行政文化又可分为行政组织文化与行政个体文化等。

三、行政文化的作用

(一)对行政系统内部的作用

1. 影响行政组织形式

任何行政组织都是一定文化背景下的特定产物,行政组织形式深受行政文化之影响。任何组织形式必须要与具体的国情相适应,特定的行政组织形式既受客观条件的制约,也是人们主观选择的结果。它反映了客观存在的管理需要、行政条件和资源状况,同时也受到人们对行政方式、组织制度和管理模式认同与否的主观判断的影响。主观和客观的因素在合力的情况下产生具体的行政组织形式。在客观因素大致相同的情况下,人们会因行政文化的差异而选择不同的组织形式;在客观因素基本相异的情况下,人们也会因行政文化的同一性而选择相同的组织形式。

2. 影响行政行为

行政文化是行政管理活动的精神基础,折射出行政管理者的心理、道德和价值观。行政文化作为一种内在律例,规范着行政管理者的行为,引导着行政管理者按行政目标前行。同时,我们也应认识到,行政文化与规章制度相比,

---

① 王利敏,戚建霞. 论公共行政文化对公共行政管理的影响和作用 [J]. 长春工程学院学报(社会科学版), 2010, 11 (2).

其对行政行为的规范与导向不是明文规定的，而是潜移默化的。行政管理者在文化观念的潜移默化下，接受组织的整体目标与价值观。符合并能正确反映社会发展规律与行政管理活动规律的行政文化，不仅能在观念上引导良好行政风气的养成，而且能在人们的心理与日常行为上发生作用，以渐变的方式改变人的行为习惯，从而使行为主体将个人目标和组织目标结合起来，积极参与组织工作，在组织秩序范围内进行活动，建立良好的行政行为模式。

3. 影响行政观念

公共行政文化对行政人员的行政观念有着深远的影响，公共行政文化作用于行政人员的信念和信仰，通过行政人员的实践活动间接表现出来。这是因为在实践过程中，行政人员对客观事物的感知和理解，形成了行政意识，并逐步发展为行政文化。同时，公共行政文化又决定着人的行政观念，不同的行政观念可以对实践做出不同的指导，积极或消极地影响着实践行为。如传统的伦理型公共行政文化形成了官僚主义、任人唯亲等腐朽的行政观念，而法制型公共行政文化则形成了高效廉洁、民主平等的现代科学的行政观念。①

4. 影响行政管理者的精神面貌

按官僚制的理论要求，行政管理者应该是中立的，但中立并不意味着行政管理者精神状态的麻木。应该说，行政管理者的精神面貌仍是一个组织活力的重要标志之一。处于特定行政文化下的行政管理者，依然毫无例外地受到行政文化的影响。和谐、进取、包容的行政文化，有利于引导行政管理者形成良好的精神面貌，进而促进组织和谐，达到组织良性运行状态。

5. 影响行政组织的发展和竞争能力

在文化论者那里，有大量关于文化对社会发展有着重要作用的论述，如资本主义精神对于资本主义社会的推动作用。行政文化作为文化的一种类型，其对于行政组织的发展同样有着重要的影响力。行政文化包含了组织及其成员的观念及价值，在塑造组织目标、激励成员、增强凝聚力等方面起到举足轻重的作用。

社会中的个体在进行价值选择时，由于其文化背景与思想观念的差异，容易形成分散的价值取向与行为取向。社会中多样化的文化观与价值观并存，必然会给社会生活中的各个领域树立各种各样的价值尺度。在多样化价值的影响下，个人的价值观难免多样化，难以形成归属感。而优秀的行政文化会树立融

---

① 王利敏，戚建霞. 论公共行政文化对公共行政管理的影响和作用 [J]. 长春工程学院学报（社会科学版），2010，11（2）.

合个人利益和公共利益的组织目标，从而激发行政管理者的积极进取精神，在组织内部达成一致认识与共同追求，从各方面把组织成员团结起来，使组织产生巨大的凝聚力与向心力。这样的行政组织才是具有发展前途和竞争能力的。

（二）对行政组织外部的作用

1. 对社会风气的辐射作用

行政文化在行政组织内部产生的激励和凝聚作用，会通过行政管理者的管理活动辐射到社会中，对社会风气起重要的影响作用。目前我国党和政府强调以科学发展观和"四个全面"的战略思想来指导行政文化建设，以"廉洁、勤政、务实、高效"的行政精神和"创新、协调、绿色、开放、共享"的发展理念来规定与引导国家行政管理者的思想与行为。当前，我国各级政府行政管理者的法治意识、创新意识、协调意识、开放意识、竞争意识和自律意识正在逐步确立与增强。这些在日常的行政管理活动中必然对社会精神文明建设产生良好的影响和促进作用，在渐进中确立良好的社会风气。

2. 对行政客体行为的影响作用

作为接受行政管理活动的个人、群体或组织，其在行政系统中的活动同样受到行政文化的影响。特定的行政文化影响下的行政客体会对行政组织、行政管理者和行政管理活动产生特定的认识和期待，这种认识和期待进而会促使人们形成特定的态度和行为。行政客体通过与行政主体的管理互动过程影响行政体系。例如全能型行政文化认为，政府是全能的，社会是散漫无度的，政府有能力包揽所有的社会事务，政府中的个别精英也是道德高尚、能力超人，能够管理一切行政事务，公民只能消极被动地等待和接受政府部门管理和服务。在这种认识和期待下，公民很少从自身的根本利益、权力资格和权力地位出发来对政府性质、地位做出合理的价值评判和要求。

3. 对政治秩序的影响作用

行政权是国家权力之一，其运用结果必然影响政府的执政基础。我国改革开放后，社会利益的分化和重组使个人利益越来越凸显，如果行政管理者在管理活动中扭曲公共利益的目标，以与社会公共利益相冲突的个人利益实现作为管理的目的，社会对行政管理者的排斥会转化为对整个行政组织乃至整个执政系统的拒斥。为人民服务的行政文化通过建立正确的行为导向和塑造正面的精神面貌，引导行政管理者的管理行为符合社会公共利益，增强人们对行政组织、行政管理者和行政管理活动的认同，巩固政府的执政基础。

第二节 行政心理

心理是文化的基础要素,行政心理是行政文化系统中的直观要素,它直接影响人们的行政思想和行政行为。

一、行政心理概述

行政心理是行政系统成员(包括行政管理者和行政管理的接受者)对行政关系和行政活动现象各方面形成的一种自发的心理反应,是人们知觉、情感、态度、兴趣等各种因素的总和。行政心理是一种自发的、直观的心理反应,其实质是人们对社会行政、政治和经济现实的主观反映,通常以隐性的方式存在,是一种不系统的、具有直接感受性的感性认识。

行政心理是行政文化的基础,它是一种不容易被改造、被抹去的感情、态度、信仰和潜意识,一经形成,就会对人们的行政行为产生持久的、稳定的、牢固的影响;它能影响人们在行政领域的行为、行政理论以及行政体制的改革,是一切行政实践活动的出发点。

一般而言行政心理包括行政个体心理、行政群体心理和行政组织心理三方面。[①] 行政个体心理是行政个体在行政活动中产生的心理现象总和,以个体心理差异的存在为依据,通过行之有效的方式引导行政个体,能够充分调动个体积极性,为达成行政组织的目标而服务;行政群体心理是行政群体成员共同具有的风气、舆论、认同感等认识状态、情绪状态和意志状态。其不仅仅是行政个体心理的简单聚合,而且是行政组织中若干行政个体相互协作后形成的群体共同心理,群体成员心理之间具有依存关系和共同感;行政组织心理主要是组织环境对行政个体开展行政活动所构成的心理、行为的影响,探讨如何构建有利的行政组织环境,能够激发行政个体动机,实现组织目标。

二、行政心理的构成

(一)认知

在行政活动中形成的认知,是行政系统成员对行政现象及其规律等的直观

---

① 黄建钢. 公共行政心理在行政管理中的作用探究 [J]. 陕西行政学院学报,2008(4).

认识、判断和理解。在行政领域中，人们自身的教育水平以及掌握的信息对行政认知有着重要影响。

行政认知是人们在行政活动中形成对行政现象及其规律的整体概念，形成"行政现象及其规律是什么"的认识，使人们能将行政现象与其他社会现象进行区别；在此基础上，人们通过不断的判断活动对行政现象及其规律的整体概念进一步固定，形成对其的综合分析和评价。中国古代将官员的管理行为视为上承天意、下启民情的活动，将民众视为被动接受管理的一方，从而形成非民主的行政文化。

行政认知不仅使人们初步获得与行政活动相关的知识，还能促使人们形成对特定行政活动和行政体系的认同感。因此，行政认知是整个行政心理的基础。

（二）情感

在行政活动中产生的情感，是行政系统成员在认知的基础上，对行政活动、行政体系等形成的自发的内心感受，具体表现为对特定行政活动、行政人物或行政组织的好恶等心理反应，是人们通过自身的经验而产生的主观心理体验。

这种情感可以是短期的、本能的心理反应，也可以是较为成熟的、稳定的精神活动；可以是积极的、肯定的，也可以是消极的、否定的。行政情感是行政认知的结果，也是行政动机形成的内在动力和基础；它是行政心理的一个重要环节，是行政活动的感情纽带。

（三）动机

产生行政活动的动机是行政管理活动的实施者实施行政管理活动，以及行政管理活动的接受者通过一定行为方式应对行政管理活动的内在动力。人们在行政领域采取相应行为的动机取决于他们自身的目标以及为达到这一目标所需能力的估价。古代社会民众在行政管理活动中的角色是被动的，他们没有主动影响行政管理活动的动机，因此通过各种参与影响行政管理活动的行为并不多见。

（四）态度

人们对行政现象产生的态度是在以上三个心理过程基础上形成的综合性心理过程，是行政系统的成员在对行政现象的认识以及行为上的固定倾向。人们行政态度的积极或消极、肯定或否定，都会直接反映在最终的行为上。在传统儒家的理论体系中，官员由于读"圣贤书"而被视为是社会道德的楷模，其管理活动主要是"替天行道"、教化民众，由此官员的道德风尚成为我们评价官员的重要指标。我们倾向于将官员的道德水平放在评价指标的第一位，而能力反而是次要的。在这样的态度指引下，官员无不重视自身的道德形象，通常为自己披上道德外衣，多用道德上的说法来解释他们的管理活动。

三、培养正确的行政心理

传统行政心理是人们在长期行政实践中形成的相对稳固的行政态度、行政情感等集体心理现象，包括自古以来的"以吏为师"心理、"政治教化"心理等等。传统行政心理经过代代相传，对当今的行政实践产生了深远的影响。如传统行政心理中的臣民心理，强调依附和服从，至今仍在一定范围内和一定程度上残存于当代公共行政的管理体制中，主要表现为：一方面，一些政府机构或政府工作人员仍主张或默认权大于法，忽视和轻视人的权利和利益；另一方面，公民的权力和权利观念、自主和民主观念相对缺乏。

目前，中国正处于从传统行政体制向现代行政体制过渡过程中，行政体制改革要求树立正确的行政心理、建立现代化的行政管理体制。因为人们往往以感觉、情绪、态度等心理形式来反映行政活动和行政关系的变动。而这种心理的变化又将外化为社会舆论甚至社会思潮，并且直接反映在人们的行为中，从根本上影响行政体制改革的进行。因此，应当重视人们行政心理的培养，从根本上改变传统行政心理中对"官民关系"的认知。行政管理者和社会之间不是父权式的教化、照顾和服从关系；政府以及行政管理者受社会委托行使公共权力，在行政管理中为社会提供公共产品，我们可以将社会看成是政府提供的产品的消费者，从而在心理上把双方界定为交换和互利的关系。

因此，要在对行政管理有现代认知的基础上培养人们对行政管理者的正确期望。行政管理者不再是理所当然的"理智和道德典范"，社会有权利并且也有义务对行政管理者以及行政管理活动进行制约。行政管理的目的不是对民众进行道德教化，而是改善社会福利、增进全民利益。在行政态度上，要强调行政管理者的公共责任与依法行政心理，也要培养社会的公共意识与权利观念，使人们充分地认识行政体制改革的必要性、改革的方向以及改革的步骤，营造改革所必需的社会心理承受力、支持力以及约束力。

四、服务型政府构建过程中的公务员行政心理建设

自十届人大三次会议政府工作报告中，首次提出努力建设服务型政府，到党的十八大报告确立建设服务型政府是深化行政体制改革，加强政府自身建设的核心目标，创建服务型政府已逐渐成为我国行政改革的主导趋势。党的十九大报告则明确提出要"转变政府职能，深化简政放权，创新监管方式，增强政

府公信力和执行力，建设人民满意的服务型政府"。建设人民满意的服务型政府过程中，如何协调政府与公众关系、如何提高政府公共服务能力等问题，终究要落实到直接提供公共服务的公务员的行为之上。公务员作为行使国家行政权力、执行国家公务的人员，其工作方式和态度直接受到行政心理的影响。因此，加强公务员行政心理建设，对构建服务型政府的作用非常凸显。

（一）服务型政府构建过程中公务员行政心理问题

服务型政府是一种新的执政理念与管理模式，在对原有行政体制进行改革的过程中，难免会触及多方利益，尤其会涉及公务员的利益关系调整，面对这些新的变化，公务员们会产生各种积极的或消极的行政心理，直接影响服务型政府建设工作。受我国传统观念的影响，走上仕途、治国从政在民间的社会地位极高，以至于一些人误以为从政逐权就能享受高高在上、众人敬仰的优越感，这种误解滋长了公务员的官僚主义，脱离群众当了"官老爷"，与服务型政府强调公众为本，脚踏实地做人民公仆的理念相悖。从管理者到服务者角色的转变，容易引发公务员行政心理的落差，产生消极怠工的情绪，影响正常的行政工作。过去公务员的工作一直被视为"铁饭碗"，工作稳定且收入无忧，致使一些公务员养成了懒散、不上进的坏习惯，工作也是消极应对，而服务型政府看重政府绩效考核，不少行政部门在内部推行竞争上岗、末位淘汰制、聘任制等措施，打破了过去太过安逸的格局，迫使公务员转变不适应现代行政管理要求的传统观念、工作习惯和工作方法，造成了一定的紧张感和焦虑感，容易引发挫折心理。公务员间的竞争也极易被扭曲恶化产生负面影响，比如贬低对手、造谣生事，加之构建服务型政府还会源源不断地在公务员队伍注入年轻有活力的新鲜血液，无形之间增大了原有公务员的心理压力，甚至产生信任危机，长此以往会严重影响公务员的心理健康。

（二）完善服务型政府构建过程中公务员行政心理建设的路径

构建服务型政府免不了要对原有组织制度、组织结构进行调整，领导方式、行政环境也会发生变化，这些变化或多或少都会对公务员的行政心理产生影响。我们需要注意把消极的行政心理转变为积极的行政心理，才能增强其服务意识与服务能力，确保政府工作顺利开展。

1. 建设公务员行政心理保障机制

政府应基于公务员工作的特殊性，承担起建设公务员行政心理保障机制的主体责任，营造良好的行政组织氛围。

首先可以与专业的心理教育机构合作，建立专门的公务员行政心理研究部门，利用先进的心理测试、考评技术了解待录用和已经参加工作公务员的心理结构，建立心理档案，组织定期观察和检测，了解公务员阶段性心理动态，以便及时发现问题进行处理。其次，拓宽公务员心理咨询和培训渠道。组织内部通过建立心理电子信箱、心理论坛等方式，丰富和畅通公务员心理倾诉渠道，多角度了解公务员心理诉求和需要。充分发挥教育的示范作用，聘请专家、组织各部门联合开展心理健康类、组织行为类、行政伦理类讲座、培训课程，让公务员学会遇到心理困扰及时寻求专业性帮助，学会缓解压力、应对挫折、自我调节的方法，增强对心理问题的抵抗力。适当开展休闲文体、娱乐活动，对公务员心理状态进行调适。最后，在对日常行政工作进行绩效考核时，考虑引入心理素质考核指标，重视行政心理对日常工作的影响，引导公务员注重学习、工作的同时加强心理建设，考核结果可为日后人事部门培养、晋升、调用人员提供参考。

2. 塑造公务员独立行政人格

行政人格可以从多个学科角度进行理解。例如心理学强调公务员"统一的结构性自我"，伦理学强调公务员"崇高的自我"，哲学强调公务员"有自由价值的自我"，公共行政学强调公务员"公共服务的自我"。行政人格是公务员在公共事务中，区别于其他社会成员的内在规定性，是品格、观念、知识和能力等构成的完善体系，更是行政资格、行政品格和行政风格的内在统一。公务员需清正廉洁，恪守服务观、责任观，利用综合知识，发挥思维能力、决策能力等为公众提供优质、高效的服务。塑造公务员独立行政人格，首先要培养公务员树立正确的职业价值观和优秀的精神品质，通过有目的的学习和训练，实现行为与道德的统一，以规范其行政行为。其次要认清自己的地位和工作的性质，自觉承担起法律、道德责任，处理好行政过程中的角色冲突，对公众利益负责。从管理者转变为服务者，公务员在行政过程中需秉承以人为本的理念将服务精神贯彻到底，坚定一心为公的决心。同时公务员还要通过培训、经验积累等方式提升学习能力，自省自新，自我完善。

3. 强化公务员行政情感

情绪和情感都是人对客观事物所持的态度体验，情绪由生理需求是否获得满足而产生，情感由人的社会需求是否获得满足而产生，影响着人的思想、行为、工作积极性和身心健康。公务员职业的特殊性决定了他们会产生与职业相关的特殊感情——行政情感，由这种行政情感所确定的行政责任最终指向公共福祉，旨在为公众提供高效、优质的服务。公务员的感情与个人需要与行政活动密切联系，当其需要、认知与行政目标相吻合时，就能产生积极的情感，反之会产生消极的情感，行政情感转化为公务员的良好德行之后也能发挥一定的公共示范性。因而公务员需要具有健康饱满的情绪、纯洁高尚的情操，在行政工作中客观科学地确定自身期望，有意培养合理的需要，树立进步、健康的行政观念，强化自身行政情感。面对问题首要从积极的角度考虑和出发，学会自我肯定、自我激励，增强信心，引导产生乐观的情绪；面临心理压力时要灵活转变思维方式，丰富自身的积极情绪体验，从而把心理调整到最佳状态。

构建服务型政府在行政体制、行政职能的转变过程中也包含了行政人员的转变，而公务员行政心理保持健康是服务型政府的基本保障，积极的心理能促进服务型政府的建设，消极的心理将阻碍服务型政府建设。因而在服务型政府构建过程中需注重开展公务员行政心理研究，以加快建设进程。[1]

第三节　行政道德

在中国古代典籍中，"道德"一词的含义非常广泛。在战国时期，"道德"一词具有了确定的含义，即道德意识、道德修养、道德行为、道德原则与道德规范等。在西方，"道德"一词源于拉丁文 mores，其原意是风俗习惯的意思。引申其义，也具有道德原则、道德规范、行为品质以及善恶评价等意思。

一、行政道德概述

（一）行政道德的概念

道德是在特定的社会中人与人之间以及个人与社会之间关系的行为准则和行为规范的总和，包括善与恶、正义与偏私、光荣与耻辱、诚实与虚伪等观念。道德不通过国家强制力保证实行，而是通过非正式的社会舆论和传统习惯发挥作用。

行政道德是行政组织以及行政管理者在行政管理活动中形成并应当遵循的原则和规范，是一种持久的、习惯性的善恶评价行为，主要体现在行政管理者的管理活动中，并通过行政管理者的个人信念、内在修养、社会舆论与职业道德等形式对行政管理者的具体行政行为发生作用。行政道德是一种职业道德，是特定社会道德在行政体系中的体现，一方面行政道德具备社会道德的普遍因素，具有阶级性、一定的强制性、历史的继承性和规范的层次性等特点；另一

---

[1] 弓朵阳. 服务型政府构建过程中的公务员行政心理建设［J］. 现代经济信息，2017（2）.

方面行政道德具有自身职业要求的特征，它是在特定的职业实践基础上形成的，在内容上着重反映本职业的特殊要求。

（二）行政道德的功能

1. 行政道德的约束功能

行政道德通过外在的社会舆论与行政主体内在的个人信念相互作用的方式，一方面通过对行政管理者道德人格的培养增强管理者的自我约束能力，从管理者自身进行管理行为的约束；另一方面行政道德形成广泛的道德氛围，从而无形地影响与控制着行政主体在行政管理活动中的意识与言行，从管理者外部对其行为进行约束。

2. 行政道德的调节功能

行政道德通过规范人们的行政行为来协调行政关系和行政活动。行政道德的协调功能主要通过内在制约来实现，主要表现为人们的内心命令、舆论的思想压力以及传统观念和习俗的制约。虽然这种制约是非外在的、非制度化的，但它调节对象广泛，手段多样，是其他调节方式的重要补充。

3. 行政道德的激励功能

行政道德是激励国家行政管理者努力做好本职工作，以提高行政组织效率的强大精神动力。行政道德的激励功能有两种基本方式[1]：一是外在的道德激励，由行政道德的理想、榜样、批评三要素构成；二是内在的道德激励，包含行政道德上的成就感、认同感、尊严感、荣誉感等因素。两种方式相比，前者主要表现为社会对激励对象的作用，后者主要表现为激励对象的自我作用。两种方式互为条件、相互联系、共同作用。

二、社会主义行政道德的基本原则

行政道德是人们行政管理实践的内在约束，具有鲜明的政治性，在本质上反映着国家和政府政治的价值追求。社会主义行政道德必然要求符合我国社会主义社会的阶级性质和价值追求。

我国社会主义行政道德的基本原则主要如下：

（一）政治坚定

我国各级行政管理者必须坚持社会主义道路，坚决拥护党的领导，贯彻执行党和国家的大政方针。这是社会主义道德规范与其他以往或现有的行政道德

---

[1] 夏书章. 行政管理学 [M]. 广州：中山大学出版社，2003：164.

规范的本质区别所在。政治坚定的具体内容，主要包括政治方向、政治立场、政治观点、政治纪律、政治鉴别力和政治敏锐性等六个方面。其中，行政管理者必须与政府在基本立场、观念和原则上保持一致，这是最基本的要求。①

（二）一心为公

这一原则的实质是指政府组织及其行政管理者都必须维护社会的公共利益。政府与行政管理者应该确立"维护公共利益"的道德信念，在行政行为中，任何以个人利益、集团利益、部门利益为目的的行为都是对"一心为公"的背离。

（三）服务人民

"全心全意为人民服务"是我国行政管理的宗旨。全心全意为人民服务，最终要体现在人民福利的增进之上，即主观动机和客观效果要达到统一。一方面体现大多数人的利益要求，另一方面也要关心社会弱势群体，扶鳏助寡。因此，人民福利的普遍促进要注重发扬民主行政管理，重视人民群众民主权利的行使，建立维护个人自由的行政体系。

（四）清正廉洁

清正廉洁首先指的是防御和抵制公共权力的市场化，防止行政管理的寻租现象。其次，清正廉洁还包括在行政管理活动注意节约成本、不贪图公共财物、不铺张浪费。

（五）勤奋敬业

勤奋敬业是指行政管理者应在管理活动中刻苦学习、竭尽忠诚、兢兢业业、艰苦奋斗、不畏艰险、任劳任怨、鞠躬尽瘁、死而后已。

（六）尽职尽责

这一原则是政治与行政实践中，"权责统一"与"权责并重"这一理论逻辑的体现。行政管理者应当尊重其职位和工作所须承担的责任，是行政管理者对社会、对人民履行各项道德义务的基础。

三、行政道德规范的建设

行政道德规范的建设，是一个宏观层面的建设问题，即国家与政府应该采取什么战略与举措来提高行政管理者整体的道德状况。要从整个国家层面建设社会主义行政道德规范，有以下两个方面。

---

① 夏书章. 行政管理学 [M]. 广州：中山大学出版社，2003：165-167.

(一) 本土资源的合理利用

1. 对传统优秀行政道德的继承

传统的行政实践活动必然产生传统的行政道德，其中不乏优秀的道德内容。传统优秀行政道德，主要指古代官员的优秀道德规范，如奉法循理、仁民爱物、正己修身、忠言直谏、任人唯贤、居以廉平、为官清正等。① 这些规范是古代王朝对官员进行道德评价的普遍标准，都能起到约束官员、管理社会的良好作用。而且，这些道德观念通过史学家的记载与描写，已经成为深入人心的道德理想，即使是当代的社会仍然普遍接受传统优秀行政道德塑造成的"好官"形象。

除此之外，传统的行政道德强调个体通过向内心挖掘"人的本性"来实现道德修养的升华，重视个人的能动性作用，这对当代我国行政道德的建设有着手段和方法上的重大启示。因此在社会主义条件下，行政管理者要以是否能促进社会主义建设以及是否能增进人民福利为标准，从传统的行政道德中剔除糟粕，选取精华，对优秀的行政道德进行继承。

2. 对当代中国行政管理先进经验的总结

当代中国在共产党领导下，行政管理实践活动产生了大量的先进经验，这些先进的经验构成社会主义行政道德规范的重要来源。社会主义建设时期，焦裕禄、孔繁森等人物在行政管理领域的先进事迹，形成了先进的行政道德典范。如社会主义改革开放时期，一些行政组织和行政管理者坚决执行邓小平理论，在行政管理中坚持解放思想、勇于开拓、反腐保廉，切实推进了改革开放的深入发展；尤其是当代行政管理与社会以及个人的关系不断发生变化，行政管理组织和行政管理者的管理目的、管理手段、管理范围都向现代行政管理转变，对这些成功的行政管理经验进行总结，成为先进行政道德规范内容的重要来源。

(二) 德法建设并驾齐驱

建设社会主义行政道德规范，必然落实到行政管理者个体的修养道德上。中国传统"修己以安人""修身齐家治国"的德性论，一直强调道德教育与训导，通过个体修行的路径来提高行政管理者的道德修养与自觉。这一路径方法不仅积累了行政管理者关于个体道德修养的经验，而且在不同的历史时期取得了一定的实效。

这种着眼于个体修行的路径前提假设是：社会的道德理想和道德原则是单

---

① 夏书章. 行政管理学 [M]. 广州：中山大学出版社，2003：164.

一的，人们普遍熟知道德的要求，道德的功能主要通过自律实现。但在现实中，个体修行的单一路径严重忽略了社会关于规范行政管理者行为的法律、法规建设，即他律的路径。改革开放后，我们看到了这个不足，并立即开始了补救措施，于是，社会加快了法治化建设之路的步伐。但是，社会似乎"矫枉必须过正"，在强调加强法治建设的同时又有意或无意地忽视了对行政管理者的道德教育，把法治这种具有外在强制性的手段看成是约束行政行为的唯一方法。因此，在相当长一段时间内，我们只着眼于制定规范行政管理者行为的完整法律、法规及其制度体系。但是在现实中我们看到，我们缺少的不是约束行政行为的规范与制度，而是缺少遵守这些规范与制度的自觉性。行政行为的约束必须同时具备内在和外在的双重约束，才可实现行政权力的公共性和公益性。因此，当前中国行政道德建设必须和法治建设有机结合、并驾齐驱，千万不可偏颇其一。

社会法规建设的着眼点是人们的外在行为，目的是人们的行为符合法律法规的要求。它通过设置惩罚和奖励机制来形成人们对某种行为的"成本—收益"分析，着力强调规范控制和约束功能。但是，法律和法规不可能穷尽行政领域的所有事务，尤其在行政管理活动中，管理者有着巨大的自由裁量权，行政管理者的自主性很强。行政管理者的心理、情感和信念对于行政过程来说，是永远无法消除的影响因子。因此，德治和法治"两手都要硬"，一方面通过外在的强制调节人们的行为，另一方面要通过个体道德修养和社会道德教育，提升行政道德，使人们的行为受到内外的双重约束，以致其在行政领域中的良好行为更为稳定。

（三）以社会主义核心价值观为依托建设新时期行政道德

社会主义核心价值观根植于中国优秀传统文化。可以说，社会主义核心价值观一方面是在汲取人类社会历史优秀文化成果基础上结合当前我国政治、经济、社会、文化等实际国情对中国特色社会主义主流价值观的凝结与提炼。另一方面，社会主义核心价值观以马克思主义为指导思想，是新的历史时期以习近平同志为核心的党中央结合我国发展实际和社会需要而提出的主流价值理念，是马克思主义中国化关于价值观念方面的重要成果。因此，社会主义核心价值观可以成为行政主体道德建设的价值依托。

应结合社会主义核心价值观中倡导的价值理念，制定出当前社会行政道德建设的行为准则。具体来说，一要为民。时刻以实现广大人民群众的根本利益为工作的出发点和落脚点。行政主体行使的是公权力，是为公共利益服务的，这就要求行政主体要积极回应群众最关切的问题、积极解决关系民生的重大问题，努力为群众谋福祉。二要清廉。行政主体运用公权力实现公共利益，这就要求行政主体为官必须清廉，恪尽职守地履行好国家、社会赋予他们的责任和使命，兢兢业业地把自己的工作做好就是对社会的贡献。三要公正。公正是行政主体应具备的道德素养，只有他们在工作中一切出于公心而不是私心，一切工作的出发点和落脚点是国家、民族、社会的利益，才能在实际工作中真正做到办事公道，不渎职侵权①。

第四节　行政价值观

一定的价值观总是通过文化表现出来，而一定的文化总是内含一定的价值观。也就是说，任何一种类型的文化体系，都有一整套标准化、内在化了的价值观念支撑着这种文化的存在，而价值观是文化中最基础的、最核心的内容。所以，价值观是决定文化性质、方向和特点的最重要的、最根本的因素。

一、行政价值观概述

（一）行政价值观含义

价值观是个人关于事物行为的意义、重要性的总评价和总看法。作为人们对世界的价值反映、判断与选择，它是指导人们实践活动的一般思想原则，并规定着人的态度和行为，引导人们进行自觉的社会实践活动。随着行政管理学的发展，行政价值观的问题获得了高度重视。

行政价值观，指的是行政系统成员对行政事务、行政现象以及行政行为进行好坏、善恶等价值判断后形成的总看法和根本观点，它也是行政主体的信仰、理想以及情感、态度等若干侧面的总和。行政价值观影响和塑造着行政体系的基本行为取向和行为模式，并影响着行政政策的制定与实施。

（二）行政价值观的重要性

行政文化体系既包括主流的行政文化，也包括各种层次的亚行政文化。主流行政文化是整个行政体系的行政文化，是为社会普遍接受的行政文化。各种亚行政文化尤其是个体持有的行政文化除了受主流的行政文化影响之外，还受各种客观因素和主观因素的影响，因此亚行政文化和主流行政文化的差异不可

---

① 张金福．当前我国行政道德建设的路径探析——基于社会主义核心价值观的视角［J］．学理论，2017（2）．

避免地存在，甚至产生冲突。这种冲突无疑会影响国家和政府的行政管理活动。

主流行政文化中的行政价值观对于指导行政体系中各个行为者的行政文化形成具有重要作用，必须以主流行政文化的主导价值观去指导与规范亚行政文化建设。在当今社会，应当以"一心为公""全心全意为人民服务"的行政价值观指导行政管理者的个体行政文化，并主导各种亚行政文化的发展趋势。要把主流行政文化的价值观落实在各具特色的亚行政文化系统中，并通过各具特色的亚行政文化的价值追求来实现主流行政文化的价值追求，才能实现各种行政文化层次的和谐统一。

(三) 行政价值观的基本功能

行政价值观是行政主体（政府）对行政客体（行政系统）实施管理实践的过程中所形成的价值追求和价值理解，通常演化并最终表现为一个相对稳定的行政理念。就其功能而言，行政价值观对行政主体的人格起着塑造作用，对行政主体的思想、情感、言论和行动起着普遍的导向、凝聚、激励和评价作用。

1. 塑造行政主体的认知

作为公共行政价值体系中的观念性内容，行政价值观直接影响着行政主体的价值追求与实现。从进入公共行政系统开始，行政主体就要开始认识、接受，并认同一定的行政价值观，形成特定的行政人格。有什么样的行政价值观，就会有什么样的价值取向和行政人格。

2. 为行政主体提供精神动力

行政价值观犹如"灵魂"渗入行政活动的各个层面，指导和规范行政活动，使行政活动各环节、各要素相互协调统一，发挥出良好的整体功能。对于行政主体而言，行政价值观的统一可以使主体内部的个体之间团结起来，形成有机的整体；对于行政组织而言，行政价值观的统一可以使行政体系产生强大的感召力、向心力和凝聚力。更进一步，统一的行政价值观还能够强化行政主体的价值目标和追求，通过激发行政主体的情感和意志，为行政活动提供持续的精神动力。

3. 指引并规范行政主体的行为

行政价值观内在地规定着行政主体的心理取向和行为定势，引导着行政行为的选择。作为行政主体行为选择的准则，行政价值观深刻影响并引导着行政主体的行为取向和结果。而在行政系统内部，行政价值观作为一种评价体系，内含着行政价值标准，调节着行政主体的行政行为与行政组织之间的关系。一方面，使行政主体对行政活动，对自己行为的是非功过、优劣强弱、得失利弊、真假美丑等,做出衡量或评判;另一方面又使行政主体在行政活动中自觉调控自身行为和活动方式,自觉调整行政主体之间、行政主体内外部之间的相互关系,纠正不符合行政价值标准的偏差,激励符合行政价值标准要求的行为,最终实现行政组织的发展目标。①

二、行政价值观的内容

行政主体对行政事务、行政现象及行政行为的看法和评价,在心目中的主次、轻重及次序排列就构成了行政价值观体系。因此,行政价值观应包含多层面、多等级的价值目标和价值追求,这些不同层次、不同等级的价值目标和价值追求在一个完整的价值观体系中可以相互说明、相互支持。

当代中国,"全心全意为人民服务"就是我国行政管理活动主导的行政价值观,它也是我国社会主义行政实践的本质要求。以毛泽东为代表的中国共产党人,早在创建井冈山革命根据地的时候,就开始探索为人民服务的行政价值模式,并将它视为革命根据地生死存亡的关键。随后,经过古田会议、延安整风以及党的"七大"等一系列实践,为人民服务的行政价值模式逐渐趋于成熟。这一模式的实质是确立了人民群众在行政管理中的主人翁地位,而掌握国家行政权力的干部却是"人民的公仆"。后来,宪法和党章以法律和党纲的形式确认了"为人民服务"这一行政价值模式。自此,"全心全意为人民服务"就成为我国主导的行政价值观。

在全心全意为人民服务的主导下,新时期的行政价值观因应时代的要求,具体有以下内容。

(一)效率

效率是指行政管理的高速度、高质量。行政管理者是否能实现自己的目标,是否能更好地为人民服务,关键还是看效率的高低。当代行政研究专家辛向阳建议,改革的成本支出应该同改革成就一起写进政府工作报告,让全社会了解政府改革的行政成本和工作效率。因此,作为行政管理者而言,应该讲求有效率的管理,而非单纯摆结果不求投入。

(二)社会公平

公平正义是公共行政的永恒追求。《中国共产党第十六届中央委员会第六次全体会议公报》指出,社会和谐是中国特色社会主义的本质属性,党的十六届

---

① 杨舒涵,刘铮.行政价值观:中国特色社会主义国家治理的核心价值[J].黑龙江社会科学,2019(6).

六中全会明确指出"社会公平正义是社会和谐的基本条件"。《中共中央关于制定国民经济和社会发展第十一个五年规划的建议》指出："更加注重社会公平，使全体人民共享改革发展成果"。《中共中央关于制定国民经济和社会发展第十三个五年规划的建议》指出："必须坚持以人民为中心的发展思想，把增进人民福祉、促进人的全面发展作为发展的出发点和落脚点，发展人民民主，维护社会公平正义，保障人民平等参与、平等发展权利，充分调动人民积极性、主动性、创造性。"党的六中全会完整提出和谐社会的概念，而和谐的社会必然是一个社会公平的社会。在行政管理者的管理活动中，要能实现促进人民参与社会活动的机会公平；保证人民在参与社会活动时有公平的规则；建立合理的分配机制，实现分配公平；建立健全覆盖全社会的保障体系，特别是对社会弱势群体的保障。

社会公平的价值观与效率并不冲突，因为在市场经济条件下，社会公平要以效率为前提和基础，没有效率，充其量只是低水平的公平。

效率优先和公平优先的争论一直没有停歇。但不可否认的是，公平与效率是密不可分的，对于两者中任何一方的过分强调都会引起公共管理的失效进而给社会带来极大的困扰和伤害。行政领导必须明确效率是公平基础上的效率，效率应置于公平的保障下，既不能以效率伤害公平，也不能以公平妨碍效率。我国行政改革的价值取向的最高境界就是将民主置于与效率同等重要的地位，从而实现民主与效率的平衡博弈，无论是用效率压制民主还是用公平冲击效率，都是不足取的。①

（三）参与

"参与"是人民行使民主权利最重要的方式和渠道，无论是基层民主自治，还是协商民主抑或是人民代表大会制度，都是要扩大群众的政治参与。民主的核心与精髓就是参与。对于接受行政管理的人们来说，社会和国家事务的管理不仅仅是行政管理者的单方行为和责任，作为国家和社会的一分子，同样对行政管理事务具有责任，这种责任通过参与活动实现。传统行政价值观下提倡人们对行政管理者的服从，限制了社会对行政管理的正面功能。当今要鼓励人民以个体或集体的形式展开与行政管理者工作的合作、监督等参与活动，从而使公共行政更响应人民的呼声。

---

① 曾保根. 价值取向、理论基础、制度安排与研究方法——新公共服务与新公共管理的四维辨析［J］. 上海行政学院学报，2010，11（2）.

(四）社会责任感

人民生活的质量和稳定性取决于行政管理者的辛勤工作，因此，行政管理者需要更多地了解人民的需求、响应人民的需求。行政管理者要以社会责任感而非仅仅以向上级负责的价值观指导自己的行为，以人民利益为准绳、以公共服务的道德和民事责任，履行他们的誓言、体现他们的社会责任。

（五）服务

公共行政的基本目标是追求公共利益，提供优质公共服务。服务型政府的构建正是在社会主义市场经济实践和人民群众迫切需要的基础上应运而生。坚持服务理念，将公众满意度作为公共行政的基本价值，有助于政府社会公共服务职能的切实履行，有利于政府职能的转变，也有利于提高行政效率。

（六）法治

法治是与人治相对的。随着社会的发展和时代的进步，传统的人治观早已不适应时代的要求，并成了阻碍政府管理体制改革和社会发展的障碍。坚持依法治国、依法行政，将法的信仰放在至高无上的地位，坚持依法治国是公共行政的基本价值之一。

三、关于行政管理者的价值观教育

由古至今，中外的行政价值观教育从未停止。新形势下，在探索新型的行政价值观教育的途径与方法时，应当从宏观和微观、集体和个人的多层次入手，一方面要注意整个社会风气的建设，另一方面也要积极探索如何加强个人教育的新方法。

（一）社会风气的建设

任何社会都承担着价值观建设的责任。社会不仅可以通过舆论、学校教育和法律等手段有目的、有计划地把某种价值观灌输给社会成员，而且还可以通过其风俗习惯、社会心理等内容，在潜移默化中将社会的价值观转化给社会成员，并使其个人价值观与社会价值观协调统一，行政价值观的形成也是如此。

我国的行政价值观建设与社会风气建设是密切相关的。净化社会风气，也使行政价值观得到发展。改革开放以来，由于利益的分化，个体利益得到彰显，共产主义理想的激励作用被弱化，个人价值与社会价值就会出现冲突的情况。因此，要利用中外的优秀文化资源净化社会风气，树立良好的社会价值观，为行政价值观的建设提供基础和氛围。马克思主义中关于个人价值和社会价值关系问题有系统的论述，即使是完全奉行个人主义与个人价值的西方社会，也常常在社会共同价值观建设中坚持"国家至上、社会为先"的价值理念。我国传统文化为我们留下了丰富的思想资源，如儒家的"以义制利""见利思义"的价值取向，有助于人们思考个人利益和社会利益的关系。

(二) 个人教育途径的多样化建设

行政管理活动中的行为者并非被动地接受社会环境的影响，在价值观教育中，应该确立其主体地位，建立个体主动寻求良好价值观的机制。我们传统的价值观教育遵循"单向灌输、理论说教"的模式，模式运行的结果导致价值观教育变成了一种枯燥无味的形式工程，接受教育的人视之为强制性的任务，重形式轻效果。因此，我们必须探索多样化的个人教育途径。

行政价值观教育必须"动之以情，晓之以理"，一方面强化受教育者的情感教育与自我教育，另一方面也促进受教育者的理性反思。价值观教育说到底是培养积极的、富有社会责任感的人生态度，动之以情就是要通过情感渗透的方法，对行政管理者的情感领域施加积极的影响，通过调动主体的情感力量使之产生主动的、积极的"响应"态度。例如各种形式的"英模报告会"，其诉诸朴实而感人的生动事例，比较容易带动"受教育主体"产生情感共鸣、在不知不觉中受到了深刻的价值观教育。

同时，也要充分发挥每个受教育者作为主体的理性思考力量，在理性反思的基础上不断拓展行政价值追求的广度与深度。在行政价值观教育上，要引导行政管理者在追求合理的"物欲需求"的基础上，认识各种高层次的价值追求对于人生的意义。在进行理性教育时，为了能够引发受教育者的思考，可以从一些具体的议题入手，而不适宜经常进行大而泛的提议讨论。例如我们可以讨论"社会主义的行政价值观是什么"这样的议题，但这样的议题容易陷入泛泛而论的困境，不能真正促使受教育者思考。如"各家自扫门前雪"这样的议题，从每个人身边发生的问题入手，引导个人表达自己的看法，通过讨论、辩论和反思这样的程序引发受教育者的理性思考。

当然，不管是动之以情还是晓之以理，价值观的教育都必须是长期的，要在日常工作中坚持下来，而不是仅仅通过一两次的运动式的活动进行。这样的大规模活动是必要的，但由于活动相隔时间较长容易弱化活动带来的良好效果。因此更重要的是在日常的工作中建立常规的教育机制，使受教育者在一点一滴中受到教育，树立良好的社会主义行政价值观。

复习思考题

1. 如何理解行政文化对我国行政体制改革的作用？

2. 结合当代实际，如何理解行政文化的主要功能？
3. 结合当代实际，谈谈如何树立正确的行政心理？
4. 如何理解行政价值观在行政文化中的地位与作用？
5. 结合行政道德的功能与作用，谈谈加强我国行政道德建设的意义？

第十三章

行政改革

当今世界正处在经济全球化和政治多极化时代,同时,逆全球化和单边主义抬头,市场经济和民主政治已成为人们普遍追求的目标。世界各国之间的经济、政治和科学技术竞争日趋激烈。为了在这场竞争中取得有利地位,无论是西方发达国家还是包括中国在内的发展中国家,都在进行一系列的行政改革,使自己适应环境的变化,从而立于不败之地。

第一节 行政改革概述

一、行政改革的涵义

行政改革已经成为一股世界性的潮流,但由于各国制度和改革实践的差异性,以及学者们研究视角和方法等的不同而莫衷一是。美国学者 J. D. 蒙哥马利从政治与行政结合的角度,认为行政改革是一个政治过程,是指调整行政机构与社会其他要素之间的关系或者行政机构内部的关系。K. R. 霍普将之定义为改变政府官僚机构的结构和办事程序以及有关人员的态度和行为而专门筹划和慎重进行的努力。①

国内学者一般认为行政改革有狭义和广义之分,但在具体内容上则有所差异。狭义的行政改革主要指政府行政体制和机构的改革,广义的行政改革泛指政府行政部门为追求行政效率,对行政体制机构、行政方式方法以及重大行政原则的变革。从系统的角度来看,狭义的行政改革仅指政府机构改革,广义的行政改革则是指国家行政机关为适应内外环境的变化,对行政管理的诸方面因素进行的调整和变革。

我们认为所谓行政改革是指政府行政系统为了适应外部环境和内部因素的变化,有意识地对其自身的功能、结构、人员、技术和制度等进行调整和创新,

---

① 任晓. 中国行政改革 [M]. 杭州:浙江人民出版社,1998:15-16.

以保持行政系统与环境之间的动态平衡,从而提高行政效能、实现行政目标的过程。这个定义包含了五个层次的意思:第一,行政改革是行政系统与其外在的行政环境相适应的过程。行政组织是一个开放的系统,它必须与外界环境进行物质、能量和信息的交流,使自己与环境之间保持动态的平衡;第二,行政改革是一种有目的、有计划的政府活动。它是在对外部环境和内部因素的变化情况进行理性分析和科学判断的基础上采取的适当措施,遵循行政发展的客观规律,充分发挥人的主观能动性,按照科学的方法和程序有计划地进行;第三,行政改革的对象或内容是全方位的,不仅包括机构和人员的增减,而且要有实质性的职能转变,同时在技术、方法、制度、人员的行为和观念上也要实现与时俱进;第四,行政改革是一个循序渐进的过程。由于行政管理的复杂性、多样性和行政改革的艰巨性,任何行政改革都不可能一步到位,一劳永逸,只能随着社会政治、经济和文化体制的改革完善而逐步展开、分步实施;第五,行政改革的目标是增加行政系统的活力,增强政府的行政能力,提高行政组织的效能,从而最终促进社会的繁荣与进步,促进社会生产力的发展与人的全面自由发展。

二、行政改革的模式

行政改革没有统一的模式,世界各国在改革的过程中多是根据自己的国情,结合各自的目标,运用适当的方式形成了各具特色的模式。尽管如此,我们仍然可以从不同的角度归纳出若干类型。

(一) 外延型行政改革和内涵型行政改革

外延型行政改革,是指以改变行政机构的规模为主要内容的改革,包括行政机构的撤销、合并,行政单位的增减,人员的精简等。这种改革相对单纯和直观,一般是针对机构臃肿、人浮于事、资源浪费、效率低下等较为单一的问题。外延型行政改革以控制行政组织规模为主要目的,较少涉及行政权力结构、管理体制的变革。

内涵型行政改革是指以调整政府管理职能和行政权力结构以及由此引起的政府管理体制变化为主要内容的行政改革。它主要着眼于政府职能的合理配置、行政权力结构的合理化以及整个管理体制的优化,它涉及整个行政管理体制的变革。其目的在于建立一个结构合理、功能齐全、运转灵活、协调高效的行政体系。内涵型行政改革无论在改革的规模上,改革的难度上,还是在改革所需的投入上,都要比外延型改革大得多。当然,在现实改革中,二者是很难截然分开的,成功的改革需要将二者有机地结合起来。

(二)单一型行政改革和复合型行政改革

单一型行政改革是指在行政系统内部独立进行的改革,通常不与行政系统之外的事物发生直接联系,这种类型的行政改革一般不会引起强烈的社会震动和其他连锁反应,比较适用于变动范围小,变革程度较低的行政改革。

复合型行政改革是指行政系统内部某一要素的改革与其他要素的改革相互配套,或者与相应的组织、经济体制的改革相配套。这种类型的行政改革往往要涉及整个社会的全面改革,执行起来有一定的阻力,必须与其他改革实践相互配合,否则,不可能取得良好的成效。

(三)组织型行政改革和技术型行政改革

组织型行政改革也叫以组织为中心的行政改革,这种改革模式是从系统的角度,对行政组织的结构和功能进行适当的调整。组织型行政改革的主要内容包括:按照精简、高效的原则,调整行政组织的机构和人员;按照市场和政治的需要,调整行政职能体系,明确各级行政组织的职权范围;建立健全规范、有序、灵活、高效的行政运行机制;改革人事制度,转变人员观念,充分调动和发挥人的积极性。

技术型行政改革就是以技术为中心的行政改革,是指先进技术在行政系统的引入和应用,以及由此带来的管理方式和方法的改变。技术型行政改革有赖于科学技术的发展与进步,同时,对行政人员的职业培训提出了更高的要求。

(四)激进型行政改革和渐进型行政改革

激进型行政改革也称突变式行政改革,是指在较短时间内通过自上而下的方式,对整个行政体制进行大幅度地调整和变革。这种模式希望以雷厉风行的措施达到"快刀斩乱麻"的效果,但也存在着较大的阻力和风险。激进型行政改革的成功不仅需要行政系统内外强烈的改革愿望,还需要一个精心设计的一揽子计划,以及强有力的政治支持和充足的资源(人力、物力、财力)保证,同时还要具备较强的社会心理承受力。

渐进型行政改革则主张通过有计划、有步骤、分阶段地进行改革,先在一个或几个具体部门或地区进行改革,通过逐步推进和实行阶段性调整,最终实现改革的总目标。这种模式的主要特点是:行政改革是在一个较长的时期内由多个阶段性的改革组成的一个连续过程;改革主要通过试点的方式逐步推进,这样可以及时总结经验教训,及时修正和完善改革的具体目标乃至总目标;改革给社会带来的震动较小,但由于进程较长,因而见效也较慢。

三、行政改革的动力

行政系统也像自然系统一样存在新陈代谢过程,当行政系统与其环境保持平衡状态时,行政系统一般变化不大。相反,随着系统外部环境和内部状态的演变,这种平衡被打破时,行政系统就要调整和改变内部状态,使自己与环境保持新的平衡,行政改革就由此而产生。可见,行政改革是行政系统外部大环境和内部环境发展与变化的必然产物。

(一)适应国际形势发展和行政管理科学化、现代化的要求

首先是适应国际形势发展需要。"冷战"结束后,随着国际社会和平力量的增长,世界经济向着国际化、集团化及经济一体化趋势的发展,政府的综合协调和宏观调控功能也需大大加强。为此,政府必须对传统的行政职能和行政管理方式进行调整和变革,以强化政府行政能力,适应国际形势发展的需要。

其次是行政管理科学化和现代化的内在要求。行政管理科学化和现代化是当代行政管理研究的出发点和落脚点,也是各国政府行政管理活动的基本目标。为了实现行政管理科学化和现代化,需要行政职权的合理划分,行政职能的科学配置,组织机构的精干高效,人事制度、领导制度的不断完善,行政法规、行政制度的建立健全,行政管理方式方法等诸多方面的不断改进和完善。而这一切都需要通过行政改革才能得以实现。

(二)社会综合形势发展的客观需要

1. 政治因素

行政本质上是对国家意志的体现和执行,行政系统的结构与功能很大程度上取决于政治系统。因此,政治变革,如政治权力的分配与配置,政治价值和政策取向的变化,政治决策的转移,政府的更迭,都不可避免地引起行政系统结构、功能和人员的变化和调整。同时执政党的纲领发生变化或宪法进行修改以后,也会带来行政体系的变革。

2. 经济因素

经济基础决定上层建筑,生产力的发展带来经济体制的变化,而新的经济体制必然要求新的政府管理体系与之相适应。这就需要政府对原有的行政体系作出相应调整,改革阻碍经济发展的体制,创建适合新的经济基础的管理体制。另一重要的经济因素是政府的财政危机,这是导致当代西方国家在20世纪70年代以后纷纷进行行政改革的直接原因之一。因此,经济因素始终是推动行政改革的核心所在。

3. 社会因素

这方面的因素有很多,就大的方面来说,社会阶级、阶层关系的变化会带来行政权力结构的变动。人口过多或过少都会带来一系列问题,从而对行政体系形成压力。社会贫富分化的程度越高,人们要求变革的愿望就越强烈。人民的素质和参与程度越高,行政改革也就越容易发生。此外,全球化所带来的社会变革以及私营企业成功经验的示范作用,也是推动行政改革的重要因素。

4. 文化因素

任何一个行政体系的结构形式、运转程序、决策过程以及行政人员的行为、态度、价值观等,都直接或间接地受到文化的影响和制约。新的文化取代旧的文化必然会带来行政体系的根本转变。先进文化不但要求,而且有助于塑造先进的行政理念,确立先进的行政准则,促进文明行政和依法行政。

5. 意识形态因素

当代世界各国行政改革的一个共同点是在意识形态上向市场方向转变。这种变化在整个西方世界都普遍存在,政府不再是解决社会和经济问题的机构,反而成了问题本身所在。人们对"大政府"感到失望,行政国家被认为是规模过大、成本太高,而且无法提供适当的服务。这促使国家不得不重新检讨自己在社会中的地位和作用。

6. 科学技术因素

这主要表现在行政与科学技术相结合,行政管理日趋专业化、技术化和职业化。例如,计算机网络技术的发展,直接促进了行政系统中信息的沟通,而电子政务的兴起则大大改变了政府的行政方式,不仅提高了行政效率,而且改变了官僚作风,增强了服务意识。

(三) 行政体制内部不断调整和改造的需要

1. 行政组织结构分化与控制膨胀

随着政府职能的扩张,行政机构和人员总是不断地自我膨胀,而这种自我膨胀直接带来的是行政管理活动当中的事权冲突,机构重叠,人浮于事,官僚主义和不负责任,导致行政效率低下。因而,控制行政机构与人员膨胀就几乎成为世界各国行政改革共同面临的一大主题。

2. 行政权力的集中与分散

在现实的行政体系运行过程中,高度集权的行政管理体制很容易导致个人专断,妨碍民主政治发展,造成机构臃肿,效率低下,滋生官僚主义与特权现象,妨碍下级积极性的发挥,使行政管理趋向僵化。因此,行政权力的适度分散化也是行政改革的主要动因之一。

3. 个人与组织的冲突与协调

在政府组织中，组织目标与个人目标经常存在着冲突。这种冲突主要表现在：组织是根据自己的任务、变化的条件以及价值准则来确立发展目标，而个人则是根据自身条件、自身价值和利益形成个人目标；组织为了提高效率，倾向于工作简单化和专业化，而行政人员希望有利于个人成长的挑战性工作；组织倾向于层级节制、指挥命令、监督控制，行政人员则倾向于相互影响、自主性强的管理形态。诸如此类的冲突与矛盾，压抑着人的潜能和积极性的发挥。为了改变这种状况，行政组织必须改革。

四、我国行政改革的阻力

行政改革在某种程度是一种利益的重新分配和权力的重新调整的过程，因而会受到来自各方面的阻力，这一阻力可分为来自行政系统的外部阻力和内部阻力两个方面。

（一）行政改革的外部阻力

1. 市场经济发展的不完善阻碍了行政改革

要建立适应市场经济的政府体制，就必须正确处理好政府与政党、政府与社会、政府与市场以及政府与企业之间的关系，合理界定政府的职能范围。对于广大发展中国家而言，市场机制还很不完善，各种生产要素市场还远没发育成熟，相应的法律规范也还没健全。这种市场经济发展的不完善阻碍了行政改革。

2. 改革不配套制约了行政改革

行政改革必须与党的领导制度、经济制度、人事管理制度以及其他制度的改革相配套并协同进行。否则，任何一方的改革滞后都会影响整个社会改革与发展的进程。而广大发展中国家的行政改革绝大多数都是单兵作战，政治、经济等制度的改革与之不配套、不同步，这就严重地制约了行政改革的进程。

3. 突发社会事件造成的阻力

行政改革需要投入相当的人力、物力和财力，如果在改革的过程中突发战争、疫病、自然灾害或恐怖袭击等事件，有可能会造成改革的停顿，阻碍改革的进程。

（二）行政改革的内部阻力

行政改革最大的阻力来自于行政系统内部，如政府部门及其行政人员。其原因在于行政体制改革内生的"政府悖论"：政府既是行政体制改革的设计者、组织者、执行者和推动者，又是行政体制改革的直接对象和客体，这就形成了改革的主体和客体的二位一体。对政府及其行政人员而言，行政体制改革是一种外源式的自我手术，是基于外部压力下的自我改革，它要求政府对其自身的结构、功能和权力进行限定，对其自身的活动以及方式进行约束，这势必会在一定程度上损害政府内部及其人员的既有权力。利益格局，行政体制改革的阻力便因此产生。

行政人员对行政体制改革形成的阻力可以概括为五个方面：（1）基于习惯和官本位意识而产生的阻力；（2）基于利益和权力的调整而产生的阻力；（3）基于对行政体制改革的不确定性而产生的阻力；（4）基于依赖性而产生的阻力；（5）基于曲解而产生的阻力等。①

第二节　当代西方国家行政改革实践

进入20世纪以后，尤其是第二次世界大战以来，西方国家先后对其政府进行了改革。在此，我们对现代西方主要国家行政改革的进程和主要措施做简要考察。

一、美国的行政改革

（一）政府功能定位市场化

市场化趋向是20世纪80年代以来美国行政改革的行政取向，它包括两个层面，即政府功能定位的市场化和政府公共服务输出的市场化。首先是推行公共福利改革，收缩政府社会职能。主要内容包括：社会保障政策，医疗健康保险政策，收入保障政策和住房补助；其次，放松管制，收缩政府的经济职能。为了推行政府的改革条例，里根政府组织了放松管制工作小组，并把审批管制条例的权力集中到行政管理和预算局，对管制条例的制定和修订进行统一领导。

（二）公共服务输出市场化

公共服务输出的内涵是决策要和执行分开，公共服务的供给需多元化、竞争发展以及消费者拥有对公共服务的选择权利。为此，政府采取了合同出租、公私合作、用者付费和凭单制度四种类型来推行公共服务输出的市场化。

---

① 汪永成. 中国行政改革的阻力及其消解［J］. 云南行政学院学报，1999（2）.

(三) 重塑政府、放松规制

这表现在以下六个方面：(1) 简化预算程序，改革预算体制；(2) 下放人事政策管理权，改革文官制度；(3) 改革采购体制；(4) 重新整顿督察长办公室，促使其职能的转变；(5) 废除成千上万过时的强加于联邦雇员的规制；(6) 放松对州与地方政府的规制，授权它们自主决策。

二、德国的行政改革

(一) 1965-1972 年的改革

20 世纪 60 年代中期，为缓和经济危机，联邦德国通过了《促进经济稳定和增长法》，采纳了新自由学派的主张，对国民经济进行宏观调控，力图缩短经济波动周期和减小波动幅度。其主要内容和举措是：(1) 对联邦部的设置和有关部门的权限进行大幅度的调整；(2) 建立部际协调机构；(3) 扩大政府的计划管理职能，加强政府对社会经济的干预。这些改革在加强联邦政府的社会经济职能、强化政府对经济的宏观调控等方面发挥了积极作用。但是，由于改革不是整个经济领域中的全面改革，而是局限于联邦各部范围内以加强计划指导为主的改革，加之缺乏统一领导，各自为政，机构之间矛盾不断。因此，1972 年 12 月，联邦政府中止了这一改革。

(二) 1990 年两德统一后的改革

德国统一后，政府对行政制度进行了范围广泛的改革，尤其以下五个方面迈出了坚实步伐，取得了明显进展：(1) 设立"小国家"委员会，负责研究并提出缩减联邦与各州机构的具体建议和设计方案，并以立法的形式颁布实施；(2) 建立精干的国家机构；(3) 缩减联邦政府部及机构；(4) 调整公共事业；(5) 压缩公共开支。

三、日本的行政改革

(一) 市场化：产业政策的重新审视

产业政策以及相应的行政指导，在日本经济起飞和经济高速增长时期发挥了重要作用。20 世纪 70 年代以后在产业政策保护下逐步成长壮大起来的重化工产业迈进了世界先进行列，出口产业在国际市场上的竞争能力飞速提高。但与此同时，日本也开始面临贸易摩擦、环境问题、保护消费者利益以及资本自由化和社会利益多元化等新的课题，这迫使日本政府重新审视产业政策。产业政策不能只局限于产业结构的变换上，更主要的是涉及产业政策本身的地位，要转换以往对产业政策发展控制管理的传统观念，重视市场机制的作用。应该最大限度地灵活运用市场机构来实现资源的最佳分配和有效利用以及技术革新。同时尊重民间的自主性，通过市场竞争发挥和提高产业的创新性和活力。为保证产业的高度发展，必须排除推行产业政策中的产业行政对产业发展习惯性的过度干预和产业过度保护措施。

（二）民营化：政府与企业关系的调整

随着"泡沫经济"的崩溃，经济形式的恶化，财政赤字的攀升以及社会老龄化程度的加深，削减政府职能、调整政府与企业关系的民营化问题也就成了日本行政改革的重要组成部分。具体方案如下：（1）对中央政府经营管理的邮政、国有林地事业进行改革，引进现代企业制度，扩大经营管理自主权，加大部分业务对民间企业的开放力度；（2）对公共事业机构进行整理、分类，对不能民营化和委托给民间部门的公共事务，引进独立行政法人制度，为下一步民营化打基础；（3）推行特殊法人的改革，就其存在的必要性进行研究分析，在此基础上进行民营化或缩小规模乃至撤消。

（三）自由化：政府与市场关系的调整

20世纪70年代，日本开始步入高度发达国家的行列，但长期形成的"规制大国"的形象，极大地阻碍了日本在世界经济中的地位，它被看成是封闭性很强的国家而受到了批判。过度的规制使得日本的物价远远高于其他发达国家，影响国民生活质量的提高和生活成本的降低。同时也使企业过度依赖政府作用，轻视市场作用，失去了企业应有的活力。因此，20世纪80年代以来，缓和规制，实现自由化已成为日本行政改革的核心课题。1997年12月的行政改革会议就改革的方向阐明了相关的观点：（1）根据社会经济条件的变化，对经济性规制的改革要坚持自由的原则。对社会性规制，要根据政策目标的要求，将其控制在最低限度；（2）从事前规制型的行政方式向事后监督型的行政方式转变；（3）对政府部门进行的有关检验、鉴定、规格、标准等方面的事务，要尽可能地作为民间部门的自主活动，向社会放权；（4）让实施规制的部门从政策部门中独立出来，在明确各自责任的同时，发挥处理规制事务的民间部门的作用，追求效率化；（5）明确政府规制的原则和规定，将其公之与众。规制实施后的结果，原则上也应公布，有向社会做出说明的责任；（6）为方便国民并减轻其负担，有关办理许可和认可手续的部门要推进窗口业务的一元化、简化手续和提交材料的种类。

（四）自治化：中央与地方关系的调整

二战后，日本把保障地方自治的条款写入新宪法，并且于1947年专门制定并颁布了《地方自治法》来健全地方自治和市民自治。但由于中央政府对地方政府过多地干预，特别是权限和财政来源的问题，阻碍了日本地方自治"质"的提高。为此，1998年日本政府根据《地方分权推进法》提出了调整中央与地方关系的具体措施：（1）废除机关委任事务，重新划分自治事务，中央地方建立平等的协作关系，积极推动权力转移；（2）在处理中央政府和地方政府的关系上，中央政府应通过与地方政府协商的方式进行，并把其影响控制在最小的范围之内。向地方政府施加影响发出指令必须以书面形式说明理由；（3）在总理府设立"国家地方纠纷处理委员会"，公平、独立地审查中央地方的矛盾；（4）对中央政府的地方派出机构进行合理化改革，事务减少的要缩编，加快对其组织和事务结构的调整；（5）有关中央政府的地方财政补贴制度，每隔10年进行一次调整，还要严格限制新增；（6）在处理都、道、俯、县与市、町、村的地方政府间关系上，除了跨地区的事务之外都由基层政府处理；（7）推进地方政府的改革，完善地方政府的行政管理体制。尽快修正行政改革大纲，确定地方行政改革的新方针；推进市、町、村的合并。改革地方议会，使之充满活力；推进市民的政治参与，并使其多元化。

第三节 当代中国行政改革

截至目前，中国共进行了八次大规模的行政改革，分别在1982、1988、1993、1998、2003、2008、2013以及2018年，前五次行政改革主要集中在政府机构的改革和调整上，也可以说是对"硬件"的改革。中国2008年开始至今后三次行政改革则是从"硬件"—"政府机构改革"—"软件"—"政府职能转变"—行政价值转变的全方位改革。

一、历次行政改革概况

（一）1982年的行政改革

这是中国改革开放以来进行的第一次规模较大的行政改革。当时面临的突出问题是：一方面，随着党和国家的工作重点转移到经济建设轨道上来，由于行政管理的权力过于集中，影响地方和企业的积极性；另一方面，受"文化大革命"十年动乱的影响，干部队伍严重老化，机构臃肿以及领导职务终身制等，不适应现代化建设事业的需要。通过改革，在下放经济管理权限、财政收支权限、人事管理权限的同时，对各级政府机构进行了较大幅度的精简，提出了干部队伍"四化"（革命化、年轻化、知识化、专业化）方针，开始建立正常的干部离退休制度。以国务院为例，国务院的机构由改革前的 100 个精简为 61 个，其中部委 43 个，直属机构 15 个，办事机构 2 个，办公厅 1 个；工作人员总编制缩减 1/3 左右。这次改革对保证改革开放的顺利进行起到了重要作用。

但是，由于当时正处于经济体制改革的初始阶段，政治体制改革尚未正式提出，因而改革仍以精简机构和编制为重点，没有在转变政府职能方面下功夫，没有从根本上触动旧体制，没有消除导致机构膨胀的原因的根本。因此，改革后再度出现了膨胀的趋势，到 1988 年机构改革前，国务院设有 45 个部委机构，22 个直属机构，4 个办事机构和 1 个办公厅，增加到 72 个工作部门。

（二）1988 年的行政改革

1984 年后，中国改革的重心由农村转移到城市。在农村改革中，主要通过实行家庭联产承包责任制，调动了亿万农民的生产积极性，极大地解放了生产力，短短的几年中取得了巨大的成功。然而，城市改革要比农村改革复杂得多，不仅遇到了传统计划经济体制的阻力，而且党政机关和人员规模再次膨胀，行政体制不适应经济体制改革的问题充分暴露出来。从 1988 年开始，国务院在继续下放权力的基础上，第一次提出了转变政府职能的要求，并且按照转变职能、精干机构、精简人员、提高行政效率以及克服官僚主义、逐步理顺政府同企业事业单位和人民团体的关系的目标，再次进行了机构改革。改革之后，国务院共有 68 个工作部门，其中部委 41 个，直属机构 19 个，办事机构 7 个，办公厅 1 个，人员编制数比原来的实际人数减少了 19.2%。

但是，在这次改革开始后不久，中国经济即转入了治理整顿时期，不仅暂停了省以下地方机构改革，而且为治理基本建设失控和通货膨胀，采取了一些必要的集中手段。由于多数政府部门仍习惯沿用行政命令和直接管理的手段，像政企分开、进一步下放权力、加强宏观调控等涉及职能转变的问题都远未解决，而机构庞大、人员臃肿的现象再度复发。

（三）1993 年的行政改革

1992 年年初邓小平同志的南方讲话使中国的改革开放进入了一个新的飞跃阶段。同年 10 月，党的十四大确立了建立社会主义市场经济体制的目标。为了适应建立市场经济体制的要求，从 1993 年起，中国进行了改革开放以来第三次大的行政体制改革与政府机构改革。这次改革的重点是转变政府职能，转变职能的根本途径是政企分开。其具体要求是：按照建立社会主义市场经济体制的要求，加强宏观调控和监督部门，强化社会管理职能部门，减少具体审批事务和对企业的直接管理；理顺国务院各部门之间的关系，合理划分职责权限，避免交叉重复，调整机构设置，精简各部门的内设机构和人员。通过改革，把政府的行政管理职能转向统筹规划、掌握政策、信息引导、组织协调、提供服务和检查监督。改革之后，国务院的组成机构减少到59个，其中部委40个，直属机构13个，办事机构5个，办公厅1个。国务院不再设置部委归口管理的国家局。

但是，由于历史条件的制约和宏观环境的限制，这次改革仍没有彻底解决政府机构的诸多弊端，机构设置与社会主义市场经济发展不相适应的矛盾仍非常突出。

(四) 1998年的行政改革

"九五"时期，中国改革与发展已经进入了新的阶段，也面临着新的问题。为了推动经济体制改革，促进经济和社会发展，必须进一步转变政府职能，精简政府机构。因此，从1998年开始，我国政府进行了一场新中国成立以来规模最大、力度最大、难度也最大的行政改革。这次改革的目标是：建立办事高效、运转协调、行为规范的行政管理体系，完善国家公务员制度，建立高素质的专业化国家行政管理干部队伍，逐步建立适应社会主义市场经济体制的有中国特色的行政管理体制。改革的原则和主要内容是：第一，按照发展社会主义市场经济的要求，转变政府职能，实现政企分开，把政府职能切实转变到宏观调控、社会管理和公共服务方面来，把生产经营的权力真正交给企业。第二，按照精简、统一、效能的原则，调整政府组织结构，实行精兵简政，加强宏观调控部门，调整和减少专业经济管理部门，适当调整社会服务部门，加强执法监督部门，发展社会中介组织。第三，按照权责一致的原则，调整政府部门的职责权限，明确划分部门之间的职能分工，相同或相近的职能交由一个部门承担，克服多头管理、政出多门的弊端。第四，按照依法治国、依法行政的要求，加强行政体系的法制建设。

根据九届人大一次会议批准的《国务院机构改革方案》，从1998年3月起，国务院各部门按照"三定"（定职能、定机构、定编制）的要求进行改革。改革的主要措施包括：(1) 对国务院的组成部门进行了大幅度的精简，由原来的40个压缩为29个；(2) 对国务院的直属机构、办事机构以及部委管理的国家局和议事机构也进行了调整；(3) 大幅度地裁减各部门的内设机构，重新界定各部门的职能，并将大批职能转移、下放或取消。据统计，在1998年国务院机构改革中，各部门的内设机构减少了1/4，有100多项职能下放给地方政府、企业和社会，还有100多项职能在国务院各部门内进行转移、合并；(4) 大幅度地裁减行政人员。国务院的机关人员编制由原来的3.2万人减少为1.67万人。

国务院的机构改革到1998年年底基本完成，从1999年开始自上而下依次推进地方各级政府的机构改革，直到2002年基本完成。地方政府机构改革的主要内容有：(1) 转变政府职能。政府机关不再办经济实体，已经办的限期脱钩；解除政府主管部门与国有企业的行政隶属关系，主管部门不再直接管理企业，切实落实企业经营自主权。(2) 调整政府机构设置。加强发展计划、经济贸易、财政部门和执法监管部门；撤销工业、商业、物资管理部门。行政性公司按照政企分开、公平竞争、自主经营的要求进行改组。(3) 调整地区建制。与地级市并存一地的地区，实行地市合并；与县级市并存一地的地区，所在市（县）达到设立地级市标准的，撤销地区建制，设立地级市，实行市领导县体制；其余地区建制也要逐步撤销，原地区所辖县改由附近地级市领导或由省直辖，县级市由省委托地级市代管。(4) 精简人员编制。省级政府机关人员编制精简一半左右。市、县和乡政府行政编制的精简比例平均为20%。通过精简，全国各级机关行政编制由739万减为624万，精简115万名。

(五) 2003年的行政改革

2003年的改革既是1998年改革的延续，又是在我国加入WTO和党的十六大胜利召开之后进行的第一次大的行政改革。

这次机构改革的重点是：深化国有资产管理体制改革，完善宏观调控体系，健全金融监管体制，继续推进流通管理体制改革，加强食品安全和安全生产监管体制建设。改革措施涉及7个方面：深化国有资产管理体制改革，设立国务院国有资产监督管理委员会；完善宏观调控体系，将国家发展计划委员会改组为国家发展和改革委员会；健全金融监管体制，设立中国银行业监督管理委员会；继续推进流通管理体制改革，组建商务部；加强食品安全和安全生产监管体制建设，在国家药品监督管理局基础上组建国家食品药品监督管理局，将国家经济贸易委员会管理的国家安全生产监督管理局改为国务院直属机构；将国家计划生育委员会更名为国家人口和计划生育委员会；不再保留国家经济贸易委员会、对外贸易经济合作部。改革之后，国务院的组成部门从原来的29个减少到28个。

这次改革最主要的特点是，它不是一次全面的改革，没有对政府机构人员精简提出具体的数量指标，而是抓住重点，加强宏观调控和执法监管部门，解决行政管理体制中存在的一些突出矛盾和问题，为促进改革开放和现代化建设提供组织保障。这可以看作是机构改革发展的重大转折，即从量的要求转向质的突破；从重视形式转向重视内容的调整；从表面层次转向深度层次的改革。

(六) 2008年的行政改革

经过前面五次改革，从总体上看，中国的行政管理体制基本适应经济社会发展的要求。但是，面对新形势新任务也还存在很多不相适应的方面，比如：政府职能转变还不到位，对微观经济活动干预仍然过多，社会管理和公共服务有待进一步加强；政府机构设置还不尽合理，部门职责交叉、权责脱节和效率不高的问题比较突出；有些方面权力仍然过于集中，且缺乏有效监督和制约，滥用职权、以权谋私、贪污腐败等现象仍然存在。正因为如此，还需要继续进行行政管理体制改革。

2008年2月27日，中共十七届二中全会通过的《关于深化行政管理体制改革的意见》是中国第六次行政改革的纲领性文件，勾勒出2008年第六次行政改革启动到2020年中国行政改革的蓝图。意见对中国第六次行政改革还提出了若干细则项，主要集中在"政府职能转变""政府机构改革""依法行政和制度建设"三个方面。其贡献在于首次提出了服务型政府的概念，明确政府职能要向提供优质公共服务、维持社会公平正义转变，同时在此次改革中进行了大部制的初步尝试。

(七) 2013年的行政改革

随着我国经济进入新常态，增长速度放缓和经济结构面临转型的新压力，传统依靠政府直接投资拉动经济增长的方式不可为继，社会发展与经济发展不匹配导致社会矛盾突出，同时环境污染治理的呼声极度迫切。在这种背景下，2013年十二届全国人大一次会议审议通过了《国务院机构改革和职能转变方案》，并在之后发布了《中共中央关于地方职能转变和机构改革意见》，总历时两年。

此次的行政改革把政府职能放到更加优先的位置，党的十七大明确提出了要建设职能科学、结构优化、廉洁高效、人民满意的服务型政府。改革重点着重在两方面：一是继续推进大部制改革，建立大交通体制框架，组建卫生和计划生育委员会，整合组建国家视频药品监管总局等；二是深化"放管服"改革，简化行政审批手续，提升政府效率，大大改善了政府与民众的关系，深受民众认同和支持。

(八) 2018年的行政改革

2018年的行政体制改革是在习近平时代中国特色社会主义思想指导下的新一轮行政体制改革。党的十九大报告明确提出要"统筹考虑各类机构设置，科学配置党政部门及内设机构权力、明确职责"。2018年2月，党的十九届三中全会审议通过《中共中央关于深化党和国家机构改革的决定》和《深化党和国家机构改革方案》。

此次改革的重心是要构建中国特色现代化国家治理体系，通过统筹党政军群机构改革，建设系统完备、科学规范、运转高效的国家机构职能体系。在新一轮的国务院机构设置中，国务院下属部门依然保持 26 个，其中新组建自然资源部、生态环境部、农业农村部、文化和旅游部、国家卫生健康委员会、退役军人事务部、应急管理部共 7 个部委，重新组建科学技术部、司法部，优化水利部、审计署等职责。可以说，第八次的行政体制改革是一场系统性的重构式变革，它是全面深化改革的一个重大举措，是我国新时代推进国家治理体系和治理能力现代化的一次集中行动。

二、历次行政改革的经验总结

（一）政府职能转变——简政放权

在当代中国行政改革中，"简政放权"绝对是一个高频词。"简政放权"指精简政府机构，把经营管理权下放给企业。"简政放权"是指在"中国在经济体制改革开始阶段，针对高度集中的计划经济体制下政企职责不分、政府直接经营管理企业的状况，为增强企业活力，扩大企业经营自主权而采取的改革措施。" 2017 年 1 月 4 日的国务院第一次常务会议，主要对如何深入进行"简政放权"工作做了部署，确定的三个议题分别对应着"放管服"改革的三个层面。这是连续第 5 年"简政放权"被本届中国政府列为工作的首要课题。转变政府职能作为中国新一轮行政改革的核心，而政府职能转变又涵盖了四个主要议题："政企分开、政资分开、政事分开、政府与市场中介组织分开"。

（二）政府机构改革——大部制改革

所谓大部制，也称大部门制、大部委制、大部门体制，是指政府各级部门在机构设置上，按综合管理职能合并政府部门，加大横向覆盖的范围，整合职能和管辖范围相近，业务性质类似的政府部门，在此基础上组建一个更大部门的管理体制，从而最大限度地避免职能交叉、政出多门、多头管理，提高行政效率，降低行政成本。大部制改革的实质，是一种权力结构的重构，是政府运行体系和运行机制的一种重新确立；改革的关键，是实现政府职能的转变。"大部制"改革和行政管理体制改革在本质上从属于政治体制改革。"大部制"改革的核心是转变政府职能，使政府运作更有效率，更符合市场经济的宏观管理和公共服务的角色定位，最终使政府权力得以规范、回归公共服务。

三、当代中国行政改革尚存的主要问题

（一）观念和利益问题

改革的前提是要解放思想，这需要人们转变旧的观念，接受新的思维。"官本位"文化和"大锅饭"思维方式在今天还有一定的影响力。个别政府官员还习惯于命令、管制、集权等做法，难以适应现代治理的要求。另外，改革意味着利益格局的调整。这就会使一部分既得利益者减少和丧失原有的权益，因而可能遭到他们的反对和抵制。

（二）职能转变和政企分开问题

行政改革的关键是转变政府职能，真正实现政企分开、政社分开。经过几次改革，这方面已经取得初步成效，但与市场经济发展的要求还有差距，其突出表现是：在政府与市场的关系方面，市场在资源配置中的基础性作用还没有得到充分发挥；在政企关系方面，政府过多干预企业生产经营活动现象仍然比较普遍存在，企业的法人治理结构还没有完全建立起来；在政府管理的方式方面，一些政府仍然习惯于靠行政手段管理经济事务，不善于运用经济的和法律的手段进行管理；在政府职能的运行方面，政府部门之间的职能交叉和重叠的现象依然存在，容易导致政府管理的无序化；在政府与社会的关系方面，政府仍然包揽过多，社会中介组织还没有充分发挥有效作用。

（三）改革的配套和协调问题

改革需要配套进行已经成为共识，但在实际操作过程中仍存在很多问题。行政体制改革往往滞后于经济体制改革，而政治体制改革还要再慢半拍。与机构改革相比，人事制度、工资制度、社会保障制度等方面的配套改革要滞后得多。同时，随着社会的不断进步和人民群众民主和参与意识的不断提高，对政府公共管理的要求也越来越高。

（四）人员分流和法制建设问题

首先，精兵简政、人员分流是历次行政改革的难点，也是以往改革成效不大、成果难以巩固的重要原因之一。人员分流不妥、安置不当，不仅会挫伤大批政府工作人员的积极性，给改革造成阻力，而且会形成下一轮的机构膨胀，甚至导致社会的动荡不安。其次，行政改革必须遵循法律规定和纳入严格的法定程序，同时，改革的成果也必须有法律予以确认和保障。

（五）行政决策和监督问题

在决策体制方面，目前政府部门中科级以上干部没有本科文凭的还具有一

定的比重，行政决策者的素质还需要提高；行政决策班子中年龄老化现象还没有从根本上加以解决；用人问题上的不正之风没有得到彻底根除；行政决策者的责任制度还没有建立，能上能下的原则还没有完全贯彻到行政决策体制的改革中。在监督体制方面，有关的制度还很不健全。现在虽然形成了党、国家权力机关、政府内部多层级的监督体系，但整体而言，监督体系还在完善中，监督力度还有待提升。这些都严重影响了依法行政的真正实现。

第四节 当代中国行政改革的目标模式

当代西方国家行政改革为中国行政改革提供了若干有益的经验借鉴，如坚持有计划、渐进式的行政改革，使行政改革稳步发展；坚持依法改革，建立健全一整套的法律规范；注重政府管理内涵的改革，追求政府管理的效益；组建精干、高效的改革工作班子，重视发挥参谋咨询机构的作用，旨在构建"服务型政府"。当今我国行政体制改革已经进入到推进国家治理体系和治理能力现代化的新时代。

一、确立新的行政价值

（一）绩效导向行政价值的确立

绩效管理最早是在企业展开的，20世纪中叶，美国政府开始推行绩效预算制度，该制度的建立将绩效管理引入到政府管理之中。西方国家的学者也提出了服务型政府建设的理念和目标，并在多国积极开展服务型政府建设的实践。服务型政府建设中的一个重要的方面就是政府绩效评估，服务型政府评估强调政府的行政行为要以公众需求为中心，以公众需求为基本依托，强调政府提供公共服务要注重对公众需求的回应性，以提高公众的满意度为导向，更加重视政府行政活动的质量与效率。对政府绩效与顾客满意度各指标的数据进行统计分析，可以指出现代国家政府的基本走向面临的主要问题。中国政府最早的绩效导向行政改革是"精简政府机构，转变政府职能"。在国家行政资源稀缺的情境下，绩效导向行政价值的确立是当代中国行政改革的关键。

（二）分权导向行政价值的确立

集权与分权的关系是新中国成立以来缠绕中国行政改革的主要问题之一，并在长期的演变过程中形成了一种公共政策的两难抉择与理论逻辑的悖论：分权引发社会秩序失重、混乱，集权导致公权横行并经济发展停滞。但基于国家行政体制改革滞后以及相应的"行政过度"仍然是制约中国经济进一步市场化和中国社会进一步民主化的主要障碍之一，因此，毫无疑问，分权仍然是中国政府行政改革基本的价值取向

中国政府与社会关系改革的目标模式是政府与市民社会之间的相互分立。政府与市民社会相互分立的目标模式，一方面要求社会具有相当的独立性；另一方面，要求政府承认并尊重社会及其各种组织的相对独立性，实行有限度的政府干预和调节，最终形成政府与社会之间互相合作的良性互动机制。

公共服务社会化是当代世界各国公共服务改革一个共性发展趋势。所谓公共服务社会化，就是根据不同公共服务项目的性质和特点，以社会需求为导向，鼓励各种非营利组织和社会公众参与兴办公益事业和社会服务，形成以政府为主导各种社会主体共同参与的公共服务供给格局。一般而言，公共服务社会化主要有"非营利组织供给"、"社区供给"和"自愿供给"三种形式。随着中国经济社会的飞速发展，这三种主要的公共服务社会化形式都有长足的发展，但当前表现依然不突出。公共服务社会化的快速发展既需要政府的引导，也与当前经济社会发展阶段有关。党和政府虽然明确表示支持社会组织的发展，但实际上包括非盈利组织在内的社会组织多数未得到政府的实质性支持，这与中国的总体政治环境相关。

二、构建"服务型政府"

（一）"服务型政府"概念的提出

西方服务型政府的理论基础主要是20世纪六七十年代西方部分学者提出来的"后工业社会理论"，而中国服务型政府主要以20世纪90年代中国部分学者提出来的"政府职能结构重心位移理论"以及21世纪初以胡锦涛为总书记的党中央提出来的科学发展理论为理论基础。"新公共服务"理论为中国行政改革提供了有益的理论启示，要求政府进行根本性变革以"服务理念"代替"统治理念"和"管理理念"以建立服务型的政府模式。

（二）"服务型政府"的构建

中国共产党十八大报告提出，要按照建立中国特色社会主义行政体制目标，深入推进政企分开、政资分开、政事分开、政社分开，建设职能科学、结构优化、廉洁高效、人民满意的服务型政府。温家宝总理于2005年《政府工作报告》中正式提出"创建服务型政府"：努力建设服务型政府，创新政府管理方

式，寓管理于服务之中，更好地为基层、企业和社会公众服务。创建"服务型政府"的关键词包括"降本增效""责权明确""民主参与""政务公开"。

党的十六大以来，我国行政改革的主要任务开始转向推进服务型政府和法治政府建设。其中党的十六届六中全会通过的《中共中央关于构建社会主义和谐社会若干重大问题的决定》，完整论述了公共服务体系的基本内容。党的十七届二中全会明确提出要加快行政管理体制改革，建设服务型政府。其目标是，到2020年建立起比较完善的中国特色社会主义行政管理体制，实现政府职能向创造良好发展环境、提供优质公共服务、维护社会公平的正义转变。同时使得政府管理方式向规范有序、公开透明、方便高效的根本转变。党的十七届五中全会指出要推进基本公共服务均等化，坚持民生优先，努力使发展成果惠及全体人民。可见，历次的机构改革都强调要转变政府职能，着力建设服务型政府，以推进基本公共服务均等化。

复习思考题

1. 行政体制改革的概念与内涵是什么？
2. 谈谈如何构建"服务型政府"？
3. 一般而言，行政体制改革将会面临哪些阻力，如何有效化解？
4. 简述新时代"放管服"改革的内容是什么？
5. 论述我国大部制改革的历程、成效以及存在的问题是什么？

主要参考书目

1. 戴维·H. 罗森布鲁姆，罗伯特·S. 克拉夫丘克. 公共行政学：管理、政治和法律的途径 [M]. 北京：中国人民大学出版社，2002.

2. 詹姆斯·W. 费斯勒，唐纳德·F. 凯特尔. 行政过程的政治：公共行政学新论 [M]. 北京：中国人民大学出版社，2002.

3. 尼古拉斯·亨利. 公共行政学 [M]. 北京：华夏出版社，2002.

4. 欧文·E. 休斯. 公共管理导论（第二版）[M]. 北京：中国人民大学出版社，2001.

5. 乔治·弗雷德里克森. 公共行政的精神 [M]. 张成福，刘霞，等译. 北京：中国人民大学出版社，2003.

6. 蔡小慎. 公共行政管理学（第四版）[M]. 大连：大连理工出版社，2015.

7. 丁煌. 西方行政学说史（第三版）[M]. 武汉：武汉大学出版社，2017.

8. 郭小聪. 行政管理学（第四版）[M]. 北京：中国人民大学出版社，2016.

9. 何艳玲. 公共行政学史 [M]. 北京：中国人民大学出版社，2018.

10. 金太军，等. 政府职能梳理与重构 [M]. 广州：广东人民出版社，2002.

11. 毛寿龙. 西方政府的治道变革 [M]. 北京：中国人民出版社，2003.

12. 任晓. 中国行政改革 [M]. 杭州：浙江人民出版社，1998.

13. 彭和平. 公共行政学（第四版）[M]. 北京：中国人民大学出版社，2012.

14. 王乐夫，倪星. 公共行政学 [M]. 北京：高等教育出版社，2006.

15. 夏书章. 行政管理学（第六版）[M]. 北京：高等教育出版社；广州：中山大学出版社，2018.

16. 徐双敏. 行政管理学（第二版）[M]. 北京：科学出版社，2015.

17. 姚凤云，刘纯，李远航. 公共行政管理概论[M]. 北京：清华大学出版社，2019.

18. 张国庆. 公共行政学（第四版）[M]. 北京：北京大学出版社，2017.

19. 张康之，等. 公共行政学（第二版）[M]. 北京：经济科学出版社，2010.

20. 竺乾威. 西方行政学说史[M]. 北京：高等教育出版社，2000.

21. 竺乾威. 公共行政的改革、创新与现代化[M]. 上海：复旦大学出版社，2018.